广州工商学院2020年国际经济与贸易专业校级一流专业建设点项目
（编号：YL202001）资助成果

主　编　王发兴　余晓勤
副主编　曾素梅　唐　思　杜玲燕
　　　　张　艺　赵玲莉

品牌理论与管理

PINPAI LILUN YU GUANLI

广东高等教育出版社
Guangdong Higher Education Press
·广州·

图书在版编目（CIP）数据

品牌理论与管理/王发兴，余晓勤主编．—广州：广东高等教育出版社，2021.2

ISBN 978-7-5361-6897-8

Ⅰ．①品… Ⅱ．①王… ②余… Ⅲ．①品牌-企业管理-高等学校-教材 Ⅳ．①F273.2

中国版本图书馆 CIP 数据核字（2020）第 202037 号

出版发行	广东高等教育出版社 地址：广州市天河区林和西横路 邮政编码：510500 电话：（020）87551597 http://www.gdgjs.com.cn
印　　刷	广州市穗彩印务有限公司
开　　本	787 毫米×1 092 毫米 1/16
印　　张	18.5
字　　数	450 千
版　　次	2021 年 2 月第 1 版 2021 年 2 月第 1 次印刷
定　　价	52.00 元

作者简介

王发兴，广东韶关学院经济管理学院暨广州工商学院经济贸易系经济学三级教授，省级优秀教师，粤北经济发展研究所所长，广东省韶关市浈江区人大代表，广东省商业经济学会常务理事，广东省中小学教师继续教育专家委员会委员及学科组组长，广州工商学院国际经济与贸易专业带头人。长期在教学第一线摸爬滚打，坚持伏案笔耕。出版学术专著6本，主编或参编教材20余本，合作出版著作10余本，发表学术文章150余篇。

前　言

自2016年起，随着“国家品牌计划”“中国品牌日”“中国之造”等中国品牌工程活动的相继启动，“中国品牌”已迈入集体转型升级的年代。从“田间地头”到“百姓餐桌”，从“中国家电”到“中国高铁”，从“京东网购”、“手机支付”到“华为5G”……“中国品牌”正在成为世界的“教科书”。

为了适应“中国制造”向“中国创造”、“中国产品”向“中国品牌”的转型发展需要，为了满足民办高校、地方高校等应用型大学的转型发展及应用型人才的培养需要，在广东省特色重点学科——国际贸易学、广东省重点专业——市场营销专业等建设项目的支持下，广州工商学院经贸系《品牌理论与管理》教材编写小组，承担了本书的编写任务。

本教材在借鉴、吸收前人研究成果的基础上，秉承有所创新、有所发展的原则，在初始设计和编写过程中，力图彰显以下特色。

一、体现学科特点，强化基础理论

与国内同类教材相比，本教材的一个显著特点是，突破“品牌管理”（大专教材）的传统模式，将“品牌理论”作为一个主体来介绍，以适应转型升级后的本科教学需要。就品牌的内涵而言，品牌与产品的最大不同就在于，有形产品是实物的，而品牌则是消费者对产品的认知，更多地属于“精神”层面。因此，随着品牌学的问世，其相关的理论或模式也应运而生。把这些理论筛选出来，并梳理成章，有利于理清学科的脉络，构建学科的系统性。本教材将品牌的概述、命名与定位、个性、形象、资产、系统等内容独立成章，并置于“品牌理论”的大纲之下，便于学生全面系统地了解和掌握品牌管理学的基本理论。

二、梳理教学要点，清晰知识结构

作为本科教学使用教材，本教材以品牌管理学的基本观点（也叫基础理论）和企业在品牌管理过程中的关键节点为基点，构建起品牌管理的主体知识框架。全书分为上下两编：上编是品牌理论部分，包括品牌概述、品牌的命名与品牌定位理论、品牌个性理论、品牌形象理论、品牌资产理论、品牌系统理论等六章内容；下编是品牌管理部分，包括品牌管理概述、品牌标志的设计与管理、品牌传播管理、品牌扩张管理、品牌关系及其管理、品牌危机及其管理、品牌保护策略、品牌国际化管理，共八章内容。这样安排，学科的知识体系完整，思路与结构的逻辑关系清晰。

三、立足学术前沿，展现时代风采

时代在发展，知识在更新。学术界对国内外品牌管理理论和现状的研究成果不断涌现，及时把这些新观点、新成就收录其中，也是本教材的一大亮点。在“品牌保护策略”一章中，增加了“品牌的法律保护策略”“网络品牌的保护”等新知识，促使教材尽可能地介绍行业学术研究新成果，展示社会发展的时代风采。

四、行文言简意赅，力求通俗易懂

考虑到民办高校、地方高校等应用型院校教学的特殊性，本教材在编写过程中力求行文语言的表达言简意赅、融会贯通、通俗易懂、易教易学，尽量避免难度超大、存在争议和猎奇媚俗的内容出现。

本教材由广州工商学院经贸系《品牌理论与管理》教材编写组所有教师共同编写而成。具体分工如下：

王发兴：编写大纲、前言、第一章、第二章、第三章和第四章；杜玲燕：第五章；余晓勤：第六章、第七章、第九章和第十章；赵玲莉：第八章；唐思：第十一章和第十四章；张艺：第十二章；曾素梅：第十三章。审稿、统稿由王发兴完成。

本教材在编写过程中得到了广州工商学院教务处、广州工商学院经贸系的领导及老师们的鼎力支持和关怀；同时得到了广东高等教育出版社王亚芳副总编、陈博霞编辑的大力支持，在此一并表示感谢。

我们在编写本教材过程中，参考和引用了大量的文献及相关资料（包括图书、期刊和电子资源），有的已在参考文献中列出，有的还来不及一一列出，在此谨向原作者致以真挚的谢忱。由于时间和水平所限，书中难免存在疏漏或不妥之处，敬请各位同仁及广大读者不吝赐教。

王发兴

2020 年 2 月

目 录

上编　品牌理论

下编　品牌管理

上编

品牌理论

第一章　品牌概述

学习目标

（1）了解品牌的由来、定义和内涵。
（2）认清品牌与产品、商标等的联系与区别。
（3）知道品牌的功能、价值和意义。
（4）熟悉品牌的特征及其效应。
（5）掌握品牌分类方法及主要类型。

改革开放 40 多年来，我国经济获得了飞速发展，现在已成长为世界第二大经济体。但我国在国际领域缺乏具有竞争力的自主品牌。① 今日的中国，不论是国家层面还是企业自身，都已经意识到了品牌的重要性，注重自主品牌的创建，并针对品牌创新与维护进行科学的管理。

第一节　品牌的来源和内涵

在学习本章内容之前，我们应当首先弄清楚“品牌是怎么来的”“品牌的内涵是什么”，因为这些是我们学习品牌理论、掌握品牌管理的前提条件。

一、品牌的由来

关于品牌的由来，我们试从以下三个方面来进行解读。

（一）从给牲畜、酒桶等产品打“烙印”说起

品牌的英文为“Brand”，关于其来源有两种说法：一是来源于古斯堪的纳维亚语中的“Brandr”一词；二是来源于古法语中的“Brandon”一词。尽管两个单词的读音不尽相同，但是它们均有“燃烧”“烙印”的含义，意思是用烧红的烙铁给牲畜或酒桶打上记号。游牧农业时期，西方游牧部落在马背上打上不同的烙印，用以区分自己的财产；而 16 世纪早期，蒸馏威士忌酒的生产商将威士忌装入烙有生产者名字的木桶中，以防不

---

① 薛秀娟. 浅析中国品牌发展的现状、问题与对策［J］. 经济研究导刊，2019（31）：49，155.

法商人偷梁换柱。

（二）商品的“品牌化”商标广泛使用

随着现代商贸业的发展，将商品冠以“品牌化”商标已是普遍的做法。中国的“品牌化”商标，最早出现于北宋时期济南刘家功夫针铺的白兔商标；意大利人早在中世纪前就在纸上使用品牌“水印”商标；苏格兰酿酒者于1835年便使用了品牌化“Old Smuggler”商标；美国第一个谷物类品牌商标“Quaker”（桂格）是在1878年注册的。而美术作品的商品化起源于艺术家们在自己作品上的签名。中国台湾《重编国语辞典（修订本）》中，品牌的释义为：“能代表产品品质水准的名号，可借以传达企业形象与精神。”

（三）“品牌化”由厂商商标演变为消费者的心理需求

现代意义的品牌，已经演变成消费者对产品的全部体验，不仅包括物质层面的体验，还包括精神层面的体验。它向消费者传递一种生活方式、一种价值取向。人们在消费产品时，被赋予一种象征性的意义，最终改变人们的生活态度以及审美情趣。人们更换品牌，更多的是追求一种精神感受，而非产品的物理属性。商品是冰冷的，而品牌是有灵魂、有情感的；商品有生命周期，会过时落伍，会被竞争者模仿甚至超越，而品牌则是独一无二的。未来的市场发展趋势将是弱者更弱，强者更强。

二、品牌的定义

关于品牌的定义，可谓是仁者见仁，智者见智。比较分析品牌的定义发现，不少所谓权威人士的看法，也仅是从某一个角度谈谈而已，犹如“盲人摸象”，难以理解到品牌的本源。

（一）学者们对“品牌”一词的界定

早在1955年，举世闻名的“广告教父”、奥美广告公司创始人大卫·麦肯兹·奥格威（David Mackenzie Ogilvy）曾这样阐述品牌的定义：品牌是一种错综复杂的象征，它是品牌属性、名称、包装、价格、历史、声誉、广告等方式的无形总和。

广告史上的伟大人物之一——沃尔特·兰道（Walter Landor）曾这样说过，简单说来，一个品牌就是一个承诺，它通过识别和鉴定某项产品或服务来传递顾客对产品的满意度及获得质量的保证。

被誉为“品牌资产的鼻祖”的大卫·艾克（David A. Aaker）在《创建强势品牌》一书中提议说，品牌是一个“精神的盒子”，而且从资产方面给出了品牌的定义，即与品牌名称和标志联系在一起的一套资产（或负债），它们可以提高也可能降低产品或服务的价值。

人们公认的对营销沟通与战略品牌管理进行综合研究的国际先驱者之一——凯文·莱恩·凯勒（Kevin Lane Keller）于1998年提出：品牌是扎根于顾客脑海中对某些东西的感知实体，根源于现实，却反映某种感知，甚至反映顾客的独特性。该定义则从消费者视角来诠释品牌，明确地告诉人们，品牌是消费者的，借助品牌可将消费者区分开来。消费者视角的品牌内涵认知深入剖析了品牌内在的机理，即说明真正的品牌一定是人性化的。

（二）美国市场营销学会对“品牌”一词的界定

美国市场营销学会（American Marketing Association，AMA）对品牌的定义如下：“品牌是一种名称、术语、标记、符号或设计，或是它们的组合应用，其目的是借以辨认某个销售者或某群销售者的产品或服务，并使之同竞争对手的产品或服务区别开来。”① 由于 AMA 的权威性，因此采用这个定义的人也就最多，就连“现代营销学之父”菲利普·科特勒也在其著作中采用这一定义。而该定义只是从品牌的“体貌特征”而言，实质就是商标的定义。

（三）本书对“品牌”一词的界定

综上所述，本书将“品牌”一词定义为：品牌是指人们心目中对产品品质的认知和感受的总和。品牌作为附加在产品之上的精神层面的东西，它是一种识别标志、一种精神象征、一种价值观念，是产品品质优异的核心体现。

三、品牌的内涵

品牌名称、标志等外在元素只是识别不同品牌来自不同的生产者，真正让消费者动心的是品牌内在与众不同的气质、个性和形象，这些内容能够让消费者产生高度的共鸣。

（一）品牌的字面解读

品牌究竟是什么？我们从其字面意思来看，“品牌”的“牌”代表了知名度，它涉及我们经常谈到的品牌识别、品牌形象、品牌影响力等，是一个比较容易理解的话题。但一个品牌仅仅有了知名度还远远不够，知名度的极致最多可以意味着是“名牌”，但并不完全等同于“品牌”。“品”则代表了美誉度，有了“品”才会形成忠诚度。所以说，品牌重要的不是谈“牌”，而是谈“品”，无“品”则无以成品牌。

甲骨文中的“品”字由三“口”组成，“口”代表器物之形，以三“口”表示器物众多。《说文解字》中有载：“品，众庶也，从三口。”品，意为众多，后由众多引申为品种、等级，进而再由等级引申为品评、品质、品德等。所以说，谈论一个品牌成功与否，是否有“品”，不为一人之口，而是众人之口。当“三人”之口对某个产品或管理达成了一致的声音、实现“众口合一”的时候，这个产品及其管理就是成功的品牌。

（二）品牌内涵的六要素

品牌内涵在于它除了向消费者传递品牌的属性和利益外，更重要的是它向消费者所传递的品牌价值、品牌个性及在此基础上所形成的品牌文化。品牌属性、品牌利益、品牌使用者、品牌价值、品牌个性及品牌文化等六要素共同构成品牌的内涵。其中，品牌属性是指品牌产品在性能、质量、技术、定价等方面的独特之处；品牌利益是指品牌产品给用户带来的好处和用户在使用过程中所获得需要的满足；品牌使用者是指品牌所指向的用户种类或目标市场细分，品牌价值是指品牌生产者所追求和所评估的产品品质；品牌个性是指品牌形象人格化后所具有的个性；品牌文化是指品牌背景中的精神层面，常常体现品牌所属的国家文化或民族文化。

“现代营销学之父”菲利普·科特勒（Philip Kotler）以德国梅赛德斯－奔驰车为例，阐释了品牌内涵的六要素，如图 1－1 所示。

---

① 黄静．品牌管理［M］．2 版．武汉：武汉大学出版社，2015：3.

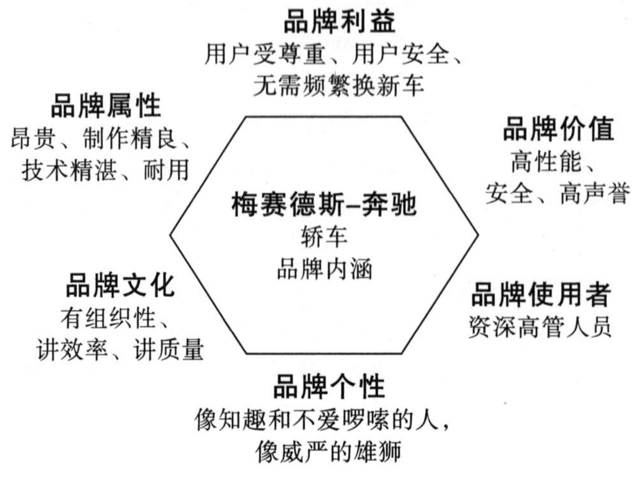

图1－1　品牌内涵的六要素

（三）品牌内涵的心理暗示

随着商品的日益同质化，其物理属性已相差无几，而品牌却可以给人以心理暗示，满足消费者的情感需求和精神寄托。

1. 品牌是一种经验

伴随着经济的发展、科技的进步，人们的物质生活日益丰富，同类商品往往有数十上百种，有的甚至多达千余种，消费者不可能逐一去比较其差异，通常凭借自己的购买经验或他人的购买经验来做选择。品牌的“果子效应”就应运而生。所谓“果子效应”，即消费者认为，如果从一棵树上摘下的某颗果子是甜的，那么这棵树上的其他果子也是甜的。

2. 品牌是一种保证

消费者在选择商品时，对于不熟悉、不了解的商品一般都比较谨慎，不会轻易去冒险；而在同等性价比的情况下，大家更倾向于选择品牌产品，这是因为品牌商品能给消费者以信心和保证。

3. 品牌是一种制约

在某些领域，市场形势已经尘埃落定，强势品牌也已经形成，此时留给后来者的市场机会就非常小。而对于那些暂时还没形成强势品牌的领域，竞争者将面临大好的市场机会，受到的制约也相对较小。

4. 品牌是一种契约

于商品而言，品牌是一种契约，就如同向消费者宣告承诺：“我是优秀的，我是值得信赖的，选择我就选择了放心。”只是这种契约没有写在纸上，而是存在于人们的心中。某天其一旦违背了自己的承诺，就等于已经毁约，人们将感到受欺骗而从此不再相信它。

5. 品牌是个性的展现和身份的象征

品牌，不仅能展现消费者的个性，还是消费者身份的象征。例如，万宝路牛仔塑造的是富有男子汉气概的男人形象，而穿李维斯牛仔，则展示了独立、自由、冒险、性感的个性。

第二节 品牌概念辨析

严格来讲，品牌不是产品，不是商标，不是品类，也不是名牌。那么，品牌与产品、商标、品类、名牌之间有什么关系呢？本节就针对它们之间的关系，做如下阐释。

一、品牌与产品

品牌与产品有诸多联系，但二者不同。产品是具体的，消费者可以触摸、感觉或看见（有形物品可视，无形的服务可感觉或感受）；而品牌是抽象的，是消费者对产品的感受总和。没有好产品，品牌必然不会在市场上长期存在；但是有了好产品，不一定就有好品牌。

（一）品牌与产品的关系

实践得知，产品不一定必须有品牌，但是在每一个品牌之内却均有产品。产品是品牌的基础。没有好的产品，这个用于识别产品来源的品牌就无法存在。只有产品能够得到消费者信任、认可与接受，并能与消费者建立起强韧而密切的关系时，才能使标定在该产品上的品牌得以存活。品牌以产品为载体，是产品与消费者之间的关系纽带。

1. 品牌以产品为载体

品牌不仅代表一系列产品的属性，还体现着其某种特定的利益，如功能性利益或情感性利益等。品牌的利益是由产品属性转化而来的，或者说品牌利益在一定程度上受制于品牌属性。品牌属性及品牌给消费者带来的利益，都来源于其标定下的产品。因此，我们认为品牌以产品为客观基础，或品牌以产品为载体。

2. 品牌借助产品来兑现承诺

品牌对消费者的承诺通过产品来兑现。企业通过各种方式向消费者传播品牌信息、品牌承诺，消费者接收到信息通过购买、消费该品牌的产品来感受这种承诺的存在与否。消费者感知、接受、信任品牌承诺的根本在于，消费者在使用该品牌产品后的实际感受与品牌承诺的一致性。品牌若不兑现其承诺而失信于消费者，消费者则会放弃对该品牌产品的再次购买。

3. 产品质量是品牌竞争力的基础

消费者对品牌的信任首先是基于对该品牌产品质量的信任。产品质量的好坏直接关系到消费者在消费产品中获得的功能性效用。如果功能性效用不能得到满足，就会产生负面情感性效用。设想一位购买了某知名品牌运动鞋的年轻人，结果鞋子才穿两天就坏了，他今后恐怕再也不会购买该品牌的产品了。纵观世界上知名品牌的发展史，无一例外皆是产品品质优良的楷模，而那些衰落的品牌也多是因为产品质量的不稳定。

由此可见，从产品到品牌并不是一个简单的过程，或者说每个品牌之下至少策划一个产品，却不是每个产品都能架构一个品牌。它需要企业经营者、品牌管理人员、品牌营销人员、消费者以及时间等多方面的锤炼与打造。企业主要保证产品的品质与功能，实现产品的价值；营销人员和广告策划人员则负责赋予产品某种人格化的个性、情感、形象、生活方式、身份、荣誉、价值、地位或意义等附加信息，并将此附加信息通过整合的方式，有效地传递给目标消费群体；消费者经过一定时间的认知、感觉、使用后，形成对产品的感受与印象，对围绕产品的附加信息产生认同、信赖、荣辱与共等正面的认知、态度与行动，此时，产品才真正架构一个品牌。

（二）品牌与产品的区别

1. 产品是具体的，品牌是抽象的

产品是具体的，具有某种特定的功能以满足消费者的使用需求。例如车可以代步、食物可以果腹、衣服可以遮盖避寒、音乐能够愉悦性情等。而品牌是抽象的，是消费者对产品一切感受的总和，它注入了消费者的情绪、认知、态度及行为。例如，产品是否有个性、是否足以信赖、是否产生满意度与价值感，是否代表某种特殊意义或情感寄托、是否是生活中不可缺少的。

2. 产品侧重于功能价值，品牌侧重于象征价值

同样的产品，贴不贴品牌标签对消费者而言意义完全不一样。一件西服或T恤，如果不附加任何产品之外的信息，消费者穿着它时感觉的也许就是颜色、款式、质地方面的区别而已；但若上面印有“BOSS”“Dunhill”的标志，消费者或许就会有一种庄重与高雅、洒脱与温馨的感觉。

3. 产品侧重于价值的创造，品牌侧重于价值的传递

产品是在原材料的基础上，通过生产部门的加工创造出来的，因此说产品侧重于价值的创造。而品牌形成于整个生产、营销组合环节，需要生产、营销组合当中的每一个环节传达品牌的相同信息，这样才能使消费者形成对品牌的认同。换句话来说，品牌主要是用来传播的，侧重于和消费者沟通与互动。因此说品牌侧重于价值的传递。

4. 产品有市场生命周期，品牌则没有市场生命周期

产品的市场生命周期不是指产品的使用寿命，而是指产品从进入市场到退出市场为止所经历的全部时间。产品市场生命周期就是指这种产品在市场上进入、退出的循环过程。产品进入（退出）市场是市场生命周期的开始（结束）。产品有市场生命周期是科技进步、新产品迭出的必然结果。产品及品牌形象等能否长盛不衰是决定品牌在市场存活或退出的主要因素，通过企业科学而合理的努力，可以使品牌长盛不衰，或者说，品牌生存与消亡的周期现象不具有客观必然性。所以说产品有市场生命周期，品牌则没有市场生命周期。只要品牌经营得当，及时对消费者需求的变化做出快速的反应，品牌就有长盛不衰的可能。

二、品牌与商标

品牌与商标是极易混淆的一对概念，一部分企业错误地认为产品进行商标注册后就成了品牌。事实上，两者既有联系，又有区别。有时两个概念可等同替代，而有时却不能混淆使用。

（一）商标是品牌的一部分

商标是品牌的一部分，这已基本上成为共识。但商标是品牌的哪一部分，不同的人却有不同的看法。一种观点认为商标不是品牌的全部，而仅仅是品牌的一种标志或记号。

依此看来，商标仅是品牌中的标志部分，或者说商标就是指品牌标志，是便于消费者识别的部分。因此，商标的主要功能是传播的基本元素。当然，此种观点还认为商标的主要功能中应包括法律保护。另一种观点则认为商标是向政府注册的受法律保护其专用权的品牌。

品牌与商标都是用以识别不同生产经营者的不同种类、不同品质产品的商业名称及其标志。商标不仅是一种标志或标记，它也包括名称或称谓部分，在品牌注册形成商标的过程中，这两部分常常一起注册，共同受到法律的保护。在企业的营销实践中，品牌与商标的基本目的也都是为了区别商品来源，便于消费者识别商品，以利于竞争。可见，品牌与商标都是传播的基本元素。品牌与商标的不同之处，主要是商标能够得到法律保护，而未经过注册获得商标权的品牌不受法律保护。所以说，商标是经过注册获得商标专用权从而受到法律保护的品牌。

（二） 商标属于法律范畴， 品牌是市场概念

商标是法律概念，它强调对生产经营者合法权益的保护；品牌是市场概念，它强调企业（生产经营者）与顾客之间关系的建立、维系与发展。商标的法律作用主要表现在通过商标专用权的确立、续展、转让、争议仲裁等法律程序，保护商标权所有者的合法权益；同时促使生产经营者保证商品质量，维护商标信誉。在与商标有关的利益受到或可能受到侵犯的时候，商标显现出法律的庄严与不可侵犯。品牌的市场作用表现在：品牌有益于促进销售，增加品牌效益；有利于强化顾客品牌认知，引导顾客选购商品，并建立顾客品牌忠诚。

品牌与商标的关系在中国基本是混用的，或者说，“商标”与“品牌”这两个术语几乎是通用的，没有什么区别，因为中国的商标有“注册商标”与“未注册商标”之分。另外，品牌与商标是可以转化的，如品牌经注册获得专用权就转化成商标，也就具有了法律意义。正是借助商标的法律作用，才使得品牌所产生的超过产品本身价值以外的利益得到法律保护。

三、品牌与品类

（一） 品类的概念

品类即产品的类别，是指满足消费者特定需求的某类产品的总和，主要是用于区别于我们通常所说的行业。行业由国家统计局规定，有严格的分类标准；而品类由产品属性及市场决定，没有明确的边界。行业的范围比较宽阔，而品类范围比较窄，但更专业，如服装是一个行业，而职业装就是一个品类；洗面奶是一个行业，而男士祛痘洗面奶就是一个品类。同时，品类也是一个动态的概念，例如，从一般饮料到橙汁饮料都可以算作品类。

（二） 品类与品牌的联系

品类不是根据商品的属性进行分类的，而是根据消费者的需求进行分类的。成熟的品类市场已经被商家的品牌完全占有，要想挤进去有很高的难度，需要付出很大的成本。在此状态的市场中，品类并不容易同品牌混淆。目前出现二者混淆现象的主要原因是一些厂商创造了新的品类产品，再利用这个新产品品类推出新品牌，品牌如果独占品类资源，就可以成为强势的品类代表，获得所有品类消费者的选择，并独占该品类市场，结

果消费者在接受品牌的同时也混淆了品类。例如，“统一企业”创造了“鲜橙多”橙汁饮料，成为统一品牌旗下的一个子品牌，随后，市场上大量涌现各种品牌的“鲜橙多”，于是消费者就把鲜橙多看成是品类了。

（三）品牌与品类的区别

品牌与品类的区别在于，品类是某类产品的集合，而品牌更强调某个具体产品的区隔符号。例如，笔记本电脑是一个品类，而戴尔是笔记本电脑的一个品牌。不少品牌转化成为品类，或被等同于品类，使品牌能够独占品类的市场空间。例如，美国克莱斯勒汽车公司的“吉普”品牌越野车在中国被看成是一种车型而非品牌。蒙牛乳业公司推出“酸酸乳”品牌饮料，随后三元食品公司推出“哈酸乳”，光明乳业公司推出“酸酸乳”，于是各厂家陷入“酸酸乳”是商标还是通用名称之争的法律纠纷，三元食品公司、光明乳业公司分别向内蒙古高级人民法院提出异议，反对把品类名称“酸酸乳”判给蒙牛乳业公司作为其独有的品牌。

（四）利用创新品类创建品牌

如果企业在通过创新品类创建一个品牌的过程中，能被消费者在心中定位为领导品牌，则意味着其创建的品牌是正宗的，其他后来者或相关的品牌都是仿制品。例如，奶茶不是一个新的品类，主要以蒙古族风情的奶茶占主流，已有的市场已经瓜分完毕，“香飘飘奶茶”以年轻人的口感和需求嗜好创新了一个品类，并创建了“香飘飘奶茶”的品牌，冠名了浙江卫视的“我爱记歌词”节目，深得广大消费者的认可和喜爱。“香飘飘奶茶”一步一步成为杯装奶茶的代名词，推动了品牌的快速发展，成功地把创新的品类塑造成了自己的品牌。

四、品牌与名牌

品牌与名牌是两个既有联系又有区别的不同概念。

（一）品牌与名牌的联系

严格地说，所有名牌都是建立在品牌之基础上的。人们研究品牌，正是为了帮助企业创立名牌，利用名牌，希望通过对名牌的研究使消费者充分意识到名牌的作用，形成名牌意识。

（二）品牌与名牌的区别

具体来说，名牌一定是品牌，但品牌不一定都是名牌。这就如同品牌与产品的关系一样，每个品牌之下至少有一个产品（包括有形产品和无形产品），却不是每个产品都能架构一个品牌。

第三节　品牌的功能与价值

在知道了什么是品牌之后，我们进一步学习和了解品牌的功能、价值等较深层次的问题。

一、品牌的功能

就如产品具有使用功能一样，品牌也有其自身的价值与功能。归纳起来，品牌的功能主要表现在以下五大方面。

（一）价值功能

品牌是企业的一种无形资产，它所包含的价值、个性、品质等特征都能给产品带来重要的价值。即使是同样的产品，贴上不同的品牌标志，也会产生不同的价值功能。一方面，品牌能为顾客提供比一般产品更多的附加价值，也会在这种提供高附加值的活动中获得超额的利润回报。另一方面，品牌可以提高企业的资产运营效率和效益。品牌可以成为消费者的购买动机，形成独特的品牌竞争优势。当一个企业愿意付出比净资产或市值高几倍甚至更高的价格来收购一个具有品牌优势的企业时，这种品牌无形资产的功能就表露无遗了。

（二）识别功能

品牌是不同产品或各类品牌的区别标志，具有识别功能。品牌的历史起源也反映了这一点。现代品牌的识别功能有了新的释义，一方面，品牌的命名、标志、设计、包装可以用来反映品牌的个性特征；另一方面，这些要素可以通过向国家品牌管理部门申请注册而受到法律的保护，构成专用权、所有权和转让权并区别于其他厂商的商标，消费者可以通过商标来识别产品的产地或内在品质等。大卫·艾克在《创建强势品牌》一书中曾指出：消费者在使用某个产品的品牌后，就会有相应的正面或者负面的感受，即对品牌产生好的或者坏的联想。好的联想有助于消费者形成对品牌的忠诚并带来更多的潜在消费者使用这种品牌的产品；反之，坏的联想则使消费者转向购买其他品牌的类似产品并带动更多的消费者选择其他品牌的类似产品。消费者对品牌的认同，归根结底是对品牌核心价值的认同。

（三）沟通功能

品牌强调与消费者的互动，具有沟通功能。品牌把各种象征符号如名称、标志、色彩、包装和设计等融合到一起，浓缩为消费者愿意接受的信息，企业通过各种途径把这些浓缩的信息传达给消费者，其目的是引起消费者对自己产品的注意、记忆、识别与联想，形成事实上的沟通关系。从消费者角度来看，品牌作为一种速记符号与产品类别信息一同储存于消费者头脑中，而品牌也就成了他们搜寻记忆的线索，成了他们在产品类别中选择特定产品的标的。品牌沟通的最终目的是通过提供利益优势谋求与消费者建立长久的、强劲的关系，博得他们长期的偏好与忠诚。

O2O（Online To Offline，即线上到线下）为产品销售提供了新的渠道，互联网和移动互联网为消费者提供了良好的条件，也为线下消费者与品牌的沟通、体验，线上购买提供了一个选择。从这个视角观察的O2O模式，强化了品牌的沟通、互动功能。

（四）担保与维权功能

品牌是对消费者的承诺和保证，具有担保功能。品牌只有千方百计地提供特色鲜明、质量上乘的产品，保持产品的独特性和一致性，全方位地满足消费者的需求，一如既往地履行自己的品牌承诺，其形象才会存在于消费者的心中。同时，品牌还可通过注册专利和商标，使其受到法律的保护，防止他人损害品牌的声誉或非法盗用品牌，因此，品牌还具有维权功能。

（五）形象塑造功能

品牌是企业塑造形象，提升知名度和美誉度的基石。在产品同质化的今天，品牌赋予了企业及产品的个性、文化等许多特殊的意义。因此，它具有企业及产品塑造形象的功能和特质。

二、品牌的意义

品牌的意义，可以体现在对国家、对企业、对消费者、对竞争者等几个方面。

（一）国家视角的品牌意义

品牌在国家层面的作用和意义，主要表现在以下两个方面。

1. 品牌是国家形象的代表

品牌不仅是一个企业开拓市场、战胜对手的有力武器，更是一个国家综合实力和整个民族财富的标志。民族品牌不仅代表国家的产业水平，而且代表国家的国际形象，承载着构建民族自尊心和自信心的重任。

据统计，世界上各类知名品牌（简称名牌）商品共约 8.5 万种，其中发达国家和新兴工业化经济体拥有 90% 以上的名牌所有权，处于垄断地位。我国拥有的国际知名品牌与国家的经济实力并不相符。目前我国有 170 多类产品的产量居世界第一位，但具有世界水平的品牌数量远低于美国、法国、日本等发达国家，与发达国家相比，我们是典型的“制造大国、品牌小国”。在经济全球化时代，如果一个国家没有优秀的民族品牌，它只能永远充当其他国家品牌产品的生产基地，耗费大量的人力、物力来赚取可怜的加工费。我国自“十一五”规划开始，就把技术创新和知名品牌培育列为工业经济发展的两个重点，表明培育示范品牌已经成为经济发展的重中之重。

2. 品牌是产业升级、国家竞争力提升的路径

品牌是产业升级和国家竞争力提升的路径。一个国家或地区的经济实力和地位，与品牌的多少、强弱密切相关。在每年英特品牌公司与美国《商业周刊》（Businessweek）联合发布的全球最有价值的 100 个品牌中，2014 年华为入选，2015 年华为和联想入选。近年来，世界经济开始进入品牌竞争的时代。一方面，品牌对国家经济发展的贡献度在不断提高，美国品牌所创造的价值占 GDP 的比重达 60%，而中国名牌产品对经济增长的贡献率仅为 5%。由于品牌少而弱，虽然我国对外贸易规模不断壮大，但效益并不高。另一方面，品牌是技术实力的象征，也是工业经济发展的标志，其表明产业文化的实力，因此，品牌培育是产业转型升级，提升国家竞争力的关键路径。

（二）企业视角的品牌意义

品牌是企业的无形资产，它对企业的根本意义在于创造新的市场，提升市场占有率，品牌代表很高的经济效益和很强的经济实力，是企业未来发展的主要驱动力，是企业产品的高附加值的来源。著名品牌本身就是企业的一笔巨大的无形资产。

1. 创造市场和市场占有率

企业通过品牌实现对市场的占有，并实现一定的市场占有率，其具体措施包括：品牌延伸，开发新产品进入新市场，获得消费者的认可和忠诚，打破不同地区、不同国家

市场的壁垒，实现企业发展的战略目标。相关调查表明，目前，世界主流市场已被著名品牌瓜分，不足3%的知名品牌占有40%的市场份额。

2. 形成竞争防线

品牌差别是竞争对手难以效仿的，它融多种差别化利益于一体，是企业综合实力和素质的反映。强势品牌能使企业长期保持市场竞争的优势。面对来自竞争对手的正面进攻，品牌资产筑起森严的壁垒；对于未进入市场者，品牌资产代表的品质以及消费者对它的推崇往往会使竞争者放弃进入市场的想法。

3. 提供渠道上的助力

强势品牌面临的来自渠道的压力较轻，渠道人员往往更乐于与知名品牌打交道，他们知道如何让他们的顾客获得知名品牌，否则他们会失去顾客。因此，一个强势品牌在争夺货架空间位置以及在取得渠道更好的合作上都占有优势地位。

4. 获得更高的收益

美国的一项调查表明，领导品牌平均获利能力是位居第二品牌的4倍，而在英国更高达6倍。消费者在许多情况下乐意为购买名牌而支付更高的价格。一方面，定价被作为质量的暗示认知，品牌资产所体现的品质支持更高的定价；另一方面，追求拥有名牌的满足感与优越感使消费者不介意支付更多。同时，品牌有利于提高顾客的忠诚度，美国学者瑞奇海德和塞斯1990年的研究表明，顾客忠诚度每提高5%，企业的利润就会提高25%～85%。

5. 应对环境变化

面对环境的变化，品牌庞大的消费群体，能为企业提供更强的适应性与应变能力。当面对较高的通货膨胀、原料与能源的短缺、消费者偏好的变化、新竞争者的介入等环境变化时，有品牌资产强有力的支持，品牌与公司就有时间进行技术革新、重新定位、战略战术调整从而立于不败之地。

6. 有助于企业的资本运营

企业融资、并购的关键是标明未来收益的经营资本的价值，除了企业的技术、人才、市场、运营模式等方面的因素外，企业的品牌资产是经营资本评估非常重要的因素。品牌是吸引投资、开拓市场的卖点，因为强势品牌的背后是强大的市场需求和顾客关系。

（三）消费者视角的品牌意义

品牌使消费者的购买决策更容易，也更容易满意。消费者因此用三种方法回报品牌：购买产品、显示忠诚、支付较高的价格。

1. 获得自我认同和社会认同

自我识别的研究是后现代消费最关键的决定因素。成功的品牌一般都具有鲜明的个性和形象，通过使用某一品牌，消费者在内心实现了理想的自我，或者自我通过品牌在社会中彰显出来，被他人和社会所接受。消费者运用品牌建立了自己想要的理想的个人形象。

2. 减少交易费用

消费者喜欢品牌，是因为品牌所构成的意义，变成一种较容易选择的方式，帮助消费者省下评判各种事物的时间。

在市场经济中，参与交易的买卖双方除了按商品价格支付货款外，为了完成交易还需支付的其他费用称为交易费用。它包括搜寻商品的信息（如比较价格、质量）和购买后可能发生的法律诉讼等费用。知名品牌凝聚着消费者选择商品想要掌握的各种信息，它是卓越的产品、服务质量、企业信誉、高知名度和市场占有等综合优势的象征，可以使消费者买了放心、用了称心，大大节省消费者选择购买商品所需的交易费用。

3. 减少认知不协调

消费者在进行一次较重大的购买之前或之后，都可能会感到不协调，常常会问自己："我买对了，还是买错了？"这种担忧往往会形成不协调的感觉。但如果买的是名牌产品，人们在购买时不仅可以用这牌子消除自己的疑问，而且能感觉到一种荣耀的自我满足。所以，品牌可以充当促进消费者做出购买决策的"润滑剂"。

（四）竞争者视角的品牌意义

首先，从竞争的角度来看，企业可采用"品牌不缺"战略占领一部分市场，从而获取利润。因为无论竞争对手的品牌系统或产品组合多深多广，都很难满足所有消费者的所有需求。所以说没有饱和的市场，只有未被发现的市场。

其次，在竞争日益激烈的市场中，企业可以不间断地推出相对应的产品品牌进行反击。

最后，品牌不是万能的。有些企业可不做品牌而做销售，因为开发市场需要多种因素的组合，例如，消费者对某些产品购买介入程度不深，对产品品牌抱着一种无所谓的态度，也就是说消费者对某类产品的品牌不敏感；他们可能是价格敏感者，或从众者，或质量和功能敏感者。因此，企业只要抓住一点或几点，就可以吸引一部分消费者。

三、品牌的价值

菲利普·科特勒曾说："价值本质上就是把目标市场的质量、服务和价格正确地结合在一起。"价值不仅体现了产品的使用价值，同时还表达了它具有的文化内涵。产品的价值主要体现在其使用性方面，而品牌的价值主要体现在消费者的认可度方面。因此，品牌价值是品牌的精髓，也是品牌一切资产的源泉，它是驱动消费者认同、喜欢乃至爱上一个品牌的主要力量。

（一）品牌价值的含义

对于品牌价值的解说，有人从品牌定位的角度来理解，认为品牌价值是让消费者明确、清晰地识别并记住品牌的利益点与个性。一个成功的品牌通常都拥有其独特的核心价值与个性。实际上，品牌价值就是一个品牌在日益趋同的市场竞争中，能够脱颖而出、独树一帜、赢取消费者信赖与选择的关键战略概念。

也有人从品牌资产的角度来理解，例如，当前美国品牌界的领军人物大卫·艾克博士对品牌价值的定义是"一组品牌的资产和负债，它们与品牌的名称、标志有关，可以增加或减少产品或服务的价值，也会影响企业的消费者和客户。"① 美国学者林恩·阿普绍在其所著的《塑造品牌特征：市场竞争中通向成功的策略》一书中也指出："所谓

① 阿普绍. 塑造品牌特征：市场竞争中通向成功的策略［M］. 戴贤远，译. 北京：清华大学出版社，1999：9.

‘品牌价值’也是指一个品牌的净值、财务状况和其他相关的部分。”① 我国也有不少学者持同样观点。王珏在《消费者评价决定品牌价值》一文中写道，品牌价值最主要的两大范畴是：“一是从公司买卖方面衡量，品牌价值可以表述为品牌的现金价值；二是以品牌资产衡量的品牌价值，这是比较普遍的定义。”② 屈云波在《品牌营销》一书中的表述是：“品牌资产是一种超越生产、商品、所有有形资产以外的价值。”③

笔者认为，品牌的价值应该从企业和消费者两个层面来阐述。从企业层面而言，品牌给企业带来的效益，实质上是企业“账外有价”的无形资产，可为企业创造经济效益。从消费者层面而言，品牌以满足消费者质量、功能、服务、情感、个性等需要而表现出相应的品牌价值。现代品牌理论特别重视和强调品牌是一个以消费者为中心的概念，没有消费者，就没有品牌。品牌的价值体现在品牌与消费者的关系之中。因此，企业创建品牌，必须重视消费者，强化二者之间的关系。从节省营销成本的角度来看，还可以利用顾客良好的口碑效应，不断增加企业的忠诚顾客，从而提升企业的品牌价值。从某种意义上来说，品牌价值就是品牌提供给用户或消费者的品牌整体实力的全面反映，是与某一品牌相联系的品牌资产的总和。

（二） 品牌价值的构成

品牌价值主要包括功能价值、情感价值和核心价值。

1. 品牌的功能价值

品牌的功能价值是指品牌为顾客提供的基于产品本身使用价值的功能效用。这种价值直接与产品功能相联系，所体现的是某一品牌由于具有某些功能或质量，而使消费者获得身心双方面的利益，是促使消费者满意的重要因素。功能价值涉及产品质量、设计价值、工艺价值和服务价值等几个方面。

（1）产品质量。产品质量维系着品牌的生命，它反映在不同产品上有着不同的要求和内容。表现在高科技产品上，要求产品具有可靠性、精确性和耐用性等；表现在日用消费品上，要求产品具有良好的使用价值，即使用方便、耐用和美观等。产品质量水平的确定应适合消费者的实际需要。

（2）设计价值。产品的设计是在产品的实体形成之前就影响产品品质的一项工作。产品的设计水准高，产品在生产中的质量水平就会得到保障；产品的设计水准低，产品在生产中的质量水平就得不到保障。同时，设计价值还可以反映在产品的功能设计上，以“零距离”贴近消费者，直接面对用户量身定做产品，提倡“用户提出需求，我们按需供给”，消费者可以“点菜式”地提出功能与外观上的要求。

（3）工艺价值。工艺价值往往反映了产品制作工艺的技术特征和文化特征。对产品品质的控制在很大程度上取决于产品生产的工艺。现代科学技术的发展，使产品生产的自动化程度越来越高，它比产品生产的手工操作更先进，具有更高的工作效率。但对于某些产品，比如一些工艺品，手工制作往往会赋予产品比自动化生产更高的价值。

---

① 阿普绍．塑造品牌特征：市场竞争中通向成功的策略［M］．戴贤远，译．北京：清华大学出版社，1999：9.

② 王珏．消费者评价决定品牌价值［J］．中华商标，2002（2）：39－40.

③ 屈云波．品牌营销［M］．北京：企业管理出版社，1996：112.

（4）服务价值。服务是用于衡量产品品质的又一关键性因素。在传统的交易营销理念指导下，经营活动属于交易过程驱动型，厂商们总是把注意力集中在如何满足顾客的需求上。随着产品同质化程度的不断加剧，新的品牌经营观念将重点放在关系营销和顾客服务上。缔造优质的品牌服务体系，为顾客提供满意的服务越来越成为企业差异化品牌战略的重要武器。

2. 品牌的情感价值

品牌的情感价值是指顾客在购买或使用某品牌产品后获得的一种积极的情感体验。这些体验包括安全感、兴奋感、充满活力、温暖、自我肯定、自我实现、自我认知等。品牌的情感价值可从品牌历史、人格特征、社会特征和文化特征等几方面体现。

（1）品牌历史。品牌历史是品牌实际的或消费者感受到的品牌的历史起源。品牌所拥有的历史感本身就表明品牌的生命力，是形成品牌价值优势的重要来源。品牌深厚的历史渊源，在长期的生存与发展空间中，附加着很多的文化色彩，在历久弥坚的流传过程中形成了消费者良好的认知以及口碑基础。对某一类品牌而言，厚重的历史感是消费者追求的价值点。

（2）人格特征。消费者一般都喜欢符合自己观念和个性的品牌，因此，与品牌相关联的人格特点和性格特征，是建立品牌形象的重要依据。通过对品牌的选择，消费者可以实现自我表达。由于品牌的人格特征能触及消费者的心理需要等深层需求，因此往往更富有影响力，使品牌有可能成为顾客生活的一部分而极大地促进品牌忠诚的建立。

（3）社会特征。社会特征是品牌在社会人文层面所具备的价值力，大众对品牌的社会地位的认可度和公众区隔。社会特征包括品牌的社会责任感、公益活动、对社会的回报、诚信、环保等。为获得长期可持续的发展，品牌的社会责任感要融入品牌自身的核心业务中，例如培训公司员工，使员工具备良好的公德意识，或者主动承担社会公德责任，为良好的社会风尚做表率。具备良好社会责任感的品牌，不仅会获得同行的尊重，也会得到社会的广泛认同，从而为品牌创造良好的生存环境。

（4）文化特征。品牌是文化的载体，文化是凝结在品牌上的企业精华，也是对渗透在品牌经营全过程中的理念、意志、行为规范和团队风格的体现。因此，当产品同质化程度越来越高，企业在产品、价格、渠道上越来越不能制造差异来获得竞争优势的时候，品牌的文化特征正好提供了一种解决之道。所以有人说，未来的企业竞争是品牌的竞争，更是品牌文化之间的竞争。品牌文化则以个性、精神的塑造和推广为核心，使品牌具备文化特征和人文内涵。品牌的文化特征不但要具备精神内涵，还要从营销策划、促销活动、广告宣传、客户关系等各个方面进行整合，让消费者能够体会到品牌的个性、精神和文化内涵，还要具备典故、故事、仪式和人物等文化载体，比如可口可乐的诞生传奇、联想的创业故事、海尔的砸冰箱及送冰箱等故事。这样就让品牌文化鲜活和生动起来，形成具有忠诚度的品牌消费群体，并形成以品牌来连接的品牌文化，如星巴克瞄准都市白领，塑造了一种紧张中偷闲、讲究情调和品位的咖啡文化。

3. 品牌的核心价值

品牌的核心价值是品牌资产的主体部分，它让消费者明确、清晰地识别并记住品牌的利益点与突出个性，能驱动消费者认同、喜欢乃至爱上一个品牌。品牌的核心价值是品牌价值的内核，是品牌价值的主体部分，是品牌的精神内涵。

品牌的核心价值既可以是产品的功能型利益，也可以是情感型利益和自我表现型利益。一般而言，每一个行业，其核心价值的归属都会有所侧重。例如，食品产业会侧重于生态、环保等价值；信息产业会侧重于科技、创新等价值；医药产业会侧重于关怀、健康等价值。

品牌定位就是要挖掘具体产品的理念，突出其核心价值，使消费者明白购买此产品的利益点。只有这样，才能使产品和品牌在消费者心目中占有无法替代的位置，从而扩大品牌知名度。是否拥有核心价值，是品牌经营成功与否的一个重要标志，如舒肤佳香皂能“有效去除细菌”，六神花露水能“去痱止痒，提神醒脑”。正是因为有了清晰的核心价值与个性，这些品牌可以凭借差异化特征，在所选择的目标市场上占据较高的市场份额。

全力维护和宣扬品牌的核心价值已成为许多企业创造金字招牌的秘诀，如果把品牌比作一个地球仪，核心价值就是中间的那根轴心，不管地球仪如何旋转，轴心是始终不动的。

第四节 品牌的特征与名牌效应

品牌之所以与产品、商标、品类等不同，是因为品牌具有与众不同的特征。而品牌在营销市场中所产生的影响，也主要是通过品牌的名牌效应展示出来的。

一、品牌的特征

犹如商标、符号、包装、价格等各类元素综合（联系）在一起，构成完好的概念而成为品牌。基于此，品牌以其本身内在的丰厚性和元素的多样性而向受众传达多种信息。企业把品牌作为区别于其他企业产物的标志，以吸引消费者对本品牌的兴趣和记忆。从消费者角度来看，品牌作为综合元素与信息的载体一同存储于大脑中，成为他们搜索的线索和记忆的对象。

（一）品牌的无形性

品牌是一项重要的无形资产。由于品牌拥有者可以凭借品牌的优势不断获取利益，可以利用品牌的市场开拓力、形象扩张力和资本内蓄力进行不断发展，因此我们可以看到品牌的价值。但品牌的价值并不能像物质资产那样用实物的形式来表述，它能使企业的无形资产迅速增大，并且可以作为商品在市场上进行交易。据英国权威品牌价值咨询公司 Brand Finance 发布的《2019 年全球最具价值品牌年度报告》显示，微信以 507 亿美元名列第 20 位；华为以 622.78 亿美元名列第 12 位。

（二）品牌的专有性和排他性

品牌的专有性是指品牌拥有者经过法律程序的认定，享有品牌的专有权，有权要求其他企业或个人不能仿冒、伪造。然而我们国家的企业在国际竞争中没有很好地利用法律武器，没有发挥品牌的专有权。近年来我们不断看到国内的金字招牌在国际市场上遭遇尴尬的局面，“红塔山”在菲律宾被抢注，100 多个品牌被日本抢注，180 多个品牌在澳大利亚被抢注，等等，人们应该及时反省，充分利用品牌的专有权。

同时，品牌具有明显的排他性，一般一个品牌都归属于一方所拥有，品牌的名称、商标一经注册，便受到法律的保护，别人是不能轻易占有、享用的。当然，消费者可以享用某个品牌下以某个具体功能标定的产品，所以，一般一个品牌与另一个品牌从外延到内涵是有明显区别的。

（三） 品牌的表象性与识别性

品牌最原始的目的就是通过一个比较容易记忆的形式让人们记住某一产品或企业。因此，品牌必须要有一系列的物质载体来表现自己，使品牌形式化。没有物质载体，品牌就无法表现出来，更不可能达到品牌的整体传播效果。优秀的品牌在载体方面表现较为突出，例如，麦当劳以拱形“M”作为其标志，颜色采用金黄色，它像两扇打开的黄金双拱门，象征着欢乐与美味。

企业或生产者通过整体规划和设计，将各种符号如标志、色彩、包装等要素合并在一起，具有特殊的个性和强烈的视觉冲击力，能够帮助目标消费群体区别本产品和其他产品，以吸引人们，尤其是引起消费者和潜在消费者对自己产品的注意与识别。此外，品牌所传递的隐喻式感情也能够彰显一个品牌的功能和传达该品牌的内部信息，帮助消费者从情感信息上加以区分。

（四） 品牌成长的风险性

品牌具有一定的风险性和不确定性。品牌创立后，在其成长的过程中，由于市场的不断变化，需求的不断提高，企业的品牌资本可能壮大，也可能缩小，甚至某一品牌在竞争中退出市场。品牌的成长由此存在一定风险，对其评估也存在难度。对于品牌的风险，有时由于企业的产品质量出现意外，有时由于服务不过关，有时由于品牌资本盲目扩张，运作不佳，这些都给企业品牌的维护带来难度，对企业品牌效益的评估也带来不确定性。

（五） 品牌的工具性与扩张性

品牌是企业市场竞争的工具。品牌来源于具体的产品，代表一个企业在市场中的形象和地位，品牌统帅并引领着不同的产品进入市场、占有市场，是企业进入市场的通行证，是企业撬开市场之门的利器，是企业和市场的桥梁和纽带。

品牌代表一种产品、一个企业，企业可以利用这一优点展示品牌对市场的开拓能力，还可以帮助企业利用品牌资本进行扩张。例如，雅马哈早先是日本一家摩托车生产厂商，后来进入音响、钢琴、电子琴等领域，这就是典型的品牌扩张行为。同样，海尔集团在20 世纪 80 年代中期成功推出系列冰箱之后，又不失时机地推出了洗衣机、电视机、空调，后来还成功推出电脑和手机等。

二、名牌效应

从上述品牌与名牌的关系可知，所有的名牌都是品牌。而名牌的伟大作用，就在于它的名牌效应。名牌以此为基点，带领着产品、企业、社会发展和进步。名牌作为企业资产在市场开拓、资本扩张、人员内聚等方面都会给企业带来影响，使企业拥有成功的法宝。名牌的效应（如图 1－2 所示）主要表现在以下四个方面。

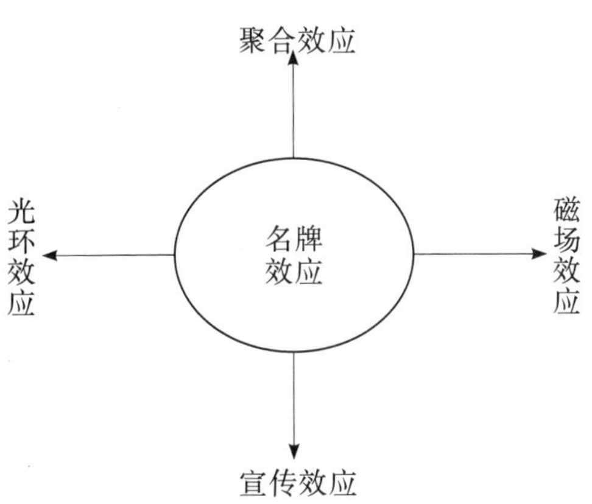

图 1-2 名牌效应

（一）聚合效应

企业和其产品成了名牌，不仅可获得较高的利益，较好的经济效益，还可以利用品牌资本使企业不断发展壮大。名牌企业或产品在资源方面会获得社会的认可，社会的资本、人才、管理经验甚至政策都会倾向名牌企业或产品。名牌企业会稳固自己的实力，并通过加强与供应商、后续企业的关系，通过资本营运聚合社会资源，使企业更进一步扩大，形成规模，产生规模效益。这样的企业聚合了人、财、物等资源，形成并很好地发挥名牌的聚合效应。例如，在2000年前后，全世界的网络公司开始出现大幅度的滑坡时，搜狐也经历着同样的痛苦，但由于其具有较高的知名度而吸引了大量的风险投资，使它渡过了这一难关，并走向成功。

（二）光环效应

名牌企业或产品作为同行业中的佼佼者，会因其产品带来一道美丽的光环，在这美丽光环的照耀下，企业及产品会受到一种正面的经济效应的影响。这种名牌的名气、声誉会对消费者、政府、合作者及其他社会公众产生一种亲和力、吸引力及认同感。消费者会慕名而来，购买使用名牌产品，也会由此及彼，爱屋及乌，选购该企业的其他产品，享受该企业的其他服务。政府也会因名牌企业或产品而给予支持、保护，促使该名牌的实力得到加强。合作者看到名牌的效应，也会加强合作，建立起良好的关系。而对于社会其他公众，也会较关心名牌、谈论名牌、推荐名牌，给名牌创造更佳的成长环境。例如，联想集团是中国IT业的名牌企业，在它成长、发展的道路上，经常可以看到政府的大力支援，它也受到消费者青睐，更有许多合作者与它携手共进。

（三）磁场效应

企业或产品成为名牌拥有了较高的知名度，特别是较高的美誉度、追随度后，会在消费者心目中树立起极高的威望，人们表现出对品牌的极度忠诚。人们会认为此名牌产品或企业信誉好，购买或使用这种产品让人放心，更是一种享受。这样企业或产品就会像磁铁一样吸引消费者，消费者会在这种吸引力下形成品牌忠诚，反复购买、重复使用，并对其不断宣传，而其他品牌产品的使用者也会在名牌产品的磁场力下开始使用此产品，并可能同样成为此品牌的忠实消费者，这样品牌实力进一步巩固，形成了品牌的良性循环。

我们从耐克和阿迪达斯公司间的竞争过程中看到名牌的磁场效应，耐克公司经过运作发展成为运动鞋的知名企业，而这一行业的老大原来是阿迪达斯公司，耐克的成名吸引着耐克公司的追随者，而同时也吸引着购买、使用阿迪达斯、锐步、安踏等公司产品的消费者，耐克公司产品的强大磁力使得“阿迪王朝”不再一家独大，使得众多的消费者开始追捧耐克的产品。

（四）宣传效应

宣传效应指某一品牌发展为名牌后，它就可以利用名牌的知名度、美誉度传播企业名声，宣传地区形象，甚至宣传国家形象。名牌的宣传效应在经济和社会生活中表现较为突出，越是有名的品牌，越是形象佳、美誉度高的品牌对企业、地区甚至国家的宣传效果越明显。例如，人们由于对宝洁公司的知名品牌飘柔、海飞丝等洗发护发产品的了解，加深了对宝洁公司的认识。

第五节　品牌的分类

从不同的角度考察，品牌会有不同的类型。分析品牌的各种类型，对于多侧面掌握品牌内涵，多方法、多渠道运用品牌价值理念，均具有一定的借鉴意义与参考价值，并可根据不同的类别采取相应的运营手段和管理策略。

一、按品牌影响辐射区域范围进行分类

品牌按其影响辐射区域分为区域品牌、国内品牌和国际品牌。

（一）区域品牌

区域品牌是在一定区域内享有盛誉、拥有较高知名度、占有较高的地区市场份额的品牌，但其影响力和辐射力也仅限于某一区域内。这些品牌在当地及相近的区域可能占有相当大的市场份额，知名度较高，美誉度也极好，一旦离开这一特定区域，知名度可能就接近于零，更谈不上美誉度，其品牌范围有一个非常明显的边界。区域品牌是现实的，也是危险的，因为市场竞争如逆水行舟，不进则退。而市场是流动的，如果不主动出击，其他品牌也会前来侵犯，尤其是在国家、国际品牌的强大压力下，要想坐享小国寡民式的安稳是不可能的。

（二）国内品牌

国内品牌是指被本国公众普遍认知的品牌，它们一般畅销于本国，有大规模的、持续性的广告投入支持，市场占有率较高，消费者的熟悉度也较高，在大多数的渠道上皆有销售。与区域品牌相比，其竞争力要强得多，销售市场要大得多。如长虹彩电、小天鹅洗衣机等，这些品牌在国内均获得过国家级甚至国际评比的大奖，在国内的知名度和美誉度很高，产品覆盖全国，有一定的出口量，但主要市场仍在国内。面对全球经济一体化，国内品牌也面临着生死存亡的考验。作为国内品牌的民族产品要积极主动，发挥本土优势，与国际品牌抗衡。国内品牌具有本土化方面的天然优势，如我国彩电行业从20世纪80年代到90年代中期，经历了由洋品牌彩电唱主角到国产品牌占主导地位的重大变化。国内品牌只有继续加强技术创新，尤其是核心技术的自主创新，加强管理，降

低成本和价格，更好地适应市场发展，满足消费者的需求，才能在竞争中继续保持优势。

（三）国际品牌

国际品牌是被世界公众广泛认知的品牌，像万宝路、IBM、麦当劳、微软等都属于这个行列。据统计，目前绝大部分国际品牌都被发达国家所垄断，尤其是美国、日本、法国、英国、意大利、瑞士等少数国家，其国际品牌风靡全球，为所在国带来了滚滚财源，同时也大大提升了这些国家的国际地位。真正的名牌应该是国际品牌，在经济日益全球化发展的当代，市场竞争是没有国界的。品牌有它的原产地、原产国，但是品牌运行的舞台是国际性和全球性的。可口可乐是美国的品牌，但可口可乐饮料几乎风行世界上一切实行市场经济的国家和地区；索尼和松下是日本的品牌，但索尼电器、松下电器在美洲、欧洲、亚洲，甚至是非洲都占领了相当的市场份额。

二、按品牌在市场上的地位进行分类

以品牌在市场上的地位作为分类标准，可以将品牌划分为领导型品牌、挑战型品牌、追随型品牌和补缺型品牌。

（一）领导型品牌

领导型品牌是指该品牌产品在其所在行业市场中占有最大的市场份额，如可口可乐、麦当劳等。领导型品牌通常享有较高的利润空间。竞争者或向其挑战，或模仿，或避免与之竞争。作为市场的领导者，领导型品牌的任务就是维护、巩固、发展品牌的市场地位及影响力，敢于向自己挑战，牢固占领行业领导型品牌的宝座。

（二）挑战型品牌

挑战型品牌是在行业市场中仅次于领导型品牌，有较大发展潜力的品牌。这类品牌可向领导型品牌发起猛烈攻击，争取更大的市场份额，或维持原状，避免引起争端。大多数挑战型品牌的竞争旨在扩大市场占有率，而要实现这一目标，必须选择竞争对手作为攻击目标。它们可以选择的攻击目标主要三种：领导型品牌、同类品牌和小规模品牌。挑战型品牌可以利用既有品牌的知名度、营销、生产和管理等方面的优势打入相关产品市场，来与这三类品牌进行竞争。

（三）追随型品牌

追随型品牌是位于前两种品牌类型之下，实行紧随这两种品牌之后策略的品牌。它们一般尽可能在各个细分市场和市场组合领域里模仿领导型品牌。追随型品牌具有一定的寄生性，它们很少刺激市场，主要依赖领导型品牌经营者的投资而生存。它们是挑战型品牌攻击的主要目标之一，因此必须保持低廉的制造成本、优良的产品质量和周全的服务，来保持或提升自己的竞争优势。

（四）补缺型品牌

补缺型品牌是基本上没有什么知名度，专门为市场的某些部分服务的品牌。它们多由小型企业经营，专营大型品牌忽略或不屑一顾的业务。在市场竞争中，对此类型的品牌而言，最重要的就是选择小生产市场和实现专业化的经营。市场细分对中小型企业有特殊的意义。中小型企业资源薄弱，实力有限，在整体市场或较大的市场上往往难以与大企业竞争。但通过市场细分，可以找到大企业顾及不到或无力顾及的“空白市场”，然后“见缝插针”“拾遗补阙”，集中力量加以经营，就会变整体劣势为局部优势，同样可在激烈的市场竞争中占有一席之地。

三、按品牌的生命周期进行分类

按照品牌产品的生命周期来划分，可以将品牌分为新品牌、上升品牌、成熟品牌和衰退品牌。

（一）新品牌

新品牌是指处于市场导入期的品牌，即刚刚进入市场，消费者对其品牌的认知较薄弱，还没有占据市场份额的品牌。对于此类品牌，从其诞生之日起，生产、销售厂商一般都采取强化营销战略，力图使品牌有活力地发展，争取获得越来越多的市场份额。处于此发展周期的新品牌，应当树立行业正宗产品的市场形象，只有这样，才能在打开新品牌知名度的基础之上获得消费者的认可，最后发展成领导型品牌。

（二）上升品牌

上升品牌是指处于市场发展期的品牌，即该品牌已经进入市场一段时间，不论其产品活力还是消费者对其的认知程度都处于上升之中。此类品牌已经拥有相当的活力，在市场中也已经占据一定的份额，有一定的知名度，但是还没有取得消费者的品牌地位认同。处于这一市场周期的品牌应当树立规模营运的品牌市场形象，加强提升品牌形象的宣传活动，以达到领导型品牌的地位。

（三）成熟品牌

成熟品牌是指处于市场成熟期的品牌，即该品牌已经取得竞争优势，获得大部分消费者的认可，更具活力，其市场份额稳定，居于该行业品牌的领导地位。一个品牌一旦居于同行业的市场领导地位，就会拥有广大的忠诚消费者，只要其可以随着市场变换加以调整，能跟得上社会变化并维持既有水平，其品牌地位一般可以维持相当长的时期。因此，此类品牌虽然已经取得了消费者的认可及尊重，但是仍然应该加强营销活动力度，应有计划地导入新商品，以求品牌的活化性，加强消费者的偏好。因而在这一市场周期，应当树立特定细分市场的领先者品牌形象，并以活化性的活动来增强品牌活力。

（四）衰退品牌

衰退品牌是指处于市场衰退期的品牌，即该品牌开始老化，逐渐失去活力，市场销售量急剧衰退。因为市场环境的变化，既有品牌已经不适合新的市场环境，厂商一般将重点放在开发新市场上，往往以新品牌来取代原有品牌，重新开始新品牌的资产创造工作。不过，处于此市场周期的品牌厂商，一般可以采取以下三种策略：一是通过对该品牌产品的革新、持续性发展及改进来控制此种商品市场的利润下滑幅度；二是尽全力开拓新市场，开发出能带来可能的新利润的新产品，并将已经获得的品牌优势转移到这些新的领域；三是为获取规模经济，降低决定着实际利润的成本，使得该品牌产品的销售量增加，从而提升其营销的整体效果。

四、按品牌价值指向进行分类

按照品牌价值指向的归纳，我们得出了功能价值品牌和精神价值品牌两大类。

（一）功能价值品牌

功能价值品牌是指专为顾客提供基于产品本身使用价值的品牌。功能价值品牌的产品提供能够解决消费者具体问题的功能价值，它始终将产品质量和品质放在第一位，其产品的功能效用是影响顾客购买决策的最基本、最直接的因素。在现今技术飞速发展、竞争日益加剧的营销环境中，功能价值品牌的发展有很大的局限性，例如，易于为竞争对手效仿，难以实现差别化，过分突出某种功能价值，会限制这一品牌在其他产品种类上的延伸，当消费者需求发生变化时，会降低品牌对市场变化的反应能力等。

（二） 精神价值品牌

精神价值品牌是指提供基于产品之上的精神体验的品牌。精神价值品牌的精神体验是顾客在购买或使用品牌后获得的一种积极的情感体验。这些体验包括安全、兴奋、充满活力、温暖、自我肯定、自我实现、自我认知等，体现了消费者对品牌在情感和心理上的感知，并以此建立消费者与品牌之间联系的基础。精神价值品牌赋予产品使用价值之外的精神感知，是驱动消费者认同、喜欢和眷恋品牌的核心力量，是消费者对品牌建立忠诚度的奥妙所在，也是品牌架构的灵魂。消费者选择这个品牌，而不是那个品牌，不仅仅是在做一种产品上的选择，同时是在向周围人，也是在向自己表明其选择了这个品牌所代表的文化、人格特征以及价值观。

五、按品牌使用主体进行分类

按照品牌使用主体不同，品牌可分为制造商品牌和中间商品牌。

（一） 制造商品牌

制造商品牌是由制造商对其产品自命的品牌，我国知名品牌中大都为制造商品牌，如海尔、华为、吉利等。目前市场中大部分企业都使用制造商品牌。生产企业使用制造商品牌，可以为自己树立形象，建立长期影响，有利于企业的发展和新产品的推广。

（二） 中间商品牌

中间商品牌是由大型批发商和零售商、自销商自己开发产品并自命品牌在其卖场和其他渠道进行推广的品牌。目前市场中已有大量中间商，如华联、屈臣氏、百安居、沃尔玛、家乐福等。中间商掌握了足够的销售渠道，并能挟其超常的销售能力压迫制造商为其提供低成本产品，生产的产品也包罗万象。在中国，当顾客走进华联超市时都会发现从针线包、螺丝电线、文具用品、水暖配件到护手霜等以“华联超市”为品牌的系列组合小商品。要使用中间商品牌，渠道是一项重要条件，但其他如营销能力、对供应厂商货品品质的监督能力、商品设计开发能力、采购估价能力等都必须具备，只有这样才够资格扮演中间商品牌的角色。随着现代商业和物流业的发展，越来越多的中间商品牌将会占据市场的主流地位。

六、按品牌用途进行分类

按照品牌用途的不同，品牌可以划分为生产资料品牌和生活资料品牌。

（一） 生产资料品牌

生产资料是人们从事生产劳动所必需的一切物质条件，包括土地、机器、设备、厂房、工具、燃料、原材料、辅助材料等。由于生产资料品牌面对的市场不同，所以在制定产品策略、定价策略、渠道策略、促销策略和设计营销方案等方面应该有自己的特点。在中国，生产资料品牌的品牌意识不如生活资料品牌那么强，很多品牌都是靠打价格战赢得了顾客，缺乏特色产品陷入了同质化竞争，造成国外品牌大量登陆中国市场，如中国是工程机械生产大国，但却不是工程机械强国。国内工程机械用户熟知的徐工、柳工、三一、中联等明星企业，只能算是国内有较高知名度的品牌而已，与世界上的强势品牌的距离还很遥远。如今，中国工程机械市场是世界知名品牌的竞争舞台，几乎所有的世界名牌都进入了中国市场，攻城拔寨，如卡特彼勒、小松、日立、现代、沃尔沃、神钢等。中国生产资料品牌只有不断创新，提升自己的研发、生产能力，增强品牌意识，才能提高企业竞争力，与国际品牌逐鹿于竞争激烈的市场。

（二）生活资料品牌

生活资料是用以满足人们物质生活和精神生活需要的社会产品，又称消费资料、消费品。生活资料的消费者购买产品是为了最终消费，对获得产品信息的要求较高，因此企业常常通过公共渠道和商业渠道传播商品信息，靠“显露性”的广告、促销手段、精美的包装和位置优越的流通渠道网点传播信息。现代市场是一个资源丰富的市场，生活资料品牌种类繁多、商品丰富、竞争激烈。因而品牌一头连接着企业，一头连接着消费者。成功的品牌具有明显的易识别性，通过品牌的运作，企业将特定的商品及相关知识告诉消费者，消费者以此获得特定的商品知识作为选择商品的依据，通过品牌信誉，还可得到品牌产品的质量保证，从而消费到好的产品，以减少购买的风险，并能够享受品牌的售后服务，从而在企业与消费者的沟通上发挥作用。

七、按品牌价格定位档次进行分类

按照品牌价格定位档次的不同，品牌可以划分为大众品牌、高档品牌和奢侈品品牌。

（一）大众品牌

大众品牌是面向广大群体，以较高的市场占有率为特征的品牌。其特征是价格适中，但产量很高，目标消费群体定位于大众消费群体。大众品牌如可口可乐、娃哈哈、高露洁、强生、麦当劳、佐丹奴等，其价格定位适中，顾客群体广泛，有大量忠诚顾客高频次的购买，最终这些品牌通过顾客大量消费，导致企业规模化生产而获取规模效益，实现规模利润。

（二）高档品牌

高档品牌是相对大众品牌而言的，是以高定价、低产量、高品质为特征的品牌，其定位于少数高消费群体。企业多采用情感性价值来打造高档品牌，强调高档品牌的核心价值与品牌文化。随着社会消费水平的提高，高档品牌所占的比例正在日益增加，有些企业在生产大众品牌的同时，也生产一些高档品牌，一方面为了显示技术实力和行业地位，另一方面也为了延伸产品线，占领更多的市场份额。

（三）奢侈品品牌

奢侈品品牌是品牌中的顶级品牌，必须具有其独特价值、独特风格、独特品位，往往引领时尚潮流，具有唯一性与不可复制性。奢侈品品牌不同于高档品牌，因为高档品牌通常可以通过完美品质和品牌包装在短期内诞生，而对于一件奢侈品而言，它的风格决非一蹴而就的，多数是蕴含了艺术价值与历史痕迹的，奢侈品品牌必须制造望洋兴叹的感觉。为了维护目标顾客的优越感，奢侈品品牌要不断地设置价格壁垒，拒大众消费者于千里之外，使大众与它们产生距离感。要使认识奢侈品品牌的人与实际拥有的人在数量上形成巨大反差，这正是奢侈品品牌的魅力所在。奢侈品品牌较少在大众媒体上发布广告，而是专注于精英媒体传播，附有地位、身份象征，更多表现的是心理的附加价值，是品牌金字塔尖上那一缕最璀璨的星光，寄托着全世界人的梦想。

八、按品牌属性进行分类

按照品牌的不同属性进行分类，品牌可以分为产品品牌、企业品牌和组织品牌。

（一）产品品牌

产品品牌是以产品闻名为特征的。如康师傅方便面享有盛誉，但其制造商中国顶新集团则未必有人知晓。

（二）企业品牌

企业品牌是以企业闻名为特征的，像麦当劳、肯德基、佳洁士、海尔、可口可乐等企业。这里面又可分为把企业与产品结合在一起、产品与企业同名（像皮尔·卡丹、阿迪达斯、金利来等）和企业与产品不同名但都属强势品牌（像宝洁公司与飘柔、海飞丝，卡夫集团与奥利奥、鬼脸嘟嘟等）两种类型。

（三）组织品牌

组织品牌是以组织形式聚集各种资源而形成的一种品牌。它是一种资源关系高度整合的品牌，如 AEPC 会议、博鳌亚洲论坛等。

九、按品牌知名度进行分类

根据品牌知名度层次的不同，可以把产品及其品牌分为驰名商标、著名商标、一般名牌、优质产品、合格产品和不合格产品六个层次。

驰名商标是商标法律中的一个专有名词，它最早出现于 1883 年的《保护工业产权巴黎公约》。该公约第六条之二规定，“本联盟各国承诺，如该国法律允许，应依职权，或依有关当事人的请求，对商标注册或使用国主管机关认为在该国已经属于有权享受本公约利益的人所有而驰名、并且用于相同或类似商品的商标构成复制、仿制或翻译，易于产生混淆的商标，拒绝或取消注册，并禁止使用。”我国于 1985 年加入《保护工业产权巴黎公约》国际组织，根据国际惯例和我国《商标法》的规定，驰名商标专有权将得到范围更广、力度更强的法律保护。驰名商标具有较高的法律和商业价值，在国际商业品牌中享有很高的地位，受到世界 100 多个国家的共同承认与保护。它是企业经济效益、商业信誉、管理水平、产品质量及品牌知名度、美誉度等企业综合实力的集中体现。认定驰名商标，对打击假冒商标、保护知名商标专用权人的合法权益和帮助企业参加国际市场竞争具有重要意义。

著名商标按照国际标准来分析，属于国家级水准的名牌，是该国的某些区域或行业中品牌的佼佼者。对于我国来说，著名商标属于“国优”水准的名牌，是行业中最优秀的，并被人们普遍接受和依赖。

一般名牌属于区域性的知名品牌，在一定范围内有影响力。

优质产品和合格产品称不上知名品牌，尤其是合格产品，是对流通商品的最基本要求。

十、按照品牌来源地进行划分

按照来源地的不同，品牌可以划分出原产地品牌和组装地（或设计地）品牌。

（一）原产地品牌

原产地品牌指拥有该品牌名称、负责产品设计的公司所在地或隐含在知名品牌中所在地的品牌。例如，奔驰来自德国、摩托罗拉来自美国、丰田来自日本，这些都是按照品牌原产地来界定的。品牌原产地是最初培养和生产品牌的那个地区，我们可以把它理解为“品牌的国籍”。因此，根据品牌的国籍可划分为美国品牌、日本品牌、德国品牌等。一般而言，品牌所属的公司总带有母国概念，尽管索尼后来把总部搬到美国，但消费者仍很清楚它是日本品牌。再如IBM品牌在做全球范围的营销，但消费者仍认为它是一家美国公司。

（二）组装地（或设计地）品牌

最初，品牌来源地研究集中于某国或某地的生产与制造引起产品质量的差异，进而影响购买倾向。因此，最初将“原产地”概念等同于“制造地”。后来，跨国公司“组装”盛行，生产制造全球化导致“杂交”产品出现，即产品可能在其母国设计，但不在母国制造，产品配件来自世界多个国家。“杂交”产品使“原产地”概念复杂化，有研究把“原产地”进一步分为“制造地”“设计地”“组装地”。由于品牌在全球的影响力不断增强，品牌的来源地对消费者的品质评价和购买选择的影响力远远大于产品制造地或设计地。

十一、按品牌所处行业进行分类

按品牌所处行业进行分类，不同行业有不同的品牌。有多少种行业，就有多少种行业品牌。

如今的行业竞争已经越来越趋于同质产品的竞争。遮住商标，可口可乐与百事可乐并无太大区别，“康师傅”与“统一”的方便面也没有什么不同。在这种情况下，品牌就成了人们识别、选购商品的唯一依据。而各行各业中的众多品牌也在行业中有不同的排次，知名品牌往往成为人们的首选。比如，在餐饮行业中，有麦当劳、肯德基、海底捞、兰州拉面、沙县小吃、云南过桥米线、天津狗不理包子、杭州小笼包、隆江猪脚饭等品牌；在汽车行业中，有奔驰、劳斯莱斯、福特、宝马、丰田、本田、奥迪、红旗、东风、解放等品牌；在家用电器行业中，有松下、索尼、日立、飞利浦、海尔、格力、美的、创维、格兰仕等品牌；在电脑行业中，有联想、微软、IBM、苹果、明基、惠普、宏基、清华同方、华为等品牌；在手机行业中，有三星、华为、苹果、中兴、摩托罗拉、小米、诺基亚等品牌。

本章小结

本章是本书的开局篇，涉及的内容主要有以下五个方面。

（1）品牌的来源和内涵。从给牲畜、酒桶等产品打“烙印”到演变为消费者的心理需求，介绍了品牌的来源；从学者、美国市场营销协会到本书编者，分别对品牌概念做出了解读；从品牌属性、品牌利益、品牌使用者、品牌价值、品牌个性、品牌文化等六个方面，阐述了品牌内涵；从品牌是一种经验、一种保证、一种制约、一种契约，也是个性展现和身份象征，诠释了品牌的心理暗示。

（2）品牌概念辨析。就品牌与产品、品牌与商标、品牌与品类、品牌与名牌之间的联系与区别，展开了讨论。

（3）品牌的功能与价值。对品牌的价值功能、识别功能、沟通功能、担保与维权功能、形象塑造功能，以及品牌的功能价值、情感价值、核心价值等做了介绍。

（4）品牌的特征与名牌效应。就品牌的无形性、专有性、排他性、表象性、识别性、成长风险性、工具性与扩张性等品牌特征，以及聚合效应、光环效应、磁场效应、宣传效应等名牌效应，分别做了解读。

（5）品牌划分与类型。从品牌影响辐射区域范围、品牌产品在市场上的地位、品牌的生命周期、品牌价格定位档次等 11 个方面，对品牌类型进行了划分。

本章的学习，能够为以后各章学习打下理论基础。

思考与练习

1. 美国市场营销协会对品牌的定义是什么？
2. 你是怎样解读品牌的内涵的？
3. 对于企业、消费者和竞争对手来说，品牌分别起到什么作用？
4. 品牌与产品、商标间的区别和联系是什么？
5. 简要说出品牌的功能及名牌效应。
6. 什么是品牌的核心价值？请举例说明。
7. 国内品牌与国际品牌、大众品牌与奢侈品品牌，均有什么区别？

第二章　品牌的命名与品牌定位理论

学习目标

（1）知道品牌命名的基本思路和重要意义。
（2）明确品牌命名的主要原则与基本方法。
（3）熟悉品牌定位的内涵及理论基础。
（4）了解品牌定位的主要功能与原则。
（5）掌握品牌定位的策略并认清品牌定位的误区。

品牌命名是给品牌取名，品牌定位是给品牌确定目标市场。品牌命名理论和品牌定位理论都是品牌建设、品牌管理的基础理论及前提条件，能为学习并掌握本章知识及后面内容的学习打下理论基础。

第一节　品牌命名的思路和意义

企业的诞生从名字开始，可以说，起名是企业迈向成功的第一步。中外企业大都重视企业的起名。好的名字是起名者智慧的结晶，是一种思想文化的体现；好的名字能联结消费者的心，唤起人们对精神生活和物质生活的追求。被誉为“全球定位之父”的阿尔·里斯说过：“从长远的观点来看，对于一个品牌来说，最重要的是名字。”[①] 所以，品牌命名是品牌建立之始的重头戏。

一、品牌命名的思路

（一）以品牌创始人名字命名

以品牌创始人的名字为品牌命名，在品牌的发展史上比较常见，如雀巢（Nestle）的创始人为亨利·内斯特（Henri Nestle）、派克（Parker）的创始人为乔治·派克（George S. Parker）、福特（Ford）的创始人为亨利·福特（Henry Ford）。当欧洲手工作坊主把

① 里斯 A，里斯 L. 打造品牌的 22 条法则［M］. 周安柱，储文胜，梅清豪，译. 上海：上海人民出版社，2002：77.

自己的名字标在自己的产品上，用自己的名字或人格担保产品的质量，便于赢得消费者的信任并购买时，就出现了人类史上的品牌商品。法国最早报道品牌商品的文章曾写道："消费者们可以完全相信那些印有品牌创始人自己名字的商品的质量，因为人们很难想象哪一家企业敢用自己的名字开玩笑。"后来，这种命名方法成为一种通用的方法。有的品牌创始人不但用自己的名字来命名品牌，还把自己的个人经历撰写成传奇故事，使品牌注入了文化因素。

随着社会的发展，这一命名方法也获得了扩展。例如，沙宣就是用自己的品牌形象大使、国际著名美发专家维达·沙宣的名字作为品牌，从而树立起专业洗发、护发的形象；而"李宁"是我国著名体操运动员李宁退役后，加盟广东健力宝集团，创立的体育用品品牌。

（二）以产品生产地地名命名

凭借地区的独特资源和历史文化，用产品生产地地名来命名产品品牌的做法一直受到企业家的推崇，该命名方法可借助其标志性产品的唯一性来与其他竞争者进行区别。例如，肯德基（又叫肯塔基州炸鸡，简称 KFC）就来自美国肯塔基州，麦斯威尔咖啡出自一家名为麦斯威尔的饭店，青岛啤酒产自中国青岛。

（三）采用现成词变异组合来命名

用现成词进行变异组合来命名品牌，往往蕴含产品功能或性质。例如，百事可乐（Pepsi-Cola）中的"pepsi"来自英文单词 pepsin（胃蛋白酶）；金霸王（Duracell）电池是由 durable（持久的）加 cell（电池）组合而成；雷朋太阳眼镜（Ray-Ban）的功能是抵挡（ban）眩光（ray）。

（四）以虚构或杜撰的方式命名

以虚构或杜撰的方式命名，能产生最具鲜明特色的品牌名字。例如，柯达（Kodak）品牌的名字是其创始人乔治·伊斯曼（George Eastman）杜撰的房主，因为他想要一个不同寻常的字母开头并结尾，同时该词语的发声要与按动照相机所发出的声音相似；泡舒（Paos）洗洁精是 Soap（肥皂）反写而；索尼（Sony）、海尔（Haier）、联想（Lenovo）都是为特定的目的由组织人员创造的新名词，现在都是世界知名品牌。

（五）以公司名称首字母组合或数字组合来命名

以公司名称首字母组合命名品牌也是比较常用的方法。例如，IBM 是国际商业机器公司（International Business Machines Corporation）的缩写。而用数字组合为品牌命名的例子也很多。例如，美国的"7-11"连锁店、中国的"999"药业。

（六）取自现成词汇来命名

选取已有的名词、动词、形容词等来为品牌命名在品牌命名史上也很常见，这些词汇可以是有关动植物的，也可以是描述自然现象或自然景观的。例如，汰渍（Tide，潮汐的意思）洗衣粉、帮宝适（Pampers，溺爱的意思）纸尿布、长虹电视、小米手机、莲花味精等。还有使用希腊、罗马神话中的神以及一般的事物名称来为品牌命名的，例如，Nike（耐克）是希腊神话中的胜利女神，奢侈品 Aphrodite（阿芙洛狄蒂）是以司爱与美之女神 Aphrodite（阿佛洛狄忒）来命名的。

（七）根据诗词寓意来命名

中国传统文化中，诗词是诗人、词人言志抒情的艺术形式。由于诗词具有严格的韵律，读起来朗朗上口，深受广大群众的喜爱，具有广泛的传播能力。因此，根据诗词寓意为品牌命名在中国也很常见。例如，红豆集团的命名就是取自王维的“红豆生南国，春来发几枝？愿君多采撷，此物最相思”；杭州楼外楼菜馆的名字正是出自“山外青山楼外楼”，为菜馆增添了文化情趣；百度来自辛弃疾的“众里寻他千百度”，展示了百度创始人的远大抱负。

信息时代，市场竞争形势、信息传播方式与环境都发生了天翻地覆的变化。因此，品牌命名也要与时俱进，应在掌握品牌命名原则的基础上，加强创新发展，使品牌名称对消费者的视觉和听觉更具冲击力。

二、品牌命名的意义

日本索尼公司前董事长兼首席执行官出井伸之先生曾说：“我们最大的资产是 4 个字母 SONY，它不是我们的建筑物或工程师或工厂，而是我们的名称。”可见，品牌命名的意义十分重要而深远。

（一）品牌命名能激发消费者的联想

品牌名称是品牌中能够发出声音的部分，是品牌的核心要素，是品牌显著特征的浓缩，是形成品牌文化概念的基础。一个好的品牌名称本身就是一句简短、直接的广告语，能够迅速而有效地表达品牌的中心内涵和关键思想。中国自古就有“正名”之说，名称的好坏会关系到品牌的成败。例如，Coca-Cola 可口可乐，音节顺畅响亮，暗喻饮料口感良好，使人快乐舒心。

（二）品牌命名充分体现品牌文化

名称是一种符号，它可以反映取名者的道德修养、文化水准和对品牌寄托的希望，是一笔宝贵的文化财富。同时，它也反映了品牌的文化品位。随着品牌的创建和品牌形象的树立，作为品牌有机组成部分的名称也是一笔重要的无形资产。好的名称充满生机、活力与诱惑力，它能深深地根植在消费者心中。消费者有相关需求的，会直奔名称而去，事情简单得就像我们感到口渴时直接去买一瓶水或饮料一样。业界有人对品牌名称有一个恰当的比喻：“一个好的产品是一条龙，而为它取一个好的名字，就犹如画龙点睛，成为神来之笔，为品牌增添光彩，对提高品牌的知名度，扩大品牌的市场份额，起着重要的作用。”

（三）品牌命名能展现品牌核心价值

品牌名称是品牌最重要的组成要素之一，它体现了该品牌的核心要素。品牌名称代表的品牌，给消费者以整体印象和基本评价。提到某一品牌名称，人们马上会对该品牌的产品质量、技术、服务等有一个总的概念。好的品牌名称是巨大的无形资产，它能给企业带来丰厚的回报。例如，劳斯莱斯代表了性能卓越的轿车，海尔、IBM 代表了优质的售后服务，等等。每一种品牌名称都给我们带来了有关的信息，而且长期影响人们的消费行为。因此，不能仅仅把品牌名称当作无关紧要的代号、符号，而应进一步挖掘品牌名称这一重要信息所代表和象征的核心价值，著名的品牌更是如此。

（四）品牌命名能彰显民族文化

作为语言文字的一个独特部分，品牌名称具有鲜明的民族性。它扎根于民族文化的土壤，从中汲取养分，同时也能够反映一个民族的政治制度、历史传统、风俗习惯及宗教信仰。作为经济发展的一种自然现象，品牌名称能折射出特定时代的经济文化特色和人民的心态。例如，全聚德、亨得利所透示的是早期工商业者励精图治、以期发财致富的心态；章华、耀华所体现的是早期实业家们以“实业救国”，振兴民族工业的宏愿和艰涩。

第二节　品牌命名的原则与方法

俗话说，名正则言顺。要想给品牌取一个好听、响亮，且富有鲜明特色的名字，我们还得遵循一定的原则和程序，并运用科学有效的方法。

一、品牌命名的原则

尽管品牌命名没有固定的标准，但是从全球知名品牌的成功经验和一些品牌失败的教训中，我们还是可以总结出品牌命名的一些基本原则。

（一）易读易记

一个产品或品牌，要想让消费者轻而易举地通过名称来识别，并且能够通过各种途径使其在市场上广为流传，其名称必须通俗明了，易读易记。德国著名的品牌专家海因里赫·赖夫认为，评价品牌名称成功与否的第一项标准就是简明性。简明就是语言表达形式简单，便于消费者识别和记忆；成功的品牌名称普遍简洁明快、个性独特、新颖别致，富有强烈的冲击力和浓厚的感情色彩。例如，同仁堂、康师傅、长虹、海信、王老吉、狗不理等耳熟能详的品牌，大家都记忆犹新。

（二）简单响亮

音节简单、发音响亮、声调起伏的名字容易朗读，便于识别和传播，让消费者的记忆深刻、经久难忘，使品牌能够脱颖而出。在中文的语境里二至四个音节是最佳的选择，例如，华为、苹果、三星等移动通信巨头，其品牌名称均为两个字。

杭州“娃哈哈”是一个口碑不错的品牌。在给该品牌命名的时候，命名者就考虑了三个方面的因素：一是“娃哈哈”三字中的元音是孩子最易发的音，极易模仿，且发音响亮，音韵和谐，容易记忆；二是字面“哈哈”为各种肤色的人用于表达欢笑喜悦之情；三是同名儿歌以其特有的欢乐明快的音调和浓烈的民族色彩，唱遍了长城内外、大江南北，把这样一首广为流传的民歌与品牌联系在一起，能很好地提高它的知名度。作为经典案例，“娃哈哈”命名的成功，除了它通俗、准确地反映了产品的消费对象外，最关键的一点是其将一种祝愿、一种希望、一种消费的情感效应结合儿童的天性作为品牌命名的核心，刚好是该品牌形象定位的出发点，也是该品牌市场竞争的出发点。

（三）寓意丰富，启发联想

品牌名称可以直接或间接地传递产品的某些信息，让消费者从中得到愉快的联想。一般来说，品牌名称可以巧妙、含蓄地蕴含以下意义。

1. 品牌名称具有产品性能暗示功能

通过宣传品牌功能，品牌名称便能够反映产品的某些性能和特点，向消费者透露产品的有关信息，进而引导消费，促使购买。例如，桑塔纳原是美国加利福尼亚州一座山谷的名称，该地因盛产名贵的葡萄酒而闻名于世。山谷中经常刮起强劲的旋风，当地人称这种旋风为桑塔纳。德国大众汽车公司以桑塔纳来命名自己的轿车，会使人们联想到轿车像旋风一样迅捷，也会使人们联想到轿车像旋风一样风靡全球。

2. 品牌名称体现具体服务对象

任何品牌都有其服务的对象，有自己的目标消费者。如果品牌名称能同目标消费者有适当的关联，让人们通过品牌名称知道品牌的消费主体，就可以大大提升品牌的信息传递效果，并引导消费。例如，以儿童作为服务对象的产品，可以起一个容易发音、活泼、有灵气的名字，像旺仔、小白兔、好孩子等都是儿童市场上比较有知名度的品牌；以女性为主要服务对象的产品，可以起一个娇柔、富有情调、包含着美丽字眼的名字，如好太太、永芳、柔娜、红蜻蜓等都是很好的女性用品品牌。

3. 品牌名称展现经营理念

如果通过简单的品牌名称能够传达品牌的经营理念，那么必将能够赢得社会公众对品牌的认同和信赖，从而提升品牌形象。例如，抵羊毛线就表达了“抵制洋货”的经营理念；雀巢品牌名称反映出哺育、呵护的价值观念；立信品牌表达了“诚实、守信”的企业核心价值；等等。

4. 品牌名称宣传优秀传统文化

我国是一个历史悠久的文明古国，优秀的传统文化源远流长。如果能够把这些优秀的传统文化融于品牌之中，必将大大提升品牌的亲和力和消费者的认同感。例如，长城润滑油、神舟航天科技、和谐号动车、友谊宾馆、英雄牌墨水、红旗轿车等，在我国的现实生活中就随处可见。

（四）保持时间和空间的适应性

从时间方面来看，应适合未来新产品的开发，适应社会经济发展潮流；从空间方面来看，应适合不同地域、不同国家和不同民族的需求。不同地域、国家或民族因文化传统、宗教信仰、风俗习惯、语言等差异，使得消费者对同一品牌名称的认知和联想是不会完全相同的。因此，品牌名称要适应目标市场的文化价值观念，适应品牌全球化的趋势。

（五）个性突出，风格独特

目前，我国主要商品已进入相对过剩的经济时代，企业大规模生产的结果是产品单一，差异不明显。随着人们生活质量的提高和人本意识的强化，消费者对品牌个性化的需求越来越突出。因此，品牌名称贵在个性，与众不同，就成了时代的新要求。只有这样，才能在众多品牌中脱颖而出，给消费者以鲜明的印象和深刻的感受，也才能满足消费者追求新奇、厌倦重复的心理。三枪、三只松鼠、劲霸、海澜之家等，因其品牌名称的独特性和鲜明的个性联想，拥有较强的竞争力。

（六）维权上的合法性

品牌名称受到法律保护是品牌命名的根本，而法律保护的前提是品牌名称必须申请注册，策划人员在命名时应遵循相关的法律条款。品牌名称的选定首先要考虑该品牌名称是否有侵权行为，策划人员要通过有关部门，查询是否已有相同或相近的品牌被注册，如果有，则必须重新命名。其次，要注意该品牌名称是否在允许注册的范围内。有的品牌名称虽然不构成侵权行为，但仍无法注册，难以得到法律的有效保护，应避免“搭便车”等行为引起的法律纠纷。

二、品牌命名的程序

虽然偶然的灵感迸发，甚至无意间的错误都可以获得非同凡响的品牌名称，但如果只是内部人员尤其是高层的意见，而没有遵循科学的严谨的程序，未通过受众测试就草率推出，难免会造成不良后果。因此遵循严谨的科学命名程序有助于提高品牌命名的成功率，从而促进品牌的快速健康成长。

（一） 成立命名工作小组

负责品牌命名的专门工作小组，在人员组成上除命名专业组织成员和企业领导外，还应该包括产品设计人员、市场调查人员等。命名小组要明确职责和工作目标，理清工作程序和工作思路，进行工作分工和协调，完成命名工作。

（二） 确立工作目标

在品牌命名之前，应先对目前的市场情况、未来国内外市场的发展趋势、品牌主体的战略思想、载体的构成与功效，以及人们使用后的感觉、竞争者的命名情况等进行摸底，明确品牌名称的类型、使用范围、与企业文化的适配度、创新性、竞争对手的反应等一系列问题，以便确立品牌命名的目标，做到有的放矢。

（三） 制订备选方案

确立目标之后，企业就可以开始搜集相关资料，制订方案，召集各路精英，发动头脑风暴，让所有可以参与的人畅所欲言、集思广益，甚至采用计算机软件辅助取名，并将所有名称一一记下。

（四） 专家评价筛选与受众测试

组建一个包括语言学、心理学、美学、社会学、市场营销学等方面的专家评价小组，将收集到的品牌名称，根据品牌命名原则，一一进行评价和筛选，并列出相关结果。评价筛选时，除了参考前面已阐述的品牌命名原则外，还应注意品牌未来的发展趋势，尽量避免品牌名称含义过于狭窄，以便品牌能够有效延伸。

专家对品牌名称评价和筛选的结果还需通过目标受众的测试。通常采用问卷调查、电话访谈、网络聊天等形式了解受众对品牌名称的反映。如果测试的结果表明目标受众并不认同被测试的名称，那么不管专家还是企业负责人多么偏爱这个名称，一般都不应该采用而须考虑重新命名。

（五） 法律审查

通过受众测试的名称，还要经过详细充分的法律审查。这个过程虽然费钱费时，但却至关重要，因为不能注册就得不到法律的有效保护。例如，有时一个名称可能会遭遇许多明显的异议，在这种情况下，就应当分析为何有这些异议，通常还要与异议者保持联系，有时还须签署必要的商业协定。另外，在某些特殊情况下，还有必要独立地实施周密的调查，以查证某一商标是否被使用，如果是，那么用在哪种产品上，甚至有时还有必要通过诉诸法律以废止某个商标，以便自己可以注册。

（六） 确定注册

通过法律审查的名称可由老板们根据偏好做出选择并最终确定，尽快进入法律程序进行相关注册，在没有确保注册通过之前最好能够保密，以免被他人抢先。例如，Google 的中文名谷歌就犯了这个错误，让另一家公司抢先注册，导致不必要的法律纠纷。

三、品牌命名的方法

一个好的名称是品牌被消费者认知、接受，乃至产生忠诚度的前提，品牌名称在很大程度上对产品的销售产生直接影响。品牌名称，作为品牌的核心要素，甚至直接影响一个品牌的兴衰。本书在借鉴前人总结归纳的基础上，推介以下 10 种品牌命名方法。

（一）地域法

地域法就是将品牌与地名联系起来，使消费者从对地域的信任，进而产生对产品/品牌的信任。青岛啤酒就是以地名命名的产品，人们看到青岛两字，就会联想起这座城市“红瓦、黄墙、绿树、碧海、蓝天”的美丽景色，使消费者在对青岛认同的基础上产生对青岛啤酒的认同。同样，蒙牛就是将内蒙古的简称“蒙”字，作为企业品牌的要素，消费者只要看到“蒙”字，就会联想起风吹草低见牛羊的壮观景象，进而对蒙牛产品产生信赖。由此可见，将具有特色的地域名称与企业产品联系起来从而确定品牌名称的方法，有助于借助地域积淀，促进消费者对品牌的认同。

（二）时间法

时间法就是将与产品/品牌相关的历史渊源作为产品/品牌命名的要素，使消费者对该产品/品牌产生认同感。众所周知的“道光廿五”酒，就是在 1996 年 6 月，锦州凌川酒厂的老厂搬迁时，偶然发掘出穴藏于地下 151 年的清道光二十五年的四个木酒海（古时盛酒容器）。经国家文物局等单位组织考古、酿酒专家鉴定，这批穴藏了一个半世纪的贡酒实属“世界罕见，珍奇国宝”。企业于是抓住历史赋予的文化财富，将用这种酒勾兑的新产品取名“道光廿五”。消费者只要看到“道光廿五”，就会产生喝到祖传佳酿的感觉。运用时间法确定品牌名称，可以借助历史赋予品牌的深厚内涵，迅速获得消费者的青睐。

（三）目标客户法

目标客户法就是将品牌与目标客户联系起来，进而使目标客户产生认同感。“太太口服液”是太太药业生产的女性补血口服液，此品牌使消费者一看到该产品，就知道这是专为已婚妇女设计的营养补品。同样，一看到“太子奶”品牌，就使人马上联想起这是针对孩子们的乳制品，还有“好孩子”童车、“娃哈哈”儿童口服液、“乖乖”食品等等，都是儿童产品的知名品牌。运用目标客户法来命名品牌，对于获得消费者认同具有很好的作用。

（四）人名法

人名法就是将名人、明星或企业首创人的名字作为产品/品牌名称。例如，李宁就是体操王子李宁利用自己的体育明星效应，创建的一个中国体育用品名牌；戴尔电脑就是以创办人戴尔名字命名的品牌。还有王致和腐乳、张小泉剪刀、福特汽车、乔丹运动鞋、松下电器等。用人名来命名品牌，可以提高消费者的认知度。

（五）中英文结合法

中英文结合法就是运用中文和英文字母或两者结合起来为品牌命名。例如，雅戈尔就是将英文“YOUNGOR”直接音译作为品牌名称；海信的英文 Hisense，在外国人眼中是 High Sense，即高灵敏、高清晰的意思，为产品推向世界做了很好的铺垫。同样，外国名牌在翻译成中文时，巧用中文音义与字义，也取得了很好的效果。例如，宝马汽车、潘婷洗发液、苹果电脑等。还有音译和意译相结合的品牌命名，例如，可口可乐、百事可乐等等。运用中英文结合法对品牌命名时，要巧妙结合，切忌为洋而洋，或为中而中，尤其是防止乱用洋名，使消费者产生厌倦，甚至产生反作用。

（六）数字法

数字法就是运用数字来为品牌命名，借用人们对数字的联想效应，产生品牌的特色。例如，三九药业的品牌含义就是“999”健康长久、事业恒久、友谊永久。“7－11”是世界最大的零售商和便利店特许商，在北美和远东地区有2.1万家便利店，该公司用“7－11”为企业命名的意思则是用自己从1946年推出的深受消费者欢迎的早7点到晚11点开店时间的服务特色来命名，目前已成为世界著名品牌。运用数字法命名，可以使消费者对品牌增强差异化识别效果。

（七）功效法

功效法就是用产品功效为品牌命名的方法，使消费者能够通过品牌名称对产品功效产生认同。例如，飘柔洗发水，以产品致力于让使用者拥有飘逸柔顺的秀发而命名；康齿灵牙膏，则是用牙膏对牙齿的防治功效来进行品牌命名的。运用功效法命名品牌，可以使消费者看到品牌名称，就联想起产品的功能与效果。诸如此类还有快译通家教机、好记星学生平板电脑等等。

（八）价值法

价值法就是把企业的追求用凝练的语言来为品牌命名的方法，使消费者听到名称，就能感受到企业的价值观念。例如，上海盛大网络公司、湖南远大企业，突出了企业志存高远的价值追求；福建兴业银行，就体现了兴盛事业的价值追求；武汉健民药业突出了为民众健康服务的企业追求。北京同仁堂、四川德仁堂，均突出了同修仁德、济世养生的药商追求。因此，运用价值法为品牌命名，对消费者迅速感受企业价值观具有重要的意义。

（九）形象法

形象法就是运用动物名、植物名和自然景观来为品牌命名的方法。例如，七匹狼服装，给人以狂放、勇猛的感受，使人联想起《与狼共舞》的经典情节；圣象地板，给人产生大象都难以踏坏的地板形象。运用形象法命名品牌，可以使人产生联想与亲切的感受，提升消费者的认知速度。

（十）企业名称法

企业名称法就是将企业名称作为产品品牌来命名的方法。例如，飞利浦电器、索尼电器、三洋电器等。国外品牌有些采用缩写的形式，即由公司（企业）名称的每一个单词的第一个字母组织起来构成一个新词，如 IBM、3M、NEG，其特点是简练，但不能说明企业的特征。运用企业名称法来进行品牌命名，有利于产品品牌、企业品牌相互促进，有效提升企业形象。

第三节　品牌定位的理论基础

品牌定位是品牌建设的基础，是品牌经营的前提，关系到品牌在市场竞争中的成败，因此越来越受到企业及有关方面的高度重视。可以说，品牌经营的首要任务就是做好品牌定位。

一、定位理论的产生

（一） 定位理论提出之前的市场营销理论

在定位理论提出来之前，市场营销理论经历了两个重要发展阶段，即产品时代和品牌形象时代。

在产品时代，市场上的产品品种比较少，商品差异化程度也比较大，市场竞争主要是通过产品本身的属性特点和功能利益的差异来实现。在这一时期，美国广告界大师瑞夫斯的 USP（Unique Selling Proposition）理论成了营销界的主流，它所诉求的是竞争对手做不到或是无法提供的独特的功能和利益。这一时期企业的注意力集中在产品的特色和消费者的利益上。

到了 20 世纪 50 年代后期，随着技术革命的兴起，以产品的功能差异来吸引消费者越来越难了，因为其独特的卖点越来越少了。到了 80 年代，有的企业家发现，在产品的销售中声誉或者形象比任何一个具体的产品特色都更加重要。于是，大卫·奥格威提出了品牌形象论，认为“每一次广告都是对品牌形象的长期投资”，然而当每家公司都想建立自己的声誉时，因市场上有太多的相似产品和的营销声音，以至于仅有少数公司能取得成功。

（二） 定位理论的提出

在经历了产品时代和品牌形象时代之后，人们逐渐认识到，产品重要，公司形象也重要，但更重要的是，营销者必须让潜在顾客脑海里建立一个“定位”。20 世纪 70 年代美国著名营销专家艾·里斯和杰克·特劳特提出了营销史上具有划时代意义的观念——定位理论，并在其中提出诸如“心理占位”“第一说法”“区格化”等极其重要的营销传播思想，指出任何一个品牌，都必须在目标受众的心智中，占据一个特定的位置，并维持好自己的经营焦点，从而宣告了一个营销新时代的到来。1996 年，杰克·特劳特与史蒂夫·瑞维金合作，出版了定位理论的刷新之作《新定位》，作者借鉴心理学及生命科学的最新成果，提出营销定位的诸种心理原则及其误区，从而使定位理论发展更为成熟，成为完整的思想体系，使其在全世界各个领域得到了广泛的应用。

由于杰克·特劳特提出了“有史以来对美国营销影响最大的观念”，因而他被誉为“有史以来对美国营销影响最大”和“发现市场营销永恒法则”的人。正如美国西南航空公司副总裁唐·瓦伦丁所说：“营销心法的第一条，就是通读《定位》这本书。它的核心看似简单，实则充满了力量，并且已经在各个领域得到广泛运用。”不止是在美国，定位理论对全球营销界的影响也是巨大而深远的。

二、品牌定位概述

（一）定位的含义

定位理论创始人杰克·特劳特和艾·里斯认为，普通人的大脑中储存着各种各样的信息，就像一块满得滴水的海绵，只有挤掉原有的内容，才有可能吸纳新的信息。[①] 根据他们的定位理论，定位的含义主要包括以下三个方面：

第一，定位的对象既可以是一种商品，也可以是一项服务，还可以是一个机构，甚至是一个人。[②]

第二，定位不是你对产品要做的事。定位是你对预期客户要做的事，即你要在预期客户的头脑里给产品定位。[③] 定位是对现有产品进行的一次创造性的试验。

第三，定位的变化是表面的，只是名称上的变化，产品的价格和包装实质上都丝毫未变。其所有改变，旨在确保产品在预期客户头脑里占据一个真正有价值的地位。[④]

（二）品牌定位的含义

凯文·莱恩·凯勒在《战略品牌管理》一书中提出，品牌定位就是确定本品牌在客户印象中的最佳位置以及竞争对手在客户印象中的位置，从而实现公司潜在利益的最大化。周志民认为“品牌定位是让品牌在消费者心智中占据一个与消费者相关、与竞争者不同的有利位置，使品牌成为某个品类或某种特性的代表品牌”[⑤]。

所谓品牌定位，就是让某个品牌在消费者心中占据一个有利的位置，目的在于塑造良好的品牌形象。品牌定位是市场营销发展的必然产物与客观要求，是品牌建设的基础，是品牌成功的前提，是品牌运作的目标导向，是品牌全程管理的首要任务，在品牌经营中有着不可估量的价值，甚至被提升到品牌经营战略的高度。每个品牌都必须有一个清晰、准确的定位，以便在宣传推广时能向消费者传达有效的信息。可以说，品牌经营的首要任务就是品牌定位。

有人认为品牌定位就是对顾客情感的一种管理。情感是人类生命中最生动的有机组成部分，优秀、精准的品牌定位能吸引目标顾客，激起目标顾客情感上的浪花。星巴克公司认为，“我们卖的不仅仅是咖啡，而是你生活中的第三生活空间”，这一理念恰好满足了年轻一族屏蔽繁杂与压力，追求闲暇时光的想法。耐克一直将激励全世界的每一位运动员并为其献上最好的产品视为光荣的任务，其商标图案是个小钩子，让人产生使用耐克体育用品后所产生的速度和爆发力。

由此可知，品牌定位是一个由内及外的过程，即从顾客的角度出发，针对潜在顾客的心理采取的一系列的行动。

三、定位理论的聚焦点

从艾·里斯和杰克·特劳特合作出版的《广告攻心战略——品牌定位》到特劳特与

① 里斯，特劳特．定位［M］．王恩冕，于少蔚，译．北京：中国财政经济出版社，2002：7.
② 里斯，特劳特．定位［M］．王恩冕，于少蔚，译．北京：中国财政经济出版社，2002：2.
③ 里斯，特劳特．定位［M］．王恩冕，于少蔚，译．北京：中国财政经济出版社，2002：2－3.
④ 里斯，特劳特．定位［M］．王恩冕，于少蔚，译．北京：中国财政经济出版社，2002：3.
⑤ 周志民．品牌管理［M］．天津：南开大学出版社，2008：125.

瑞维金合作出版的《新定位》，定位理论不断成熟和完善，其原则、内涵、种类和传播等内容不断得到了丰富，已经成为营销主流指导思想。

艾·里斯和杰克·特劳特认为，定位理论的核心有确定消费者的关注点、发现“痛点”和“痒点”、维系关系三个层面。

（一）确定关注点

确定关注点就是在消费者心中找到品牌自己的位置，这个位置来源于消费者的心智类型。消费者的心智关注点可分为九种类型，分别是价格、时间、性能、效果、价值观、感情、享受、身份和安全。随着消费升级，人们的关注点从物美价廉到功能卓越，到“我喜欢”，再到彰显身份地位。企业根据自己的产品特征、目标消费者心智的关注点占领相应的位置。这正是定位理论与USP理论以及品牌形象理论的主要区别。

（二）发现“痛点”和“痒点”

品牌定位是一种攻心战略，不是去创作某种新奇的、与众不同的东西，而是去操作已存在于受众心中的东西，也就是以消费者心智为出发点，找到消费者心中对品牌产品的价格、时间、性能和利益等不满意的点，即“痛点”；或者找到只有消费者买了才开心，体现其身份、价值、感情和享受等的“痒点”，随即以消费者需求满足和开心为导向，寻求一种独特的定位，拨动消费者的“心弦”。这不同于传统逻辑，从产品中寻找，而是从消费者的心理层面寻找，因为品牌定位源于消费者的心智。

（三）维系关系

定位理论强调品牌在顾客心中占据一定位置后，要持续维系与消费者的关系；强调通过突出符合消费者心理需求的鲜明特点，确定特定品牌在商品竞争中的方位，以方便消费者接收、处理品牌信息，维护品牌与消费者的良好关系。具体如下：

（1）定位为受众有限的心智提供一种简化的信息。人们要学会在心智上划分等级，不同的等级代表不同的产品与品牌，这样就简化了复杂的信息处理。定位正是适应了受众的简化心理，直指受众的心智，在受众心理阶梯上寻找一个位置，或者重新构建一定的心理阶梯。

（2）定位借助的是一种位序符号。USP策略运用的是特征代码，即利用人类通过事物特征来把握事物的原理，从产品概念中抽取某些特征用以指代产品，让受众在心中将这些特征意象转化为产品与意义，从而标志和理解产品。品牌形象策略运用的是象征性代码，利用广告投射一个形象，这一形象的性格和意义象征品牌，使受众在心中将形象性格、品牌及消费者自身融合起来。定位策略运用的是数列代码中的位序代码，比前两种更简化与抽象。位序代码代表消费者心中的排序和量度，当定位将某一位置赋予某一品牌时，这一品牌就成了位置符号的内容，人们在心目中就会将这一位置具有和包容的价值及其他信息附加在品牌上。

（3）定位与受众心理的保守性和可塑性。消费者现行的心智状态决定了消费者心中认知的选择性，即选择性注意、选择性理解和选择性记忆。这是认识结构的保守性和顽固性，但是消费者的心智在一定条件下又具有可变性和可塑性。定位要考虑受众心中已有的有序网络，同时又可修正、改变或重建心理位序，形成有利于自己品牌的心理位序。营销者应寻找、创造、利用有利于定位的条件，通过主动的传播与沟通，在消费者心中占据有利位置。

四、品牌定位的意义

品牌定位是品牌建设的基础，品牌定位的成功关系到企业在市场竞争中的成败。换句话说，品牌管理的首要任务就是品牌定位，所以品牌定位具有重要的营销战略意义。

（一） 品牌定位是联系品牌形象与目标市场的纽带

品牌定位是树立品牌形象的一种手段。换言之，品牌定位是通过对品牌整体形象的设计而使之贴近目标消费者的合理感受，是对目标消费者的心智和情感进行管理。一方面，目标市场是品牌定位的依据和归宿；另一方面，品牌形象需要通过品牌设计来完成，即恰当的品牌设计有助于在目标消费者心中形成良好的品牌形象。因此，品牌定位是联系品牌形象与目标市场的纽带，是寻求将品牌形象与目标市场实现最佳结合的过程。

（二） 品牌定位是确立品牌个性的重要途径

科学技术的飞速发展使同质化现象越来越严重，已无法满足消费者在情感和自我表达上的需求。因此，品牌的情感诉求已成为品牌竞争的焦点之一，品牌个性则是品牌情感诉求的集中体现。那么，如何凸显品牌个性呢？这就需要清晰的品牌定位，因为品牌定位中对品牌蕴含情感的设计，已经指向了品牌所要传达的个性。例如，柯达的定位以家庭为主，诉求快乐、温暖，其品牌个性表现为纯真、诚实、友善；而保时捷的定位是为追求时髦和刺激的年轻人展示个性，其品牌个性则是大胆、新潮、富有冒险精神。由此可见，品牌定位清晰，则品牌个性就能够比较鲜明地体现。

（三） 品牌定位是品牌占领市场的前提

经过品牌定位，品牌个性就可以在目标消费者心中占据一个有利的位置，就促使消费者的心理与之产生共鸣，接受和认可品牌。品牌定位的目的在于塑造良好的品牌形象，对消费者产生永久的魅力，吸引消费者，使消费者产生购买欲望，做出购买决策，充分体验品牌定位表达的情感诉求。赢得消费者，就意味着赢得市场竞争的胜利。因此，品牌定位是品牌占领市场的前提。假如没有品牌定位，那么产品营销和品牌形象的塑造将是盲目的。

（四） 品牌定位为企业的产品开发和营销计划指引方向

品牌定位的确定可以使企业实现其资源的整合，产品开发从此必须实践该品牌向消费者所做出的承诺。各种短期营销计划不能偏离品牌定位的指向，企业要根据品牌定位来塑造自身。

（五） 品牌定位是品牌传播的基础

品牌的传播是指借助于广告、公关等手段将所设计的品牌形象传递给目标消费者，品牌定位是指让所设计的品牌形象在消费者心中占据一个独特的、有价值的位置，二者相互依存，密不可分。一方面，品牌定位必须通过品牌传播才能完成。因为只有及时准确地将企业设计的品牌形象传递给目标消费者，取得消费者认同，引起消费者共鸣，该定位才是有效的。另一方面，品牌传播必须以品牌定位为前提，因为品牌定位决定了品牌传播的内容。离开了事先的品牌整体形象设计，那么品牌传播就失去了方向和依据。因此，品牌定位是品牌传播的基础。

（六）品牌定位是市场定位的核心和集中表现

企业一旦选定了目标市场，就要设计并塑造自己相应的产品、品牌及企业形象，以取得目标消费者的认同。由于市场定位的最终目标是实现产品销售，而品牌是企业传播产品相关信息的基础，还是消费者选购产品的主要依据，因而品牌成为产品与消费者连接的桥梁，品牌定位也就成为市场定位的核心和集中表现。

第四节　品牌定位的功能与原则

一、品牌定位的功能

根据品牌定位在品牌建设与管理，以及市场营销中所发挥的效用，我们将品牌定位功能总结归纳为以下几个方面。

（一）创造功能：创造品牌的核心价值

成功的品牌定位可以充分体现品牌的独特个性、差异化优势，这正是品牌的核心价值所在，就如同品牌的灵魂。例如，苹果在电子产品的市场竞争中，使用了差异化定位，探索自身的核心价值，通过种种宣传手段，成功地吸引了众多消费者的目光，成就了一个品牌、一类产品、一个企业和一个神话般的人物——乔布斯。

（二）提升功能：提升品牌的成功率

据有关数据显示，中国民营企业的平均寿命大约只有 3 年。而在导致品牌失败的众多原因中，选择了一个错误的发展方向，没有一个好的品牌定位一直是主要因素。如果一开始就把品牌定位在一个竞争异常激烈的红海市场，面对众多竞争对手的激烈竞争，再加上没有大量资金、资源等的持续支持，品牌就很难在这场没有硝烟的战争中脱颖而出。从电商到团购，从 O2O 到直播，从网红经济到共享经济，无不是烧钱的游戏，成为炮灰的是绝大多数，最后的赢家总是屈指可数。由此可见，只有在科学的品牌定位基础上，才是提升品牌成功概率的有效途径。

（三）塑造功能：塑造品牌个性和独特的品牌形象

品牌个性是相对消费者而言的。消费者在选购一件产品时，除了会考虑这件产品能否满足他们的基本功能需求外（即物质需求），也会考虑这件产品所表现出来的特性是否与自己的个性相符，能否表达、展现其个性追求（即精神需求）。因此，品牌个性要与目标消费者的个性相一致，只有这样才能把目标消费者吸引过来，同频共振。而品牌定位有助于企业了解目标消费者的性别、年龄层次、文化水平、消费水平、生活习惯、品位和个性等内容。如果没有明确的品牌定位，企业就很难把握目标消费者的个性特征。塑造品牌个性的另一个重要目的是让消费者对品牌有一个清晰的认识，能让消费者将这个品牌与其他品牌区分开来，进而认可、选择这一品牌。品牌定位的本质就是找准切入点，寻找差异化。这与品牌定位有利于塑造品牌个性不谋而合。品牌定位不明确，品牌个性就会模糊不清；缺乏品牌个性，品牌定位也就很难占据目标消费者的心智空间。

品牌形象就是品牌的名称、价格、包装、材质、功效、适用人群、广告、评价等内容的外在展示，是目标消费者对品牌的直接或间接感知。在产品严重同质化的今天，品牌定位对于塑造品牌价值，打造品牌的核心竞争力，甚至提升产品的销量都至关重要。因此，准确、清晰的品牌定位不仅能塑造品牌个性，而且非常有利于树立独特的品牌形象。

（四） 分隔功能： 激发消费者新的需求

所谓分隔，就是将产品的价值组合的某一价值点区分隔离出来，通过聚焦、放大，而在原有品类中创造出一个新的细分品类。比如，传统的锅同时具有做饭、炒菜、煲等功能，而将这些功能分离出来以后，就可以形成新的品类。品牌的分隔功能，就意味着产品的细分和深入，这是保持市场张力、延长产品生命周期、重新激发消费者需求、引领竞争方向、竞争者区隔的有效策略。随着人们消费能力的不断提高，消费需求日益呈现多元化、多层次特点，价值的进一步细分成为必然的趋势，分隔定位也就成为市场定位的主要创新方法之一。

（五） 拓展功能： 占领和拓展市场

品牌的载体是产品，产品本身就具有使用价值，在产品定位成功后，企业可以用原有品牌进行品牌延伸，消费者对原有产品的认识会加注到延伸的新产品中，使产品的市场开发达到事半功倍的效果。在企业原有市场趋于饱和的情况下，产品重新定位还会促使开发出新的功能、占领新的市场。护肤品在几十年前多为女性产品，在近年的市场开发中，欧莱雅等国际品牌看到男性护肤品市场的空白，抓住时机，做好品牌延伸，开发了欧莱雅男士品牌，成功地拓展了市场。

（六） 成本降低功能： 降低品牌的推广成本及客户的选择成本

没有做品牌定位前，品牌的推广没有明确的方向，推广方向不够聚焦，造成品牌势能分散，无形中增加了用户的记忆成本，同样也增加了品牌的推广成本。随着同类品牌越来越多，市场竞争进入白热化，品牌推广成本居高不下，但客户的选择成本也在这个过程中变得越来越高。无论是在网上商城买东西，还是在线下商场超市购物，相信很多人都有过类似的经历，本来是要买一件东西，结果逛了很久花了很长时间还是没有选好究竟要买哪个品牌的哪款产品。产品同质化严重、品牌数量众多，也给客户的选择造成了不小的困扰。

品牌定位对于品牌提升与延展是必然的。企业在做决策时，应该注意到随着市场环境的变化，定位策略也应据时而变，这样才能让品牌保有持续的市场活力和生机。

二、品牌定位的过程

品牌定位过程也叫品牌定位步骤，它是品牌定位理论的主要环节之一。根据杰克·特劳特的定位理论观点，企业应该按照以下五个步骤来建立品牌定位。

（一） 分析行业环境

企业不能在真空中建立区隔，周围的竞争者们又都有着各自的概念，所以说企业的品牌定位需要切合行业环境才行。首先，企业需要从市场竞争者发出的声音开始，弄清他们可能存在于消费者心中的大概位置，以及他们的优势和弱点。通常的调查模式是根据某个品类的基本属性，让消费者给竞争品牌打分（从 1 分到 10 分不等），这样可以弄清不同品牌在人们心中的位置，也就是建立区隔的行业环境。同时考虑市场上正在发生的情况，以判断区隔概念的时机是否合适。诺德斯特龙公司当年提出“佳服务”的区隔概念，时机就把握得非常好，因为那时整个百货行业为节省成本，都忙于裁员和降低服务标准。这就好比冲浪，太早或太迟，你都可能葬身大海。把握住最佳时机，你才有可能得到一个好的区隔。

（二）寻找品牌区隔

分析行业环境之后，企业需要寻找一个区隔概念，使自己与竞争者区别开来。例如，加多宝凉茶将其品牌定位为“预防上火的饮料”，从而在众多的饮料产品中建立了区隔，也解决了困扰行业已久的凉茶是“药”还是“食”的身份问题，不仅在地域方面打开了北方市场，还在时间方面打开了冬季市场，一跃成为凉茶行业的领导品牌。

（三）找到支撑点

有了区隔概念，企业还要找到支撑点，让其真实可信。当 IBM 提出“集成电脑”区隔概念的时候，一切似乎顺理成章，那是因为 IBM 的规模和多领域技术优势，是它天然的支持点。任何一个区隔概念，都必须有据可依。比如一辆“宽轮距”的庞蒂克，轮距就应该比其他汽车更宽；可口可乐说“自己是正宗的可乐”，是因为它就是可乐的发明者。区隔不是空中楼阁，消费者需要企业证明给他看，企业必须有能力支撑起自己提出的概念。

（四）确定品牌定位点

在品牌定位过程中，通过行业环境分析、区隔分析、品牌支撑点的探索等步骤，我们就可以进一步获得一些品牌的定位点。然而品牌定位还要在这一系列的定位点上进行优化组合，舍弃不合理的方案，保留可行方案，然后再对这些方案进行严格筛选，以在相互竞争的参考体系中找到品牌的理想位置，最终形成品牌定位。这种定位应该能够用文字简洁而准确地表述出来。

（五）组织传播，做好监控

品牌定位是开始而不是结束。当品牌定位确定之后，还必须组织有效地传播。品牌定位传播要采取有效的手段，让目标消费者认识、理解、接受这一定位，产生心灵的共鸣。这种认同感才是最终在消费者脑中对品牌形成特殊印象的基础，所以定位是否成功，只有消费者才最有发言权。品牌传播有公关、广告、包装、价格、营销渠道等多种途径，其中最重要的是广告。因为广告可以通过图文结合、多媒体的表现方式，立体地展现品牌的定位。而一旦品牌定位已经在消费者脑中形成，企业还要注意监控它在市场上能否有效地维持。企业可以通过记录下不同时期研究出来的品牌形象来了解品牌定位状况，同时也可以确定竞争者品牌的状况。

三、品牌定位的原则

品牌定位是技术性较强的策略，离不开科学严密的思维，必须遵循一定的原则，讲究科学方法。

（一）顺应性原则

顺应性原则是指跟随市场主导流向，寻找目标品牌。在市场潮流中发现流行的主题，紧随市场畅销品牌的产品特点，做出自己的选择。在此，顺应有模仿的意味，是带有一定主见的模仿。由于业内已经有可以借鉴的成功品牌作为例子，采用这一原则比较保险，可以规避市场风险，比较适合缺乏品牌运作经验的新生品牌借鉴和参照。但是产品风格会容易与其他品牌雷同而没有特色，缺少个性，一旦被指与某个更著名的品牌相似，则会影响品牌的感召力。此原则比较适合中低档品牌的定位。

（二） 对立性原则

对立性原则是指与市场上出现的主要流行风格相反，走个性化、另类化品牌路线。强调个性的定位原则可以凸现品牌的主张，吸引青年消费群体，增添创造性成分，符合市场多元化发展的趋势。依靠设计的力量突出品牌风格，产品形象比较抢眼而富有个性，能形成比较明显的品牌风格，以产品的设计价值体现产品的附加值。但由于目标消费群体较小而使得产品的社会需求总量不多，过于个性化的产品将失去市场。此原则更适合走中高档路线、以质取胜的品牌定位。

（三） 空缺性原则

空缺性原则是指寻找当前市场在风格和品种上的空当，创造业内空缺或罕见的风格，避开与主流风格的正面交锋，迂回侧击，保存实力，在夹缝中求生存。由于其前所未有的风格而独树一帜，少有竞争对手，具有潜在消费市场，其原创意识更多地体现在新的产品类别开发上，只要掌握得当，容易一炮打响。从推出到接受，消费者对其有一个认识过程，有一定的市场风险，因为缺少参照物，产品开发的难度较大。此原则适合各种档次品牌的定位。

（四） 差异性原则

差异性原则是指在现有品牌中，通过比较与研究，寻找产品之间可能存在的根本上的不同点，利用设计方法中的结合法，树立差异化理念，开发差异化产品及服务，体现出差异化竞争的特点。因为有比较成熟的参照对象，可以适度规避产品开发的市场风险。任何方面都可以纳入差异的内容，重点在于产品风格和功能的定位差异。一旦找准方向，市场潜力不可估量。市场的成熟使差异点不易寻找，差异度难以控制，可能会流于为差异而差异的形式；概念性差异化卖点的市场推广需要时间和力度，必须做足宣传才能吸引人。

（五） 简明性原则

品牌定位是品牌传播的基础，在信息爆炸的时代，品牌定位信息必须简明扼要，只有这样才能抓住消费者的心理，因此品牌定位最终反映为定位口号时，一定要遵循简明性原则，使品牌定位“简明扼要，朗朗上口”，便于消费者接受、记忆和相互传播，增强定位的传播效率。

（六） 稳定性原则

除非原定位不合时宜，否则品牌定位不能随意更改，要确保品牌定位的相对稳定性。品牌定位为消费者提供一个购买的理由，这种购买的理由是会随经济发展和时代变迁而变化的，但定位不能随之变化。因此，品牌定位点不能过窄，或者说品牌定位点尽量不要围绕产品属性进行，避免产品生命周期和品牌延伸对品牌定位的影响过大，最好围绕个性、感情、理念等方面进行品牌定位。在稳定的同时也为品牌定位的动态变化预留空间。比如，沃尔沃的品牌定位是安全，汽车驾驶永恒的主题就是安全。

品牌定位原则是定位的总的战略取向，可以有所侧重，分清主副，强调增强与削弱，使其定位容易被受众接受，深得顾客喜爱，并深深烙在消费者的心坎上。

第五节　品牌定位的策略及误区

科学的品牌定位，除了遵守一定的原则、采取一定的步骤之外，还要有合理的定位策略，并预防定位中存在的误区。

一、品牌定位的策略

（一）以产品特点为导向的定位

1. 功效定位

消费者购买产品主要是为了获得产品的使用价值，希望产品具有所期望的功能、效果和效益，因而以强调产品的功效为诉求是品牌定位的常见形式。很多产品具有多重功效，定位时向顾客传达单一的功效还是多重功效并没有绝对的定论，但由于消费者能记住的信息是有限的，往往只对某一强烈诉求容易产生较深的印象。因此，向消费者承诺一个功效点的单一诉求更能突出品牌的个性，获得成功的定位。例如，洗发水中飘柔的承诺是柔顺，海飞丝是去头屑，潘婷是健康亮泽，舒肤佳强调有效去除细菌。

2. 质量/价格定位

质量/价格定位主要是将质量和价格结合起来构筑品牌识别。质量和价格通常是消费者最关注的要素，都希望买到质量好、价格适中或便宜的物品。而在实际中生活，这种定位往往表现为宣传产品的物美价廉和物有所值。戴尔电脑采用直销模式，降低了成本，并将降低的成本让渡给顾客，因而戴尔电脑总是强调“物超所值，实惠之选”；雕牌用“只选对的，不买贵的”暗示雕牌的实惠价格；奥克斯空调告诉消费者“让你付出更少，得到更多”，都是既考虑了质量又考虑了价格的定位策略。

3. 利益定位

利益定位是利用产品给消费者带来的利益进行品牌定位。这个利益主要是指功能型利益，必须是该品牌最早开发或最早表达出来的。如果产品有功能上的创新，或者能为消费者提供其独特的功能，利用功能利益进行品牌定位就十分明智。但由于消费者能记住的信息是有限的，往往只对某一功能有强烈要求，易产生深刻的印象，因此，品牌利益定位向消费者承诺一个利益点的单一诉求往往更能突出品牌的个性，获得成功的定位。

4. 类别定位

该定位就是与某些知名而又属司空见惯类型的产品做出明显的区别，或给自己的产品定位为与之不同的另类，这种定位也可称为与竞争者划定界线的定位。例如，娃哈哈出品的“有机绿茶”与一般的绿茶饮料在构成方面有显著差异。

5. 档次定位

档次定位主要是根据不同档次的品牌带给消费者不同的心理感受和体验。现实生活中，常见的高档次定位策略传达了产品高品质的信息，往往通过高价位来体现其价值，并赋予其很强的表现意义和象征意义。例如，奥迪 A4 上市时，宣称“撼动世界的豪华新定义”，显示出产品的尊贵和气派。

6. 形态定位

形态定位是根据产品独特的外部形态特点进行品牌识别。如今产品的内在特性越来越相同，产品的形态本身就可以造就一种市场优势。这些对于崇尚独特个性、喜好求新求异的消费者尤其具有吸引力。

（二）以心理需求为导向的定位

1. 情感定位

情感定位是将人类情感中的关怀、牵挂、思念、温暖、怀旧、爱等融入品牌，使消费者在购买、使用产品的过程中获得这些情感体验，从而唤起消费者内心深处的认同和共鸣，最终产生对品牌的喜爱和忠诚度。雕牌洗衣粉在品牌塑造上大打情感牌，其广告语“妈妈，我能帮您干活啦”的真情流露引起了消费者内心深处的震颤及强烈的情感共鸣，自此，雕牌更加深入人心，是较成功的情感定位策略；丽珠得乐胃药的“其实男人更需要关怀”和穿“红豆”衬衣产生相思情怀都是情感定位策略的绝妙运用；哈尔滨啤酒“岁月流转，情怀依旧”的品牌内涵勾起人们无限的岁月怀念。

2. 自我表现定位

自我表现定位是通过表现品牌的某种独特形象和内涵，让品牌成为消费者表达个人价值观、审美情趣、自我个性、生活品位、心理期待的一种载体和媒介，使消费者获得一种自我满足和自我陶醉的快乐感觉。例如，果汁品牌“酷儿”的“代言人”——大头娃娃，右手叉腰，左手拿着果汁饮料，陶醉地说着“Qoo……”这个有点儿笨手笨脚，却又不易气馁的蓝色酷儿形象正好符合儿童“快乐、喜好助人但又爱模仿大人”的心理，小朋友看到酷儿就像看到了自己，因此该形象深受小朋友的喜爱；浪莎袜业锲而不舍地宣扬“动人、高雅、时尚”的品牌内涵，给消费者一种表现靓丽、妩媚、前卫的心理满足；夏蒙（SHARMOON）西服定位于“007 的选择”对渴望勇敢、智慧、酷美和英雄的消费者极具吸引力；校园网动感地带“我的地盘我做主”，较好地展现了“自我表现定位”的理念。

3. 生活情调定位

生活情调定位就是使消费者在产品的使用过程中能体会出一种良好的令人惬意的生活气氛、生活情调、生活滋味和生活感受，从而获得一种精神满足，该定位使产品融入消费者的生活中，成为消费者的生活内容，使品牌更加生活化。例如，青岛纯生啤酒的“鲜活滋味，激活人生”给人以奔放、舒畅和激扬的心情体验；美的空调的“原来生活可以更美的”给人以舒适、惬意的生活感受；云南印象酒业公司推出印象干红的广告语为“有效沟通，印象干红”，赋予品牌能帮助顾客在人际交往中获得轻松、惬意的交流氛围，从而达到有效沟通效果的意蕴。

4. 群体归属定位

该定位直接以产品的消费群体为诉求对象，突出产品专为该类消费群体服务，来获得目标消费群体的认同。把品牌与消费者结合起来，有利于增进消费者的归属感，使其产生“我自己的品牌”的感觉。如金利来定位为“男人的世界”；百事可乐定位为“青年一代的可乐”；北京统一石油化工公司的“统一经典”润滑油将目标锁定为“高级轿车专用润滑油”。

（三）以竞争为导向的定位

1. 首席定位

首席定位主要是指追求品牌成为本行业中领导者的市场定位。例如在广告宣传中使用“正宗的”“第一家”“市场占有率第一的”等口号，就是首席定位策略的运用。首席定位的依据是人们对“第一”印象最深刻的心理规律。例如，第一个登上月球的人、第一位恋人的名字、第一次的成功或失败等。尤其是在现今信息爆炸的社会里，各种广告、品牌多如过江之鲫，消费者会对大多数信息毫无印象。据专业机构调查，一般消费者只能回想同类产品中的 7 个品牌，而名列第二的品牌的销量往往只是名列第一的品牌的一半。因此，首席定位能促使消费者在短时间内记住该品牌，并对以后的销售打开方便之门。

但是，在每个行业，每一产品类别里，“第一”只有一个，而厂商、品牌众多，并不是所有的企业都有实力运用首席定位策略，只有那些规模巨大、实力雄厚的企业才有可能。对于大多数厂商而言，重要的是发现本企业产品在某些有价值的属性方面的竞争优势，并取得第一的定位，而不必非在规模上最大。如七喜汽水是非可乐型饮料的第一。采用这种定位策略，能使品牌深深印在消费者的脑海中。

2. 加强定位

加强定位主要是指在消费者心目中加强自己现在形象的定位。品牌是被设计出来的，当企业在竞争中处于劣势且对手实力强大不易被打败时，品牌经营者可以另辟蹊径，避免正面冲突，以期获得竞争的胜利。如美国阿维斯租车公司强调“我们是老二，我们要进一步努力”；而七喜汽水的广告语是“七喜饮料非可乐”；我国亚都公司恒温换气机则告诉消费者“我不是空调”等。

3. 空档定位

空档定位是寻找为许多消费者所重视的但尚未被开发的市场空间。任何企业的产品都不可能占领同类产品的全部市场，也不可能拥有同类产品的所有竞争优势。市场中机会无限，只看企业有没有善于发掘的能力。谁善于寻找和发现市场空档的能力强，就可能成为后起之秀。例如，美国 M & M's 公司生产的巧克力豆，其广告语“只溶在口，不溶在手”给消费者留下了深刻印象；杏仁露露由于具有调节血脂、降低胆固醇、补充蛋白质等多种功能，因而将之定位为“露露一到，众口不再难调”，这同样是成功的空档定位。

4. 比附定位

比附定位也称攀附名牌，就是借助名牌之光而使自己的品牌生辉，从中获取无形的利益。常见的比附定位主要有以下三种。

（1）甘居“第二”策略。这种品牌定位策略就是明确承认同类中，自己的品牌不是最强的品牌，只不过是第二而已。使用这种策略会使消费者对公司产生一种谦虚诚恳的印象，相信公司的宣传是真实可靠的，这样较容易使消费者记住这个通常难以进入人们心中的序位。最为经典的例子是蒙牛奶业。创业之初蒙牛宣传自己的品牌定位，号称是“内蒙古奶业第二品牌”，从而赢得了消费者的认可，并拥有了很多忠诚的客户。

（2）“攀龙附凤”策略。这种品牌定位策略也承认同类中已有实力强大、广负盛名的品牌，本品牌实力和影响力无法和该品牌相比，但在某地区或在某一方面还可与这一最受消费者欢迎和信赖的品牌相媲美。例如，内蒙古的宁城老窖，宣称是“宁城老窖——塞外茅台”。

（3）“高级俱乐部”策略。许多实力一般的品牌经常采用这种定位方式。这些品牌借助群体的声望和模糊的打法，打出某种具有法定成分的俱乐部式的高级团体牌子，强调自己是这家高级群体中一员，从而提高自己的地位形象。例如，美国克莱斯勒汽车公司宣称自己是美国“三大汽车之一”，使消费者认为克莱斯勒和第一、第二一样都是知名轿车，从而收到了良好的效果。

（四）战略层面的品牌定位

1. 概念定位

概念定位就是以一个新的理念或概念包装产品，使产品、品牌在消费者心中占据一个新的位置，形成这一新的概念，甚至造成一种思维定式，以获得消费者的认同，使其产生购买欲望的定位策略。这种概念或理念往往含有人性化的价值，消费者第一次接触，很容易进入其心中，因此，这种定位策略运用非常广泛。该类产品可以是老产品，也可以是新产品，尤其在新产品和产品属性特征不是很突出，与同类产品差别化不是很大的产品中，这种定位策略十分有效。例如，宝洁公司在美国推出一次性纸尿布，品牌定位宣扬母亲使用“方便”，销售额迟迟上不去，后来定位为“母爱”，宣扬保持婴儿体表干燥、舒适和卫生，满足了妈妈们关爱体贴婴儿的诉求，得到了市场的认同。另一个概念定位极其成功的案例是“脑白金”，不在功能等方面定位，而是定位于“礼品”的概念，宣称“收礼只收脑白金”，大力倡导给自己的爸爸妈妈送礼的概念，比较容易让消费者接受这种诱导式购买。

2. 历史定位

这种定位是以产品悠久的历史建立品牌识别。消费者都有这样一种惯性思维，对于历史悠久的产品容易产生信任感，认为一个做产品做了这么多年的企业，其产品品质、服务质量应该是可靠的，而且给人以神秘感，让人向往，因而历史定位具有“无言的说服力”。云南香格里拉酒业公司推出的香格里拉·藏秘青稞干红传说是根据当年法国传教士的秘方酿制，近年在干酒行业异军突起，与其历史定位是分不开的，“来自天籁，始于1848年，跨越三个世纪，傲然独立”的品牌渲染给人以凝重、悠远的历史品位和神往的心情。泸州老窖公司拥有始建于明代万历年间（1573）的老窖池群，所以总是用“你能品味的历史——国窖1573”的历史定位来突出品牌传承的历史与文明。

3. 文化定位

文化定位是指将文化内涵融入品牌，形成文化上的品牌差异的定位策略。这种文化定位不仅可以大大提高品牌的品位，而且可以使品牌形象更加独具特色。产品的功能与属性容易被模仿，而品牌的文化却很难模仿。品牌文化定位按照文化内容的不同又分为下面两种定位策略。

（1）以民族精神为代表的历史文化。这种定位策略将本民族的民族精神和历史文化渗透到品牌中，使消费者认为该品牌就是该民族的产品，从而提高品牌影响力和感染力。“可口可乐”不仅是一种享誉全球的碳酸饮料品牌，更是美国文化的象征；“奔驰”则代表“组织严谨、品质高贵和极富效率”的德国文化。中国文化源远流长，国内企业要予以更多的关注和运用。珠江云峰酒业推出的“小糊涂仙”酒，借“聪明”与“糊涂”反衬，将郑板桥的“难得糊涂”的名言溶入酒中；麦氏咖啡进入中国，发现中国人非常重视友情，提出了“好东西与好朋友分享”的品牌定位，利用文化拉近了与中国消费者的距离，创造了极佳的市场效果。

（2）以企业经营理念和企业家精神为代表的现代文化。这种定位策略将企业自身的经营理念融入品牌中，用具有鲜明特点的经营理念作为品牌的定位诉求，并在营销和品牌管理的各个方面和环节向消费者传播。海尔的“真诚到永远”是经营理念定位的典型代表。褚橙的“人生总有起落，精神终可传承（橙）”定位于企业家不屈不挠的奋斗精神，让所有人都希望品尝到这种“励志”的冰糖橙，体会创业的酸甜苦辣和成功的文化内涵。这些成功的文化定位不但宣传了企业的经营理念和企业家精神，更重要的是让消费者对其品牌产生了认同感，加强了这些品牌的美誉度和消费者的忠诚度。

良好的品牌定位是品牌经营成功的前提，为企业进占市场、拓展市场起到导航作用。如若不能有效地对品牌进行准确清晰的定位，就难以树立独特的品牌个性与形象，必然会使产品淹没在众多产品质量、性能及服务雷同的商品中。事实上，品牌定位是一种综合的过程，要综合考虑战略、战术层面，考虑产品、消费者和竞争者，一些品牌定位策略在意义上也是相互重叠的。可以说，今后的商战将是定位战，品牌制胜将是定位的胜利。

二、品牌定位的误区

企业运用品牌定位策略时，应注意避免以下几种误区。

（一）定位过低

如果企业把品牌定位于低档产品，虽然可能在短期内有一定的占领市场的作用，但是长期来看会对品牌价值提升造成很大的潜在压力，不符合产品发展的基本规律。特别是对于高科技或技术含量较高的产品，假如品牌定位过低，则很可能没有市场。

（二）定位过高

品牌定位过高，会让消费者不敢轻易购买，从而失去一部分有能力购买而被其定位吓跑的消费者。

（三）定位“万能论”

品牌定位“万能论”就是企业过度夸大品牌定位的功能和效用，认为品牌定位能够包治企业一切的病症，唯品牌定位至上，不注重企业内部自身的建设，最后企业因内部问题拖垮。

（四）朝令夕改、盲目延伸

很多企业通过“品牌定位”获得成功之后，却没有坚持定位，而是盲目依照市场、政策、消费者需求重新进行品牌定位，最终被消费者抛弃。

（五）定位混乱

定位不清晰，消费者就难以清楚识别，容易造成思想混乱。常见的定位不清现象主要有以下几种：

1. 品牌定位等同于产品定位和市场定位

产品定位很好理解，就是企业生产、销售什么样的产品。一个企业它可能生产、销售多种产品。比方说苹果公司，不仅生产手机、电脑，还生产手表、平板电脑，未来还有可能生产汽车。通常企业生产的产品有主次之分，主要产品的收入往往占据企业收入的1/3左右。

2. 把品牌定位看作竞争优势

这也是人们常犯的错误。主要原因来自他们的目的是一致的，都是为了赢得竞争的主动权。比如，一个品牌的定位是“天然”，他们的员工会到处说：天然是我们的优势。这句话，就把定位和竞争优势画等号了。再如，一个品牌有领先的技术优势时，他们员工也会鼓吹：我们这个品牌的定位就是技术领先。同样把定位和竞争优势画等号了。

3. 把品牌定位看作广告语

广告语的确有传播定位的职责，从广告语里能够看出一个品牌的定位和承诺。但广告语可以不断更换，定位却不可以。定位可以用很朴实的语言来表达，如安全、健康、快乐等。但广告语则不行，必须讲究生动、有趣、朗朗上口、容易记忆、难以忘怀等很多衡量标准。

4. 把品牌定位看作企业价值观

这是许多企业常犯的错误，把定位和企业文化画等号。在企业，如果一定要划分大小的话，企业价值观应该大于品牌定位，它是针对企业生存价值而言的，包括企业文化、做事原则、员工风气等。而品牌定位是针对消费者而言的，是考虑到价值观基础上的，与消费者直接沟通的工具。

本章小结

本章主要包括两部分内容，第一部分——品牌命名理论，着重介绍品牌命名的思路、意义、原则、程序与方法。品牌命名的原则主要有易读易记、简单响亮、寓意丰富、启发联想、保持时空适应性、个性突出、维权上的合法性等；品牌命名的方法主要有地域法、时间法、目标客户法、人名法、中英文结合法、数字法、功效法、价值法、形象法、企业名称法等。

本章第二部分——品牌定位理论，主要从介绍品牌定位的产生、内涵、理论聚焦点、意义等基础理论入门，进而介绍品牌定位的功能、过程、原则、策略及误区等重点内容。品牌定位的功能主要有创造功能、提升功能、塑造功能、分隔功能、拓展功能和降低成本功能等；品牌定位的原则主要有顺应性原则、对立性原则、空缺性原则、差异性原则、简明性原则和稳定性原则等；品牌定位的策略主要包括以产品特点为导向的定位：功效定位、质量/价格定位、利益定位、类别定位、档次定位、形态定位；以心理需求为导向的定位：情感定位、自我表现定位、生活情调定位、群体归属定位；以竞争为导向的定位：首席定位、加强定位、空档定位、比附定位；战略层面的品牌定位：概念定位、历史定位、文化定位等。

思考与练习

1. 品牌命名的基本思路和原则是什么?
2. 简述品牌命名的基本程序。
3. 品牌命名的方法有哪些?
4. 什么是品牌定位?品牌定位的意义何在?
5. 简要说出品牌定位的功能和原则。
6. 品牌定位的具体策略包括哪些?

第三章　品牌个性理论

学习目标

（1）了解品牌个性的定义及内涵。
（2）知道品牌个性的特征及价值。
（3）分析品牌个性的维度及中外对比。
（4）熟悉品牌个性塑造的原则及来源。

在经历了工业文明创造的物质大爆发后，世人在享用丰富的物质产品的同时，也都开始关注自我、关注个性、关注生活本质。与此同时，“企业性格论”“品牌个性论”等理论，也都应运而生。

第一节　品牌个性的内涵

20 世纪 50 年代，随着对品牌内涵的进一步挖掘，美国葛瑞（Grey）广告公司提出了“品牌性格哲学”，日本小林太三郎教授提出了“企业性格论”，从而形成了广告创意策略中的另一种后起的、充满生命力的新策略流派——品牌个性论。该策略理论在回答广告“说什么”的问题时，认为广告不只是“说利益”“说形象”，而更要“说个性”。由品牌个性来促进品牌形象的塑造，通过品牌个性吸引特定人群。

一、品牌个性的定义

（一）什么是个性

“要了解品牌个性，首先我们应对个性有所了解。个性（Personality）也称人格，该词来源于拉丁语 Persona，最初是指演员所戴的面具，其后是指演员和他所扮演的角色。心理学家引申其含义，把个体在人生舞台上扮演的角色的外在行为和心理特质都称为个性。个性的形成既受遗传等生理因素的影响，又与后天的社会环境密切相关。因此，个性就是个体在多种情境下所表现出来的具有一致性的反应倾向，是个体对外界环境所做出的习惯性行为。"[①] 对消费者的研究表明，消费者的个性直接影响其购买行为。[②] 消费者的个性，预示着并在一定程度上决定了其是否更倾向于采用创新性产品；是否更容易受他人的影响；是否对某些类型的信息更具有感受性等。[③] "这些心理特征不仅对产品选择产生影响，而且还会影响消费者对促销活动的反应以及消费者何时、何地和如何消费某种产品或服务"。[④]

《心理学大辞典》中对个性的定义为：个性，也称人格，是指一个人的整个精神面貌，即具有一定倾向性的心理特征的总和。个性结构是多层次的，是由复杂的心理特征进行独特结合构成的整体。这些层次包括：①能力，即完成某种活动的潜在可能性的特征；②气质，即心理活动的动力特征；③性格，即完成活动任务的态度和行为方式的特征；④活动倾向方面的特征，如动机、兴趣、理想、信念等。这些特征相互联系、有机结合为一个整体，对人的行为进行调节和控制。

（二）什么是品牌个性

1. 珍妮弗·阿克尔的定义

美国斯坦福大学品牌个性的研究专家珍妮弗·阿克尔（Jennifer Aaker）给品牌个性的定义是：品牌个性是指与品牌相连的一整套人格化特征。

2. 林恩·阿普绍的定义

品牌实务专家林恩·阿普绍（Lynn B. Upshow）认为，品牌个性是指每个品牌向外展示的个性，是品牌带给生活的东西，也是品牌与现在和将来的消费者相联系的纽带。它有魅力，能与消费者和潜在消费者进行情感方面的交流。

品牌的个性特征主要是指品牌的象征性特质，如品牌象征时尚还是传统、活泼还是古板、社会地位高还是低等等。迄今为止，研究者对品牌个性的定义仍然存有争议。因为个性是个人成长过程中由先天的本质和后天的经验共同作用的结果，人可以具有个性、塑造个性并展现个性，品牌本身只是一个没有生命的客体，严格说来，品牌并不具备个性。但是，品牌所具有的象征性意义及其所传达的信息远远超过了它的经济属性，在消费者与品牌的互动（购买和消费）过程中，消费者往往会与品牌建立一定的情感和关系，消费者也常常将品牌视为带有某些人格特征的"朋友"。从这个意义上看，品牌也具有了生命，具备了独一无二的个性特征。

品牌与人有相似之处，有的品牌具有鲜明的个性特征，接触一次就让顾客终生难忘，而有的品牌平淡如水、毫无性格，很快就会被遗忘。塑造品牌个性，使消费者快速认知，进而激发联想认同，最后忠诚于品牌，是品牌管理的重要内容。

3. 黄静的定义

黄静在《品牌管理》一书中对品牌个性做了解释。"所谓品牌个性，是指产品或品牌特性的传播以及在此基础上消费者对这些特性的感知。品牌个性可从投入与产出两方面进行解释。从品牌执行者角度来看，品牌个性是品牌执行者期望通过沟通所要达到的目标，是传播者所期望的品牌形象。这是把设计好的品牌个性植入消费者大脑的过程。而站在消费者角度，品牌个性是消费者实际对设计好的品牌个性的感知、认可能力的再

---

①②③④ 黄静. 品牌管理［M］. 武汉：武汉大学出版社，2005：63.

现，是消费者对该品牌的真实感受与想法，这是品牌个性输出的过程。”①

4. 余明阳、韩红星的定义

余明阳、韩红星等在《品牌学概论》一书中指出，“品牌个性是对一个品牌所体现出来的独特价值及其存在形式，以及企业将这种独特价值在向消费者传达的过程中，所采用的独特表现方式与风格所做的人格化的描述。品牌个性化就是指将品牌赋予人的特征或特点。像人一样，品牌可以具有‘现代的’、‘时尚的’、‘可爱的’，或者‘过时的’、‘保守的’、‘顽固的’等特点。品牌就像一个具备个性的人——有特殊的文化内涵和精神气质，也有性格，这就是品牌的个性。许多经济学家和企业家指出：品牌个性是品牌的灵魂，是识别品牌、区分品牌的重要依据。”②

个性鲜明的品牌必然在消费者心中留下深刻的印象，并始终不渝地追寻着它，保持着长期的购买欲望。品牌优美的形象、鲜明的标志、独具魅力的名字无不与品牌独特的个性息息相关。

5. 王新刚的定义

王新刚在《品牌管理》③一书中指出，品牌个性是一种拟人化的说法，就是将品牌人格化。品牌个性是市场营销学学者及企业基于万物有灵论的基础上，即万物都是有生命的，将品牌拟人化，把心理学的个性应用到品牌管理理论中，令人格化的品牌有更佳的品牌联想强度及独特性；在竞争日益激烈的市场中，企业必须要令品牌有自己的个性，因最终决定品牌市场地位的是品牌总体上的性格，而不是产品间微不足道的差异。

二、品牌个性的作用

在品牌运营中，品牌个性对品牌效益所起的重要作用，具体表现为：

（一）帮助消费者认识个性品牌

品牌个性能够将本品牌的特色、优势以独具一格、令人心动的方式展示出来，并传达给目标消费者，从而使消费者能迅速排除品牌信息“轰炸”式的干扰，认出并牢牢记住符合自己个性的品牌。

（二）帮助消费者认识品牌价值

在同质市场上，品牌个性能够把其与同类产品的差异性体现出来，并向目标消费者表明不同的价值所在，从而使品牌自身能摆脱同类产品的困扰。

（三）帮助消费者减少认识品牌的成本

企业可以通过以消费者个性需求为导向的方式，将品牌个性和现有的或潜在的消费者的个性紧密地结合起来，使品牌在适应消费者需求方面具有精细性、针对性、前瞻性，从而减少消费者认识、认同品牌所需的时间成本和精力。

（四）帮助消费者形成品牌的情感体验

品牌个性一般都具有超越物质功能性利益的情感性感染力，这能使品牌有效触动消费者的内心世界，并引起消费者在消费某品牌时产生特别的情感体验。

---

① 黄静．品牌管理［M］．武汉：武汉大学出版社，2005：64.

② 余明阳，韩红星．品牌学概论［M］．广州：华南理工大学出版社，2008：173.

③ 王新刚．品牌管理［M］．北京：机械工业出版社，2020.

（五） 激发消费者建立品牌关系的愿望

品牌个性在许多情况下都能通过人格化的语言体现出品牌与消费者之间的朋友、伙伴、良师、守护人等人格化关系，品牌个性所暗示的这些角色关系能有效地激起消费者想体验自己与某品牌的这类关系的愿望，同时还会使消费者盼望与实际进行这种体验的心理指向变得十分明确和自觉。

三、品牌个性内涵分析

心理学家普遍认为，个性是由各种属性整合而成的相对稳定的独特的心理模式。古语有云“蕴蓄于中，行诸于外”，就是对品牌个性内涵很好的概括。品牌个性创造了品牌的形象识别，使我们可以把一种品牌当作人看待，使品牌人格化。

（一） 品牌个性是特定品牌使用者个性的类化

当我们看到一个人时，最初是用其直观可见的特征，如性别（男性或女性）、年龄（年轻或年长）、身高（高或矮）、体态（丰腴或苗条）等来加以描述。而品牌也因其目标消费者的特征具有自己的品牌个性。例如，麦当劳的顾客群以年轻人和小孩为主，其给人的品牌个性是开心的感受、优质的服务、金黄色的拱门标志让人联想到快节奏的生活方式，乃至炸马铃薯条的气味。

（二） 品牌个性可增加目标消费者对品牌关系的情感附加值

品牌个性具有强烈的感染力，能够激发目标消费者的兴趣，保持情感的转换，增加目标消费者对品牌关系的情感附加值。正如我们可以认为某人（或某一品牌）具有冒险性并且容易兴奋一样，我们也会将这个人（或品牌）与激动、兴奋或开心的情感联系起来。同时，购买或体验该品牌的行为也可能会带来与其相联系的感受和感情。例如，喜力啤酒年轻化、国际化的特点，加之又有点酷的形象深受年轻一代的喜爱，成为酒吧和各娱乐场所最受欢迎的饮品。又如，戴比尔斯（De Beers Consolidated Mines）被赋予爱的情感内涵，象征忠贞的爱情，正如其广告语所表达的“钻石恒久远，一颗永留传（A Diamond is Forever)”。

（三） 品牌个性是特定价值观的体现

价值观是基于人的一定的思维感官之上而做出的认知、理解、判断或抉择，是人认定事物、辨别是非的一种思维或取向，可以表现为对自我尊重的追求、对理智的需要、对自我表现的需求等。不同的人，其价值观也各不相同。有的人向往刺激的生活，而有的人渴望表现自我，还有的人认为安全第一。具有独特个性的品牌，可以与人们的特定价值观建立强有力的联系，并强烈吸引那些认为该价值观很重要的消费者。

（四） 品牌个性以品牌定位为基础

品牌个性能反映品牌定位，当然在很多情况下，它又体现着对品牌定位的深化。品牌定位是确立品牌个性的必要条件，品牌的准确定位对品牌个性建立有着强大的支撑作用。品牌定位不明，品牌个性则显得模糊不清，产品也就无法叩开消费者的心扉。随着生产力和科学技术的不断发展，产品同质化程度愈来愈高，在产品的性能、质量和服务上难以形成比较优势，只有其人性化的表现才能深深地感染人们。可以想象，一个没有个性的品牌或其产品，要想在消费者心中占据有利位置谈何容易。

（五）品牌个性是延续品牌形象的生命基因

（1）品牌个性的不可模仿性。在品牌形象的硬体属性中，无论是产品的外观还是其伴生的功能，都是可以被模仿的；但对于体现了品牌独特内涵的软体属性，却如同人的个性一样难以模仿。如我们所看到的哈雷机车、联合航空、奔驰等，在品牌等级里都是独一无二的。

（2）品牌个性的保护性。在产品世界中，品牌由于被赋予了个性得以脱颖而出。首先，它展示出品牌形象；其次，它使品牌由于其忠诚顾客的存在而在竞争中不易受到新品牌或同类品牌的攻击；再次，它保护了品牌的延伸或次品牌策略的实施。

第二节 品牌个性特征及价值

由于购买力的增强，消费者选择品牌时，经济因素的影响力在逐渐弱化，情感性因素、自我表达、寻求差异化等因素的影响力在逐渐上升，从而促使企业对品牌个性的打造越来越重视。

一、品牌个性特征

品牌若没有稳定的内在特性和行为特征，消费者就无法认识和认定品牌的个性，自然也无法与消费者的个性形成共鸣。消费者在进行消费时总是有意无意地按照自己的个性选择自己喜欢的产品，而没有品牌个性的商品是很难与消费者进行情感对接的，自然也就难以促使消费者建立对品牌的忠诚。如果一个品牌没有人格化的含义与象征，那么这个品牌就会失去它的个性。作为一个成功的品牌，应具备以下几个方面的个性特征。

（一）品牌个性要有内在稳定性

如果品牌的定位总是飘忽不定，会导致品牌的个性也随之飘忽不定，这其实是很不利于品牌成长的，也很难给消费者留下深刻的印象。品牌个性需要保持一定的稳定性，只有稳定的品牌个性才能创造品牌稳定的形象，这是品牌在消费者心中留下深刻印象的关键，也是品牌与消费者体验的对接点。若品牌个性没有内在的稳定性，消费者就无法辨别品牌的个性，就像一个人一样，他的个性经常变化反差很大，就会给周围的人留下一个不好的印象。

（二）品牌个性具有鲜明的区隔性

从根本上来说，品牌个性的目的就是帮助消费者认识品牌、区隔品牌，促使消费者接纳该品牌。因为品牌个性是品牌核心价值的集中表现，最能代表一个品牌与其他品牌的差异，尤其在同类产品中，许多细分品牌虽然定位差异性不大，但只有通过品牌个性才会使之脱颖而出，表现出自己与众不同的感觉，从而实现品牌区隔。例如，宝洁公司在日化产品的品牌细分上，就有飘柔、海飞丝、潘婷等多个品牌，并细分产品功能，提炼出每个产品的独特卖点，针对不同消费者的利益需求，塑造出不同的品牌个性，使它具有明显的差异性，从而实现了细分品牌的区隔，最终达到了多品牌经营的目的。

（三）品牌个性具有一定的独占性

品牌个性具有一定的排他性和独占性，也就是说品牌个性一旦在消费者心中树立，是其他品牌所不能替代的，它会表现出强烈的排他性，使竞争品牌无法模仿和跟进，有利于品牌持续地经营。例如，像微软的积极、进取、自我，这些品牌个性不但吻合了目标消费者群体的个性，征服了很多的潜在消费者，而且其品牌个性表现出强烈的排他性，使竞争对手无法模仿，难以抗衡。但如果品牌到了垄断市场地位的时候，那么品牌个性的表现就应该收敛一些，否则会引起很多麻烦。例如，微软公司开发的电脑桌面软件，已经垄断了市场，它那种“张扬自我”的个性，仍然表现得很强烈，引起了许多消费者的反感，从而引来了许多官司，得不偿失。

（四）品牌个性的对应性

任何成功的品牌都是会随着时代的发展变化而不断演变的，以期与顾客长期保持亲密的关系。品牌的实质，就是产品与顾客间的一种互动关系。在自由民主的时代，人们按照自己的个性选择喜欢的品牌，只有在品牌个性与消费者个性对应的情况下，消费者才会主动购买，否则很难打动消费者。

（五）品牌个性的互动性

品牌个性要保持灵活性、亲切感，就必须与时俱进，紧扣时代的脉搏，明确消费趋向，迎合消费趋势。例如，风靡全球的“芭比娃娃”至今已是60多岁的“奶奶”了，却仍受小朋友的喜爱，这跟其成长史、个性演变不无关系。20世纪50年代，芭比是个广交朋友、能说会道的小女孩；60年代，芭比细眉轻弯，平民化突出；70年代，出现了不同肤色的芭比；80年代，黑色的芭比很可爱，且有不同的职业装；90年代，芭比飞指敲击键盘，灵活十足；而到了21世纪，芭比也开始穿上露脐装，登上电影的大屏幕了。

品牌个性具有一定的主观性，是消费者选择品牌时的关键因素。其实质就是消费者真实个性在某种商品上的一种再现，即运用品牌个性理论，采用拟人化的手法，赋予品牌人性化的特点，强调一个品牌如何帮助消费者表达现实中的自我或理想中的自我，以真正满足消费者的某种需求，为消费者提供某些利益。

二、品牌个性价值

一个人不可能接纳所有人，因为他的心理空间是有限的。所以，在人群中个性鲜明者容易脱颖而出，而如果此人再具有多数人所欣赏的个性，如诚信，就会为多数人接受并喜欢。同样，消费者也不会都接受所有的品牌，他只接受具有他所认可的个性的品牌。由此可见，品牌个性乃是品牌价值的核心，提升品牌价值就必须塑造出鲜明的品牌个性。具体来说，品牌个性具有以下几个方面的价值。

（一）品牌个性的人性化价值

产品或服务是为人们所提供的，品牌个性使企业所提供的产品或服务人性化，从而使消费者消除戒备心理，较易接受企业的产品或服务。优良、鲜明的品牌个性能够吸引消费者，在消费者购买某个品牌的产品之前，这个品牌的个性已经把那些潜在的消费者征服了。例如，百事可乐品牌创建活动中所展示出来的个性——年轻有活力、特立独行和自我张扬就很受年轻一代的欢迎，他们饮用百事可乐不仅仅是喝饮料，而是认可、接受百事可乐的品牌个性，把百事可乐看作他们的朋友，他们通过百事可乐来展示他们与上一辈（他们喝可口可乐）不一样的个性。正因为百事可乐有意塑造出非凡的品牌个性，使百事可乐变得人性化，从而获得了青少年一代的高度认同，所以才能在激烈的饮料大战中与可口可乐相抗衡。可以说，百事可乐的品牌个性促发了青少年与百事可乐的情感联系，使百事可乐变得人性化，从而促使青少年喜爱百事可乐，强化了他们的购买决策，进而造就了百事可乐的品牌价值。

（二） 品牌个性的购买动机价值

明晰的品牌个性可以解释人们购买这个品牌产品的原因，也可以解释人们不购买同类产品其他品牌的原因。品牌个性赋予消费者一些逼真的东西，这些东西会超越品牌定位；品牌个性也使品牌在消费者眼里活起来，这些元素能够超越产品的物理性能。正是品牌个性所传递的人性化的内容，使得消费者在接受一种产品时，下意识地把自己与一个品牌联系起来，而不再选择其他品牌。真正的品牌有自己的生命，这个生命就在人们的生活中。

品牌个性定义了人们生活的大致要求。在许许多多可以选择的品牌中，消费者开始考虑某个品牌时，品牌的“种子”已经种下了。不过，此时在情感上，品牌并不一定就已经与潜在消费者联系上了。只有品牌具有独特的个性，才能使品牌变成有生命的东西，才能赋予品牌人性化的特征，让人们想接近它，想得到它。品牌个性切合了消费者内心最深层次的感受，以人性化的表达触发了消费者的潜在动机，从而使他选择那些独具个性的品牌。可以说，品牌个性是消费者购买的动机触动器。

（三） 品牌个性的差异化价值

品牌个性最能代表一个品牌与其他品牌的差异性。差异性是现今品牌繁杂市场上最重要的优势来源。没有差异性，一个品牌很难在市场上脱颖而出。国内许多厂商都喜欢用产品属性来展示其差异性，但这种建立在产品上的差异性很难保持。因为产品的差异性是基于技术的，一般比较容易效仿。而由品牌个性建立起来的差异则深入到消费者的意识里，它提供了最重要、最牢固的差异化优势。个性给品牌一个脱颖而出的机会，并在消费者脑子里保留自己的位置。例如，步步高无绳电话用一个男子来代言，通过幽默、戏剧化的表现方式来传达步步高无绳电话的独特性，其独特的品牌个性被鲜活地呈现在人们的面前。步步高无绳电话的功能容易被其他品牌所仿制，但其独特的品牌个性却无法仿制，因为这种个性化的表达已经进入到消费者的心中，从而促使消费者把步步高与其他品牌区隔开来。

而塑造不同的品牌个性是七喜公司营销的诀窍。七喜建立了“非可乐”的品牌定位，但与品牌个性不一致。七喜就利用了这一点不一致，针对美国人逐渐不喜欢可乐作为清新饮料的情况，夺取了很大的市场份额。它宣传的主题是：“您想尝尝别的味道？只有一种！”七喜“爽点”的特征，强化了它的反偶像的品牌个性，同时也发出了颇有竞争性的品牌定位提示，加强了七喜的差异化价值。

（四） 品牌个性的情感感染价值

品牌个性还具有强烈的情感感染力，它能够抓住潜在消费者的兴趣，不断地保持情感的转换。例如，万宝路粗犷、豪放、不羁的品牌个性深深地感染着香烟消费者，它激发了消费者内心最原始的冲动、一种作为男子汉的自豪感，因而深受香烟爱好者的推崇，以致消费者用万宝路作为展示其男子汉气概的重要媒介。正如具有沉稳、果断、自信等个性的领导人具有超凡的个人魅力一样，品牌个性能够深深感染着每一个消费者，而这种品牌的感染力随着时间的推移会形成强大的品牌动员力，进一步使消费者成为该品牌的忠实顾客，这是品牌个性的重要价值所在。

（五）品牌个性的品牌资产贡献价值

越来越多的研究表明，品牌个性在品牌资产管理方面有着重要意义。最近的一项研究，通过运用社会识别理论，分析了品牌个性和品牌识别对品牌忠诚度的作用。研究结果表明，品牌个性的吸引力、识别力和自我表达之间存在着正相关关系；品牌识别对品牌的口碑效应具有直接作用，而对品牌的忠诚度具有间接作用。珍妮弗·阿克尔在1999年提出品牌可为消费者用来进行自我表达，反映出消费者的自我概念。如果消费者自我表达得很好，则品牌个性将会有利于消费者对品牌形成正面态度，反之亦然。这表明消费者对某个具体品牌的态度取决于其使用该品牌形成的自我概念与该品牌的个性是否一致，若该品牌个性能较好地反映消费者所需的自我表达要求，则可与消费者形成良好的伙伴关系。

品牌个性实质上反映了品牌使用者的形象与性格。消费者与品牌这种良好的合作关系，是营销者所一直渴望的，企业的品牌管理者们一直都在致力于建立这种长期、稳定的品牌—顾客关系。因为这直接关系到该品牌的顾客们是否会重复购买此品牌产品，影响到品牌价值的实现。

第三节　品牌个性的维度

品牌个性及其维度研究越来越受到国内学术界和企业界的高度重视，欧美等发达国家通过运用品牌战略，塑造品牌鲜明的个性，进而成功进入中国市场并获得高占有率的事实让国内企业认识到品牌建设的重要性。珍妮弗·阿克尔于1997年首次系统地发展了基于美国的品牌个性维度及量表，日本和西班牙的品牌个性维度及量表也相继诞生。

一、人格个性大五维度

品牌个性维度的研究，主要结合心理学和文化学进行，人格个性理论为品牌个性理论的研究奠定了基础。以往学者对个性要素集合不断进行研究和完善，最终形成了人类个性的大五模型，并建立一套完备的测量量表体系。大五模型将人格个性划分为神经质、外向性、开放性、随和性和责任心五个维度。其中，神经质包含焦虑、生气敌意、沮丧、自我意识、冲动性、脆弱性六个子维度；外向性包含热情、乐群性、独断性、忙碌、寻求刺激、积极情绪六个子维度；开放性包括想象力、审美、感受丰富、尝新、思辨、价值观六个子维度；随和性包括信赖、直率、利他、顺从、谦逊、慈善六个子维度；责任心包括胜任力、条理性、尽责、追求成就、自律、深思熟虑六个子维度。

表 3-1 人格个性大五维度及其特征①

组成特征	组成成分
神经质	焦虑、生气敌意、沮丧、自我意识、冲动性、脆弱性
外向性	热情、乐群性、独断性、忙碌、寻求刺激、积极情绪
开放性	想象力、审美、感受丰富、尝新、思辨、价值观
随和性	信赖、直率、利他、顺从、谦逊、慈善
责任心	胜任力、条理性、尽责、追求成就、自律、深思熟虑

二、品牌个性大五维度

根据西方人格理论的大五模型，以个性心理学维度的研究方法为基础，美国著名学者珍妮弗·阿克尔发明了一个系统的品牌个性维度量表。该品牌个性测评量表是由一个631 人组成的样本通过对 40 个品牌的 114 个个性特征进行评价而得来。这个量表是基于个体的代表性样本、广泛的特性列表和在不同的产品类别中系统地选择系列品牌。它可以用来比较众多产品类别中品牌的个性，由此使得研究者可以确定品牌个性的基准。这五大个性要素的可靠性通过“测试—再测试”相关性分析和克朗巴哈系数（Cronbach's alpha）得到证实。在这套量表中，品牌个性分为纯真、激情、信赖、教养和坚固五个维度。这五个维度下又有 15 个指标，包括 63 个品牌人格特性。该品牌个性维度量表在西方营销理论研究和实践中得到了广泛的运用。例如，柯达以“纯真”的个性，给人们以纯朴、诚实、有益、愉悦的感受；保时捷以“激情”的个性，给人以大胆、有朝气、时尚、富于想象的感受；IBM 以“信赖”的个性，给人们以可信赖的、成功的、聪明的感受；奔驰以“教养”的个性给人以上层阶级的、迷人的感受；耐克则以“坚固”的个性给人以户外的、强韧的感受；等等。

表 3-2 品牌个性大五维度及其组成②

维度	指标	描绘词语
纯真（如柯达）	纯朴	家庭为重的、小镇的、循规蹈矩的、蓝领的、美国的
	诚实	诚心的、真实的、道德的、有思想的、沉稳的
	有益	新颖的、诚恳的、永不衰老的、传统的
	愉快	感情的、友善的、温暖的、快乐的
激情（如保时捷）	大胆	极时髦的、刺激的、不规律的、华丽的、煽动性的
	有朝气	冷酷的、年轻的、活力充沛的、外向的、冒险的
	富于想象	独特的、风趣的、令人吃惊的、有鉴别力的、好玩的
	时尚	独立的、现代的、创新的、积极的

①② 王新刚，黄静．品牌管理［M］．上海：华东师范大学出版社，2013．

续上表

维度	指标	描绘词语
信赖（如 IBM）	可信赖	勤奋的、安全的、有效率的、可靠的、小心的
	聪明	技术的、团体的、严肃的
	成功	领导者、有信心的、有影响力的
教养（如奔驰）	上层阶级	有魅力的、好看的、自负的、世故的
	迷人	女性的、流畅的、性感的、高尚的
坚固（如耐克）	户外	男人气概的、西部的、活跃的、运动的
	强韧	粗野的、强壮的、不愚蠢的

后来，阿克尔为了探索品牌个性维度的文化差异性，对日本、西班牙这两个分别来自东方文化区和拉丁文化区的代表性国家的品牌个性维度和结构进行了探索和检验，并结合美国品牌个性的研究结果，对三个国家的品牌个性维度变化以及原因进行了对比分析。结果发现，美国品牌个性维度的独特性维度是“强壮”，日本是“平和”，西班牙是“热情/激情”。

三、品牌个性八大维度

2002 年有学者在澳大利亚进行了一项动机研究的调查，建立了一个基于需求的模型。该模型以类型学为基础，发掘出启发消费者与品牌之间关系的不自觉的原型需求。类型学认为人的动机在本质上是有原型的。原型影响我们的个性和心理需求，文化和社交需求以及内部和生物性需求。人类的潜意识会在一定的图片、语言、标志下启动，产生相似的情感，从而产生相似的需求。这个模型给企业提供了一个理解全球消费者一致性和品牌定位的工具，它同样也适用于特定文化透视的国家。

模型主要为四个方向，分别是外向和内向、接纳性和个人主义。在这四个方向所分成的四个象限中，每个象限均有两个维度，分别代表不同的心理原型，共八个心理原型（见图 3－1）。

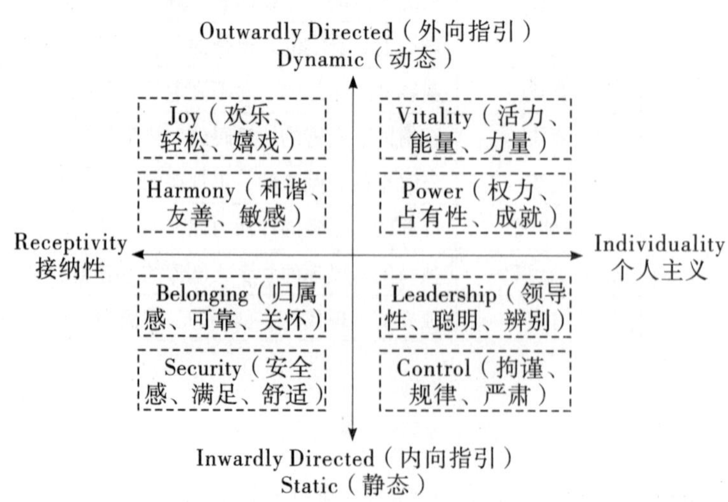

图 3－1　品牌个性的八大维度模型

四、中国品牌个性维度

2003 年我国学者卢泰宏、黄胜兵等，在国外品牌个性研究的基础上，对中国本土的品牌个性进行调查研究，采用词汇法、因子分析和特质论等方法，从中国传统文化角度阐释了中国品牌个性的五大维度，即仁、智、勇、乐、雅。

第一个维度——仁，囊括了最多的品牌个性词汇，可解释的品牌个性词汇达到 28 个。主要词汇有平和的、环保的、和谐的、仁慈的、家庭的、温馨的、经济的、正直的、有义气的、忠诚的、务实的、勤奋的。这些词汇一般用来形容人们所具有的优良品行和高尚品质，表达的是爱人及爱物之意。

第二个维度——智，所包括的品牌个性词汇有 14 个。主要词汇有专业的、权威的、可信赖的、专家的、领导者、沉稳的、成熟的、负责任的、严谨的、创新的、有文化的。因此，可以用术或者才来命名第二个因素。但考虑到与第一个因素相对应，这里使用了一个比术或才更抽象的词——智来命名第二个因素。因为在古汉语中，智的外延不仅局限于术/数或者才，也包括睿智、沉稳、严谨、贤能等。这样能更加贴切地描述本维度中所包括的词汇，也更加能体现中国传统文化。

第三个维度——勇，包括 8 个品牌的个性词汇：勇敢的、威严的、果断的、动感的、奔放的、强壮的、新颖的、粗犷的。这些词汇可以用来形容勇所具有的不惧、不畏难的个性特征，既包括了作为一种道德的勇，如勇敢、果断等，也包括了作为个人形象特征的勇，如强壮的、粗犷的等。

第四个维度——乐，包括 8 个品牌个性词汇，如欢乐的、吉祥的、乐观的、自信的、高兴的、积极的、酷的、时尚的。这一维度中的词汇都是用来形容高兴的、乐观的、自信的、时尚的外在形象特征。仔细分析这些词汇，可以发现几个层次的含义：来自内心的积极、自信和乐观；表现外在形象的时尚和酷，以及既有表达群体的欢乐，也有表达个体的欢乐。这些词汇反映的都是乐，只是乐的表现形式有所不同。

第五个维度——雅，包括 8 个品牌个性词汇，如高雅的、浪漫的、有品位的、体面的、气派的、有魅力的、美丽的、儒雅的。这些词汇可以用来形容儒雅的言行风范，浪漫的、理想的个性以及秀丽、端庄的容貌特征，或者体现别人对自己的尊重。这些词汇中有些与中国传统文化中的“雅”相联系，有些则与现代意义的“雅”相联系。

同时，作者还对中国品牌个性维度的内部结构进行了层级细化（见表 3－3）。

表 3－3 中国品牌个性维度及其特征表现①

品牌个性维度	品牌个性次级维度	品牌个性特征
仁	诚	温馨的、仁慈的、家庭的
	和	和谐的、平和的、环保的
	仁义	正直的、有义气的、仁慈的
	朴	朴实的、传统的、怀旧的
	俭	平易近人的、友善的、经济的

① 庞守林，张汉明，丛爱静. 品牌管理［M］. 北京：高等教育出版社，2017.

续上表

品牌个性维度	品牌个性次级维度	品牌个性特征
智	稳谨	沉稳的、严谨的、有文化的
	专业	专业的、可信赖的、领导者
	创新	进取的、有魄力的、创新的
勇	勇德	勇敢的、威严的、果断的
	勇形	奔放的、强壮的、动感的
乐	群乐	吉祥的、欢乐的、健康的
	独乐	乐观的、自信的、时尚的
雅	现代之雅	体面的、有品位的、气派的
	传统之雅	高雅的、美丽的、浪漫的

五、品牌个性维度的国际比较

庞守林、张汉明、丛爱静在综合有关研究文献后，将品牌个性的国际差异整理成以下表格（见表3－4）。

表3－4　品牌个性维度的国际比较

国家	年份	品牌个性维度
美国	1997	真诚、兴奋、能力、教养、强韧
法国	1999	支配、能力、尽责、男子气、豪放、诱惑
法国	2000	真诚、兴奋、能力、教养、爱好
日本	2001	真诚、兴奋、能力、教养、平和
西班牙	2001	真诚、兴奋、教养、平和、激情
中国	2003	仁、智、乐、勇、雅
韩国	2003	仁、义、乐、勇、信
俄罗斯	2003	成功和当代、真诚、兴奋、强韧、教养
智利	2004	真诚、兴奋、能力、教养
澳大利亚	2006	能力、真诚、教养、强韧、革新、兴奋
韩国	2006	被动喜爱、支配地位、赶潮流的、能力、教养、传统、强韧、崇尚西方
德国	2007	认真、情感、肤浅、动力
印度	2008	真诚、兴奋、能力

第四节 品牌个性的塑造及来源

在激烈的市场竞争中，具有品牌个性的产品，消费者往往乐意购买，这是为什么呢？因为品牌个性切合了消费者内心最深层次的感受，以人性化的表达触发了消费者的潜在购买动机，选择代表自己个性的品牌，从而把品牌价值凸显出来。品牌个性是品牌价值的核心表现，要想提升品牌价值，就必须塑造出鲜明的品牌个性，否则，品牌就会被淹没在市场的汪洋大海中。

一、品牌个性塑造的原则

品牌个性的塑造不是以企业或者企业策划人员的意志为转移的，品牌个性塑造除了与品牌的定位有关系以外，还与产品的属性、服务特征、包装设计、广告风格、视觉符号、使用者、公共关系、品牌的历史、企业的领导者等诸多因素有关。因此，塑造品牌个性，应遵循以下基本原则。

（一）精确品牌定位原则

准确的品牌定位是塑造品牌个性的前提和基础，而品牌个性是品牌定位的最直接体现，二者之间既有联系又不完全相同。品牌个性并不像品牌的标志那样直观，可以看得见摸得着，品牌个性是一种感觉，而这种感觉也会变化，存在于消费者心灵深处，将影响他对品牌的直接感官，甚至购买决策，因此，塑造品牌个性也要考虑目标消费者的未来期望，才能实现长时间与消费者的共鸣。

（二）体现品牌核心价值原则

品牌的核心价值是塑造品牌个性的内在动力，而品牌个性是品牌价值的集中表现，两者是相互统一的。塑造品牌个性一定要围绕着品牌核心价值进行，反过来看，如果要想提升品牌价值，那么也必须有鲜明的品牌个性支持，进一步丰富品牌内涵，以便更好地经营品牌。例如，沃尔沃汽车的品牌核心价值是安全。1959 年第一个给汽车安装安全带，1972 年首创并为汽车安装安全气囊，2001 年又推出新一代的安全概念车，在核心产品上，沃尔沃兑现了它的核心价值。又如海尔的品牌核心价值是“真诚到永远”，通过砸冰箱事件、五星级售后服务等塑造了“真诚、负责任、创新”的品牌个性。

（三）简约化原则

塑造品牌个性，一定要简约、突出。如果一个品牌有许多个性特征，就很难给消费者留下深刻的印象。著名的万宝路品牌，只强调“力量”和“独立”两个品牌个性特征，其品牌管理相当出色，这也使得它在许多年一直保持着世界第二大最具价值的品牌地位。

塑造品牌个性不能太复杂，要简约易识别。很多品牌在实际的操作中，总是试图强加于品牌很多的个性，事实上这种做法往往适得其反，品牌个性不是人为地强加于它，而是品牌内涵的一种外在表现，是消费者在体验品牌时的一种自我认同。企业可以去引导塑造品牌个性，而不能强加于它更多的个性。企业必须明白品牌个性在于消费者的认同。

（四）持续性原则

品牌个性是消费者对品牌由外到内的整体评价，它是一项长期的、系统的工程。人的个性随时间推移，其变化是很缓慢的。同样，品牌个性也应保持持续性和稳定性，不宜草率行事或者变化无常。当消费者与某一家公司或者某一种产品建立起友谊之后，亦希望其形象能始终如一，并形成品牌依赖。品牌个性和顾客个性彼此交融，便是铸就强大品牌的深厚基础。

（五）协同性原则

品牌个性的内部特征不能相互矛盾，或者产生冲突，而应当具有一致性或者协同性。比如，可口可乐的个性就是“活力的”“刺激的”，而不是迎合饮料一律追逐“健康的”的做法。

二、品牌个性塑造的来源

了解品牌个性的来源（影响因素），能为企业的品牌个性塑造提供有益的指导。

（一）企业家的特质

在企业的品牌个性塑造过程中，企业家起着举足轻重的作用。一方面是因为企业家代表着整个组织，是企业拟人化的象征；另一方面是因为消费者通过对企业家或品牌代言人的联想来认知和理解品牌的个性特征，而品牌个性正是基于消费者记忆中所形成强有力的偏好和独特联想而产生的。具有独特个性的企业家常常会把自己的个性转移到品牌上，这是形成品牌个性的一个重要来源。例如，海尔集团的总裁张瑞敏诚恳、儒雅、睿智的个性无疑影响着人们对海尔品牌的看法；微软前总裁比尔·盖茨、通用电气前总裁杰克·韦尔奇等都是这样。另外，迄今为止最具影响力和反叛精神的时装设计师加布里埃·香奈尔（Gabrielle Bonhear Chanel），她的言行举止、社会地位、时尚风格，吸引了法国乃至全世界上层人士的注意，她的整个生命历程其实就是香奈尔品牌最直接、最持久、最有效的广告。

（二）与产品有关的因素

产品是品牌的物质载体，可以向消费者提供功能利益、情感利益和自我表现利益，是形成品牌个性的主导力量；产品的包装就像一个人的穿着打扮一样，很容易直接凸显品牌个性；产品的价格，也可以暗示其品牌个性。

（三）使用者的形象

品牌所定位的目标消费者不同，其给人的感觉和印象就会有所不同。具有类似背景的消费者经常使用某一品牌的产品，久而久之，这群使用者的共有个性就被附着在该品牌上，从而形成该品牌稳定的个性。一般老百姓很少喝人头马，即使广告铺天盖地，对他们也无济于事，法国白兰地也是有钱人才会钟情于它。所以，人头马、白兰地品牌形象的重要特征之一就是身份和地位的标志。

（四）象征符号

象征符号对品牌个性有很强的影响力和驱动力。象征符号除了标志和其他识别符号外，象征物也很重要。在对品牌形象的个性塑造中，选择能代表品牌个性的象征物往往很重要。象征物运用得当，可以赋予品牌以生命，让消费者与之对话，进行情感交流，进而成为忠实的朋友。象征物通常有四类：人、动物、植物与卡通物。例如，家乐氏玉米片的象征物“老虎托尼”，传达了可靠、有趣、可口、美味的个性。

（五）广告传播

广告有助于塑造品牌形象，显示品牌个性，不同的广告主题、创新和风格会产生不同的广告效果。例如，雀巢“奇巧”的广告创意始终带着幽默，其品牌不断传达给消费者一个休闲、轻松、幽默的个性。绝对伏特加的广告创意和风格同样独树一帜。多年来它坚持在平面广告中采用“标准格式”，以怪状瓶子的特写为中心，下方加一行两个词的英文，总是以“Absolut”为首词，并以一个表示品质的词居次，如完美或澄清。在表现题材上与产品、物品、城市、艺术、节目、口味、服装设计、主题艺术、欧洲城市、影片与文字、时事新闻等相结合，与视觉关联的标题措辞与引发的奇想赋予了广告无穷的魅力和奥妙。现在它的品牌个性已十分鲜明：时髦、独特、风趣、现代、年轻。

对广告而言，大部分品牌个性来源的因素，都是企业可以直接利用市场营销策略操控的，如产品属性、产品类别、包装、价格、通路、广告、品牌名称、符号或商标、宣传策略、公关、广告风格、名人为品牌产品代言等，也有些因素是企业不能直接控制，但可以间接地掌握，如使用者形象、使用情境、企业形象、企业员工或总裁特质等，这些因素可以经由有效利用传达的平台，在消费者心中形成有利的印象。

（六）品牌历史

品牌诞生的时间也会影响品牌的个性。一般来说，诞生时间较晚，上市时间较短的品牌占有年轻、时尚、创新的个性优势，而诞生较早的老字号品牌常常给人以成熟、老练、稳重的感觉，但可能也有过时、守旧、死气沉沉等负面影响。因此，对于老品牌，需要经常为其注入活力，以防止其老化。但值得注意的是，对于某一类产品的品牌而言，有时需要年轻的个性，而有时却需要厚重的历史感，比如酒类品牌。

（七）品牌代言人

借用名人，也可以塑造品牌个性。通过这种方式，品牌代言人的品质可以传递给品牌。在这一点上，“耐克”公司是做得最为出色的一个。“耐克”总是不断地寻找代言人，而且从不间断。从波尔·杰克逊到迈克尔·乔丹、查尔斯·巴克利、勒布朗·詹姆斯，“耐克”一直以著名运动员作为自己的品牌代言人，这些运动员阐释了耐克“JUST DO IT”的品牌个性，迷倒了众多的青少年。

（八）品牌籍贯

由于历史、经济、文化、风俗的不同，每一个地方都会形成自己的一些特色。因此，每个地方的人会有一些个性上的差异。例如，德国人严谨、法国人浪漫、以色列人顽强，这些个性上的差异也会影响到当地的品牌，所以法国的时装和香水、德国的汽车和电器均有很多知名品牌。有一些品牌，会借助其产地的背景而树立自己的个性。如孔府家酒，是借助孔子的故乡——山东曲阜使之赋予中国文化特色的。

总之，品牌个性是一个品牌最有价值的东西，它可以超越产品而不易被竞争者模仿。品牌个性来源因素不是孤立存在，它须置于品牌系统、消费者系统以及营销沟通的环境下，才有可能实现品牌个性的建立与深化。这种体现本质的个性，将大大有利于促进营销沟通。一旦形成鲜明、独特的个性，就会形成一个强有力的品牌，这也是品牌经营的一个重要方向。

三、品牌个性塑造的途径

企业在塑造品牌的过程中，能帮助其突显品牌个性的方法很多，本书主要介绍以下六种。

（一）按图索骥

人类个性主要由他们所持有的价值观、信仰及长期的生活习惯所决定。例如，我们从小就教导孩子要诚实，诚实就是一种价值观和信仰，是一个人应具备的基本素质。再如，自信是人的一种个性特点，是人们处理事务时对目标能够实现程度的自我感觉，也是决定人成功的关键素质之一。一个人可能有许多价值观、信仰和特点，但是有一些是大家都喜欢的，例如，值得依赖、可信任、诚实、可靠、友善、关心、乐观和活泼开朗等。人们正是不可避免地被这些广受欢迎的价值观和特点所吸引。

人总喜欢符合自己观念的品牌。每个人对自己都有一定的看法，对别人怎么看自己也有一定的要求。他们往往喜欢那些与自身相似或与自己的崇拜者相似的个性。人们通过自己喜欢的个性特征来选择品牌，品牌的个性可通些词汇来描述。因此，商家要千方百计地找到这些人们喜欢的词汇，然后根据这些词汇设计品牌传播活动，让消费者把这些词汇与品牌个性联系起来，长期坚持这种个性宣传，就把品牌个性牢牢地印记在消费者的脑海中。品牌的个性与消费者的个性越拉近（或者与他们所崇尚或追求的个性越接近），消费者就越愿意购买这种品牌，品牌忠诚度就越高。塑造品牌个性，要尽可能使品牌个性与消费者的个性或与他们所追求的个性相一致。

（二）给产品包装

在激烈的市场竞争中，产品同质化现象越来越严重，甚至到了难以区分彼此的地步。因此，品牌的个性树立首先要以企业的产品或服务特征为基础，并对其进行包装设计。

产品包装被称为是“无声的推销员”，它是消费者在终端所见到的最直接的广告，是产品在货架上的形象代言人。产品的包装犹如人的衣服，它不仅可以美化产品，同时也是品牌个性的体现。健康、优良的包装材料，独具匠心的包装造型、标志、图形、字体、色彩等各种手段的综合运用，都有助于品牌个性的塑造与强化。例如，柯达的包装，以红、黄等暖色调体现其温馨的个性。雀巢是我们十分熟悉的品牌，它的鸟巢图案标志，极易使人联想到待哺的婴儿、慈爱的母亲和健康营养的育儿乳品，突出了雀巢对消费者的象征意义，有利于唤起慈爱、舒适和信任的情感个性。

（三）运用价格定位手法

如果企业运用“一以贯之”的高价策略，其品牌很可能会在消费者心目中留下高档、富有、略带世故的个性，譬如凯迪拉克、奔驰、劳斯莱斯轿车以产品质量为基础分别建立起“尊贵、豪华、奔放”和“尊贵、传统、艺术、典雅”的品牌个性。相反，如果企业喜欢运用低价策略，它的品牌则会被认为是朴实、节约而略显落伍，譬如奇瑞、吉利。对企业来说，经常改变价格策略是塑造品牌个性的大忌，长久保持品牌个性显得极为关键。如全球最大零售企业沃尔玛，长期坚持“低价销售，保证满意”的经营特色，它在管理上不断进行创新，如将每件产品的销售利润降到了极低水平，采取直接从工厂进货、减少中间环节的销售方式；实行“统一定货、统一分配”的分销方式；建立本企业专用卫星交互通信系统，使总部能与所有商店进行通信；强调最真诚的微笑服务；

提出“员工是合伙人”的口号，让员工以低于市价一定比例的价格购买本企业股票等。这些其他企业难以完全模仿的创新措施，构成了沃尔玛品牌的独特个性，正是这种独特个性使该企业创造出世界零售企业的发展奇迹。

（四） 形成广告风格

许多成功的品牌都会逐渐形成自身的广告风格，且其所有的广告也都会遵循这个风格，以使品牌个性越来越清晰。海王银得菲虽然有许多不同版本的广告，但它们都围绕着“关键时刻，怎能感冒”这一主线出现在媒体上。柯达公司的彩色胶片曾占世界市场的90%以上，几乎所有的专业摄影、电影摄影师都对“柯达”胶卷爱不释手、情有独钟，它的宣传画颇为独特、引人入胜：端庄秀美的女青年，身背旅行包，肩挎照相机，手拿柯达彩卷，立刻就会让人多看几眼，那一行“请您带上柯达”的广告宣传语，更让人感到实实在在，毫不夸张。

（五） 推出使用群体

使用群体是指实际使用某一品牌产品的消费者。人们一提到劳斯莱斯，自然会联想到它的使用者——有地位、有声望、在某一领域有卓越成就（只有钱还不行），处于金字塔顶尖的人。这在一定程度上强化和再现了劳斯莱斯的个性特征。在确定了消费群体以后，通过调查了解他们的需求、欲望和喜好，勾勒出消费者的个性特点，将品牌个性与目标顾客群的个性相匹配，选择描述品牌个性的词汇，表现特点的词汇不要过多，一般以3~5个为宜。这些词汇都是以激发目标群体的情绪为主，打动消费群体的感情和感觉功能。这种勾勒特点的方法，目的在于强化消费者的自我认识和追求，然后创建品牌相应的个性特征，并加以持久传播，从而形成品牌个性。宝洁公司，其四个主要产品的消费群体定位为：飘柔——飘逸柔顺——柔顺一族；海飞丝——去头屑——有头屑人群；潘婷——健康亮泽——保养一族；沙宣——保湿、呵护——保湿一族。适用不同消费群体的需求和爱好，个性特点鲜明。

（六） 使用标志符号

心理学家的一项调查显示，在人们接收到的外界信息中，83%以上的是通过眼睛，11%要借助听觉，3.5%依赖触觉，其余的则源于味觉和嗅觉。视觉符号的重要性由此可见一斑。一个成功的标志符号是品牌个性的浓缩。麦当劳金黄色的“M”形双拱门、苹果电脑被咬缺了一个口的苹果标志，对它们品牌的个性都具有强化效果。金黄色的“M”形双拱门不仅简单易记，而且寓意深邃。只要一看到“M”的金黄色标志，人们自然会想到麦当劳快餐，想到“清洁、幽雅、美味、家庭氛围”等麦当劳的经营理念和经营风格。一个简单的字母不仅体现了一种消费心理，并且造就了一种消费文化。

四、塑造品牌个性应注意的问题

正确塑造品牌个性，尚需要处理好以下几个方面的关系。

（一） 正确处理品牌个性和品牌适用性的关系

品牌个性和品牌适用性是一对矛盾的统一体，品牌个性越强则其适用性越弱。因此，塑造品牌个性时必须注意，品牌个性不能对其适应性有太大的损害，否则，市场占有率太低，不利于品牌的传播和维护。

（二） 处理好品牌个性所追求的程度

塑造品牌个性要求创新，但并不是一味求奇、求异。而是应该在经过深入的市场调查，了解消费者的心理和需求，并赋予其深刻的内涵的基础上进行创新，才能达到应有的效果。

（三） 塑造品牌个性不能急功近利

品牌个性的塑造是一项系统工程，是循序渐进的，单靠某个方面想一蹴而就是很难做到的。品牌个性的信息会通过多种渠道传递给消费者，如品牌名称、包装设计、代表色、广告表现、品牌定位、传播方式以及消费者使用产品的体验、效果等。概括地说，消费者从认知到熟悉，再到购买和使用产品的整个过程中所能感受到的一切信息，包括听觉、视觉、触觉、味觉和嗅觉的感受，都是对品牌的个性体验。因此，品牌个性的塑造是一个日积月累的过程。它需要动用长久、稳定、统一的广告宣传来加深消费者对品牌的印象，还需与产品开发、形象设计、公共关系、促销活动等各方面工作有效配合。总之，品牌个性的塑造是贯穿于企业整个成长发展过程中的一项长期工作，也是贯穿于企业经营管理过程的一项细致工作。

本章小结

本章在介绍学术界对品牌个性给出的定义、品牌个性的作用和内涵的基础上，简述了品牌个性的稳定性、区隔性、独占性、对应性、互动性等基本特征，以及人性化、购买动机、差异化、情感感染、资产贡献等价值；并着重介绍了人格个性五维度、西方国家品牌个性五维度和八维度、中国品牌个性五维度、世界一些国家品牌个性维度的内涵及内部结构；最后，就品牌个性塑造所遵循的精确定位、体现核心价值、简约化、持续性、协同性等原则，塑造的企业家特质、产品有关因素、使用者形象、象征符号、广告传播、品牌历史、品牌代言人、品牌籍贯等来源，以及塑造过程的按图索骥、给产品包装、运用价格定位手法、形成广告风格、推出使用群体、使用标志符号等途径，进行了简要介绍。

思考与练习

1. 简述品牌个性的内涵和特征。
2. 品牌个性的价值有哪些？
3. 比较中国品牌个性维度与美国品牌个性维度的异同点。
4. 品牌个性的来源有哪些？
5. 试说出塑造品牌个性的原则和途径。

第四章　品牌形象理论

学习目标

（1）知道品牌形象的概念来源及定义。
（2）明确品牌形象的特征、构成要素及重要性。
（3）熟悉国内外学者创立的品牌形象构成模型的内容。
（4）掌握品牌形象塑造的原则、途径和策略。

公众对品牌的评价在于品牌在其心目中的位置，这种位置不是一朝一夕形成的，而是由品牌企业主导，通过多种方式和渠道，利用各种推广手段，在公众心中建立起来的形象。

第一节　品牌形象概述

关于品牌形象，学术界的描述很多，但至今没有一个统一的定义。早期的营销专家利维认为品牌形象是存在于人们心中的关于品牌各要素的图像及概念的集合体，主要是品牌知识及人们对品牌的基本态度。斯兹则认为品牌像人一样具有个性形象，但这一个性形象不是单独由产品的实质性内容所决定的，还应包括其他一些内容。本节主要从品牌形象的概念、构成要素、重要性和作用、特征等几个方面，来解读品牌形象。

一、品牌形象的概念

（一）关于形象一词的来源及定义

1. 形象的来源

品牌形象是由英文“Brand Image”翻译而来，《牛津高阶英汉双解词典》对“Image”的解释为：个人、组织或产品给大众的印象；人或事物看起来像是在脑海中所呈现的画面；以照片或塑像的形式复制人或事物；透过相机、电视或计算机反射的影像，看起来犹如镜子反射；以虚构的字或措辞形容事物。

《韦氏大学英语词典》则将“Image”解释为：对人或物的再造或仿造；特别是对具体外形的仿造；利用光学（例如，镜片或是镜子）或电子仪器制造出视觉上极为相像的对象、利用摄影技巧所产生出的相似对象；极相像、非常像别人的一个人；有形或可见的图像、古色古香的、梦幻般的外形；心里对实际上不存在事物的想象、由团体成员的意见及基本态度与定位的象征所形成的心理概念；鲜明或生动的图像或描写；一种通俗的观念（例如，个人、习俗或国家），特别是借由大众传播媒体所凸显的。

2. 形象的含义

《现代汉语词典》对“形象”一词的解释，主要有三种含义：一是指能引起人的思想或感情活动的具体形状或姿态；二是指文艺作品中创造出来的生动具体的、激发人们思想感情的生活图景，通常指文学作品中人物的精神面貌和性格特征；三是指描绘或表达具体、生动。

从营销学的角度来理解，形象是指主体与客体相互作用，主体在一定的情境下，采用一定的方式对客体进行感知。从心理学角度讲，形象是反映客体而产生的一种心理图式，感知是人们对感性刺激进行选择、组织并解释为有意义的相关图像的过程。从受众角度讲，形象实际上是经过一段时间通过处理不同来源的信息所形成的对有关对象的总体感知。

（二） 关于品牌形象的定义

1. 黄静的定义

黄静在《品牌管理》一书中对品牌形象的定义是：“品牌形象是消费者对传播过程中所接收到的所有关于品牌的信息进行个人选择与加工之后存留于头脑中的关于该品牌的印象和联想的总和。这个定义有两个要点：（1）品牌形象是从传播过程的接收者角度出发的概念，是有关人们如何看待这个品牌的概念；（2）品牌形象塑造的主要手段是传播。”①

2. 马君蕊的定义

马君蕊在《品牌与策划》② 一书中对品牌形象的定义是：品牌形象（brand image）是指企业或其某个品牌在市场上、在社会公众心中所表现出的个性特征，它体现了公众特别是消费者对品牌的评价与认知。公众对品牌形象的认识刚开始是着眼于影响品牌形象的各种因素上，包括品名、包装、图形设计、品牌属性、价格、声誉等。

品牌形象是一个综合性的概念，是企业通过营销活动渴望建立的，受形象感知主体主观感受及感知方式、感知前景等影响，而在心理上形成的一个联想性的集合体，品牌形象是一种资产，具有独特个性。

品牌形象的本源含义是消费者对品牌的心理体验，它是由品牌的气质识别打造的。绝大部分关于品牌的论著都把消费者对品牌的这种心理体验定义为品牌个性，正是这种品牌个性构成了独特的品牌形象。

3. 王新刚等的解释

王新刚、黄静在《品牌管理》③ 一书中综合各类主张，将品牌形象的概念内涵，总

---

① 黄静. 品牌管理［M］. 武汉：武汉大学出版社，2005：87.
② 马君蕊. 品牌与策划［M］. 北京：经济管理出版社，2018.
③ 王新刚，黄静. 品牌管理［M］. 上海：华东师范大学出版社，2013.

结为以下几点：

（1）品牌形象是以消费者为主体的概念，存在于消费者心中。与品牌识别等以企业为主体的概念不同，品牌形象是消费者对品牌功能、技术、服务、价值与利益等内外属性，以及对公司形象和使用者群体特性的综合感知。

（2）品牌形象感知的形态存在理性和感性两种方式。依照认知心理学理论，感知存在理性与感性的方式，在信息与消费体验非常充分的情况下，消费者会对功能、技术特征等客观特性进行理性分析，形成与实际吻合度较高的感知与判断。但实际模式远非如此，消费者一般通过选择性感知的形式进行信息感知，可能受到其他消费者的评价或者消费者情绪的影响，对品牌的感知将非常感性。

（3）品牌感知存在认知、联想、评价等不同形态。认知心理学认为，品牌形象作为消费者对于品牌特性、功能与价值等的综合感知，其存在形态包含认知、联想、态度与评价等几种形式。

（4）感知的事实比事实本身更加重要。品牌感知依存于消费者心中，存在于消费者主观意识中，独立于品牌客体。无论产品质量多么优秀，识别系统多么完善，营销传播策划多么系统，最终必须经过消费者这一关键环节，只有体现在顾客的感知和认同之后，才具有价值和意义。

二、品牌形象的构成要素

品牌形象的构成要素，主要包括视觉形象、产品形象、生产经营环境、生产经营业绩、社会贡献、员工形象、管理者形象等。

（一）视觉形象

视觉形象是品牌 Logo，是公众辨识品牌的可视化标准，包括图像、颜色、使用范围等，品牌 Logo 设计要注意以下几点：①易于识别；②与其他 Logo 有区别；③有内涵；④符合法律法规；⑤体现产品定位。如世界知名品牌可口可乐、谷歌、奔驰、苹果等的 Logo 均造型美观，构思新颖。这样的品牌 Logo 不仅能够给人一种美的享受，而且能使顾客产生信任感；能表现出企业或产品特色；简单但明显。品牌 Logo 所使用的文字、图案、符号都不应该冗长、繁复，力求简洁，给人以集中的印象；符合传统文化，为公众喜闻乐见。设计品牌名称和标志要特别注意各地区、各民族的风俗习惯及民众的心理特征，尊重当地的传统文化，切勿触犯当地民众的禁忌，尤其是涉外商品的品牌设计。

（二）产品形象

产品形象是品牌形象的代表，是品牌形象的物质基础，是品牌最主要的有形形象。品牌形象主要是通过产品形象表现出来的，产品形象包括产品质量、性能、造型、价格、品种、规格、款式、花色、档次、包装设计以及服务水平、产品创新能力等。产品形象的好坏直接影响着品牌形象的好坏。一个好的产品可以使广大消费者纷纷选购，而差的产品只能使消费者望而生厌。品牌只有通过向社会大众提供质量上乘、性能优良、造型美观的产品和优质的服务来塑造良好的产品形象，才能赢得到社会的认可，在竞争中立于不败之地。

（三）环境形象

环境形象主要是指品牌的生产环境、销售环境、办公环境和品牌的各种附属设施。

企业厂区环境的整洁和绿化程度、生产和经营场所的规模和装修、生产经营设备的技术水准等，无不反映品牌的经济实力、管理水平和精神风貌，是品牌向社会公众展示自己的重要窗口。特别是销售环境的设计、造型、布局、色彩及各种装饰等，更能展示品牌文化和品牌形象的个性，对于强化品牌的知名度和信誉度，提高营销效率有更直接的影响。

（四）业绩形象

业绩形象是指品牌企业的经营规模和盈利水平，主要由产品销售额（业务额）、资金利润率及资产收益率等组成。它反映了品牌经营能力的强弱和盈利水平的高低，是品牌生产经营状况的直接表现，也是追求良好品牌形象的根本所在。一般而言，良好的品牌形象特别是良好的产品形象，总会为品牌带来良好的业绩形象，而良好的业绩形象总会增强投资者和消费者对品牌及其产品的信心。

（五）社会形象

社会形象是指品牌企业通过非营利的以及带有公共关系性质的社会行为塑造良好的品牌形象，以博取社会的认同和好感。包括奉公守法，诚实经营，维护消费者合法权益；保护环境，促进生态平衡；关心所在社区的繁荣与发展，做出自己的贡献；关注社会公益事业，促进社会精神文明建设等。

（六）企业人员形象

企业人员包括企业员工和经营管理者。员工是品牌生产经营管理活动的主体，是品牌形象的直接塑造者。员工形象是指品牌企业全体员工的服务态度、职业道德、行为规范、精神风貌、文化水准、作业技能、内在素养和装束仪表等给外界的整体形象，员工的言行将影响到品牌的形象。职工形象好，可以增强品牌的凝聚力和竞争力，为品牌的长期稳定发展打下牢固的基础。

管理者形象是指品牌管理者集体尤其是企业家的知识、能力、魄力、品质、风格及其经营业绩给员工、同行和社会公众留下的印象。企业的经营管理者也是品牌的代言人，其形象的好坏直接影响到品牌的形象，为此，当今众多品牌均非常重视企业家形象的塑造。管理者形象好，可以增强品牌的向心力和社会公众对品牌的信任度。企业家的明星效应在新媒体发展迅速的时代已经越来越被企业重视，众多企业纷纷打造自己的企业家品牌，一大批企业家名人被公众所熟知，其个人形象经常出现在电视广告、公关活动、影视作品中，目前对企业家明星效应的研究文献也越来越多。

三、品牌形象的重要性和作用

（一）品牌形象沟通是一项重要的市场营销活动

向目标细分市场进行品牌形象沟通，长期以来都被认为是一项重要的市场营销活动。一个良好的沟通形象会帮助建立品牌定位、与竞争对手区别，并因此提升品牌的市场营销绩效。这个潜在的影响强调了长期进行品牌形象管理的重要性。品牌的长期成功依靠营销者在进入市场之前选择品牌意义的能力，用一种形象的方式实施品牌意义的能力和长期以来保持这种形象的能力。事实上只有几个品牌能够保持它们的形象超过一百年（比如象牙香皂的纯洁形象），以支持它们的定位。

（二）品牌形象塑造是实现市场营销绩效的基础

尽管品牌形象和市场营销绩效之间存在重要关系，但品牌长期形象管理以及品牌形象和销售诱导营销战略间的联合关系都没有得到足够的重视。例如，基于战略的产品生命周期，虽然是长期导向的，但它们对于品牌形象的潜在影响却并没有得到检验。品牌形象既对销售有直接的影响，又对于产品生命周期战略和销售之间的关系起到中介影响。品牌形象不只是消费者受企业沟通活动影响的感知现象，它是消费者对于企业采取的全部品牌相关活动的理解。因此，如果不考虑品牌形象的影响，产品生命周期战略的执行可能会在长期市场营销绩效上导致下降。

（三）提升消费者对品牌的感知价值

通过产品的品牌形象，可以使得消费者更容易对产品进行辨识、感知产品的品质、降低购买时的认知风险，提升消费者对产品的感知价值，获得品牌为他们所带来的差异化感觉和满足。品牌形象可以作为评价产品品质的线索，尤其是对于经验性的产品，良好的品牌形象可以提升消费者对于产品品质的感知。而且品牌形象越好的产品，消费者对其的感知品质就越好。中国市场中相同品种产品的同质性往往较高，而相比之下消费者的产品知识和辨识能力都比较缺乏，同时消费者购买产品往往都必须在有限的时间内完成，这就更加难以准确地评价和衡量所要购买产品的品质。因此，当产品内部线索不能提供足够的信息帮助消费者做出购买决策时，品牌形象往往作为产品评价的外部线索，被消费者用来感知产品的品质。

（四）降低消费者购买产品时的感知风险

消费者除了把品牌形象用作产品评价的外部线索，往往也将其作为降低产品购买感知风险的参考。消费者为了降低产品购买风险，会去购买更具知名度或有更好品牌形象的产品。如果产品的品牌形象好，的确可以降低消费者购买产品时的感知风险，并且还可以有效增加其对于产品做出的积极评价。另外，品牌的知名度和形象受到消费者的普遍重视，改善品牌形象可以作为降低感知风险的直销策略。可以看出，消费者会把品牌形象作为主要依据，以求在购买产品时降低感知风险。

由此可见，产品品牌形象的高低确实会正向影响其感知品质，会影响消费者的购买决策，知名度高、形象好的品牌能够提升消费者的产品评价。

四、品牌形象的特征

品牌形象的特征，主要包括主观性、心理性、稳定性、独特性、传播性和发展性六个方面。

（一）主观性

由于品牌形象是公众对品牌的总的看法和根本印象，是公众对品牌感知、理解和联想的总和，因而它具有主观性。没有大脑的意识活动，便不会有品牌形象，品牌形象是大脑对品牌识别的主观反映。品牌形象的主观性还表现在，同一品牌在不同的人脑中可能会产生不同的品牌形象，这正是主观反映的结果，和“一千个读者心中就有一千个哈姆雷特”的道理一样。

（二）心理性

品牌形象是基于受众心理对品牌形象的塑造。主要是通过媒介传播，让品牌在消费者心中形成一定的印象。品牌形象的心理性特征体现在象征性、联想性等方面。一旦一个品牌形象塑造成功，其内在价值就会作用于消费者的思想和情感，引起消费者一定的心理反应。这时的反应就不单是该品牌代表什么产品了，而是一系列关于该品牌象征性意义与特性的联想。

（三）稳定性

品牌形象具有相对稳定的特点。品牌形象一旦在公众心中形成，就不会轻易改变。即使企业行为有变化，公众也不会马上改变其对品牌的看法。甚至企业倒闭了，品牌形象还可以继续存在。稳定的品牌形象也有利于企业开展各种经营管理活动，为企业创造更好的经济效益和社会效益。

（四）独特性

品牌形象的独特性意味着该品牌形象由于某一方面或某些方面的与众不同，比如独树一帜的标志设计、先进的理念、有创意的广告等，能让消费者一眼识别。很多公司为了让自己的品牌形象独特化而煞费苦心，比如，麦当劳精心设计的红底黄字标志和山姆大叔形象已经被全球消费者接受与认同。

（五）传播性

品牌形象是传播和沟通的产物。品牌要想在公众心目中树立良好的形象，必须借助各种传播手段。传播是连接企业与社会公众的结果，离开了传播媒介、品牌信息和品牌识别就无法到达社会公众。离开了传播媒介有效地、广泛地传播，企业对树立品牌形象的过程就会失去引导和控制。

（六）发展性

品牌形象的发展性也可称为时代性，意思是品牌要随着时代的步伐和各种条件的变化而做出调整，即对品牌识别做出调整。经营状况变化了，如果品牌一成不变，就会影响企业的发展。只有根据内外环境的不断变化而对品牌做出调整，使之适应新变化，满足新要求，品牌形象才能长盛不衰。一句话，变化是品牌保持活力的根本。卡菲勒在其所著的《战略性品牌管理》① 一书中专门用一章来讲述品牌形象的相关问题，其标题为“品牌形象：随机应变”。作者强调形象变化的必要性、必然性和重要性，并通过爱维纯净水、大众汽车和芬达斯冷冻食品等品牌的成败得失，说明品牌形象改变的重要性。

第二节　品牌形象构成模型

品牌形象不是一个单层面的概念，而是一个内涵丰富的多层面、立体式的概念。关于品牌形象构成，在学术界已出现多种理论模型。

一、黄静的品牌形象构成模型②

黄静在《品牌管理》一书中提出，品牌形象的构成主要包括三个层面，即核心层面

① 卡菲勒. 战略性品牌管理［M］. 王建平，曾华，译. 北京：商务印书馆，2000.

② 黄静. 品牌管理［M］. 武汉：武汉大学出版社，2005：88－92.

的品牌形象内涵、中观层面的品牌形象载体和外在层面的品牌形象符号系统（见图 4－1）。

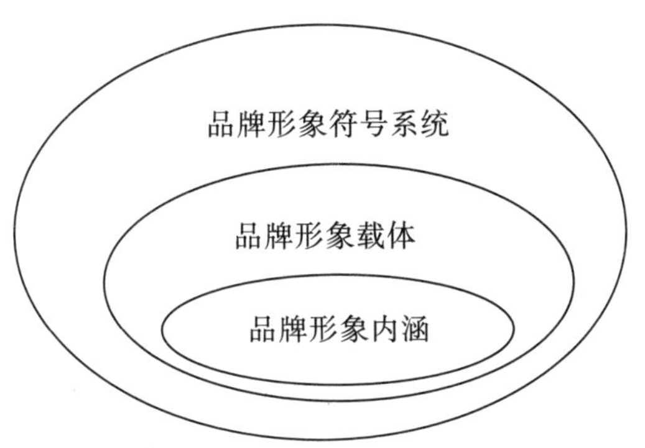

图 4－1 品牌形象的构成层面

（一）品牌形象的内涵

品牌形象不是表面的东西，它深深扎根于品牌的精髓之中。品牌精髓之于品牌形象就如灵魂之于人，有了内涵，品牌形象才富有了底蕴，从而厚实起来。品牌形象内涵源自对品牌定位、品牌个性和品牌文化的综合理解与把握。

1. 品牌定位

品牌定位是品牌形象的一个指向，把握了品牌定位，品牌形象的设计与传播才有其方向性。正确把握品牌定位是品牌形象高屋建瓴的基础。

2. 品牌个性

品牌个性与品牌形象息息相关，这两个概念都有“拟人化”的色彩。品牌个性是把品牌视为人时其所表现出来的性格特征；品牌形象除了这些个性之外，还是更多因素综合的结果，比如，品牌形象的载体、品牌形象的符号识别系统等。把握品牌个性是使品牌形象更“人性化”及个性更鲜明的前提。

3. 品牌文化

一个品牌最持久的影响源于其文化。品牌形象只有生长于品牌文化的土壤中才能枝繁叶茂、活力持久。

（二）品牌形象的载体

品牌形象需要一定的承载物，这一承载物主要包括企业的产品或服务、产品或服务的提供者及使用者。

1. 产品或服务

品牌形象最核心的载体是企业的产品或服务。消费者更多的是通过体验品牌所涵盖的产品或服务来对品牌形象进行评价与感知的。产品或服务是推出品牌形象的主要载体，品牌形象的传播与运作做得再好，最终也必须通过消费者对产品或服务的消费与体验来认同。没有产品，没有服务，没有实在的感受物，品牌形象就是空洞无物的，难以在消费者头脑中留下深刻印象，更不用说能被立即识别或产生情感联系了。另外，品牌形象的丰富与发展也依赖于新的产品与服务的推出，没有产品的推陈出新和服务的不断创新，品牌形象就难以进一步发展。

2. 产品或服务的提供者

品牌形象的第二个重要载体是产品或服务的提供者，这包括两个层面：作为整体的企业层面和作为个体的员工层面。

首先，对消费者而言，企业整体就是真正消费品牌的提供者，比如奔驰汽车的提供者首先是奔驰公司，而非某个奔驰的零售商。这一层面的载体带给消费者的是一种无形的影响，企业形象在这一层面发挥了重要作用。企业一贯带给消费者的印象会影响消费者对其所属品牌的形象的认知。

其次，企业内部所有能跟消费者进行一线接触的微观个体，如销售人员、维修人员、零售点等都是企业产品或服务的直接提供者。这一层面的载体带给消费者的是一种有形的影响，消费者通过实实在在地与这些直接提供者的接触来认识、理解并诠释企业的品牌形象。产品或服务的提供者这一载体使消费者更接近品牌形象的内在。如果说消费者消费产品、体验服务更多的是一个人与物互动的过程，那么，消费者与产品或服务提供者的交互则包含了更多的人与人互动的过程，这就使品牌形象的表现更生动、更具体。

3. 产品或服务的使用者

产品或服务的使用者是品牌形象的第三个载体。如果给你一幅图片，图片上是一辆车，让你进行品牌形象联想，你可能会根据车本身的外形、构造等来进行联想；如果仍然是这幅图片，不同的是多了一行字“美国总统的车”再来进行品牌形象联想，你会联想到什么呢？身份、地位、品质……这就是产品或服务的使用者对于品牌形象塑造的重要意义。

营销大师菲利普·科特勒认为，一个好的品牌应该能向消费者传达出其使用者的特质，由此引申，产品或服务的使用者也能体现企业产品或服务的品牌形象，是品牌形象的重要载体。某产品或服务的使用者的身份、特点等可以影响消费者对该产品或服务品牌形象的认知。

（三）品牌形象的符号系统

品牌形象的符号系统是品牌形象内涵的外在表现形式，是品牌形象传播的基本内容，也是品牌接触消费者的第一线。在传播过程中，与消费者做第一次亲密接触的就是品牌形象符号，这些符号会率先到达消费者，给消费者第一线的冲击与影响。

品牌形象符号包括语言符号和非语言符号，品牌形象符号系统包括语言符号系统和非语言符号系统。具体而言，主要包括品牌名称、品牌语言、品牌标志和品牌包装。

1. 品牌名称

品牌名称在品牌形象符号系统中具有其战略地位，从长远来看，对于一个品牌而言，最重要的是名字。在短期内，一个品牌形象的塑造可能需要一个独特的概念或创意，但一旦时间扩大到长期，这种概念或创意就会逐渐消失，起作用的将是品牌名称与竞争者品牌名称之间的差别。

2. 品牌语言

语言是一个很神奇的东西，艺术性的语言总是能用最简洁的文字表达最丰富的内涵。在品牌形象塑造的过程中创造和运用富有煽动力的品牌语言会强化品牌形象。对于品牌语言运用得比较成功的如招商银行，从提出招商银行的服务理念“点点滴滴，造就非凡”，到如今招商银行的“因您而变”。招商银行用简洁形象的品牌语言向顾客阐释了它以顾客为中心的战略思路，为其树立品牌形象发挥了很大作用。

在品牌语言体系中，立于制高点的商家致力追求的一个关键的品牌形象符号是品牌词汇。品牌形象的塑造应该力争在消费者心中形成一个关于该品牌的词汇，这个词汇是其他品牌所不具有的。一个最终形成词汇的品牌形象是极具竞争力的，以沃尔沃为例，太多的公司宣传自己能生产安全的车了，比沃尔沃安全的车有可能存在，但要从消费者心目中夺走关于沃尔沃“安全”的这一词汇则不太可能，这就是品牌词汇之于品牌形象的意义。

3. 品牌标志

品牌标志作为一种特定的视觉象征性符号，是视觉识别的重要元素，体现了品牌形象，象征品牌的理念与文化。这是个视觉化的世界，品牌标志是消费者接触并感知品牌形象最直接、最视觉性的内容。事实上，成功的品牌标志已经成为一种精神的象征，一种地位的炫耀，一种企业价值的体现。很多知名品牌就因为其简单的品牌标志设计或鲜明的色调的运用而牢牢吸引住消费者的眼球。

4. 品牌包装

品牌包装是品牌形象符号系统所有元素的综合表现。如何合理利用包装，将品牌形象符号系统艺术地运用于品牌包装是品牌形象塑造过程中的重要决策。

二、帕克的品牌形象构成模型

帕克（Park）及其同事以消费者需求为角度，将消费者对品牌产生的形象分为以下三类。

（一）功能性需求

功能性需求，主要指寻求产品的动机是为解决与消费者相关的问题，具有功能性品牌形象的产品品牌，主要用来协助消费者解决外部的实际问题所产生的消费性需求。

（二）体验性需求

体验性需求，主要指购买产品的愿望来自消费者希望产品能够提供感官上的愉悦、多样化及认识上的刺激，致力于寻求多样化的消费美学及体验消费，阐明了体验消费需求在消费者中的重要性。具有体验性品牌形象的产品品牌，主要在于强调满足消费者寻求多样化与刺激为主的外部需求。

（三）象征性需求

象征性需求，主要指购买产品的愿望来自消费者为实现自我提升、角色定位、成为社会成员、自我认识的需求。致力于研究象征性需求的消费社会学则阐明了象征性需求与消费者的重要关系。具有象征性品牌形象的产品品牌，主要在于强调满足诸如自我形象、社会地位的提升等象征性的内部需求。

研究显示，基于功能性或特殊用途的品牌形象，则会将其与消费者交流的策略重点放在产品的特征和属性上；基于体验性需求的品牌形象，则会注重从消费者的生理感官以及心理感受方面进行沟通交流；基于象征性的品牌形象，品牌努力传播给消费者的信息很可能将重点放在抽象概念上，包括地位、豪华、满足等等。

三、凯勒的品牌形象测评模型

凯勒的品牌形象测评模型，是由以顾客为基础的品牌资产模型转化而来的。他将品牌形象定义为消费者对品牌的感知，由消费者记忆中的品牌联想反映出来。消费者的品牌联想种类，可分为属性、态度、利益三个方面。属性是产品或服务的描述性特征，即消费者对于产品是什么，有什么，以及在购买的过程中有什么想法；态度是消费者对于品牌形象的总体评价；利益是消费者认为产品或者服务的属性所具有的个人价值，即消费者认为产品或者服务能为他们做什么。

品牌联想的属性又可分为产品相关与非产品相关两种。产品相关属性指实现消费者寻求的产品或者服务的功能的必要组成部分，涉及产品的组成或者服务所必备的条件。非产品相关属性指与产品或者服务购买和消费相关的外部特征，又包括价格信息、包装或者产品外观信息、使用者形象（什么类型的人使用该产品或服务）、使用形象（产品在什么地点和情形下使用）四种非产品相关属性。品牌形象的利益，又可分为功能性利益、象征性利益和体验性利益三种。功能性利益是产品和服务消费中最本质的好处，通常与产品相关属性（非常基础的动机）相关。体验性利益涉及在使用产品或者服务中所感受到的利益，包括满足感官愉悦、认知刺激等。象征性利益是产品和服务消费中非固有的好处，通常与非产品相关属性一致，与潜在的社会支持、个人表达相关，或者符合外界客观标准。因此，消费者可能重视品牌的声望、档次和流行度，因为这些与自我概念相关。象征性利益尤其是与社会可见的、表明身份的产品相关。

品牌联想在种类上有三类，其本身也有三个特征，分别为品牌联想的偏爱、独特性和强度。品牌联想的偏爱是指消费者相信品牌具有能满足其需求的属性和利益，并且希望获得这些属性和利益联想。品牌联想的强度是指与品牌相关的信息能够被激发起来的难易度，越容易激发起来的信息就是越强的品牌联想。品牌联想的独特性是指品牌带给消费者的联想是异于竞争品牌的，是品牌所独占的卖点。品牌联想的偏爱、强度、独特性是决定品牌形象差异化的重要部分，为品牌提供差异化的价值。

四、贝尔的品牌形象构成模型

贝尔认为品牌形象由企业形象、产品形象、使用者形象三者构成（见图4－2）。这三个品牌形象的子维度通过使消费者产生联想存在于消费者的头脑中。这些联想分为硬性和软性两个方面。其中每个形象要素都是由软硬属性方面的联想构成。软属性指品牌的情感特性，如快乐、刺激、值得信赖等；硬属性指有形的或功能属性，如公司历史、拥有的技术以及配套服务等。相对于硬性属性来说，软性属性不易模仿，因此能够创造比较持久的品牌差异，对于形成品牌的竞争力更为重要。

企业形象包括有关企业的全部信息和使用企业产品的相关经验。主要包括企业的历史（国籍、创立时间、创始人等）、企业的规模和实力、企业的社会营销意识。产品形象是产品给消费者带来的使用利益，包括产品的价格、包装、外观等。使用者形象则是使用者的人口统计特征和个性、生活方式、价值观等。这三个不同的子形象对品牌形象的贡献依据不同的产品/品牌会有所不同。在中国，品牌所对应的公司形象非常重要，因为相对而言中国消费者更关心产品的功能和效用。因此，良好的公司形象会让消费者感

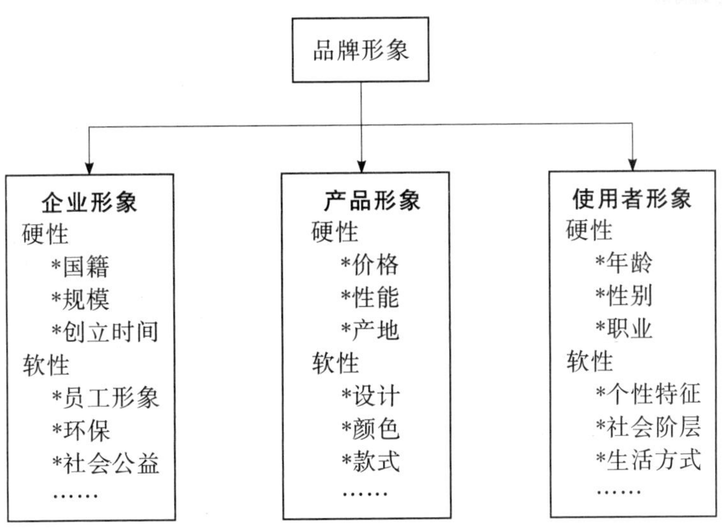

图 4－2　贝尔的品牌形象模型

到其产品更为可靠。总之，积极的公司形象将增强消费者对公司产品的积极感知。当品牌名称与公司名称密切相关时，公司形象与品牌形象之间的联系就尤为重要。

五、克里斯南的品牌形象构成模型

克里斯南通过记忆网络模型来界定在基于顾客的品牌权益下的各种品牌联想特性。记忆网络模型指出，记忆是由相互连接的网络进行知识的组合所构成，组成网络模型的是节点，这些节点用来储存所有信息。大量研究证明网络是一个复杂结构。克里斯南研究的焦点主要针对品牌名称反映和激发的一系列联想。从品牌联想的数量、偏好度、独特性和来源等四个方面研究品牌联想。

联想的数量，是指经过长时间的努力，消费者建立了一系列各种品牌的联想。其中，一些联想是品牌特征和利益，另一些则代表消费者的品牌经历（或经验）。随着某品牌联想数量的增加，一方面，由于联想提供了接触品牌的多种途径，因而日益增加的联想数量使得消费者更容易触及记忆中的品牌结点（如联想网络模型）；另一方面，由于这些联想相互之间的干扰使大量的联想指向低层次的品牌记忆。但是，对于成熟品牌（相对于新品牌而言），这种干扰不会很强，主要是因为成熟品牌已经建立了较高的品牌知晓度。因此，拥有大量的联想对品牌来讲非常重要。

仅仅强调联想数量可能会产生误导，因为联想有积极的，也有消极的。因此，必须评估积极联想与消极联想的相对数量。联想的偏好，就是说明品牌相对喜好性的共同尺度，它是净的积极认知想法（即积极的联想数量减去消极的联想数量）。这样，联想的总数量就被偏好的净值变化所控制。实际上，处于两个极端的品牌有着很多的联想，通过考量这些联想的偏好可以有效实现品牌的差异性定位。

品牌需要与其他品牌共享一些联想以说明自己是该类产品中的一分子，但是，当共享的数量增加时，品牌就日益成为品类的代表，而非只有它自己。因此，品牌的独特联想对品牌在品类中的形象和品牌在消费者心目中的定位有着巨大的影响，它是品牌形象的标志。最理想的状况是品牌既拥有大量的共享联想以正确和快速地归类，同时又拥有一些独特联想，能从该品类中脱颖而出。

消费者从很多渠道了解产品，并形成联想。主要的联想来源是品牌的直接经验（试用和使用）和间接经验（广告和口碑）。与间接经验相比，由直接经验而产生的联想可能与个人更相关、更确定，并形成更生动的记忆。因此，联想大部分来源于直接经验的品牌会处于更有利的地位和有更高的资产。对于间接经验而言，进一步的区分在于企业是否能控制来源。从消费者角度来看，他们更相信企业非可控的来源，例如，口碑。因此，在口碑基础上拥有大量联想的品牌不仅受益于免费传播，还得益于不断增长的信任度。这样的联想就成为品牌形象和品牌资产的标志。

第三节　品牌形象塑造

品牌形象的塑造是一项长期而艰巨的任务，它不是哪一个人或哪一个具体行为就可以完成的。它需要按照一定的原则，通过一定的途径，全方位地精心塑造。而且在此过程中，需要掌握品牌形象塑造的策略，这样才能够起到事半功倍的效果。同时，还要弄清楚品牌形象塑造的误区，不能为形象而形象，过度美化品牌或者随便改变品牌形象。

一、品牌形象塑造原则

（一）系统性原则

品牌形象的塑造涉及多方面因素，要做大量艰苦细致的工作，是一项系统工程。它需要企业增强品牌意识，重视品牌战略、周密计划、科学组织、上下配合、各方协调，不断加强和完善品牌管理；需要动员各方面力量，合理利用企业的人、财、物、时间、信息、荣誉等各种资源，并对各种资源进行优化组合，使之发挥最大作用，产生最佳效益。另外，品牌形象的塑造不是单在企业内部即可完成，而要通过公众才能完成，因为品牌形象最终要树立在公众的脑海中。它需要面向社会，与社会相匹配，并动员社会中的有生力量，利用社会中的积极因素。这一切都说明，品牌形象的塑造是一项复杂的社会系统工程。

（二）全员参与原则

全员参与对塑造品牌形象是至关重要的。品牌形象要向市场发出一个声音，就是要求企业所有员工都有使命感，这种使命感又来自荣誉感，它能够对员工产生强大的凝聚力。不要设想一盘散沙或牢骚满腹的员工会向公众展示良好的品牌形象。英国的营销学家彻纳东尼认为，企业要使所有的员工都理解品牌的含义，使所有的员工都能认识、理解、表达自己所代表的品牌形象，这对实施品牌战略的企业，尤其是实施品牌国际化的企业来说是一个非常重要的问题。只有众多员工达成共识，才能使不同领域的成员融为一个整体，使不同部门的成员向着一个方向努力。

美国学者艾克在其《品牌领导》一书中也曾提到，企业应把内部品牌的传播工作放在优先考虑的地位，即在得到外部认同之前，首先在内部推行，达到内部认同，因为内部认知的差异可能误导策略的实施。除了让企业内部全体员工参与品牌形象的塑造之外，全员参与原则还有一层含义，就是动员社会公众的力量。企业的营销、服务、公关和广告要能够吸引公众，打动公众，使公众关注品牌形象，热心参与品牌形象的塑造，在公众心中树立牢固的品牌形象，产生永久的、非凡的魅力。

（三） 统一性原则

品牌形象的统一性原则是指品牌识别，即品牌的名称、标志物、标志字、标志色、标志性包装的设计和使用必须标准统一，不能随意变动。例如，同一企业或产品的名称在一个国家或地区的翻译名称要统一，像日本的松下、丰田和美国的通用、微软等的中文名称就不能随便采用其他汉字来代替。

说起来有点令人难以置信，但却再真实不过了，凭借一只鸡腿跑遍了全世界的肯德基是一家国际性的连锁店。其最大的特征是：一家是一家，十家是一家，千家还是一家，无论你身处何地，只要到了肯德基，就会发现自己并没走多远。因为那红白条的屋顶、大胡子山德士上校、宽敞明亮的大玻璃窗、笑容可掬的侍应生，还有香喷喷、脆松松、金灿灿的油炸鸡腿，都是你再熟悉不过的了。

（四） 特色性原则

所谓特色性其实就是指品牌形象的差异化或个性化。品牌的特色性可以表现为质量特色、服务特色、技术特色、文化特色或经营特色等。品牌形象只有独具个性和特色，才能吸引公众，才能通过鲜明的对比，在众多品牌中脱颖而出。抄袭模仿、步人后尘的品牌形象不可能有好的效果，也不可能有什么魅力。比如，人家说自己生产的摩托车轻便、快捷、安全，你也说自己生产的摩托车轻便、快捷、安全，那就不会有什么特色。特色性原则中还有一点也很重要，就是品牌形象的民族化。民族化的东西总是富有特色的。“只有民族的，才是世界的。”抓住民族特色而赋予品牌形象一定的含义，往往能收到意想不到的效果。

（五） 情感化原则

品牌形象是品牌对公众情感诉求的集中体现，百事可乐的年轻、活泼、刺激就是品牌情感化的化身。品牌形象塑造过程要处处融入情感因素，使品牌具有情感魅力，以情动人，这样才能缩小其与公众的距离，实现和公众的良好交流。情感品牌使人们认识到产品的部分价值是情感的而非物质的，从而拓展了产品和服务的平台。

二、品牌形象塑造途径

（一） 加强品牌管理

加强品牌管理首先要求高层领导亲自过问品牌问题，把形象塑造作为企业的优先课题，作为企业发展的战略性问题，像抓产品质量一样来抓品牌形象塑造。这样做，更有利于把品牌形象和企业愿景与经营理念结合起来，或者说把企业的愿景和经营理念反映在品牌形象上。其次，要树立全体员工的品牌意识，使员工共享品牌知识，熟悉品牌识别，理解品牌理念，表达自己的品牌形象。员工明白了塑造品牌形象的重要意义，就会产生责任感和使命感，进而形成凝聚力和战斗力。再次，要在企业内部建立起特有的理念体系和运作机制，建立起科学的组织架构和严密的规章制度，这是实施品牌管理的组织保证。最后，由于品牌形象的塑造流程长、环节多，企业内外方方面面的人、事、物等都要包括进去，是一项立体的、多维的、动态的、复杂的社会系统工程，因而需要全程品牌管理。

（二）重视产品与服务质量

质量是品牌的基石，所有强势品牌最显著的特征就是质量过硬。一项民意调查显示：有90.6%的中国人都认为名牌就是“产品质量好”。劳斯莱斯是公认的世界上最优良的汽车，是名牌汽车中的皇冠。那么，它的质量状况如何呢？每一部劳斯莱斯汽车都是经过精雕细刻的艺术品。它不计工本，不计时效，务求尽善尽美。一般的汽车生产出来，离开生产线，开出厂门，即可交货。即使像凯迪拉克这种高档车，也只不过测试4小时。而劳斯莱斯的每一部车，调试、试车要经过14天。如今的劳斯莱斯，无论哪种车，以每小时100公里的速度行驶，放在水箱上的银币可以长时间不被震动下来；坐在车子里，听不到马达声，只能听到车内钟表指针移动的声音。无数次汽车评比和竞赛，它都夺冠。劳斯莱斯之所以成为世界名牌，正是得益于它超一流的产品质量与服务质量。在质量方面，企业永远应该走在市场需求的前面，走在消费者的前面。企业为了提高产品质量与服务质量，应该建立一套完善的质量保证体系。近年来中国企业所进行的质量认证，就是这方面工作的一部分。完善的质量保证体系会强化品牌形象，形成良好的品牌信誉。

（三）重视品牌定位

由于品牌定位是使品牌在社会公众心中占有一个独特的、有价值的位置的行动，也就是勾勒品牌形象，因此可以想象品牌定位对品牌形象的影响有多大。品牌定位过高、过低、模糊或冲突都会危害品牌形象。

（四）优化品牌设计

对品牌名称、标志和包装进行设计是突出品牌个性、提高品牌认知度、体现品牌形式美的必由之路和有效途径，是塑造品牌形象必不可少的步骤。不仅要对品牌识别的各要素进行精心策划与设计，还要使各要素之间协调搭配，形成完整的品牌识别系统，产生最佳的设计效果。例如，美国柯达公司是世界上最大的摄影器材公司，在品牌标志设计上，突出的首写字母“K”与名称“KODAK”前后呼应，并且采用黄底红字手法创造强烈对比，产生很好的信息传播与视觉识别效果。标志突出一个“K”字，通过形体修饰作为文字图形，醒目、强烈而且单纯，具有较强的独特性与显著性。“K”字本身富含魅力，给人以积极向上、前进的暗示，起到了激励消费者的作用。正是这样一个个性显著、风格独特、独创性与识别性俱佳的品牌标志，为柯达品牌形象的树立，做出了不可磨灭的贡献。

（五）重视社会公众，做好公关与广告

公关与广告对品牌而言，如鸟之两翼、车之两轮，其重要性不言自喻。品牌形象最终要建立在社会公众的心中，取决于品牌自身的知名度、美誉度以及公众对品牌的信任度、忠诚度。因而品牌形象塑造的全部工作包括公关和广告，都需要面向公众，以公众为核心，高度重视公众的反应。很多强势品牌就善于利用公关造势而赢得社会公众的好感和信赖。当然，公关造势要善于抓住消费者的心理，否则会事与愿违。

塑造良好的品牌形象，除了上述五个方面工作外，还有科技是品牌的先导、文化是品牌的灵魂、创新是品牌的活力等方面的工作也要做好。

三、品牌形象塑造策略

（一）情感导入策略

品牌绝不是冷冰冰的符号名称，它有自己的个性和表现力，是沟通企业和公众感情

的桥梁，人们在内心深处都渴望真挚、美好的感情出现。因此，如果品牌能在消费者的心中占据一席之地，占据一方情感空间，那么这个品牌的塑造就是成功的。

（二） 文化导入策略

品牌文化是在企业或产品历史传统的基础上形成的品牌形象、品牌特色以及品牌所体现的企业文化及经营哲学的综合体。品牌需要文化，品牌文化是企业文化的核心，品牌文化可以提升品牌形象，为品牌带来高附加值。如果企业想要造就国际品牌，背后就更需要有根源于本国的深厚的历史文化积淀。例如：万宝路香烟代表的是粗犷、洒脱、阳刚的男子汉，它的成功主要得益于“男性文化”的导入，使其品牌形象独具魅力。而另一种日本的香烟品牌“七星”，呈现出的则是完全不同的气氛，那是银装素裹的冰雪世界，给人的是清凉的感觉，这就暗示着它的柔和、甜美。每一个品牌都应当着眼于塑造差异性的品牌文化，以文化感动人。

（三） 品牌形象代言人策略

在市场营销中所指的代言人，是那些为企业或组织的盈利性目标而进行信息传播服务的特殊人群。早在20世纪初，力士香皂的印刷广告中就有了影视明星的照片。成功运用品牌形象代言人策略，能够扩大品牌知名度、认知度，近距离与受众沟通，受众对代言人的喜爱可能会促成购买行为的发生，建立起品牌的美誉度与忠诚度。在我国，品牌形象代言人策略也被广泛应用，其中又属运动鞋、化妆品、服装行业最为突出。运动鞋广告大多运用了品牌形象代言人，其中包括少量优秀运动员代言人，以强调品牌所代表的追求高超的竞技水平和永不言败的体育精神。还有的品牌使用的形象代言人是歌星或者影视明星，这是因为运动鞋的目标消费群体主要是青少年和青年，而这个消费群体正处于对明星人物的喜爱和崇拜的年龄段，商家想利用这些当红明星的影响力和号召力来吸引消费者。青年人购买心理较不成熟，他们往往会出于对品牌代言人的喜爱而购买商品，而不是真正看重商品本身。

（四） 专业权威形象策略

专业权威形象策略可以突出企业的品牌在某一领域的领先地位，增强其权威性，提高信赖度。例如，著名牙膏品牌“高露洁”，在广告宣传时强调的是中华口腔医学会和中华预防医学会共同推荐；宝洁公司在这方面的表现也很突出，在它的牙膏品牌“佳洁士”系列广告中，一个中年牙科教授的形象多次出现，她通过向小朋友讲解护齿知识等，来肯定佳洁士牙膏不磨损牙齿还防蛀的效果，而且还有佳洁士医学会的认证，更权威；洗发水品牌“海飞丝”也多次借专业美发师之口，强调产品出众的去屑功能。

四、品牌形象塑造误区

近些年，品牌形象作为一个流行词语活跃在工商企业界，充斥于报纸杂志中，也常被人们挂在嘴边。但是，某些企业提到这个词，只是为了赶时尚，求新奇，并没有塑造品牌形象的实际行动，只见刮风，不见下雨。而有些企业虽然有投入，有行动，但认识不正确，方法有错误，因而见不到效果，甚至产生负面影响，以致某些企业领导害怕把企业宣传倒闭了，思想误入一个死胡同。这些都是品牌塑造中的误区。笔者认为，根据我国企业品牌形象的现状，有必要对以下几个误区加以澄清和防范。

（一）为形象而形象

有些企业以为挂几块招牌，做几次广告，品牌形象就出来了。于是花了不少精力在这上面，而在经营管理、技术质量等方面很少下功夫。这无异于舍本逐末，缘木求鱼。企业可以在短时间内为品牌树起一个形象，去赢取消费者。但是以这种方法树起的品牌形象就很单薄，没有根基，没有生命力。用这种投机取巧、企图一步登天的侥幸心理去管理品牌，势必会使品牌随波逐流，让消费者和社会时尚牵着鼻子走。社会时尚瞬息万变，品牌一味投其所好，最终会丧失个性，丧失自我主张，也就没有什么形象可言。

（二）过度美化品牌

用虚假广告和华丽词汇过度美化品牌、拔高品牌、虚构品牌形象，这是品牌形象塑造中常见的毛病。品牌宣传要根据企业和产品实际，实事求是地进行宣传，是怎样就是怎样。只有如此，才能赢得消费者的信任和忠诚。宣传中加入一点感情色彩、做适度修饰是必要的，做得好，还会收到意想不到的效果。但过分夸张、过度拔高，让消费者感到虚假，看出破绽，产生疑惑心理，那样的话，就会失去消费者，事与愿违。

（三）随意改变品牌形象

有一些企业，产品销售额一有下降，或者市场状况一有改变，就急于重塑品牌形象，推翻过去，重新开始。还有一些企业，尚未界定品牌识别、做好品牌定位时，就胡乱宣传，盲目沟通。其基本做法是：试一试，干了再说，不行就改。结果既投入了资金，又花费了气力，到头来品牌形象却一塌糊涂。

本章小结

本章首先就“形象”“品牌形象”两大概念做出界定，并就品牌形象的构成要素、作用、特征等，一一做了介绍；进而就各位代表性专家的品牌形象构成、帕克的品牌形象构成分别给予介绍；最后就品牌形象塑造的系统性、全员参与、统一性、特色性、情感化等原则，品牌形象塑造的加强品牌管理、重视产品与服务质量、重视品牌定位、优化品牌设计、重视社会公众和做好公关与广告等途径，品牌形象塑造的情感导入、文化导入、形象代言人、专业权威形象等策略，以及品牌形象塑造中为形象而形象、过度美化、随意改变形象等误区，一一进行阐述。

思考与练习

1. 简要说出形象一词的来源，以及品牌形象的定义。
2. 品牌形象的构成要素有哪些？品牌形象的重要性如何？
3. 分别说出帕克、凯勒、贝尔品牌形象构成模型的基本内容。
4. 简述品牌形象塑造的原则、途径和策略。
5. 品牌形象塑造应防止哪些误区？

第五章 品牌资产理论

学习目标

（1）知道品牌资产的内涵及作用。
（2）了解大卫·艾克的五星品牌资产模型的内容。
（3）掌握 Interbrand 品牌资产评估与金融世界品牌资产评估的指标及运用方法。
（4）熟悉品牌资产有效管理的方法及提升策略。

近 20 多年来，欧美国家专家、学者和企业界都非常关注有关品牌资产的研究和实践。品牌资产（Brand Equity）这一概念于 20 世纪 80 年代最早由广告公司使用，1994 年美国市场营销协会（AMA）将品牌资产列入其五大研究重点，以促进市场营销学界在该领域的研究。商界与投资者都认识到品牌才是企业最珍贵的资产，品牌资产关系到企业的未来与发展。本章将分别阐述品牌资产的含义、构成、评估方法以及管理与提升策略。

第一节 品牌资产的概念和作用

品牌资产是企业重要的无形资产，它能够为企业和顾客提供超越产品或服务本身利益之外的价值。这种附加的价值来源于品牌对消费者的吸引力和感召力。如何认识、衡量、评估企业所拥有的品牌资产，是现代企业经营管理过程中的重要组成部分。

一、品牌资产的概念

品牌资产是 20 世纪 80 年代后期企业并购热潮中出现的一个重要概念，为了不断探索如何利用各种因素来评价品牌资产，品牌资产引起了各国学者们的广泛关注，并引发了对有关品牌资产定义、测度等的大量研究。

沃克·史密斯（J. Walker Smith）提出“品牌权益是指由各种成功的营销规划和活动创造的，为一种产品和服务积累起来的在商品和服务贸易过程中可度量的财务价值”。拉杰德拉·斯里瓦斯塔瓦（Rajendra K. Srivastava）与艾伦·肖克（Allan D. Shocker）认为，“品牌价值是管理层通过采取一系列策略和技巧，利用品牌强势而增加的现在和未来的超额利润，以及风险降低所带来的财务收益。”

凯文·莱恩·凯勒（Kevin Lane Keller）从顾客的角度提出了 CBBE（Customer-Based Brand Equity）模型，即基于消费者的品牌价值模型。凯勒认为“品牌资产是指顾客基于自身的品牌知识，而对品牌营销活动所作的差异性反应”。顾客拥有的品牌知识是建立品牌资产的关键。或者说，品牌资产是顾客头脑中强烈的、积极的、独特的联想。当一个品牌具有积极的以顾客为导向的品牌资产时，它可以更容易使顾客接受一个新品牌的延伸，降低了对价格上涨和广告投入减少的不良反应，或者使顾客更愿意在新的分销渠道中去寻找到该品牌。

凯勒强调品牌资产取决于品牌联想的强度、受喜好的程度和独特性，品牌资产最终取决于顾客对它的认知程度。同时，他还提出了基于顾客的品牌资产金字塔模型，该模型包括：品牌形象、品牌内涵、品牌与消费者的联系、消费者的反应四方面内容。

而大卫·艾克（David A. Aaker）从顾客认知的视角提炼出品牌资产的五星概念模型，认为品牌资产由品牌知名度、品牌认知度、品牌联想度、品牌忠诚度和其他专属品牌资产 5 个既有联系又有区别的要素构成。后来又从顾客认知和产品市场两个视角将这 5 个维度进一步细化，得出具体测评指标：忠诚度测量（溢价、满意度或忠诚度）、感知质量或领导能力测量（品质感知、领导品牌或普及度）、联想或差异化测量（价值、品牌个性、企业组织联想）、品牌知名度测量（品牌认知）和市场状况（市场价格和分销区域、市场份额）。品牌资产是与特定品牌紧密联系的，如果品牌文字、图形做了改变，附属于品牌之上的财产将会部分或全部丧失。

美国营销科学研究院（Marketing Science Institute，MSI）认为，品牌资产就是品牌的顾客、渠道成员、母公司等对于品牌的联想和行为。这些联想和行为使得产品可以获得比在没有品牌名称的条件下更多的销售额或利润。可以赋予品牌超过竞争者的强大、持久和差别化的竞争优势。品牌资产包括广泛的品牌认知、正面的品牌联想与预期一致的感知质量、高度的品牌忠诚。

我国有的学者从消费者使用情况及其满意度的角度来考察品牌资产。将品牌资产定义为“附着于品牌之上，并且能为企业带来额外收益的顾客关系”。这种观点认为，品牌资产给企业带来的附加利益，归根结底来源于品牌对消费者的吸引力和感召力。消费者对某一品牌的品质认知以及由这一品牌所产生的想象、联想都可能提高消费者的满意度。正是因为品牌得到了消费者的认可，产生了吸引力和感召力，使消费者接受并产生消费行为，从而形成品牌资产。所以，品牌资产实质上反映的是品牌与顾客（包括潜在顾客）之间的某种关系，或者说是一种承诺。这种顾客关系不是一种短期的偶然的关系，而是一种长期的动态的关系。那些有助于增加消费者购买信心的记忆、体验和印象以及在此基础上形成的看法与偏好，是构成品牌资产的重要组成部分。

综合上述内容，本书对品牌资产做出以下定义：品牌资产也称品牌权益，是指只有品牌才能产生的市场效益，或者说，产品在有品牌时与无品牌时的市场效益之差。

品牌资产与品牌名称和标志相联系，能够影响企业所销售产品或服务的价值，主要包括品牌忠诚度、品牌认知度、品牌知名度、品牌联想和其他专有资产（如商标、专利、渠道关系等），这些资产通过多种方式向消费者和企业提供价值。

除了上述几方面内容外，品牌资产还应包括品牌溢价能力、品牌盈利能力。在品牌资产金字塔中，最终能够为品牌主带来丰厚的利润，获取更多市场份额的便是品牌忠诚度和品牌溢价能力这两大资产。品牌忠诚度和品牌溢价能力属于结果性的品牌资产，是伴随品牌知名度、认可度、品牌联想这三大品牌资产创建后的产物。

二、品牌资产的作用

品牌资产是一种超越商品有形实体以外的价值部分。品牌资产的作用可从消费者或企业的不同角度来研究。

（一）从消费者角度看品牌资产的作用

1. 便于消费者获取品牌信息

通过品牌名称和标志物的认知作用，有助于消费者加工整理、存储有关产品及品牌的大量信息。例如，阿迪达斯运动系列象征着大家公认的流行时尚与高品位，在消费者脑海里，阿迪达斯就是与时尚、流行、高品质等特征联系在一起的。

2. 增强消费者的购买信心，缩短购买决策过程

消费者通过购买并使用某品牌的产品，如果对该品牌的产品感到满意，就会对其产生一定程度的品牌忠诚。品牌忠诚度越高，消费者对该产品的信心就越强，购买时花费的时间就越短，同时也能够增加消费者使用时的满意程度。

（二）从企业角度看品牌资产的作用

1. 提高消费者对品牌的忠诚度

消费者对品牌的忠诚度往往是通过重复购买其产品来体现的。当消费者对某一品牌的产品产生较高的品牌忠诚时，可能在以后较长的时间里，就会习惯性地重复购买这一品牌的产品。企业即便投入较少的促销费用，也会获取稳定的利润。这就增加了竞争者争夺消费者的难度和成本，而且能使公司获得稳定的收入来源。

2. 可以使企业获得超额利润

具有高度稳定性的知名品牌，因其产品具有较高的质量，能促使该品牌产品以溢价销售。品牌体现的质量来源于有关某品牌产品特征、性能的信息对消费者的长期影响。如果消费者经常谈到有关某品牌产品质量或售后服务有问题的报道，那么他们就会认为该品牌的产品质量很差，进而导致其产品在市场上一方面销路不畅，另一方面售价也不可能高于同类产品。相反，如果消费者认为某品牌产品的质量上乘，那么较高的价格也是容易接受的。而这种较高的价格实际上就是溢价，即高于产品内在价值的价格。

3. 增加竞争对手进入目标市场的难度

研究表明，如果消费者忠诚于某一品牌，他们将不大可能在提价时转向另一品牌，而很有可能在降价时增加购买的数量，从而增加了竞争者进入目标市场的难度。知名度高的品牌，其产品体现的质量及由此而取得的深刻的品牌认知是竞争对手难以超越的障碍。

4. 有利于品牌扩张

高知名度的品牌为企业产品线的扩展提供了便利条件。因为知名度高的品牌一般具有较高的社会认同，在此情况下，推出的新产品也容易获得消费者的认可。例如，正是由于可口可乐具有无可比拟的知名度，可口可乐公司的新产品酷儿（Queer）没怎么进行广告宣传，很快就成了市场的新宠儿，赢得了消费者的青睐。

5. 增加商业合作机会

强势品牌经常可以得到批发商、零售商等中间商的支持。这些营销渠道成员既有助于品牌的成功，又可以从强势品牌中得到好处，从而使强势品牌更容易扩展市场，并得到交易中的优惠，进而得到更多的商业合作机会。除此之外，著名品牌还能为企业带来其他利益，形成相对优势。例如，帮助公司吸引更好的雇员，使投资者产生更大的兴趣，获得股东更多的支持。在资本日趋国际化、竞争越来越激烈的经营环境里，深刻认识品牌的价值和功能才能有效地经营和管理品牌资产。

第二节　品牌资产的构成

品牌资产是由品牌形象所驱动的资产，它形成的关键在于消费者看待品牌的方式及产生出来的消费行为。而要使消费者对品牌所标识的商品或服务进行购买和消费，则需要投资于品牌形象，使消费者认同、亲近并接受这一品牌，进而购买这一品牌的产品或服务。因此品牌资产有别于有形的实物资产，它是一个系统概念，由一系列因素构成。对于品牌资产的构成要素，不同学者从不同角度进行了阐述。

一、大卫·艾克的品牌资产五星概念模型

大卫·艾克在综合前人理论的基础上，创立了品牌资产的五星概念模型，提出品牌资产是由品牌知名度、品牌认知度、品牌联想度、品牌忠诚度和品牌其他专有资产五部分所组成。

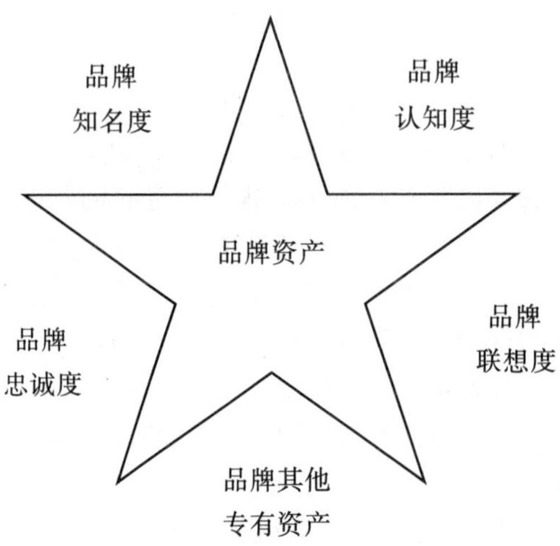

图 5-1　大卫·艾克的品牌资产五星概念模型

（一）品牌知名度

品牌知名度是指某品牌被消费者知晓、了解、记忆的程度，它表明品牌为多少或多大比例的消费者所知晓，反映的是顾客关系的广度。品牌知名度是评价品牌社会影响大小的指标，一般可分为无知名度、提示知名度、未提示知名度和第一提及知名度 4 个

阶段。

1. 无知名度

无知名度指消费者对品牌没有任何印象，如一个新产品在上市之初，在消费者心中就处于没有知名度的状态。除此以外，品牌无知名度还可能是因为消费者从未接触过该品牌的产品，或者该品牌的产品没有任何特色，根本无法引起消费者的兴趣，十分容易被消费者遗忘。消费者一般不会主动购买此品牌的产品。

2. 提示知名度

提示知名度是指经过一段时间的广告等传播沟通，品牌在部分消费者心中有了模糊的印象，消费者在经过提示或某种暗示后，可记忆起某一品牌，能够说自己曾经听说过的品牌名字。比如，当问及手机有哪些品牌时，可能有人不能马上回答上来。但如果接着问他们知不知道“华为”手机时，他们会给出肯定的答复，那么“华为”就具有一种提示知名度。这个层次是传播活动的第一个目标，它在顾客购买商品选择品牌时具有十分重要的地位。

3. 未提示知名度

未提示知名度指消费者在不需要任何提示的情况下能够主动想起来某种品牌，即能正确区别先前所见或听到的品牌。对某类品牌来说，具有未提示知名度的往往不是一个品牌，而是一串品牌。比如，说到手机，我们就马上想到 iPhone、华为、小米；提到小汽车，奔驰、宝马、奥迪等可能马上就出现在我们的脑海里了。虽然对于这些具体的品牌来讲，它们都不是唯一能被马上想到的，但至少有一点值得肯定，那就是消费者对这些品牌都形成了较深的印象，消费者在选购相关产品时会在这些品牌中进行比较，哪种品牌的特征更能满足消费者的偏好，哪种品牌的产品就能被消费者选中。

4. 第一提及知名度

第一提及知名度是指消费者在没有任何提示的情况下，脱口而出或购买某类产品时所想到的第一个品牌。比如想到笔记本电脑，就会想起戴尔；想到电饭煲，就会想起苏泊尔。第一提及知名度的品牌，是市场领导者，或者说是强势品牌，当然，不同的消费者对同类产品的第一提及品牌是不同的。调研显示，第一提及的品牌在消费者心中形成了强有力的偏好，是他们购买该类产品的首选品牌。这时已达到品牌知名度的最佳状态。

这四个层次呈金字塔形，品牌达到第一提及知名度，意味着达到金字塔的顶端，从底层往上发展，实现难度逐渐加大。从品牌管理的角度，产品经理的任务之一就是让本企业的品牌进入金字塔的第二和第三层，最好是顶层，即具有第一提及知名度。

（二）品牌认知度

品牌认知度是消费者对某种产品或服务的一种主观认识和判断，它是消费者对于品牌所标示的产品或服务的全面质量和优势的感性认知和整体印象，它以客观品质为基础，但又不等同于产品的客观品质。不同产品的客观品质可能完全相同，但消费者对不同产品的品质认知却相差甚远。这种例子不胜枚举，许多商品在标上名牌商标后，身价倍增。显然，消费者形成品牌偏好和品牌忠诚的重要影响因素不是产品的客观品质，而是产品的认知品质。它不仅包括产品自身的品质，还包括产品服务的品质。

品牌认知度的内涵包括：功能、特点、可信赖度、耐用度、效用评价、外观、包装、服务、价格等。它是品牌差异定位、高价位和品牌延伸的基础。研究表明，消费者对某一品牌产品的品质的肯定，会给品牌带来相当高的市场占有率和良好的发展机会。

形成品牌认知的基础要素包括以下四点：

1. 差异性

差异性代表品牌之间的区别程度，这个指标的强弱直接关系到经营利润率。差异越大，表明品牌在市场上同质化程度越低，品牌就更有议价能力。品牌的差异性不仅表现在产品特色上，也体现在产品附带的服务和品牌形象等方面。

2. 相关性

相关性代表品牌对消费者的适合程度，关系到市场渗透率。品牌的相关性强，意味着目标人群主观上愿意尝试接受品牌形象和品牌所做出的承诺，也意味着在相应的渠道建设上有更大的便利。

3. 尊重度

尊重度代表消费者如何看待品牌，关系到对品牌的感受。当消费者接触品牌进行尝试性消费后，会印证他们的想象从而形成评价，并进一步影响到重复消费和品牌在消费者之间的口碑传播。

4. 认知度

认知度代表消费者对品牌的了解程度，关系到消费者体验的深度，是消费者在长期接受品牌传播并使用该品牌的产品和服务后，逐渐形成的对品牌的认识。

（三）品牌联想度

品牌联想度是品牌特征在消费者心中的具体体现，是消费者在看到某一品牌时所勾起的所有印象、联想和意义的总和，比如产品特点、使用场合、品牌个性、品牌形象等。当人们想起一个特定的品牌时，会很自然地与某种特定的产品、服务、信息甚至愉快的场景联系起来；或者当体验到某种场景时，就会和某一特定品牌对接起来，这些都是品牌联想的具体体现。这些联想往往能组合出一些意义，形成品牌形象。例如，提到苹果手机，人们就会想到“被咬了一口的苹果”。

1. 品牌属性联想

品牌属性联想是指对于产品或服务特色的联想，比如消费者认为产品和服务是什么。品牌属性可分为与产品有关的属性和与产品无关的属性。与产品有关的属性联想是指产品的物理组成和服务要求，它决定着产品的本质和等级。与产品无关的属性并不直接影响产品性能，但它可能影响购买或消费过程。比如，品牌名称、产品价格、使用者状况、品牌标志、品牌原产地等。

2. 品牌利益联想

品牌利益联想是指消费者认为某一品牌产品或服务属性能给他带来的价值和意义，也就是消费者心中认为此产品或服务能够为他们做些什么。品牌利益联想又可分为：功能利益联想、经验利益联想和象征利益联想。

（1）功能利益联想。产品功能利益是指产品或服务固有的可以提供给消费者的利益，这种利益一般与“产品相关属性”匹配，它是消费者购买该产品最基本的动机，比如为了代步购买自行车，为了沟通便利购买手机。

（2）经验利益联想。经验利益是指有关使用产品或服务的感觉，通常与产品属性有关。例如，感官乐趣、多样化及认知刺激。

（3）象征利益联想。象征利益联想是指产品或服务能提供给消费者的相对外在的利益，它一般与“产品无关属性”相匹配，尤其是使用者状况。这种情感的利益能满足消费者的社交认同、自尊需要等一些比较高层次的需要。

3. 品牌态度联想

品牌态度联想是最高层次，也是最抽象的品牌联想，它是消费者对品牌的总体评价。品牌态度直接影响消费者对品牌的选择，它通常建立在品牌属性和品牌利益上。例如，消费者对餐饮店做出总体评价，主要通过对如餐饮店的地理位置、店堂的布局、设计、服务的速度、服务的态度、食品口味、价格等几方面的考核。品牌态度有一定的幅度，从厌恶到喜欢就有几个层次。值得一提的是，品牌态度是难以改变的。要想改变消费者对品牌的态度，企业需要付出很大的代价。

（四）品牌忠诚度

在现实生活中，可以发现一种有趣的购买现象，那就是相当一部分消费者在品牌选择上呈现高度的 致性，即在某一段时间甚至长时间内重复选择一个或少数几个品牌的产品，很少将其选择范围扩大到其他品牌。这种消费者在一段时间甚至很长时间内重复选择某一品牌，并形成重复购买的倾向，就可称之为品牌忠诚。

品牌忠诚度，是在购买决策中，由于该品牌产品或服务的价格、质量等因素所产生的一种依赖和稳定的感情而多次表现出来的对某个品牌有偏向性的（而非随意的）行为反应，也是消费者对某种品牌的心理决策和评估过程。测试品牌忠诚度的指标有：重复购买次数、购买的决策时间、对价格的敏感程度、对竞争者的态度、对品牌产品瑕疵的反应等，反映了消费者的偏好从一个品牌转向其他品牌的可能性。它由五级构成，即无品牌忠诚者、习惯购买者、满意购买者、情感购买者和忠诚购买者（如图 5－2 所示）。

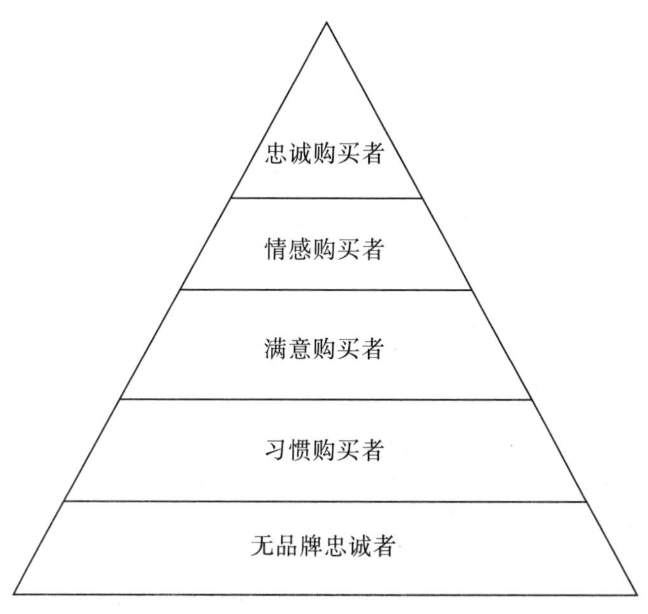

图 5－2 品牌忠诚度层次

1. 无品牌忠诚者

无品牌忠诚者对品牌认知完全没有差异，对品牌漠不关心，对价格非常敏感，会不断更换品牌，哪个价格低就选哪个。许多低值易耗品，同质化行业都没有什么忠诚品牌。

2. 习惯购买者

这一层的消费者忠诚于某一个品牌或某几个品牌，有相对固定的消费习惯和偏好，没有明显的不满之处，会继续购买该品牌的产品或服务。但这种习惯较脆弱，如果竞争者有明显的诱因，如价格优惠、广告宣传、销售促进等方式鼓励消费者试用，让其购买或续购某一产品，就会进行品牌转换购买其他品牌的产品或服务。

3. 满意购买者

这一层的消费者对原有品牌已经相当满意，并且已经产生了品牌转换风险忧虑，也就是说购买另一个新的品牌，会有效益的风险，有适应上的风险等。

4. 情感购买者

这一层的消费者对品牌已经有一种情感偏好，某些品牌是他们情感与心灵的依托，其产品能历久不衰，成为消费者生活中不可或缺的用品，且不易被取代。

5. 忠诚购买者

这一层是品牌忠诚的最高境界，消费者不仅对品牌产生情感，甚至引以为骄傲，把使用该品牌视为一种实现自我追求和价值的表现。他们为成为该品牌的使用者而自豪，并乐于向其他人推荐该品牌。

品牌忠诚度是品牌资产中最核心、最具价值的内容，拥有一群忠诚的消费者，就像为自己的品牌打造了一道难以跨越的门槛，它能阻挡竞争对手的刻意模仿、破坏性的低价，它也是一个品牌所要追求的最终目标。如果没有品牌消费者的忠诚，品牌不过是一个几乎没有价值的商标或用于区别的符号。从品牌忠诚营销的观点看，销售并不是最终目标，它只是消费者建立持久有益的品牌关系的开始，也是建立品牌忠诚，把品牌购买者转化为品牌忠诚者的机会。

（五）品牌其他专有资产

品牌其他专有资产是与品牌资产相关的还有一些专门的特殊的财产，如专利、商标、专有技术、分销系统、企业文化、企业形象等。这些专门财产如果很容易转移到其他产品或品牌上去，则它们对增加品牌资产所做的贡献就很小，反之，则成为品牌资产的有机构成。

大卫·艾克认为品牌资产的五项内涵中，品牌认知度、知名度、联想度、品牌其他专有资产有助于品牌忠诚度的建立，其中品牌知名度、品牌认知度、品牌联想是代表顾客对于品牌的知觉和反应，而忠诚度则是以顾客反应为基础的。

二、凯文·凯勒的品牌资产模型

美国学者凯文·凯勒于 1993 年提出了基于消费者的品牌价值模型（Customer-Based Brand Equity，CBBE)，为自主品牌建设提供了关键途径。在这个模型中，隐含了一个前提，即品牌力存在于消费者对于品牌的知识、感觉和体验，也就是说品牌力是一个品牌随着时间的推移存在于消费者心中的所有体验的总和。因此，企业进行各项工作的目的就是设法保证消费者对于品牌具有与其产品和服务特质相适应的体验、对于企业营销行为持正面和积极的态度以及对于品牌形象具有正面的评价。

（一） 基于顾客的品牌资产模型

按照凯勒的观点，该模型的创建旨在回答以下两个问题：一是构成一个强势品牌的要素是什么；二是企业如何构建一个强势品牌。

根据 CBBE 模型，构建一个强势品牌需要进行四个步骤的工作：①建立正确的品牌标志；②创造合适的品牌内涵；③引导正确的品牌反应；④缔造适当的消费者—品牌关系。

同时，上述四个步骤又依赖于构建品牌的六个维度：显著性、绩效、形象、评判、感觉和共鸣。其中，显著性对应品牌标志，绩效和形象对应品牌内涵。评判和感觉对应品牌反应，共鸣对应品牌关系。上述结构可以用图 5－3 表示：

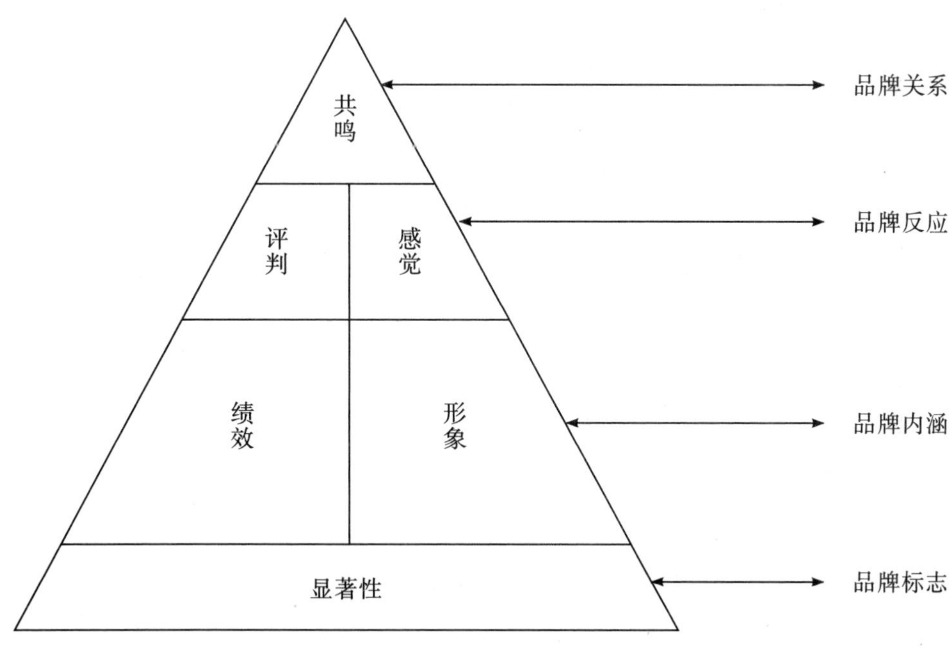

图 5－3 CBBE 模型金字塔

在 CBBE 模型中，构建强势品牌的四个工作步骤又可细分成一系列的相关要素。

（1）建立正确的品牌标志需要创建基于消费者的品牌显著性。品牌显著性又与如下问题紧密关联，比如该品牌产品在各种场合下被消费者提及的频率和难易程度，该品牌在多大程度上能够被消费者轻易认出，哪些关联因素是必要的，该品牌的知晓度有多少说服力，等等。

区分品牌显著性的关键维度是品牌深度和品牌宽度，品牌深度指的是品牌被消费者认出的容易程度；品牌宽度则指当消费者想起该品牌时的购买范围和消费状况。一个高度显著的品牌能够使消费者充分购买并在可选择范围内总是想起该品牌。

（2）在创造合适的品牌内涵方面，关键是创建较高的品牌绩效和良好的品牌形象，并建立基于消费者的品牌特征。从功能性的角度看，主要指与绩效相关的消费者联想；从抽象的角度看，指的是与品牌形象相关的消费者联想。这些联想可以直接通过消费者自己的体验而形成，并通过与广告信息或者口碑传播获得的信息相联系。

品牌绩效是产品或服务用以满足消费者功能性需求的外在表现。包括品牌内在的产品或者服务特征，以及与产品和服务相关的各项要素。具体而言，品牌绩效的维度包括产品的基础特征和附加特征，如产品可靠性、耐用性和可维修性，服务的效率、效果和服务人员的态度，产品风格与造型，价格等。

品牌内涵的另一个维度是形象，品牌形象与产品或服务的外在资产相联系，包括该品牌满足消费者在心理上或者社会等的抽象需求。CBBE 模型中所指的品牌形象又由消费者特征，购买渠道与使用条件，个性与价值，品牌历史、传统和发展历程四个要素构成。

（3）引导正确的品牌反应，需要在品牌评判和品牌感觉两个方面进行努力。品牌评判，指的是企业应集中关注消费者关于品牌的看法。消费者对于品牌的评判主要包括质量、可信度、购买考虑、优越性四个方面。品牌感觉，指消费者对于品牌的感性行为，主要包括热情、娱乐、激动、安全、社会认可、自尊等要素。

（4）缔造适当的消费者—品牌关系，关键在于创建消费者对品牌的共鸣。品牌共鸣又可分解为四个维度：①行为忠诚度，指消费者重复购买某品牌产品的频率与数量；②态度属性，指消费者认为某品牌非常特殊、具有唯一性，喜爱并热衷于该品牌而不会转换成其他同类品牌的产品；③归属感，指消费者之间通过某品牌而产生联系、形成一定的亚文化群体；④主动介入，指消费者除了购买该品牌产品外，还积极主动地关心与该品牌相关的信息，访问品牌网站并积极参与相关活动。

（二）应用 CBBE 模型建设强势自主品牌

（1）构建清晰的自主品牌标志，提高品牌显著性。在此过程中，自主品牌企业可以根据其民族特性进行有效宣传，提高其品牌知晓度；设计体现自身特征、有别于外国品牌的标志体系，并将之贯穿于企业的一切营销活动中。

（2）创造独特的自主品牌内涵。具体包括：开发强势的受消费者喜爱的品牌；自主品牌企业可以充分挖掘其产品特征，并将之用于自主开发、拥有自主知识产权，创建让消费者引以为豪的品牌内涵；将自主品牌展示给消费者时，要能激发潜在消费者购买并喜爱该品牌产品。

（3）引导正面的自主品牌反应，促进消费者正面评判和品牌感知。在这个过程中，自主品牌应针对品质、可信度等关键评判要素和热情、社会认同、自尊等关键的感觉要素，让消费者对于自主品牌以发展的眼光进行评价，全面展示自主品牌在与国外品牌竞争中不断提升壮大的事实，并辅以国际化经营等重大事件进行宣传，营造正面评价的氛围，促进消费者对于自主品牌的正面感知。

（4）建立消费者与自主品牌之间的共鸣关系，培育较高的品牌忠诚度。自主品牌在其构成要素中有一个独特的优势，即自主品牌能够较好地激发消费者的民族情感，因此企业在建立基于消费者的自主品牌关系时，应着重将自主品牌的发展壮大与民族进步、自强联系起来，加强企业与消费者之间的沟通，培育自主品牌忠诚度。

通过上述工作，自主品牌企业将最终赢得消费者共鸣，培养自主品牌的消费群体，提高顾客忠诚度，提升品牌形象，构建强势品牌，具体步骤可用图 5－4 来表示。

总之，在打造强势自主品牌时，CBBE 模型是品牌建设的关键工具。我国自主品牌

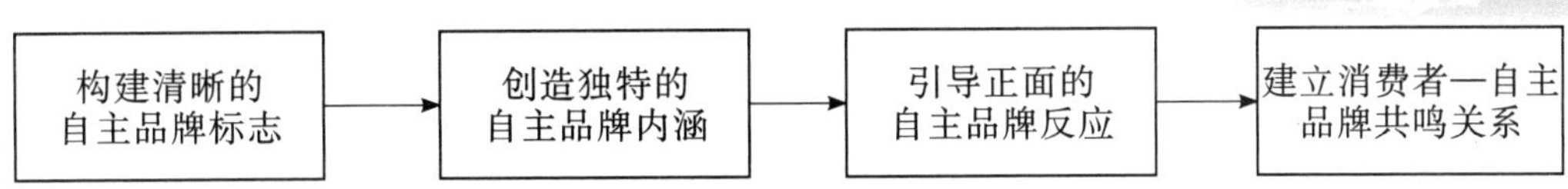

图 5－4　CBBE 模型在自主品牌建设中的应用

可根据优劣势，结合当前国际国内的竞争趋势和变化，在构成 CBBE 模型的各个要素上进行扎扎实实的工作。自主品牌将会较快地缩小与外国品牌的差距，成为强势品牌。

三、品牌资产引擎模型

国际市场研究集团（Research International，RI）的品牌资产引擎（Brand Equity Engine）是一种典型的品牌资产定义评估模型。该模型认为品牌资产最终是由品牌形象所决定。品牌资产的实现虽然要依靠消费者的购买行为，但购买行为根本上还是由消费者对品牌的看法，即品牌形象所决定，也就是说强势品牌的力量归根结底来自于该品牌与消费者之间的关系。强势品牌比弱势品牌具有更多的品牌资产，品牌的拥有者通过树立品牌形象，最终赢得消费者和保留消费者，从而实现利润的最大化。因此这是一种基于消费者认知的品牌资产模型。

在该模型中亲和力、功能表现和价格构成了品牌价值的三大要素。

（一）亲和力

亲和力是品牌受到消费者的信任和尊敬，包括权威性、品牌认同和价值承认三个方面的内容。权威性反映了品牌的长期领导地位和声誉，包括品牌的历史延续性、产生的信任度和创新性。品牌认同指个人与品牌的情感联结和美好回忆，品牌的成功与否，关键是市场对品牌的认同程度。价值承认指消费者在购买或使用该品牌产品以后觉得很值的那种感觉，价值承认会导致品牌的强亲和力。

（二）功能表现

功能表现是品牌资产的另一个重要组成部分，包括产品的特性以及该产品在功能利益上的表现。例如，对于矿泉水而言，相关的功能表现可能有含有丰富的矿物质、口感舒适；对于食品而言，可表现为易于烹调、胆固醇含量低；而对于汽车产品而言，则表现为强劲的动力、良好的操控性。

（三）价格

品牌的情感特征和功能属性可以成功地说明消费者对品牌资产的感知度、亲和力和功能表现。但是，消费者对品牌的总体评价还必须考虑到价格因素，特别是相对于竞争品牌的价格水平。

品牌资产引擎模型将品牌形象因素分为“硬性”属性和“软性”属性两类。“硬性”属性是指功能表现和价格，即对品牌有形的或功能性属性的认知，如汽车的油耗和加速性，银行对储户的反应时间，等等；“软性”属性是指品牌亲和力，即消费者与品牌的情感关系，这类属性相对难以被发现和测量。

品牌资产引擎模型是一个定量模型，它从“量”的角度来测度品牌的实力。该模型设计有一套标准化的层次模型问卷，要求被访问者对品牌在“亲和力”和“功能表现”上的一系列标准化子项进行打分。亲和力包括价值承认、品牌认同和权威性三项，这三

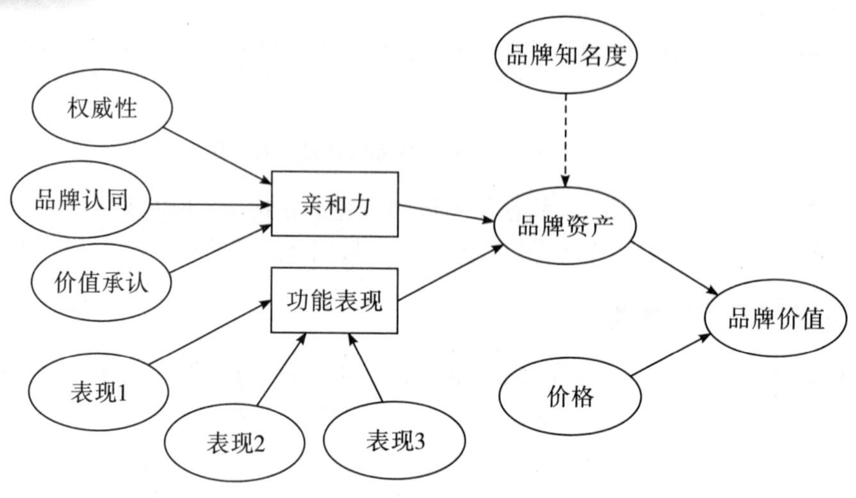

图 5－5　品牌资产引擎模型

项又可以进一步分为历史延续、信赖感、创新性、需求理解、情感联结、美好回忆、高档、接受性和权威认同等子项，并可继续细分。通过专门的统计软件程序，可以得到品牌资产标准化得分以及各子项的得分，也就是得出每个子项的权重系数，从而可以了解每项因素对品牌资产总得分的贡献，以确定哪些因素对品牌资产的贡献最大，哪些因素是驱动品牌资产的真正因素。

品牌亲和力、功能表现和价格作为品牌价值的根源，揭示了品牌价值形成的动态过程以及各个构成要素之间的相互作用机制，品牌资产引擎是研究品牌资产的重要工具之一，它可以帮助企业定量地测量品牌资产，了解品牌的显性和隐性驱动因素及最大化品牌资产，通过结构性诊断来了解品牌的竞争威胁和机会，了解品牌在消费者心中的形象以及品牌个性，界定品牌同消费者之间的关系，评估相对于竞争对手品牌所具有的优势和劣势，从而识别出品牌中可以值得继承的因素，最终要解决以下几个方面的问题：消费者对本品牌的熟悉程度怎样？和竞争对手相比，本品牌地位怎样？驱动消费者决策的因素是什么？在满足消费者需求方面，本品牌做得如何？在重要问题上本品牌处于怎样的地位？本品牌的弱点是什么？加强品牌优势的最佳机会是什么？本品牌的重点对不对？本品牌应该采取什么行动？这项技术从品牌形象的角度来评估品牌资产，从而进一步摆脱了传统的认知—回忆模型，有助于发现品牌资产的真正驱动因素。它既可以用于连续性研究，也可以用于专项研究。不足之处是，测量问卷要针对具体行业品牌做相应调整。

四、品牌资产趋势模型

品牌资产趋势模型（Equi Trend）是由美国整体研究公司（Total Research）提出的，每年调查 2 000 位美国消费者，1995 年的调查包括 100 多个产品类别的 700 个品牌，该模型由于经过多年的调查积累了较大的数据库，因而可以更好地理解各品牌的品牌资产运行机制及效果。

该模型主要由消费者衡量以下关于品牌资产的三项指标：

（1）品牌的认知程度。消费者对品牌的认知比例，也可分为第一提及知名度、未提示知名度及提示知名度。

(2) 认知质量。即消费者对某品牌产品质量的评估直接影响到其对该品牌的喜爱程度、信任度、价格等，这是品牌资产趋势模型的核心。在品牌资产趋势模型的研究中，认知质量被证实与品牌的档次、使用率、市场占有率高度正相关。

(3) 使用者的满意程度。指品牌最常使用者的平均满意程度。

综合每个品牌上述三个指标的表现，能够计算出一个品牌资产得分。根据品牌资产趋势模型的数据库及调查结果，美国领导品牌多年来的排名顺序都比较稳定和一致。

品牌资产趋势模型比较简单，能覆盖较广泛的品牌和产品种类，并且摆脱了传统的认知—回忆模型。但不足之处是太依靠认知质量这项指标（这项指标只能解释消费者为什么去买该品牌产品，却不能解释是什么原因导致高质量）。由于认知质量和使用者满意程度两项指标的基数不一样，认知质量和使用者的满意程度两项指标的相关性并不高。而且，品牌资产趋势模型没有很好地解释“各项指标的权重是如何得到的，是否对于每一个消费者都是一样”的问题。

第三节　品牌资产的分类与评估

对于品牌资产的评估，国内外众多的市场研究公司、品牌资产评估机构源于对品牌资产的不同理解，推出各自不同的评估方法和评估模型。本节将介绍几种常见的品牌资产评估方法。

一、品牌资产分类

根据消费者对品牌的认知和行为意愿的程度，可将品牌资产分为以下两类。

（一） 浅层品牌资产

品牌资产中最基础的是知名度，然后是品质认可度。品牌知名度与品质认可度是品牌的初级浅层资产，因为拥有这两种品牌资产仅仅是品牌成功的基础，并不能构成竞争者难以复制的优势。

（二） 深层品牌资产

深层品牌资产包括品牌美誉度、品牌忠诚度、品牌溢价能力。品牌联想带来差异化的竞争优势，品牌忠诚度和品牌溢价能力为品牌主带来更多市场份额和丰厚的利润（主要是财务贡献）。国际级品牌都是品牌联想个性鲜明、忠诚度高和溢价能力强的强势品牌。而中国品牌绝大多数都处于浅层品牌资产阶段，因此要成为国际级品牌的关键是打造深层品牌资产。

二、品牌资产评估

（一） 品牌资产评估的意义

对品牌资产价值进行科学、公正的估算，有利于企业弄清品牌资产状况，考察品牌塑造的成败，吸引消费者的关注，提高企业的品牌竞争力。品牌资产价值评估有利于企业采取积极措施不断提升自身品牌的价值，并合理、有效地保护品牌这一重要的无形资产。因此，如何科学评估品牌资产的价值是企业和品牌专家普遍关注的问题。

1. 能提高企业声誉

对于经过评估的品牌，消费者可以通过各种渠道来了解企业的品牌价值，企业可以借此来推动和扩大品牌的市场影响。品牌评估的结果来自品牌的现实市场竞争力，同时，它又借助其市场影响力进一步提升品牌声誉，增强企业在未来的市场竞争力。品牌就是品质保证，品牌资产评估就是分析企业信誉的一个衡量标准。品牌资产评估是对品牌价值的界定，公平公正地评估品牌的价值是评估的根本属性，品牌评估结果是品牌信誉的保证。

2. 降低交易成本，提高交易效率，规范交易行为

在信息社会和高科技时代，同类商品间的差异性减少，同质性增加，不同商品的功能和质量，乃至外形上的差异度越来越小，品牌的价值也随之凸现出来。对于大多数的消费者来说，一般不会选择自己不太熟悉的品牌。据了解，96%的人在购物中的选择行为是由从众心理决定的。消费者的从众心理决定了他们希望延续别人对某一品牌的美好印象，消费者会将错选商品引起的一系列后果，如浪费时间、精力产生的不良情绪反应均计算为成本。广为人知的名牌给消费者一个明确的购买信号，让消费者节约了大量的交易成本。

3. 为管理者提供管理、经营依据

对每个品牌价值做好评估，有利于经营者在品牌投资时做出明智的决策，实现资源的优化配置，减少投资资源的浪费，提高管理决策的效率。

4. 激励企业员工和投资者，增强品牌凝聚力

品牌经过评估，企业不但可以向外界宣传其品牌价值，也可以向内部员工传达企业的发展情况，明确企业长期发展目标与方向，使员工在实际工作中也可以向着企业的发展目标做出自己的贡献，增强员工的信心，增强品牌的凝聚力。而稳健积极的团队，更有利于企业的长远发展。同时，通过企业的评估，可以让投资者对企业的价值有明确的认识，提高投资、融资的效率。

5. 是企业兼并、收购等投资活动的必要步骤

品牌资产作为一个资产项目，能够给企业带来巨大的经济利益，而且由于其本身具有的增值功能，随着品牌知名度、美誉度的提高，品牌自身的价值也会不断提高。近年来，品牌间的兼并收购更加频繁，这也使很多企业意识到掌握品牌资产价值的重要性。只有对品牌资产的价值进行合理有效的评估，才能使企业免遭不合理的利益损失。

（二）品牌资产评估的方法

品牌资产评估的方法一般可分为传统评估法和现代评估法。下面我们分别进行介绍。

1. 传统的品牌资产评估法

传统的品牌资产评估方法主要有三种：成本估算法、收益现值法和股票价格法。这三种方法是基于财务要素进行评估分析的，为公司品牌提供一个可衡量的价值指标，认为品牌资产从本质上讲是一种无形资产，必须为这种无形资产提供一个财务价值。这些评估方式主要看重的是企业未来的现金流量，以价值标准作为最佳标准，通过对未来收益现金流的折现来进行评估。

(1) 成本估算法。成本估算法将品牌价值看成是获得或创建品牌所需的费用（包括所有的研究开发费、试销费用、广告促销费等）。具体可分为历史成本法和重置成本法。

①历史成本法。历史成本法是依据品牌资产的购置或开发的全部原始价值估价。最直接的做法是计算对该品牌的投资，包括设计、创意、广告、促销、研究、开发、分销等。但品牌资产投资与产出的相关性较弱，因此很难计算出真正的历史成本，同时历史成本法无法反映品牌资产的现值，在实际中运用的较少。

②重置成本法。重置成本法是按品牌的现实重新开发创造成本，减去其各项损耗价值来确定品牌价值的方法。重置成本是第三者愿意出的钱，相当于重新建立一个全新品牌所需的成本。

其基本计算公式为：品牌评估价值 = 品牌重置成本 × 成新率。

其中，品牌重置成本 = 品牌账面原值 ×（评估时物价指数 ÷ 品牌购置时物价指数）

品牌成新率 = 剩余使用年限 ÷ （已使用年限 + 剩余使用年限） ×100%

(2) 收益现值法。收益现值法，是通过估算未来的预期收益，并采用适宜的贴现率折算成现值，然后累加求和，得出品牌价值的一种评估方法。其中，主要影响因素有超额利润、折现系数和收益期限。它是目前应用最广泛的方法，因为对于品牌的拥有者来说，未来的获利能力才是真正的价值。

收益现值法计算的品牌价值主要由两部分组成：一是品牌过去某一时间段内发生收益价值的总和；二是品牌未来的现值。

在计算中，预期收益既可以采用净利润指标，也可以采用利润总额，还可以根据评估的具体情况来确定，贴现率、收益期限应当按照产品所处行业的不同来进行调整。

(3) 股票市值法。股票市值法是由美国芝加哥大学的西蒙（C. J. Simon）和苏里旺（M. W. Sullivan）提出的。该方法的基本思路是：以上市公司的股票市值为基础，将有形资产从整体资产中分离出来，然后将品牌资产从无形资产中分离出来。该方法较适合只有一个品牌的企业。

该方法的具体操作步骤如下：

①计算出公司的总市值，用股价乘以股数即可得到公司的总市值。②用重置成本法对厂房、商品、设备等有形资产估价，然后用总市值减去有形资产价值，得到公司的无形资产价值。③将无形资产分解为品牌资产和非品牌资产，并确定影响各品牌资产的因素，建立它们之间的函数关系。④建立影响无形资产的各因素同公司整个股市价值之间的数量模型，从中得出各因素对股市价值的贡献率，进而得出各因素对无形资产的贡献率。⑤在上述基础上得出品牌资产在整个无形资产中所占的比例，最后用无形资产乘以该比例即得出品牌资产价值。

虽然股票市值法的理论有很强的内在逻辑性，但是该方法难以准确确定公司市值与影响无形资产各个因素间的模型，该过程不但需要大量的统计资料，而且要进行极为复杂的数学处理，这在很大程度上制约了它的实用性。另外，由于该方法计算的出发点是股价，因此只有股市比较健全，股票价格才能较好地反映股市的实际经营业绩。

2. 现代的品牌资产评估法

随着品牌理论的日益发展，品牌资产的评估方法也得到了发展。在传统品牌评估方法的基础上，现代品牌资产评估法更注重企业在市场上的表现和消费者对品牌的认可度。

现代品牌资产评估法主要有六种：Interbrand 评估法、《金融世界》评估法、品牌资产评估十要素模型、MSD 品牌资产评估模型、BrandZ 品牌资产评估模型和 BAV 品牌资产评估模型。

（1）Interbrand 评估法。该品牌评估法是由设在英国伦敦的 Interbrand 公司倡导提出的。该方法根据企业市场占有率、产品销售量以及利润状况，估算确定品牌资产的价值。

Interbrand 评估法的一个基本假定是，品牌之所以有价值不全在于创造品牌所付出了成本，也不全在于有品牌产品较无品牌产品可以获得更高的溢价，而在于品牌可以使其所有者在未来获得较稳定的收益。就短期而言，一个企业使用品牌与否对其总体收益的影响可能并不很大。

Interbrand 公司认为，应该以未来收益和品牌强度为基础评估品牌资产。为确定品牌的未来收益，需要进行财务分析和市场分析。由于品牌未来收益是基于对品牌的近期和过去业绩以及市场未来的可能变动而做出的估计，品牌的强度越大，其估计的未来收益成为现实收益的可能性就越大。因此，在对未来收益贴现时，对强度大的品牌应采用较低的贴现率；反之，则应采用较高的贴现率。结合品牌所创造的未来收益和依据品牌强度所确定的贴现率，就可计算出品牌的现时价值。

计算公式是：

品牌价值（V）=品牌未来收益（I）×品牌强度因子转化的贴现率（S）

品牌收益反映品牌近几年的获利能力。品牌收益的计算可以从品牌销售额中减去品牌的生产成本、营销成本、固定费用和工资、资本报酬以及税收等。品牌强度决定品牌未来的现金流入的能力，最大值为 20。计算思路如图 5－6 所示。

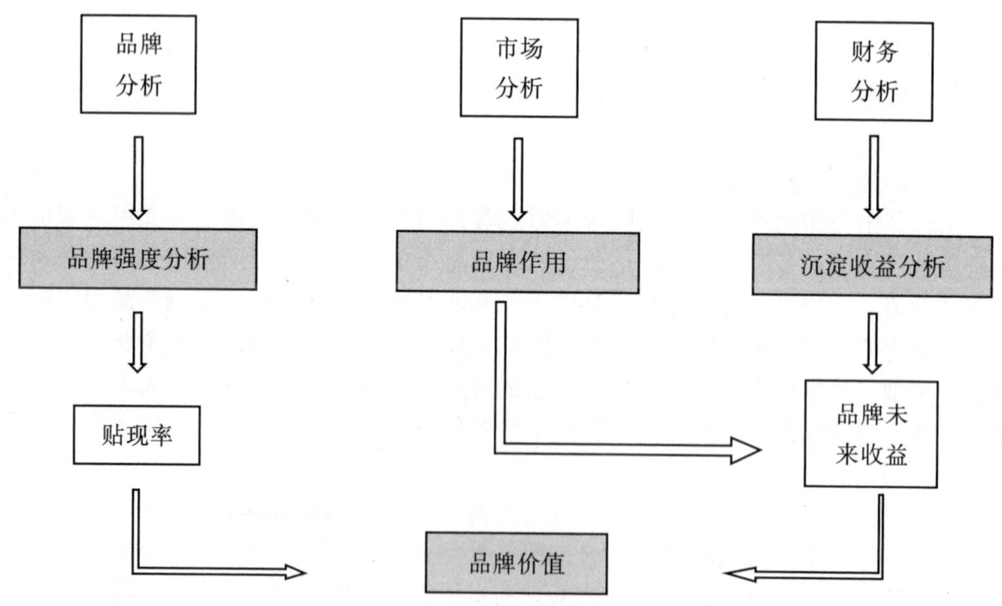

图 5－6　品牌价值计算过程

第一，财务分析是为了估算某个产品或某项业务的沉淀收益，即产品或业务的未来收益扣除有形资产创造的收益后的余额。换言之，沉淀收益反映的是无形资产的未来收益，其中包括品牌所创造的全部收益。估计沉淀收益，需注意三方面的问题：①只应包括使用被评估品牌所创造的收益，由非品牌产品或不在该品牌名下销售的产品所创造的收益应排除在外。实际上，企业所销售的产品中，可能大部分使用该品牌，也有一部分不使用该品牌或使用副品牌，不将后者创造的收益剔除，就会夸大品牌所创造的未来收益。②合理确定有形资产所创造的收益。对与产品或业务相联系的有形资产，如土地、存货、分销系统、工厂与设备投资等应合理界定，对这些资产所创造的收益做出估计，并从总收益中扣除。③应用税后收益作为沉淀收益。这样做一方面可使品牌收益计算具有一致的基础，另一方面也符合品牌作为企业资产的本性。

第二，市场分析的主要目的是确定品牌对所评定产品或产品所在行业的作用，以此决定产品沉淀收益中有多大比例应归功于品牌因素，多大比例应归功于非品牌因素，以便将非品牌无形资产所创造的未来收益从沉淀收益中扣除。对于某些行业的产品，如饮料、化妆品等，品牌对消费者的选择行为产生的影响较大，其沉淀收益的大部分甚至全部应归功于品牌的影响。对于另外一些产品，如生活必需品、高技术产品和许多工业用品，品牌的作用相对较小，此时，产品沉淀收益中相当一部分可能应归因于像专利、技术、客户数据库等非品牌无形资产。Interbrand 公司是采用一种叫作“品牌作用指数”的方法来计算非品牌无形资产所创造的收益在沉淀收益中的比重。其基本想法是从多个层面审视哪些因素影响产品的沉淀收益，以及品牌在多大程度上促进了沉淀收益的形成。“品牌作用指数”带有主观和经验的成分，但 Interbrand 公司认为，在确定的行业中，这个指数是可以确定的，它仍不失为一种较系统的品牌作用评价方法。

第三，品牌强度分析是确定被评估品牌较之同行业其他品牌的相对地位。其目的是衡量品牌在将其未来收益变为现实收益过程中的风险，用 Interbrand 公司所用的术语，就是据此确定适用于将未来收益贴现时的贴现率。下面对如何进行品牌强度分析做一介绍。

Interbrand 公司主要从以下七个方面评价一个品牌的强度：①市场性质。一般而言，处于成熟、稳定和具有较高市场壁垒的品牌强度得分就高，像食品、饮料等领域的品牌通常较高技术产品和时装领域的品牌得分要高，原因是消费者在选择后一类产品时，更多地受技术和时尚变化等方面的影响。②稳定性。较早进入市场的品牌往往比新近进入的品牌拥有更多的忠诚消费者，因此应赋予更高分值。③品牌在同行业中的地位。居于领导地位的品牌，由于对市场具有更大的影响力，因此它较居于其他位置的品牌得分更高。④营销范围。品牌营销越广，其抵御竞争者和扩张市场的能力就越强，因而得分就越高。⑤品牌趋势。品牌越具有时代感，与消费者需求越趋于一致，就越具有价值。⑥品牌支持。获得持续投资和重点支持的品牌通常更具有价值。同时，除了投资力度外，投资的质量与品牌强度亦有密切的关系。⑦品牌保护。获得注册、享有商标专用权从而受到商标法保护的品牌较未注册品牌或注册地位受到挑战的品牌价值更高。另外，受到特殊法律保护的品牌较受一般法律保护的品牌具有更大的市场价值。具体分值见表 5－1。

表 5-1　品牌强度分值表

指标	释义	最高得分
市场性质	品牌是否成熟、稳定、具有较高市场壁垒	10
稳定性	品牌是否具有较多的忠诚消费者	15
行业地位	品牌在行业中是否处于领导地位	25
营销范围	营销范围是否宽广	25
品牌发展趋势	品牌发展趋势与消费者需求是否一致	10
品牌支持	品牌是否获得持续投资和重点支持	10
法律保障	品牌是否受到商标法保护	5
合计		100

从上述表格中可以看出，品牌忠诚消费者、品牌的领导地位、品牌的营销范围是计算品牌强度非常重要的指标。指标得分一般是采用专家意见法来确定，最后汇总。然而在现实中，任何品牌都很难达到“理想品牌”的强度和地位。

Interbrand 评估法确立了稳定的评分原则，在应用中只需将各个指标的得分加权就可得到品牌强度系数。通过计算品牌强度七因素系数，就可以充分了解该品牌的实力状况，辨别品牌自身的优势和劣势，进而采取适当战略或策略改进品牌运营方式，提升品牌价值。因而 Interbrand 评估法是国际上最具影响力的品牌资产评估方法，该方法的优点主要表现在以下两个方面：①以未来收益估算为基础，通过最终结果而非过程来评估品牌资产的价值。②结合使用定量分析和定性分析手段，即未来收益的预测以定量分析手段为主，将未来收益在品牌资产与非品牌资产之间进行分割；品牌强度系数的估计确定，则以定性分析手段为主。

但是，Interbrand 评估法也存在一些不足，主要表现在以下三方面：

第一，该方法是以产品未来的收益为基础进行评估的，但未来收益带有很强的不确定性。Interbrand 评估法一般是将最近 3 年的加权平均收益作为预期收益的预测值，该做法是建立在产品过去和现在的销售态势在未来能够持续下去这一假设基础之上的。事实上，在竞争异常激烈的市场中，产品收益不一定能够延续。

第二，品牌强度主观性较强。品牌强度在 Interbrand 评估法中起到了非常重要的作用。但是，Interbrand 评估法没有形成一套系统的确定品牌强度的方法。目前，品牌强度是根据相关专家团的意见直接得到的。专家对品牌的认知和了解程度差异性等都会影响品牌强度系数的客观性。

第三，消费者对品牌价值的影响考虑较少。Interbrand 评估法用 7 个因素来衡量品牌强度，这 7 个因素都是从企业或市场方面来考虑的，没有涉及品牌与消费者的关系，对衡量品牌的强度而言是不完整的。

Interbrand 还发展了一种 S 形曲线将品牌实际强度得分转化为品牌未来收益所适用的贴现率（如图 5-7 所示），图中竖轴为品牌强度得分，横轴为适用完美品牌或理想品牌，假定其贴现率为 5%，类似于没有任何风险的长期投资所获得的回报；对于强度分为 0，也就是没有任何品牌价值的品牌贴现率为无穷大。同时，这一曲线还假定，适用于品牌未来收益的贴现率会随着品牌强度的增强而降低，但当品牌强度达到一定水平后，贴现率下降速度呈递减趋势 。

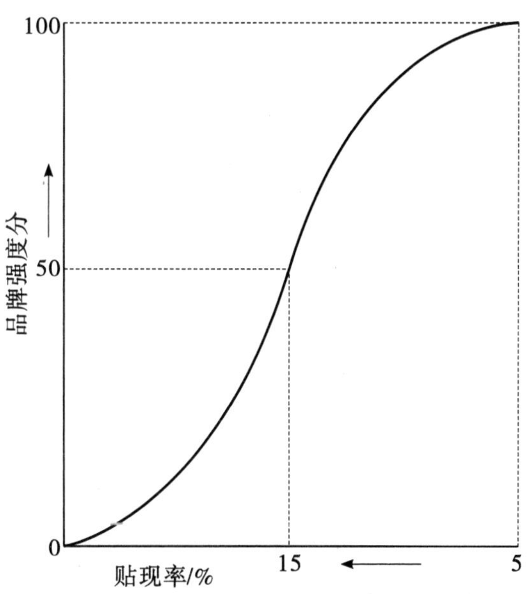

图 5-7 品牌强度倍数与贴现率关系

(2)《金融世界》评估法。《金融世界》杂志每年度公布世界领导品牌的品牌资产测量报告，所使用的方法与 Interbrand 评估法基本接近，主要不同之处是《金融世界》评估法更多地以专家意见来确定品牌的财务收益等数据，并强调品牌的市场业绩。该方法首先从公司销售额开始，基于专家对行业平均利润率的估计，计算出公司的营业利润。然后再从营业利润中剔除与品牌无关的利润额，例如，资本净收益（根据专家意见估计出资本报酬率）和税收，最终得出与品牌相关的收益。然后根据 Interbrand 评估法的品牌强度七因子模型估计品牌强度系数，品牌强度系数的范围在 6~20 之间。最后计算出《金融世界》评估法品牌资产 = 纯利润 × 品牌强度系数。

(3) 品牌资产评估十要素模型。大卫·艾克将品牌价值看作品牌力量，即衡量有关消费者对该品牌产品需求的状况。大卫·艾克在综合研究各大公司品牌资产评估方法之后，基于品牌资产五星模型提出了品牌资产评估十要素的指标系统。该评估系统兼顾了两个评估标准：基于长期发展的品牌强度指标，以及短期的财务指标。10 个指标被分为 5 组，前 4 组代表消费者对品牌的认知，该认知系统由品牌资产的 4 个方面，即忠诚度评估、品质认知/领导型评估、联想性/区隔性评估、知名度评估组成，第 5 组则是两种市场状况评估，代表来自市场方面非消费者的信息。品牌资产评估十要素如表 5-2 所示。

表 5－2　品牌资产评估十要素

要素分类	评估要素
忠诚度评估	1. 价差效应 2. 满意度/忠诚度
品质认知/领导型评估	3. 品质认知 4. 领导性/受欢迎度
联想性/区隔性评估	5. 价值认知 6. 品牌个性 7. 企业联想
知名度评估	8. 品牌知名度
市场状况评估	9. 市场占有率 10. 市场价格、通路覆盖率

品牌资产评估十要素模型为品牌资产评估提供了一个更全面、更详细的思路。其评估因素以消费者为主，同时也加入了市场业绩这一要素。它既可以用于连续性研究，也可以用于专项研究，而且品牌资产评估十要素模型所有指标都比较敏感，可以此来预测品牌资产的变化。其不足之处在于，对具体某个行业进行品牌资产研究时，品牌资产评估十要素模型指标要做相应的调整，以便符合该行业的特点，例如，食品行业的品牌资产研究与高科技产品品牌资产研究所选用的指标就可能有所不同。

（4）MSD 品牌资产评估模型。这是北京名牌资产评估有限公司参照《金融世界》的评价体系，结合中国的实际情况，建立起的中国品牌评估法。该公司认为，品牌资产的价值最终要体现在消费者的产品购买上面，因此与 Interbrand 评估法不同。

MSD 考虑的主要因素有 3 个：品牌的市场占有能力（M）、品牌的超值创利能力（S）和品牌的发展潜力（D）。一个品牌的综合价值（P），可用如下公式简单表述：

$$P = M + S + D$$

其中，品牌的市场占有能力（M）是依据企业的销售收入指标折算出来的，不同的行业需要考虑品牌对销售收入的贡献，如在快速消费品中，M 可以达到（2～4）：1，在高新技术产品中大约只有 0.5：1。品牌的超值创利能力（S）的计算方法类似于一般商标评估中的收益法，超过行业平均利润水平的那部分利润按照一定年限（3 年）的折现值。而品牌的发展潜力（D）即在基本利润上乘以品牌发展的潜力系数，该系数的计算方法借鉴了世界最有价值品牌评价中的利润倍数法，但选取的指标有所不同，包括：①企业商标在国内外注册数量与范围，也就是法律保护状况；②品牌已经使用的时间年限，也就是品牌的稳定使用历史；③产品出口或海外经营状况，就是品牌超越地理和文化边界的能力；④广告宣传投入，也就是品牌所获支持的力度；⑤技术领先，如专利开发能力等。

具体到我国经济发展的情况，由于我国发展市场经济为时尚短，计划经济体制下造成的行业之间显著的利润率差异依然存在，因此，该评估方法对以上三部分指标都有行业调整系数，其系数采用 3～5 年的移动平均法计算得到。通过行业调整，三部分的构成权重平均为4：3：3，具体到不同行业会有不同，比如第一个指标产业自身规模大的，如汽车行业，这方面的权重就小，行业规模较小的小行业，这部分权重就大。将 M、S、D 三个指标加权平均，就得到了品牌价值。

MSD 品牌资产评估模型的发展对中国有着重大意义，该评估法在与国际接轨、缩小中国品牌价值与国际品牌价值差距方面起到了很好的作用，该评估法是目前国内相关研究领域最具规模的方法。自 1992 年以来，使用该品牌资产评估法得出的评估结果在国际上被广泛引用，因而选择这一评估法比较适合中国实际情况。但此方法也存在潜力系数由定性指标决定，难以量化的问题。在不同行业的企业品牌价值进行对比时，指标权重的调整也体现了一定的主观性。

（5）BrandZ 品牌资产评估模型。从 1998 年起，WPP 集团旗下的英国品牌咨询公司明略行（Millward Brown）开展了名为 BrandZ 的基于顾客的品牌资产研究，至今已积累了 31 个国家的 100 万名消费者对 5 万个品牌的访谈数据。基于该庞大的消费者数据，以及著名公司彭博（Bloomberg）等多方的市场数据，明略行开发了专有的品牌资产评估模型，并于 2006 年起每年 4 月在英国著名财经杂志《金融时报》上发表“BrandZ 全球品牌 100 强”榜单。

BrandZ 品牌资产评估模型的计算方法有 4 个步骤：①计算无形资产利润。根据彭博和数据监控公司的数据，首先分国家计算每一个品牌的总体利润，然后根据公司和分析师报告、行业研究、收益估算等剥离出无形资产所创造的利润。②计算品牌贡献。根据 BrandZ 中的消费者忠诚度数据，估算出品牌在无形资产当中所占的比例。③计算品牌倍数。通过 BrandZ 和彭博的数据，估算市场大小、品牌风险以及品牌成长潜力，进而算出一个品牌倍数。④将上面三个步骤的数据相乘，就可算出品牌价值。计算公式为：

$$品牌价值=无形资产利润\times品牌贡献\times品牌倍数$$

除了公布品牌价值之外，BrandZ 的品牌榜单中还有品牌贡献和品牌动量的分值排名，其中，品牌贡献反映了品牌对赢利的贡献程度，分值为 1 ~ 5 分；品牌动量反映了品牌在短期（如 1 年）内的增长情况，分值为 1 ~ 10 分。

BrandZ 品牌资产评估模型与其他评估方法有很大差异，主要表现为以下三点：

第一，BrandZ 实际上结合了消费者和市场两个方面来评估品牌价值，而 Interbrand 评估法等其他评估方法都是从市场一个方面来评估品牌价值的，这使得 BrandZ 品牌资产评估模型不仅反映了品牌财务价值，还反映了品牌成长的驱动力，因此可以具体指导公司进行品牌管理。

第二，BrandZ 品牌资产评估模型不仅评估了发达国家的品牌，还评估了发展中国家（如中国、巴西、印度、俄罗斯）的品牌。在 Interbrand 评估法下，前 100 强当中至今尚未出现中国品牌，一个很重要的原因是 Interbrand 评估法看重品牌的国际化，国际化程度不高的品牌不予评估；而在 BrandZ 品牌资产评估模型中，单一国家的品牌即使国际化程度不高也可进入评估的范畴，这与 Interbrand 评估法形成鲜明对比。

第三，BrandZ 品牌资产评估模型评估的是单个品牌而不是公司品牌，所以，如果一家公司有多个产品或服务品牌，都有可能分别登上 BrandZ 的榜单。

（6）BAV 品牌资产评估模型。品牌资产评估（Brand Asset valuator，BAV）模型是美国著名广告公司扬·罗必凯公司开发的专有品牌资产评估工具，其前身是朗涛公司开发的形象力模型。该模型已经经过分布于44个国家的500多万名消费者、3.5万个品牌的数据验证，被证明有效。在BAV模型中，品牌资产来自品牌活力和品牌现状两个方面。品牌活力反映的是品牌的增长潜力，具体又包括品牌差异性和品牌相关性两个指标。品牌差异性是指品牌与竞争者之间的差异，而品牌相关性是指品牌与消费者个性及需求之间的关联度。品牌现状反映的是当前品牌的实力，具体包括品牌尊重度和品牌知识两个方面。品牌尊重度是指由于品牌的高品质、领导地位以及可靠性使得消费者对品牌的推崇程度，而品牌知识是指消费者对品牌的熟悉程度。按照扬·罗必凯公司的设计，品牌活力是品牌差异性和品牌相关性得分的乘积，而品牌现状是品牌尊重度和品牌知识得分的乘积。根据品牌活力和品牌现状的得分高低，可以组成一个品牌资产分类模型。其中，品牌活力高且品牌现状高的品牌称为“领导品牌”，品牌活力高而品牌现状低的品牌称为“利基品牌”，品牌活力低而品牌现状高的品牌称为“衰落品牌”，品牌活力低且品牌现状低的品牌称为“新品牌”。扬·罗必凯公司将4个具体指标称为“四根支柱”。2005年，又根据实际需要增加了一个新的“支柱”——品牌能量，意即消费者对品牌革新性和动力性的评价。这五根支柱构成了全新的BAV模型。

BAV品牌资产评估模型可以说是一个相当完美的品牌资产评估模型，不仅测量了当前品牌的表现，也对品牌未来的发展潜力进行了测量。戴维·阿克教授对该模型的评价是“在跨产品的品牌资产评估领域最有进取心的一项努力”，而凯勒教授的评价是“到目前为止全球品牌建设中最为精细的一项研究项目”。

上述几种品牌资产评估模型表达了对品牌价值来源的不同理解，代表着不同的品牌理论研究视角，决定着品牌塑造实践的理念与管理行为。但需要注意到，品牌资产并非是单一的，它是一个完整的体系、系列或系统，品牌资产价值的评估方法没有好坏优劣之分，只有适合与不适合之分。

第四节　品牌资产的有效管理与提升策略

品牌资产是品牌知名度、认知度、联想度以及忠诚度等各种要素的集合体。要想让品牌成为资产的一部分，就必须对品牌实施资产化的有效管理，采取一系列提升品牌资产价值的策略，以促进品牌声誉的价值溢出，促进品牌资产的扩张，建立有效的壁垒以防止竞争对手的进入。

一、品牌资产的有效管理

品牌资产管理（Brand Asset Management），就是维护并提升品牌资产的价值，创建具有鲜明的核心价值与个性、丰富的品牌联想、高品牌知名度、高溢价能力、高品牌忠诚度和高价值感的强势品牌，累积丰厚的品牌资产。

有效的品牌资产管理原则主要有：

（1）制定清晰、明确的近远期品牌资产管理目标。同时，确立明细任务，使之与目标配套，使目标具备落实的可能性。

（2）决策过程应严格遵守逻辑判断与结构化思维原则，使管理决策在总的方向上遵循已知的品牌资产管理规律，避免主观臆断。

（3）建立规范的、持续的、具有累积效应的辅助决策系统，对市场的描述与探究是建立在科学与经验相结合的基础上，具备对自身行为表现与效果进行实时诊断分析的能力。

品牌资产管理可以从构成品牌资产的要素入手，具体措施有以下几方面。

（一）建立品牌知名度

品牌知名度的真正内涵是认知度及回忆度。品牌知名度的建立能帮助消费者从众多品牌中辨识并记得目标品牌，从新产品类别中产生联想。

建立品牌知名度，可从以下几方面着手：

（1）创建独特的品牌名称，给产品或服务取个容易记住的名字。

（2）重复显露品牌标志。目标物重复出现，可以提高人们对目标物的正面感觉，使消费者不论走到哪里始终看到一样的视觉印象，如显露品牌形象、品牌标志等。

（3）进行有效公关。在进行品牌管理过程中，可以把公关的传播技术和品牌传播结合起来，通过各种传播途径引起目标消费者注意，让品牌深入人心。

（4）延伸品牌的产品线。通过品牌延伸，用更多的产品去强化消费者的品牌认知度，即所谓的统一式识别。

（二）建立品质认知度

品质认知度是消费者对某一品牌在品质上的整体印象。消费者对品质的认知度完全来自产品使用或服务享受之后，产品的品质并不完全是指产品或服务本身，它同时包含了生产品质和营销品质。建立品质认知度可从以下几个方面着手：

（1）注重对品质的承诺。企业对品质的追求应该是长期的、细致的和无所不在的，决策层必须认清其必要性并动员全体员工参与其中。

（2）创造一种对品质追求的文化。因为品质的要求不是单纯的，每个环节都很重要，所以最好的办法是创造出一种对品质追求的文化，让文化渗透到每一个环节中去。

（3）增加对培育消费者信心的投入。经常关注、收集消费者对不同品牌的反应是不可或缺的做法，强化对消费者需求变化的敏感性。

（4）注重创新。创新是唯一能够变被动为主动，进而去引导、教育消费者进行消费的做法。

（三）树立品牌联想

品牌联想是指消费者想到某一品牌的时候所能联想到的内容，然后根据内容分析出购买与否的理由。这些联想大致可分为产品特性、消费者利益、相对价格、使用方式、使用对象、生活方式与个性、产品类别、比较性差异等等。针对企业而言，所要掌握的就是消费者脑海中的联想，能给消费者一个具体而有说服力的购买理由，这个理由是任何一个品牌得以存活延续所必须具备的，因此，建立起品牌联想对品牌资产管理非常重要。

建立品牌联想的方式有以下几种：

1. 讲述品牌故事

品牌故事是品牌在发展过程中将那些优秀的东西总结、提炼出来，形成一种清晰、容易记忆又令人浮想联翩的传导思想。其实，品牌故事是一种比广告还要高明的传播形式，它是品牌与消费者之间成功的情感传递。消费者购买的不是冷冰冰的产品，他们更希望得到产品以外的情感体验和相关联想，而且，这种联想还有助于诱发消费者对品牌的好奇心和认同感。

哈佛大学堪称世界教育第一品牌，有关哈佛的故事很多，最著名的有两个：一个是关于哈佛创始人（一说捐献人）的，一个是关于哈佛的“傲慢与偏见”。尽管这两个故事并不一定是真实历史，但真真假假，却像磁石一样吸引着年复一年的新生和来自全世界的旅游观光者，更为这座古老的大学增添了几分神秘的色彩。

正如詹森提出的，在21世纪，这是所有企业都面临的挑战——不管是生产消费品、生活必需品、奢侈品的公司，还是提供服务的公司，都必须在自己的产品背后创造故事。

2. 借助品牌代言人

品牌代言人，是指品牌在一定时期内，以契约的形式指定一个或几个能够代表品牌形象并展示、宣传品牌形象的人或物。

米开朗琪罗说：艺术真正的对象是人体。那么，在现代社会，品牌最好的载体就是人，特别是耀眼的名人。对企业而言，聘请名人代言品牌的现象已经司空见惯，这里不再赘述。但是企业在借助有影响力的消费者代表来建立品牌联想方面却有些相形见绌。事实上，很多传播机会就来自那些有影响力的用户，以用户为资源进行传播，同样可以建立有价值的品牌联想。英国威尔士亲王成为索尼的顾客便是一个成功的案例。

3. 建立品牌感动

但凡优秀品牌的传播无不充满了人类美好的情感，并给消费者带来了丰富的情感回报。比如，希望在客户和最终使用者心中塑造“环保、亲近自然”形象的著名石油公司雪佛龙，曾拍摄了一则旨在让消费者感动的形象广告。广告片的诉求表现十分真实：当太阳在西怀俄明升起的时候，奇异好斗的松鸡跳起了独特的求偶之舞。这是一个生命过程的开始，但一旦有异类侵入它们的孵育领地，这一过程就会遭到破坏。这就是铺设输油管道的人们突然停止建设的原因，他们要一直等到小松鸡孵化出来之后，才回到管道旁继续工作……企业为了几只小松鸡，真的能够搁置其商业计划吗？雪佛龙确实这样做了！

这就是雪佛龙广告为顾客创造的一种品牌感动，这种感动不仅加深了顾客对该品牌计划树立的环保形象的认知，而且使得社会大众将他们对环保的需求在该类联想中得到理解和融合，从而愈加认同乃至忠诚雪佛龙品牌。

（四）维持和提高品牌忠诚度

1. 为顾客创造更多价值

增强顾客满意感是顾客购买产品或服务时的总成本与总收益比较的结果。总收益超过总成本越多，顾客所获的价值就越大。为此，品牌生产者必须能够比竞争对手更多地为其顾客创造价值，顾客获得较多的消费价值才满意，只有满意的顾客，才能忠诚于某个品牌。

2. 建立与消费者的有效沟通

通过与消费者的有效沟通来维持和提高品牌忠诚度，如建立顾客资料库、定期访问、公共关系、广告等。建立顾客资料库，选择合适的顾客，将顾客进行分类，制订忠诚客户计划；了解顾客的需求并有效满足顾客所需；与顾客建立长期而稳定、互助的关联关系。例如，广告能提升消费者对品牌的熟悉、信赖感，使消费者产生对品牌的挚爱与忠诚。

3. 人性化地满足消费者需求

企业要提高品牌忠诚度，赢得消费者的好感和信赖，其一切活动就要围绕消费者展开，满足消费者需求。让顾客在购买使用产品与享受服务的过程中，有难以忘怀、愉悦舒心的感受。因此，品牌在营销过程中必须摆正短期利益与长远利益的关系，必须忠实地履行自己的义务和所应尽的社会责任，以实际行动和诚信形象赢得消费者的信任和支持。品牌应不遗余力地做实做细，切忌为追求短期利益犯急躁冒进的错误，否则必将导致品牌无路可走，最终走向自我毁灭。

4. 注重企业形象的塑造

在产品差异愈来愈小的情况下，企业可通过测量消费者类别价值、购买频率，以及购买方便性、价格、产品功能，来加强消费者与品牌的关系。因此，企业要长期的、全方位的美化企业形象，不断提升企业美誉度，尽可能地避免有损企业形象的失误发生，即使是一点点，都必须进行危机公关，尽力挽回对企业形象的负面影响，避免消费者转移对企业的忠诚。

5. 提供优质的服务，提高顾客品牌忠诚

在产品同质化的今天，良好的顾客服务是建立顾客品牌忠诚的最佳方法。优质的产品和适宜的价格固然会影响顾客的购买决策，但这两个因素极易被竞争对手模仿和复制，而高质量的服务却是难以复制的，它是构建企业持久竞争优势的决定因素。因此，企业服务的态度、员工的精神面貌、回应顾客的速度及良好的售后服务、配送及时等都是企业获取顾客忠诚的重要因素。企业的服务难免会有失误，服务的失误会伤害顾客的感情。此时，必须及时采取补救和补偿措施，如用道歉、送礼物、免费提供额外服务等办法向顾客真诚表达自己的歉意，以重新赢得顾客忠诚。

二、提升品牌资产价值的策略

品牌资产是无形资产的重要部分，在资本运营中具有重要价值。提升品牌资产价值，就是要求企业管理人员要密切关注客户需求的迁移以及市场情况的不断变化，适时地制定相应的策略，努力使企业的品牌资产不断保值增值。

（一）提高品牌的差异化价值

品牌资产的价值关键体现在差异化的竞争优势上。这种优势可表现在产品的质量、性能、规格、包装、设计、样式等带来的工作性能、耐用性、可靠性、便捷性等的差别；也可表现在由服务带来的品牌附加价值，如服务的快速响应、服务技术的准确性、服务的全面性、服务人员的亲和力；还可表现在塑造品牌联想和个性，品牌联想能够影响顾客的购买心理、态度和购买动机。所以品牌能够提升顾客的感知价值，反过来，也可促进品牌价值的提升。

（二）理性扩张品牌的外延

创建强势品牌的最终目的是持续获取更好的销售与利润，而无形资产的重复利用是不花成本的，合理规划品牌延伸战略，充分利用品牌资源这一无形资产，实现企业的跨越式发展。利用品牌（尤其是名牌）资产实施兼并与合作是资本运营的一个重要方式，也是企业实现规模经济、实现低成本扩张、提高企业资源配置效率、提升品牌资产价值的有效手段。

但是，诸如公司并购等品牌扩张战略是一项风险相当大的业务，为了有效地促进并购后公司业绩的增长和品牌资产价值的提升，必须慎重地制定策略。在确定公司并购时，应考虑以下因素：（1）对公司的自我评估、对目标公司的评估；（2）并购本身的可行性分析；（3）利用品牌进行合作经营时，双方应优势互补；（4）合作应有利于延伸品牌系列。

（三）凝练品牌叙事

从品牌的价值理念、背景文化、产品利益诉求点和目标消费群体关联度等方面出发，寻求和构筑品牌与社会公众、目标消费群体近距离接触、沟通、交流的平台，是实现品牌价值提升的基础。而品牌叙事就是达成这一目标的有效途径。品牌叙事就是通过形象化、通俗化的语言和形式，将之传递给目标受众，增进与消费者的情感交流与心灵共鸣，形象巧妙地将所要传递的品牌背景、品牌价值理念和产品利益诉求点等品牌信息，诉诸人们的视觉感官，使人们在欣赏玩味、潜移默化中接受品牌提供的信息，增进目标受众对品牌的识别和认可。

（四）改进营销组合方案

品牌的定位和知名度不可能自然地转化为品牌资产，这些都需要通过产品、促销、价格、渠道和整合营销策略来给企业创造价值增值。企业需要根据市场细分、目标市场特征和购买者的需求情况，结合企业的定位和竞争优势来确定适合本企业的产品策略、促销策略、价格策略和渠道策略，提升品牌资产价值，为企业赢得更多的经济效益。

（五）加强企业内部管理

从根本上讲，提升品牌资产价值，主要还是从企业内部挖掘潜力，毕竟外部环境是不容易改变的，而企业自身的资源相对来讲是可以控制的。那么，从企业内部的角度出发，可以从以下几个方面入手来提升品牌资产价值。

1. 切实转变观念，真正树立起品牌意识

凯恩斯曾说过，观念可以改变历史的轨迹。那么，对于一个企业来讲，观念可以改变企业的命运。现实中，很多企业把品牌喊得很响，但真正涉及建立品牌资产的投入时，却总认为这只是一笔费用，而不是长期投资，没有真正从内心认识到建立品牌资产的长远意义，因此，企业转变观念就显得尤为迫切。

2. 品牌资产价值的提升需要长期不断的投入

我们知道，品牌资产的作用在于可以为企业投入的资产带来未来超额收益，而现期的投入是获得未来收益的基础。企业未来发展趋势表明，企业通过消耗有形资产来建立无形资产。企业资产，特别是核心资产日趋无形化，无形资产尤其是品牌资产逐步成为企业价值的主体。所以，建立和提升品牌资产价值应该有长远的眼光和打算，眼睛不能只盯在眼前利益上，要舍得去投入人力、物力和财力。

3. 通过个性化的定位来提升品牌资产价值

品牌的建立一定要有明确的定位，结合自身的优势打造品牌的个性。市场竞争的激

烈导致产品同质化越来越严重，因此，一个品牌的鲜明个性就显得特别重要了。这可以从不同的途径来实现，比如技术领先、产品差异化和市场专一化等等。

本章小结

品牌是企业的重要资产之一，是一种无形资产。不同的品牌在市场中具有不同的经济价值，对品牌所有者及消费者都有重要意义。

对于品牌资产的构成，不同学者从不同角度进行了分析。主要由大卫·艾克的品牌资产五星模型、凯文·凯勒的 CBBE 模型、品牌资产引擎模型和品牌资产趋势模型。

本章着重从传统和现代两个角度描述了品牌资产评估的方法。传统的品牌资产评估方法主要有 3 种：成本估算法、收益现值法、股票价格法。现代的品牌资产评估法主要有 6 种：Interbrand 评估法、《金融世界》评估法、品牌资产评估十要素模型、MSD 品牌资产评估模型、BrandZ 品牌资产评估模型和 BAV 品牌资产评估模型。评估方法没有好坏优劣之分，只有适合与不适合之分。

品牌资产是能够管理的，其管理的一般方法主要基于品牌资产的 4 个要素：建立品牌知名度、建立品质认知度、树立品牌联想、维持和提高品牌忠诚度。

思考与练习

1. 简述品牌资产的概念与作用。
2. 阐述大卫·艾克的品牌资产五星模型结构及内涵。
3. 阐述凯文·凯勒的 CBBE 模型结构及内涵。
4. 简述 Interbrand 评估法。
5. 简述《金融世界》评估法。
6. 简述品牌资产管理的方法和提升策略。

第六章　品牌系统理论

学习目标

（1）认识系统论与品牌系统的基本内涵。
（2）了解品牌关系谱、品牌体系3V价值模型、品牌结构的内容。
（3）学会品牌单一策略、主副品牌策略及多品牌策略的应用。
（4）运用品牌系统理论分析现实问题，提升品牌管理水平。

随着市场竞争的不断白热化，一个企业在市场竞争中往往不止推出一个品牌，而是针对其涉足的不同行业或不同的目标消费群体进行多品牌经营，从而有效地分散、规避其经营风险。任何商品所面对的消费者都是以其需求的差异性分为许多群体的，品牌也是如此，这便是品牌系统的基本内容。只有针对被细分的目标消费者，才能够取得效果。通过本章的学习，我们来了解品牌系统的内涵，了解单一品牌策略、主副品牌策略、多品牌策略的运作。

第一节　品牌系统的内涵

世界的一切事物都是普遍联系、变化发展的，人们需要从整体出发来研究各个组成要素的相互关系，品牌的发展也不例外。始创于1837年的宝洁公司在1931年引入品牌管理系统，旗下产品包括食品、洗涤用品、肥皂、药品、护发及护肤用品、化妆用品等，是世界上最大的日用消费品公司之一。可见，以系统设计的思想来塑造品牌能创造生活文化，树立优秀的品牌形象。

一、系统论

系统思想源远流长。由于人类设定的参照系不同，宇宙、自然、人类社会等分属于不同的子系统。如果把世界上所有的存在，划分为物质世界与精神世界的话，那么宇宙、自然、人类社会就通通属于物质世界与精神世界这个复杂系统。基于宇宙系统观的启发，学者们逐渐摸索出系统论的管理思想。

（一）系统论的内涵

系统一词，来源于古希腊语，是由部分构成整体的意思。今天人们从各种角度上研究系统，对系统下的定义不下几十种。例如说“系统是诸元素及其顺常行为的给定集合”“系统是有组织的和被组织化的全体”“系统是有联系的物质和过程的集合”“系统是许多要素保持有机的秩序，向同一目的行动的东西”等等。

随后，美籍奥地利人、理论生物学家贝塔朗菲（L. Von Bertalanffy）在1932年发表“抗体系统论”，提出了系统论的思想，成为公认的系统论创始人。然而真正确立系统论学术地位的是1968年贝塔朗菲发表的专著《一般系统理论》，该书被公认为系统论的代表作。贝塔朗菲认为，把一般系统论局限于技术方面，当作一种数学理论来看是不适宜的，因为有许多系统问题不能用现代数学概念表达。

现代学者也纷纷对系统论进行定义，比较认可的说法是：系统论是研究系统的结构、特点、行为、动态、原则、规律以及系统间的联系，并对其功能进行数学描述的新兴学科。系统论的基本思想是把研究和处理的对象看作一个整体系统来对待。系统论的主要任务就是以系统为对象，从整体出发来研究系统整体和组成系统整体各要素的相互关系，从本质上说明其结构、功能、行为和动态，以把握系统整体，达到最优的目标。

（二）系统论的核心思想

系统论的核心思想是系统的整体观念。贝塔朗菲强调，任何系统都是一个有机的整体，它不是各个部分的机械组合或简单相加，系统的整体功能是各要素在孤立状态下所没有的性质。他用亚里士多德的“整体大于部分之和”的名言来说明系统的整体性，反对那种认为要素性能好，整体性能一定好，以局部说明整体的机械论的观点。同时认为，系统中各要素不是孤立地存在着，每个要素在系统中都处于一定的位置上，起着特定的作用。要素之间相互关联，构成了一个不可分割的整体。要素是整体中的要素，如果将要素从系统整体中割离出来，它将失去要素的作用。正像人手在人体中是劳动的器官，一旦将手从人体中砍下来，那时它将不再是劳动的器官了一样。

（三）系统论的基本原理

1. 系统整体性原理

系统整体性原理指的是，系统是由若干要素组成的具有一定新功能的有机整体，各个作为系统子单元的要素一旦组成系统整体，就具有独立要素所不具有的性质和功能，形成了新的系统的质的规定性，从而表现出整体的性质和功能不等于各个要素的性质和功能的简单加和。由此可见，系统是由要素组成的，整体是由部分组成的，要素一旦组合成系统，部分一旦组合成整体，就会反过来制约要素，制约部分。简而言之，就是“1+1>2”的原理。

2. 系统层次性原理

系统层次性原理指的是，由于组成系统的诸要素的种种差异包括结合方式上的差异，使系统组织在地位与作用、结构与功能上表现出等级秩序性，形成了具有质的差异的系统等级，层次概念就反映这种有质的差异的不同的系统等级或系统中的高级差异性。

打个比方，系统的层次性犹如套箱。系统是由要素组成的。但是，一方面，这一系统又只是上一级系统的子系统，即要素，而这一级系统又只是更大系统的要素。另一方面，这一系统的要素却又是由低一层次的要素组成的，这一系统的要素就是这些低一层次要素组成的系统。客观世界是无限的，因此系统层次也是不可穷尽的。高层次系统是由低层次系统构成的，高层次和低层次之间的关系，首先是一种整体和部分、系统和要素之间的关系。高层次作为整体制约着低层次，又有低层次所不具有的性质。低层次构成高层次，就会受制于高层次，但也有一定的独立性。

3. 系统开放性原理

系统的开放性原理指的是系统具有不断与外界环境进行物质、能量、信息交换的性质和功能，系统向环境开放是系统得以向上发展的前提，也是系统得以稳定存在的条件。

现实世界中的系统都是开放系统。系统总是处于与环境的相互联系和作用之中，通过系统与环境的交换，潜在的可能性就有可能转化为现实性。

二、品牌系统

随着市场竞争的不断白热化，一个企业在市场竞争中往往不止推出一个品牌，而是针对其涉足的不同行业或不同的目标消费群体进行多品牌经营，从而有效地分散、规避其经营风险。任何商品所面对的消费者都是以其需求的差异性分为许多群体的，品牌也是如此。只有针对被细分的目标消费者建立品牌，才能够取得效果。

（一）品牌系统的定义

品牌系统是由一个企业的各类产品的不同品牌和同类产品的多品牌所组成的整体策略、经营、管理体系。品牌系统中的各个品牌相互区别又紧密联系，成为一个有机的共生体。

品牌系统的建立正在成为一些多品牌经营的集团化企业参与现代市场竞争的重要方式之一。在现代市场营销环境下，品牌的内涵正在不断地延伸，企业实施多品牌经营时已经不是机械地将自己拥有的众多品牌当作完全独立的个体进行思考，而是将这些品牌进行有机的统一，利用系统的概念进行统筹，以有效地利用企业内外部营销资源。

（二）品牌系统的内容

品牌是一个复杂的系统，对于这一论断学界有着广泛共识。然而，对于品牌系统的指称对象是什么，至今还存有分歧。

卡普费雷（Jean-Noël Kapferer）指出，品牌系统由三部分组成，即产品或服务、名称与符号、概念（价值主张），并在此基础上构建起利于品牌管理与品牌感知的“品牌金字塔”。

艾克指出，品牌系统可以划分为五个层次，即公司品牌、范围品牌、产品线品牌、子品牌以及品牌化要素（服务），并据此提出品牌关系谱。

安格尼斯嘉·温克勒（Agnieszka Winkler）在《快速建立品牌：新经济时代的品牌策略》一书中首次提出品牌生态系统概念；而王兴元认为，品牌生态系统是由环境、企业、供应商、中间商、顾客、公众、相关组织与群体等成员共同组成的商业生态系统。换言之，品牌生态系统包括品牌成分和非品牌成分两部分。

文献研究表明，卡普费雷所提到的品牌系统主要是从品牌成分来进行阐述，而其他学者更多是用其来开展个体品牌的品牌识别研究；艾克所指的品牌系统，主要是从企业角度去分析企业各类型、各层次品牌所构成的系统，这其中包括企业品牌与产品品牌、母品牌与子品牌等形成的品牌关系谱；安格尼斯嘉·温克勒的品牌生态系统更多用于探索生态系统中成员主体之间的竞争、合作与协同问题。可见，这三个品牌系统所指的范围呈逐渐放大的趋势。

国内学者谌飞龙认为：一个企业品牌通过品牌拓展、品牌延伸、品牌授权、品牌联合、品牌组合等多样化的品牌行为，逐渐形成了一个复杂的品牌系统，这个系统由多个层次、多种类型的品牌和产品构成，具体如表 6－1 所示。

表 6－1 复杂品牌系统构成主体

品牌行为	构成主体
品牌组合	主品牌、担保品牌、子品牌、品牌化的差异点联合品牌、品牌化的活力点、公司品牌
	公司品牌、分部品牌、家族品牌、单一品牌、虚拟品牌、产品描述
	公司品牌、家族品牌、个体品牌、修饰品牌、产品描述
品牌联合（品牌联盟）	合伙品牌（主导品牌、修饰品牌）、联合品牌
	核心品牌、合伙品牌、联合品牌
	供应商要素品牌和制造商要素品牌、要素（产品）品牌、终端（产品）品牌
品牌延伸	旗舰产品、非旗舰产品
	典型产品、延伸产品
品牌授权	原产品（或服务）、（不相关）授权产品
品牌拓展	原市场、新市场；国内市场、国外市场

从表 6－1 可以归纳出，一个完整的品牌系统应该涵盖不同区域市场和目标市场群体的公司品牌、族系品牌、个体品牌、子品牌、特征品牌、项目品牌以及合作品牌、成分品牌、联合品牌等，还包括典型性产品和各类延伸产品、授权产品。

（三）建立品牌系统的意义

1. 抢占市场份额，确立企业在市场竞争中的主导地位

任何一个品牌都不可能独占市场，在不同产品市场上的不同品牌，有利于企业对市场的广度占有。企业在不同市场上开辟相对独立的多个战场，以品牌为堡垒，形成多个利润增长点，为企业发展提供物质基础和市场空间。随着市场的成熟，消费者的需求逐渐细分，市场也随之不断细分。一个品牌不可能在保持其基本理念和价值取向不变的前提下，同时满足几个目标消费群体，这是企业建立品牌系统以对应不同市场细分的出发点。

此外，近年来零售商自我品牌的崛起（如上海联华超市有“联华超市”牌纸品系列，香港百佳超市有“百佳”牌食品、日用品等各种系列商品）向制造商在树立和保持品牌优势方面发起了挑战。品牌系统的建立有助于制造商抑制中间商和零售商通过控制企业的某个品牌进而左右企业的能力。

再者，由于企业在许多细分市场上都有自己的品牌，从而为竞争者的进入设置了门槛，有助于减少竞争者的扩张机会。

2. 有利于企业在价格战中居于优势地位，从而确保企业经营利润的获得

在企业的品牌系统中，既有核心品牌，也有新推出的处于上升趋势的品牌。核心品牌是企业的重要利润中心，新品牌的成长则形成企业新的经济增长点，而一些处于下降趋势的品牌则处于从属地位。价格战是市场竞争中常见的一种竞争方式。在价格战中需要捍卫核心品牌时，处于从属地位的品牌一方面成为核心品牌的保护屏障；另一方面可以从侧翼对竞争品牌进行迅速打击。当竞争品牌针对本企业核心品牌采取降价措施时，品牌系统中的从属品牌的存在可以为企业提供保护核心品牌的屏障。比如针对竞争品牌的降价行为，可以一方面降低本企业从属品牌价格，与其展开正面交锋；另一方面通过加大核心品牌营销力度，如加强广告攻势、增加赠品促销、增强与消费者的交流与沟通，使核心品牌避开竞争品牌的正面进攻，并与从属品牌一起对竞争品牌形成侧翼与正面进攻的全方位包围。这样，在用从属品牌打击竞争品牌，保护核心品牌的同时，还能借机扩大核心品牌的市场影响力，使得核心品牌的领导地位可以毫发不损。从属品牌的另一个作用，是成为企业着意培养的、处于上升趋势的新品牌的成长助推者。在这些新品牌市场提升过程中，必然要遭遇到其竞争品牌的阻击。企业这时可利用从属品牌针对竞争品牌动向主动出击，以动制动，根据其市场策略的变化，制定针对性的抑制措施，从而使得竞争品牌不得不分散精力应付从属品牌的进攻，减轻品牌系统中新品牌的上升压力，放大上升空间。因此，品牌系统的确立，有利于保护核心品牌的获利能力和促使新品牌在未来的市场中向核心品牌转化，有利于保证企业正常经营的有序、持续开展。

3. 充分利用企业资源，实现集约化增长和规模效应

企业在开发新品牌过程中，可以更为充分地利用企业已有的生产设备及技术资源；同时，新品牌的推出工作还可以充分利用企业已经建立起来的市场营销网络，从而复合性地使用各种资源。这样，一方面有利于企业资源的集约化使用，另一方面由于品牌系统扩张，实现系统内各品牌之间的优势互补，产生品牌规模效应，从而降低企业的生产成本和销售费用。一般认为，企业的规模增长方式可分为两类：一是外延的规模增长，二是内涵的规模增长。外延的增长主要通过并购、扩建等方法实现；内涵的增长则主要通过技术进步、劳动生产率的提高等方法实现。随着现代市场的发展和不断成熟，企业规模增长的市场表现之一就是其所拥有的品牌规模的增长。而品牌规模的增长势必导致品牌系统规模的扩展和内部各品牌的有机协调。就企业实际来说，所有企业在规模增长到一定程度时都要面对如何实现增长方式从外延向内涵转变的问题。在品牌系统的建立和成长过程中，必然要求对企业的自身资源进行动态的合理分配和使用，并由此而引致管理架构的优化，从而为企业增长方式的转变提供基础。

4. 有利于优化企业管理结构，提高管理效率

随着品牌系统内各品牌的发展，必然要求企业内部专业化分工程度加深，管理体系发生相应变化。首先，当品牌系统规模扩大以后，通过企业内部集权与分权的重新组合，可以使企业高级主管把主要精力集中在战略发展问题的研究上。随着品牌系统及各品牌的发展，企业生产规模也日益扩大，生产技术复杂化，企业内部专业分工逐步精细；生产的社会化程度不断提高，与社会的联系也更加广泛。企业高层决策者的任务是为企业确立经营目标和策略，为企业的品牌系统战略绘制蓝图。如果最高决策层将眼光专注于

内部基层的经营事务上，企业将不可能有长远的发展前途。雀巢的方法是成立品牌战斗组，具体负责某一品牌的实务性工作，组长由资深干部担任，向公司品牌管理的执行副总裁负责，从而使得企业高级管理层从具体事物中解脱出来，将更多精力投入到研究雀巢所有品牌的战略发展问题。其次，通过充分的放权，可以培养一批经营管理人才。企业品牌系统战略的实施与发展，仅靠董事长和集团总裁是不够的，必须要依靠一个优秀的管理团队。通过集权与分权适度结合的方法，在品牌管理体系中设置品牌经理，对某一品牌的长期发展负责，为责任品牌的市场经营提供决策意见，使其在长期的品牌经营管理工作中得到锻炼，成为独当一面的管理人才，让企业在品牌系统的发展过程中免去"后顾之忧"。

（四） 品牌系统的目标

品牌系统的目标是最大限度地利用各品牌的共同特性产生的合力，减少多个子品牌认同的伤害，为多种产品提供分类，并优化品牌资源的配置。

第二节 品牌系统的构成

关于品牌系统的构成，学者们提出不少理论。其中得到公认的理论包括：品牌关系谱、品牌体系 3V 价值模型以及品牌结构。

一、品牌关系谱

（一） 品牌关系谱的定义

品牌关系谱是指企业所拥有的全部品牌之间的关系角色。品牌关系谱反映了在战略的执行中及顾客的心中品牌被相互分离的程度，隔离程度的不同体现了定位方法的不同，这些关系定位的连续体在整体上就构成了品牌关系谱。

由最具备概念创造能力的品牌战略权威大卫·艾克教授所提出的"品牌关系谱"业已成为品牌战略，尤其是品牌组合战略中最为重要的工具之一，没有这个工具的帮助我们很难规划和实施科学的品牌战略，尤其是品牌组合战略。

（二） 品牌关系谱的模式

国内知名的品牌研究专家颜金伟先生在大卫·艾克"品牌关系谱"的基础上，重新对企业品牌体系模式进行了梳理和总结，将品牌关系谱简化为四种模式：单一品牌、亚品牌、托权品牌和独立多品牌。

1. *单一品牌*

单一品牌，指的是某企业的多项产品采用同一个品牌，包括企业名一般也与产品品牌名相同。

最纯粹并最成功的单一品牌范例是英国著名品牌"维珍"（Virgin）。1970 年，青年理查德·布兰森在伦敦成立了一家小型的邮购公司"维珍"。1971 年，"维珍"邮递公司转为以经营唱片为主的折扣零售商店。1973 年，"维珍"开始录制和销售印有"Virgin"标志的唱片，并成立了唱片公司。到 1984 年，"维珍"已发展为集维珍唱片公司、维珍折扣零售商店为一体的英国最大的独立唱片商号，旗下拥有 50 多家分公司。1984 年，在

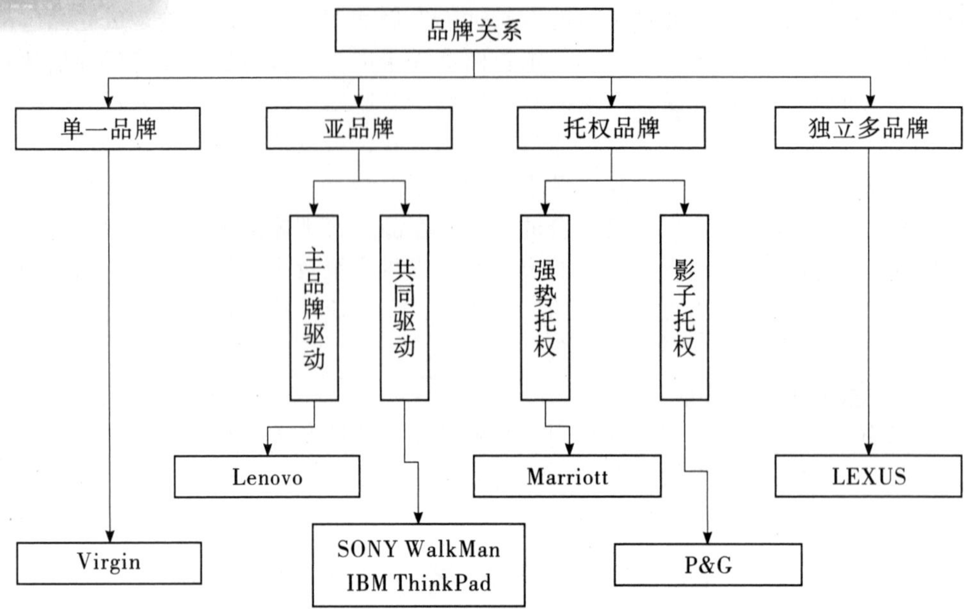

图6-1 品牌关系谱的四种模式

唱片娱乐业和连锁零售业已取得相当成功的理查德·布兰森，凭借租用的客机和“让各阶层的旅客花最少的钱，享受最高尚的服务”的理念，成立了维珍航空。从此，“维珍”多元化进程一发不可收。1998年，“维珍”开始投资铁路；1999年，涉足饮料业。目前，“维珍”集团已成为涵盖唱片、娱乐、航空、铁路、饮料、酒类、电信、金融、网络、安全套以及通信设备和零售、婚庆服务等产品和服务领域的全球性知名品牌，而且，旗下的主要产品均采用“维珍”品牌。

“维珍”的成功，让很多抵制企业多元化的管理专家大跌眼镜。其实，仔细分析“维珍”的成功之处，就会发现，虽然Virgin品牌被用于多个领域，但在每个领域中，“维珍”产品的消费者其实都是同一群人，这些人的共性是：都对市场上现有的企业和产品不满意，都渴望获得更个性化的服务。而“维珍”把自己的品牌内涵定义为“品质、价值、创新、娱乐、挑战”。这时候，消费者感觉到的“维珍”就不仅仅是航空、CD或者保险什么的，而是一种精神或者说是某种人文的象征。这种统一的品牌内涵，才是“维珍”的成功之道。

单一品牌的优势是，企业可以把几乎所有的推广经费都用于推广这个单一品牌。比如，在所有LG产品的广告上，都可以看到LG的Logo，这样不断重复，很容易就可以让公众记住LG品牌。这是让很多坚持采用单一品牌的企业决策者所钟情的地方。

然而，单一品牌的维护，必须非常精心。每个领域的产品，都有其不同特点，且往往均由一家独立的分公司进行运营，每一个分公司都可能会在宣传上将更多自身行业特性灌入企业单一品牌的内涵中。例如，3M公司的产品种类数多得惊人，看上去很杂乱，但是这并没有影响3M的品牌形象。因为3M品牌的定位是“创新”，所以，消费者看到任何一款3M产品，都会马上联想到“这又是3M的新产品，一定很有用”。有了这样的品牌内涵，即使产品类别再多，也不怕品牌形象模糊了。相反，每一个新产品都加强了

3M 品牌的“创新”形象。

2. 亚品牌

采用这种品牌谱系的，一般都是大企业，旗下会有一个主品牌（一般与公司名相同），在主品牌下又分为多个子品牌。在宣传物和产品包装上，主品牌会明显醒目于子品牌。

在亚品牌谱系中，根据子品牌和主品牌的实力对比关系，又分为主品牌驱动和共同驱动两个模式。前者往往强调主品牌的强势内涵，而子品牌一般只是作为一个代号出现，一般不具有独立的品牌个性；后者指的是子品牌也很强大，它也具有独立的个性，可以与主品牌共同发挥作用，甚至大幅提升主品牌的价值。能采用共同驱动模式的子品牌，一定是非常强势的，即使它脱离主品牌单独出现，受众也可以立刻知道它隶属于哪个主品牌。甚至，最强势的子品牌可以成为某一类商品的代名词。

例如，Lenovo 是联想的主品牌，所有的产品都以 Lenovo 为主进行推广。旗下有众多的子品牌，包括：PC 的天骄、家悦；笔记本电脑的昭阳、天逸；数码产品的数码听系列；等等。仔细审视这些子品牌，会发现它们都没有独立的品牌个性，联想也从来没有在任何一个子品牌身上花费大额宣传经费进行推广，这些子品牌更像是产品型号的代名词，比单纯用字母和数字组成的产品型号更加人性化、形象化。

反观 IBM ThinkPad（思考本）和 SONY WalkMan（随身听）这两个子品牌，虽然一般也都是跟在自己的主品牌后面出现，但是，如果我们单独讲 ThinkPad 和 WalkMan，大家都知道它们分别是 IBM 的笔记本电脑产品和 SONY 的随身听。甚至，WalkMan 还成了随身听产品的代名词。这样的子品牌，不但自己强势，还可以推动主品牌的建设。比如 SONY 的品牌内涵是“国际的、科技的、时尚的”，真正推动这个品牌建设的 SONY 旗下产品就是 WalkMan，当我们通过 WalkMan 感受到 SONY 的实力时，也就接受了 SONY 的国际、科技和时尚。Think Pad 也是如此，它为 IBM 推广移动商务的概念立下了汗马功劳。它的大气和轻灵，使得公众很好地认可了“大象也能跳舞”的 IBM 新形象。

亚品牌模式的优势是，可以根据不同的行业领域，推出不同的子品牌，如果成功了，就可以为主品牌增添光彩；如果失败了，壮士断腕，也不会导致主品牌的满盘皆输。此外，强大的主品牌，也为企业进入新的行业领域，降低了进入成本。

然而，亚品牌的建设难度也是显而易见的。首先，市场经费的使用不再像单一品牌那样集中，所以，如何合理地分配市场经费成了关键。其次，主品牌和各个子品牌的逻辑关系，必须经过科学的规划，否则，就可能产生喧宾夺主或者一家独大的局面，使得主品牌建设的重心失去方向。

3. 托权品牌

托权品牌也存在主品牌和子品牌的两层或更多层的结构。不同的是，亚品牌模式，还是以主品牌为主，子品牌为辅；而托权品牌则是在推广中以子品牌为主，主品牌为辅。子品牌在聚光灯下，主品牌在背后“托”着它。托权品牌又分为强势托权和影子托权两种。宝洁的例子属于后者。两者的区别在于，强势托权的主品牌会与子品牌紧密关联，往往在 Logo 设计上一起出现，而影子托权则会分开出现，而且主品牌绝不在主要位置。

万豪（Marriott）酒店属于强势托权的典型，采用万豪强势托权万怡酒店、万丽酒店、万豪公寓酒店、万枫酒店等子品牌，就可以将万豪的品牌积累引入到新的消费领域中来。同时，用子品牌的不同彰显、区隔不同的消费层次。例如，高层白领公务出差可以入住万豪行政公寓；而如果他是携家带口的出来自费游玩，希望住得比较惬意，就可以入住家庭公寓式的万豪公寓酒店，品牌的智慧可见一斑。

宝洁（P&G）是影子托权的代表，其洗发水有几个不同的子品牌。这几个子品牌分别满足消费者的不同需求：海飞丝用于头皮屑较多的消费者；飘柔专用于希望头发柔顺的消费者；潘婷专用于希望能为头发补充营养的消费者；沙宣专用于经常烫发的人士。每一个子品牌是互有区隔的。在宣传中，每款产品会重点突出自己的个性，但最后，都会告诉受众“我是宝洁出品的”，这就是影子托权的价值。它就像一艘航空母舰，而各个子品牌就像航空母舰上的一架架战机。如此，宝洁影子托权既保证了子品牌有充分的空间去彰显个性，又把子品牌中的共性部分作为品牌基础，有利“托”住子品牌。

托权模式的优势是：可使长期积累的主品牌价值得以最大的释放，为企业进入新的领域提供好的基础。但是其建设难度同样巨大，因为旗下众多的子品牌，其个性彰显要强于亚品牌模式。所以，主品牌和子品牌之间的关系更加微妙。主品牌必须能承担起“托”的责任，同时又不喧宾夺主，而是为子品牌“托”出一个独立的舞台。没有科学的分析、决策，形成长期的品牌战略并坚持住，就很容易混乱。

4. 独立多品牌

独立多品牌指的是企业因长期战略考虑，推出一个或多个完全独立的品牌。历史上成功的独立多品牌多出自汽车行业，如丰田的雷克萨斯（LEXUS）。

现在，几乎所有的日本大汽车厂商都仿效丰田推出自己的独立高档品牌车，如丰田的雷克萨斯（LEXUS）、尼桑的英菲尼迪（INFINITI）、本田的讴歌（ACURA）。独立多品牌作为一个特殊的品牌模式，优缺点一目了然。

品牌关系谱的四种模式各有利弊，没有好坏之分。企业决策人应根据行业特点、企业现状、公司战略、领导人个性等，全面科学地分析和决策，并坚决贯彻执行，品牌建设最怕的就是战略不清晰，执行游移不定。

二、品牌体系3V价值模型

随着科技的发展，市场竞争日益激烈，只是通过品牌定位、管理和传播等方式来实现品牌战略的方式已经略显不足。在顾客经济时代，品牌战略就必须以顾客为中心，注重对重要客户的区分，以此实现品牌战略的实施。在以顾客为中心的品牌战略基础上，传统的市场细分和品牌方式已经不能满足品牌战略的实施。以往的品牌战略只要求通过改变营销组合。但是以顾客为中心的品牌战略，首先要细分品牌的价值客户，并要求有独特的价值主张来吸引这些价值客户，同时需要独特的价值网来支持品牌战略的实施，即品牌的3V战略。品牌的3V战略是指：识别品牌的价值顾客（Value Customer）、提供价值主张（Value Proposition）和价值网络（Value Network），如图6－2所示。

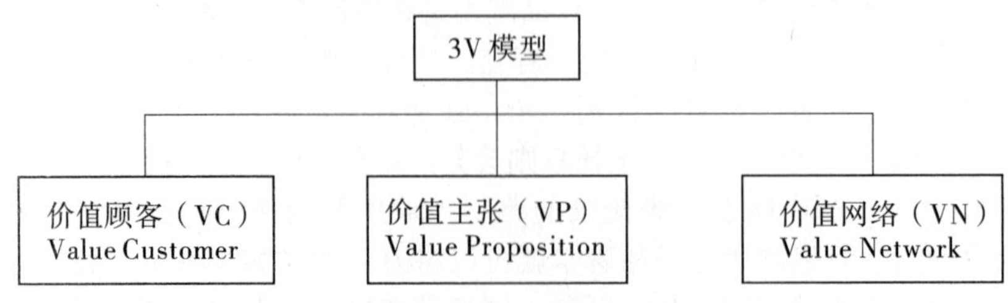

图6－2 品牌体系3V价值模型架构图

（一）识别品牌的价值顾客：品牌战略的基础

识别品牌的价值顾客是品牌战略的基础。需要探讨的是：谁是品牌的重要顾客或品牌为谁服务。以顾客为中心的品牌价值评估，是以顾客权益为衡量标准的。顾客是基于价值、服务及其他的利益去购买产品，从不会根据两个产品相对的品牌权益去购买产品。顾客权益的核心思想正是用顾客的终身价值来衡量品牌价值。它包含了这样一个认识，即利润的来源本质上是顾客而不是产品。顾客权益反映了一个良性循环，它使公司更专注于顾客维系而非顾客获得。顾客维系引导顾客购买更多的商品以及更频繁地购买商品。由于出售给现有顾客的花费更少，所以成本更低而盈利提高。当困境中的企业开始考虑“谁是我们最有价值的顾客”而不是“我们最有价值的品牌是什么”时，它便是迈上了由困境转向盈利之途。

这里可以采用“平均顾客权益法”识别品牌的重要顾客，即将每位顾客的平均购买额与每年（或者其他的时间单位）平均购买次数相乘，再乘以顾客从企业购买产品（顾客的生命周期）的年数（或者其他的时间单位）。将总的销售额除以顾客总数可以得到每位顾客的平均购买额。通过平均顾客权益法，可以识别哪些顾客是品牌的赢利对象，哪些顾客无法为品牌创造利润，是一种具有战略意义的顾客细分方式。基于顾客权益的细分包括三个步骤：首先，在一个产品线或渠道范围内确认并排列赢利顾客细分组；其次，根据每组的需要提供产品和服务；最后，对那些最具吸引力的顾客实施品牌化活动，以获得并保留顾客。细分项目必须提高那些赢利顾客的利润率，同时关注那些无利顾客引起的问题。企业的政策必须有所改变，以反映出顾客的细分。“顾客总是正确的”应该改为“按照赢利性不同，有的顾客会比其他顾客更正确”。对于那些最好的顾客，一些规则可以适当改变，而对于其他顾客则继续遵守这些规则。

细分使得人们能够加深理解有利润的顾客和无利润的顾客的差别。与那些最优顾客保持良好的关系，同时瞄准目标顾客，做好品牌化。对于那些无法为企业创造利润的顾客，要减少他们的数量，以保证与“正确”顾客的关系更加深入，来为企业赢得利润。细分有助于企业进行正确的获得品牌化的活动，因为它不仅帮助确认哪些顾客是有利润的，避免获得那些无利润顾客。还可以通过细分的趋势变化反映出企业进行的品牌化和运营战略是否真的有效。

英国易捷航空公司（Easy Jet Airline Company Limited）的目标乘客是那些从自己腰包里掏钱买票的人。这些人中绝大部分是休闲旅客，但也不乏商务人士（如创业家和仍需自己出钱买飞机票腰包的小企业业主）。这类人在欧洲是一个很大的细分市场，他们对低成本航空公司（如易捷航空和瑞安航空）诞生以前的航空服务很不满意。这两个细分市场就是细分战略，因为要有效地为其服务需要独特的价值网而绝非差异化的营销组合。

（二）提供价值主张：构建品牌优势所在

按照细分理论，不同的顾客群都有不同的价值需求，不同价值追求的客户群有不同的价值主张。欧莱雅从塔底到塔尖形成了品牌战略组合，给顾客提供不同的价值主张：顶级的有赫莲娜；中高端的有兰蔻、碧欧泉；药妆品牌有薇姿、理肤泉；大众消费品有欧莱雅、美宝莲、卡尼尔。最大限度满足不同顾客的需求，增强品牌吸引力，增强顾客价值，提升品牌价值。

世界经济论坛研究员 W. 钱·金（W. Chan Kim）和勒妮·莫博涅（Renee Mauborgne）提出了如何识别顾客价值主张的方法，具体如下：

（1）哪些行业里理所当然的属性应该被剔除？该问题迫使公司管理者反思公司提供的每种属性是否都为重要顾客创造了价值。

（2）哪些属性应该降到行业标准以下？该问题敦促公司思考行业里是否设计了过多的产品和服务。正如传统的酒店提供了大而全的服务，让很多只注重睡眠环境价值的顾客支付了过多的成本，商务快捷酒店的出现把豪华的装修、娱乐设施等都降到行业标准以下，从而节省了顾客的消费成本。

（3）哪些属性应该提高到行业标准以上？该问题迫使公司管理者了解顾客最为关心的价值标准，并把这些标准提高到行业标准以上，超出顾客的预期，增强顾客的满意度和忠诚度，从而让品牌更具竞争力。

（4）应该创造哪些行业从未提供的新属性？该问题迫使公司管理者思考行业里存在哪些价值创造的新来源。如携程网向顾客提供出行旅游全套解决方案的理念，创造了行业的新价值点，为旅行者提供了更多的价值属性。

（三）价值网络：品牌战略执行的保障

重要客户的区分，顾客价值主张的挖掘，及品牌战略的有效实施都需要通过价值网络进行支持，以保证战略能够正确和有效地执行。

1. 基于价值网络实现深度差异化

各家公司的竞争优势都存在于其独特的价值网中。这种价值网络可以为品牌提供特殊的竞争力，使企业的品牌竞争力很难让竞争对手模仿，并创造出独特的价值主张。价值网络是一个独特的资源管理协调过程。正如英国易捷航空公司的价值网络为传统航空公司提供了全面服务型价值主张。

与为新品牌细分市场服务的决策不同，以顾客为中心的品牌战略要求有新价值网络。公司需要协调 3V，因此在开发 3V 时，公司应该自我省察，如我们的营销概念与行业内的其他概念有多大程度的区别？我们的营销概念的要素能在多大程度上相互增强？这就需要为品牌战略提供价值网络方案。

2. 如何提供价值网络

许多公司对价值网络进行细分以便为不同的品牌服务。随着零售商的发展与日俱增，著名的食品公司，如达能、雀巢和联合利华，开始为零售商提供自由品牌的产品，开发出专门针对酒店、餐馆和咖啡厅的产品和包装，以此挺进食品服务业。尽管在一些信息共享等方面可以与固有品牌产生协同性，但在有些方面，如研发和销售以及包装、物流等各个不同的环节就需要提供不同的品牌管理模式，因为这将决定向顾客传递的价值主张。

在明确了品牌的重要客户，以及提供的价值主张，就需要通过建立价值网络来对品牌战略实施进行保障，以保证执行的有效性。无论是从采购到分销，还是从提供的价值属性都需要寻找关键要素来评价如何形成一个完整的价值网络。可以通过开发一种有效的工具来评价公司品牌活动的关键要素，进而形成价值网络。通过建立价值链和顾客价值要素可以打造独特的价值网络。

（四）用品牌体系3V价值模型促进品牌成长与创新

通过品牌体系3V价值模型的分析框架，可以让企业了解行业中提供的服务是否让顾客都满意；同时，企业还可以了解到是否可以提供相对行业而言有更高收益或者更低价格的价值主张。例如，维珍（Virgin）能用按摩和修剪指甲服务让乘客放松，即是为顾客提供价值主张的另类方式。此外，可以利用品牌体系3V价值模型品牌战略看企业是否能够提供一个独特的价值网络，实现对品牌的创新，如戴尔电脑通过为顾客提供个性化的电脑价值网络改写了行业的竞争规则。

借助品牌体系3V价值模型就可以画出公司的品牌战略成长图。首先，需要了解顾客在什么地方未享受到服务，从而确定应该进入的市场或行业，及服务对象。其次，清晰的制胜模式和经济逻辑能产生不同的价值主张，有助于确定产品或服务类型。最后，明确价值网络的传递方式、产品或服务进入市场的时间和方式，这些都能促进公司品牌的成长。

三、品牌结构

（一）品牌结构的内涵

品牌结构是指一个企业不同产品品牌的组合，它具体规定了品牌的作用、各品牌之间的关系，以及各自在品牌体系中扮演的角色。合理的品牌结构有助于寻找共性以产生协同作用，条理清晰地管理多个品牌，减少对品牌识别的损害，快速高效地做出调整，更加合理地在各品牌中分配资源。

品牌结构是品牌组合后的组织结构，它具体规定了各品牌的作用，界定了品牌之间和不同产品市场背景之间的关系。品牌结构由品牌组合、组合的作用、产品市场中品牌的角色、品牌组合结构以及品牌图形五个方面决定。品牌结构的目标在于：建立有效的、强大的品牌；配置创建品牌的资源；利于品牌扩张；进行战略整合；平衡品牌资产；提供选择未来发展模式的指导。

（二）品牌结构的类型

1. 共享式品牌结构

共享式品牌结构指的是多种类型的产品共同使用一个品牌名称的方式。由于共享式的品牌在各种产品上均烙上了统一的企业或文化背景，因此有利于新的产品类别共享已经建立市场影响力的产品和品牌形象资产，节省导入期的营销成本和缩短导入期的时间长度。

共享式的品牌延伸一般不太适宜行业跨度较大的延伸，因为一方面可能品牌资产共享价值很小，另一方面还可能给消费者造成品牌身份和角色混淆的不利状况出现。

此外，共享式的品牌也不适宜向比目前已经建立品牌影响力的行业所处的发展阶段更靠前的行业进行延伸。因为，在发展较为成熟的行业，品牌对市场的覆盖面通常更广一些，而滞后一些的行业通常品牌影响范围比较窄。从影响范围大的行业向影响范围小的行业延伸时，由于市场对于原有的品牌已经形成了比较固定的概念，因此对新的行业、产品信息的接受会比较困难，而且新的行业、产品信息的接受必然会挤掉一些原来的品牌信息，使得原有的品牌形象受到稀释，市场竞争力由此削弱。相反，如果从影响范围小的行业向影响范围大的行业延伸时，由于面对的市场有较大部分是以前较少接受过原品牌信息的新消费者，而且发展较为靠前的行业通常比较为靠后的行业在品牌形象上更倾向于工业化、技术性方面的内涵，因此向靠后的行业延伸时，在品牌形象的塑造上就可以节省建立此类形象的时间和资源。例如，工业化工市场的营销发展阶段明显滞后于日用化工的营销发展阶段，如果从日用化工向工业化工延伸，日用化工的品牌影响力对工业化工品牌就不会有多少帮助。

2. 独立式品牌结构

独立品牌一般是与特定商品或商品的功能、属性等有很强的对应联想，或者是有很强的文化个性风格的品牌。这类品牌一般不宜进行品牌延伸。因为品牌延伸所赋予品牌的新的内涵很难让消费者认同，而且原来已经建立的品牌形象也会因为新的形象的“掺杂”而被消费者认为已经“贬值”，因此会对企业产生不良影响。

一般来说，对消费者个人形象具有重要影响的传统型行业和产品最好采用独立式的品牌结构。这样才能有利于品牌力的提升。像耐克、雪碧等就属于独立品牌。

3. 母子式品牌结构

母品牌可以延伸出子品牌，其可延伸范围最广，限制也最小，不过一般也不宜进行跨行业的延伸。因为一般来说母品牌其实就是企业形象式品牌，它的主要对外功能就是为子品牌或副品牌提供信赖的背景形象。例如，宝洁这个企业品牌就为飘柔、潘婷、海飞丝、玉兰油等子品牌提供优质的品质形象，而子品牌则重点塑造产品特点和品牌文化形象。母子式的品牌结构模式一般适用于较为传统和成熟，而产品质量又不太容易分辨的行业，以及较为大型并已具有较高知名度的企业。

4. 主副式品牌结构

主副式的品牌结构一般是为了区分具有一些不同功能、特点和级别的同类产品或不同的形象风格而采用的品牌结构模式。例如，海尔—小王子、本田—雅阁、白沙—金世纪等就属于主副品牌模式。

5. 多模式品牌结构

多模式品牌结构指的是上面所介绍的两种以上模式共同存在的品牌结构组合方式。

（三）品牌结构战术

企业制定了所采纳的品牌结构战略思路之后，就面临着如何在日常运营中体现出该品牌结构优势的问题，于是进入了具体战术策略运用的阶段。可供企业选择的品牌结构战术包括：

1. 纯粹的公司品牌

采用这种战术的知名跨国公司不在少数。维珍的创始人利用这一品牌进入音乐、旅游、时装、铁路运输、软饮料、宾馆、航空等完全不同的领域，并取得了令大众惊讶的成就。通过观察成功运用这一战术的公司，我们会发现它们的一些共同特点：有明确的公司理念和清晰的价值观；有良好的企业文化积淀；有优秀的企业家和领导者；经营产品或服务品种比较广泛但对不同经营环境的适应能力超强。

2.“公司品牌+产品”系列

这种战术仍是用公司品牌作为市场诉求的主要对象和产品质量的担保者，但同时也利用了产品系列的名称向受众传递更多的产品信息。采用这一策略的大多是一些高附加值产品，如手机、电脑产品、轿车等。宝马品牌就是在BMW标志之后利用数字来区分产品的大小和细分市场的不同。300系列表示该系列的车比500、700系列小巧便宜，而316、320、325这些数字又表示300系列中不同的发动机型号。这些高科技产品偏爱使用“公司品牌＋产品”系列的策略，一方面是这些公司内部技术导向明显，因而他们在强调顾客关系的同时，需要比一般消费品更多地利用非人格化的产品代号实现相对“以我为主”的产品信息沟通；另一方面，高附加值产品市场的竞争也必须以公司整体的强大技术和资本实力作为后盾。

3. 公司品牌＋副品牌

该策略是在使用公司品牌的同时，赋予单个产品或一类产品人格化的品牌名称或者标记，使之在顾客心目中产生该公司产品共同特点之外的个性和气质。运用这一策略的成功案例首推海尔。以空调为例，海尔的变频空调叫“小超人”，健康空调叫“小状元”，窗机叫“小英才”。在今天的市场环境下，有很多产品可以借助这一策略获得成功，因为买方市场特性和日益激烈的产品竞争使家电等产品向顾客提供的利益由原来的功能性利益主导转向功能性、象征性和体验性利益并重。使用副品牌，可以使企业在不丢失公司品牌为顾客提供的功能和质量保证，确保顾客的品质认知度的前提下，通过副品牌名称丰富顾客对每一种产品个性的联想，从而增进与顾客的沟通效果，提升品牌忠诚度。

4. 公司品牌＋产品品牌

该战术与“公司品牌＋副品牌”策略的区别在于，前者是公司品牌和产品品牌两者兼顾，在营销传播中并不刻意强调产品品牌对公司品牌的隶属性。如果动态地看，这种战术不能作为企业品牌结构的常态，因为长期使用这种策略既不能取得利用产品品牌的多样性、适应性和灵活性占领不同细分市场的效果，又不能达到在公司品牌下整合企业品牌资源，提供品质保证的目的。但在企业发展的某些过渡阶段，该策略还是适用的。中国普天集团作为原中国邮电工业总公司的改制企业，在整合旗下品牌时，就采用了这一策略。

第三节　品牌体系策略

打造强势品牌，需要密切关注品牌的发展，企业可以重点注意两个方面：一是继续提升品牌价值；二是有效利用品牌价值。

一、单一品牌策略

（一）单一品牌策略的定义

单一品牌策略（Integrated Brand Strategy），又称统一品牌策略或同一品牌策略，指企业成功推出一种品牌后，延伸至其他产品，生产的多种产品都使用统一品牌。单一品牌策略典型的特征就是企业所有的产品都共用一个品牌名称、一种核心价值、一套基本品牌识别。

（二）单一品牌策略的类型

按照单一化程度和范围的不同，可将单一品牌策略分为以下三种类型：

1. 线内单一品牌策略

线内单一品牌策略是指企业把与原产品同属一个类别的产品使用统一品牌。如在同一产品线内生产的不同口味、不同成分、不同型号、不同尺寸的新食品，具有功能互补、目标市场相同等特征，都使用统一品牌。线内单一品牌策略由于线内产品均使用同一品牌，因而具有相应的优势。

（1）有助于维持品牌形象的一致性。企业把同一产品线的多种产品使用单一品牌策略，有利于维持品牌形象，增加品牌的内涵，加深品牌在消费者心中的印象。例如，娃哈哈公司的所有产品都以“娃哈哈”这一品牌命名，凭借“娃哈哈”这一品牌的声誉、形象，使得消费者更容易接受延伸的新产品。

（2）增加新产品导入市场的机会。推出与原有品牌相同或相似功能的新产品并使用原品牌名称时，若消费者对原有品牌很信任，在购买新产品时，消费者认为购买他们熟悉的品牌的产品会大大降低购买风险，便愿意试用或购买新产品，从而增加新产品进入市场的机会。

（3）降低促销费用，促进规模经济。使用单一品牌策略延伸产品，可借用原有品牌的知名度，大大降低新产品的广告宣传费用，提高促销效率。当品牌的投资形成规模经济时，会促进原有品牌的整体投资收益。

当然，线内单一品牌策略也具有局限性。

（1）抑制新产品开发。采用线内单一品牌延伸策略，新产品的开发要受到产品线范围的制约，不利于新产品延伸至新领域。

（2）品牌延伸空间小。受到产品线内其他产品的影响，企业在生产其他新产品时，得考虑新产品的功能、特征与原有品牌一致，使得原有品牌不能很好地发挥潜在价值。

2. 跨类单一品牌策略

跨类单一品牌策略，又称范围品牌策略，指企业把具有相同质量和能力但不同于已有品牌的产品，使用统一品牌，其范围要比线内单一品牌策略的范围要大些。跨类单一品牌策略具有以下优点：

（1）建立统一的品牌意识。消费者在选择产品时，会优先考虑他们熟悉的品牌，企业实施跨类单一品牌策略，有利于建立新产品在消费者心中统一的形象，加强消费者的品牌意识。例如，以羊绒衫起家的鄂尔多斯，有着“温暖全世界”的品牌理念，把该企业的产品延伸至男装、女装、羊毛衫、内衣和羽绒服等不同产品线上，不断扩大市场覆盖率。

（2）树立稳定的质量形象。企业实施跨类单一品牌策略，以原有品牌良好的知名度和高质量为前提，将一种品牌向多领域延伸，可以丰富品牌内涵，让更多消费者接触到该品牌，加深品牌在消费者心中的质量形象。例如，小米将自己定位在“中低价位、高品质”的价值标签之上，因此不论是电动车、电视，还是智能家居，小米的品牌延伸符合消费者对于“中低价位、高品质”的价值期望，因而能够顺利实现跨类延伸。

（3）提高新产品的宣传效率。任何一个新产品刚进入市场都会接受消费者从认知到接受到信赖的过程，特别是进行跨类产品延伸，使用统一品牌策略，相对于全新品牌的产品而言，更能让消费者认识并接受该新产品。同时，在原有品牌知名度的影响下，消费者对原品牌的信任会转移到新产品上，直接引导消费者的购买行为。这些优势不仅可以缩短消费者接受新产品的时间，而且可以提高新产品对外的宣传效率。

跨类单一品牌策略的局限性主要是新产品个性不鲜明。实施跨类统一品牌策略容易模糊新产品的个性，消费者选择购买新产品的原因主要是受原有品牌印象的影响，而易忽略新产品个性的宣传。

3. 完全单一品牌策略

完全单一品牌策略，指企业与品牌名称合二为一，且生产的所有产品都使用统一品牌。完全单一品牌策略的最大特点是高度统一，其优点包括：

（1）加深企业和产品印象。许多企业把品牌名作为企业名称，在宣传该品牌的产品时，让消费者记住品牌的同时也记住了企业，起到事半功倍的效果。国外有许多类似的例子，如IBM、可口可乐、苹果等，它们既是品牌名称又是企业名称。国内也有许多这样的情况，如康佳、娃哈哈、长虹等，也采用完全单一品牌策略。

（2）保护企业名称专有权。企业名称专有权指企业对自己名称享有的专有使用及许可他人使用的权利。企业名称专有权具有地域性特点，即企业名称专有权只在其工商注册登记范围内有效，超出此范围不再享有专有权。按国际惯例，企业名称一般由5个要素构成：所在地（注册地名称）、商号（字号）、所属行业（或经营特点）、承担财产责任的方式、组织形式。采用完全单一品牌策略，把企业品牌和商号合二为一，可以使企业名称在其工商登记范围的保护下扩大到全国范围的保护。例如，海尔集团的名称由最开始的“青岛电冰箱总厂”更名为“青岛琴岛海尔集团公司”，经过深入地调查研究后，又改名为“海尔集团公司”，其商标由中文“海尔”、英文“Haier”和“海尔图形”组成，并采用完全单一品牌策略，“海尔”既作为企业名称，又作为品牌名称。

完全单一品牌策略的局限性有：

（1）降低品牌的影响力。完全单一品牌策略，通常是成功推出一种产品后，再延伸至其他产品，新产品采用原有品牌名称。然而延伸的新产品也有其独特的品质特征，若新产品与原有品牌的核心价值不符，势必会影响整个品牌的传播。例如，娃哈哈借用自身品牌的知名度，不断推出新产品，使得娃哈哈品牌的儿童形象不断淡化，以致企业把产品线延伸到儿童市场时，得不到消费者的认可。

（2）不利于单一品牌的垂直延伸。在使用完全单一品牌延伸策略时，品牌在同层次的水平延伸一般会成功，但为了满足消费者多样化的需求，进行不同层次的产品延伸时，失败的可能性很大。例如，派克笔为了争夺低档笔市场推出低价的大众化钢笔，结果不仅没有成功进入低档笔市场，而且高档笔市场的销量也受到影响。

（三）单一品牌策略遵循的规律

1. 体现品牌的核心价值

任何一个成功的品牌都有其独特的核心价值，实施单一品牌策略时，延伸的新产品都应遵循原有品牌的核心价值。同时，品牌的核心价值还需要具有较强的包容性，才可以成功地进行不同产品线的延伸。

2. 积累品牌资产

著名品牌专家大卫·艾克认为，品牌资产能够为企业和消费者提供超越产品或服务本身利益之外的价值；同时品牌资产又是与某一特定的品牌紧密联系的；如果品牌文字、图形做出了改变，附属于品牌之上的财产将会部分或全部丧失。企业进行单一品牌策略的前提是该品牌有一定的积累。只有这样才能把新产品冠以统一品牌，并借助该品牌的影响力，迅速推出新产品。企业积累品牌资产可从两方面着手：一方面，树立品牌意识。企业竞争力的关键在于通过品牌的竞争树立牢固的品牌意识，这是企业在竞争中取胜的前提，也是实现单一品牌策略需要遵循的规律。另一方面，保证产品质量。产品质量是企业的生命线，是树立产品在消费者心中良好形象的关键因素。

3. 延伸产品与核心产品的关联性

企业实施单一品牌策略除积累品牌资产外，还需要注重延伸产品与核心产品的关联性，即产品功能、特征等关联性较高的产品可以使用同一品牌。例如，佳能以“创造世界一流的产品”为宗旨，以“佳能”品牌名称成功推出关联性的产品，如照相机、复印机、打印机、传真机、扫描仪、投影仪等后，又积极向耗材及医疗器械等新领域延伸。其实，强调延伸产品与核心产品之间的关联性，最终目的是引导消费者接受并购买该品牌的产品。

二、主副品牌策略

（一）主副品牌的内涵

主副品牌策略是指在一段经营期内的企业采用统一的标志性品牌，兼与独立的标志性品牌的组合方法来统一形象定位与功能定位的品牌策略。也就是说，以已经在市场上取得成功的品牌为主要驱动力，再对新产品和具有战略意义的产品取一个代号（而不是用型号等来标识）来彰显出超越于一般产品的优点和个性。采用这种策略的原因有两个：其一，因为形象定位是抽象的标志性品牌，难以表达具体的标志性功能信息，因此很多企业选择以标志品牌为主、标志性的功能品牌为辅的策略来解决这一矛盾。其二，单一品牌策略经常会由于一项产品的失败而导致整个品牌的损毁。为了防止此类风险，有些企业按照产品的不同特点采用补充说明的形式另行表达。这也是采用主副品牌策略的主要原因。

“乐百氏—健康快车”是一个以副品牌低成本推广新产品并激活主品牌的典型案例。乐百氏在1998年推出最新一代乳酸奶产品，在一般AD钙奶的基础上又加入了双歧因子。双歧因子纯属专业词汇，枯燥无味，冷冰冰而缺乏亲和力、人性味和童趣，而品名的童趣对一个儿童饮料的销售是何等重要。“健康快车”则焕然一新，明快而朗朗上口，让人难以忘怀。它生动地展现了全新一代保健乳酸奶的特有品质。通过中央电视台等强势媒体的广告宣传更快地被消费者广泛熟知。

（二）主副品牌策略的作用

1. 实现了“同中求异”

主副品牌策略既在保持主品牌稳定性和权威性的基础上，又通过副品牌体现了产品的差异性。前者有利于主品牌资源的共享，后者展示了产品多样性和丰富性。副品牌能够直观形象地表达产品的特点和个性，便于消费者识别，有一定的促销作用。如2007年推出的“康师傅辣旋风方便面”，“辣旋风”副品牌运用夸张比喻渲染出该产品辣味十足，而苏醒（2007年快乐男声全国亚军）的动感品牌代言也对产品销售起到了极大的促进作用。

2. 有利于保护主品牌

如果主品牌得到消费者认可和信赖，即拥有一定的美誉度和忠诚度的话，副品牌可以凭借主品牌这辆便车迅速占领市场并得到消费者认可从而取得效益，主品牌也可以借助副品牌加深企业的核心理念和价值观，主副品牌能够相互促进、共同发展。副品牌可以将产品的差别区分开来，不至于使消费者把某一产品与主品牌联系起来，起到了保护主品牌的作用，避免了“一损俱损”现象和“株连效应”。

例如，“康师傅”品牌是中国最为熟悉的食品饮料品牌之一，其推出的系列产品如辣系列、干拌面、红烧牛肉面、康师傅茶饮料等进入市场都非常迅速，这与四通八达、快捷高效的营销网络和售后服务有关，更是与“康师傅”主品牌的影响力有关。

在相应的定价策略上，康师傅针对不同副品牌实行差别定价策略，如康师傅在进入广大的农村市场时推出的福满多系列平价面与康师傅这一主品牌差别区分开了，很好地保护了主品牌。

3. 有利于充分利用主品牌的影响力，提高宣传费用的使用效率

康师傅企业以宣传集团品牌为主，宣传产品副品牌为辅，广告宣传的重心在“康师傅”上，而副品牌依附于主品牌联合进行推广。这样，一方面能提高主品牌的影响力；另一方面使副品牌识别性强，传播面广，且宣传了产品个性形象。集中广告预算用于主副品牌的联合宣传，既节约了广告预算，又较好地取得了宣传效果。

4. 有利于预留新的发展空间

就主品牌而言，一般定下来就不能随意改动，副品牌则不同，它可以随着时间、地点和产品特征的不同而做出相应的变化，这样就为企业在统一的主品牌下不断推出新产品留下空间和余地。例如，康师傅集团的多向发展战略，除了方便面，康师傅的瓶装水也占有一定的市场份额，在糕点市场占有重要地位。

（三）主副品牌策略的实施风险

1. 主副品牌策略的垂直延伸风险

主副品牌策略作为品牌延伸的一种具体形式，其实施风险必然也包含品牌延伸的各种风险，其中最为常见的就是垂直延伸风险。

所谓垂直延伸就是指品牌在既有品牌范围内扩充品牌线，是在本行业间的上下延伸。包括：①向上延伸，即在产品线上增加高档次产品生产线，使商品进入高档市场；②向下延伸，即在产品线中增加较低档次的产品，利用高档名牌产品的声誉，吸引购买力水平较低的顾客慕名购买这一品牌中的低档廉价产品。如果原品牌是知名度很高的名牌，这种延伸极易损害名牌的声誉，风险很大。

对于采取主副品牌策略的品牌延伸而言，不论是从高（档）到低（档）的延伸还是

从低（档）到高（档）的延伸都面临着很大的问题。如果用低档品牌推出高档产品，消费者心中会对产品品质有疑虑，产品推广必将异常艰难。同样，如果用高档品牌推出低档产品，通过超越消费者细分市场、分销渠道或价格点来延伸品牌组合，那也绝非易事。因为这样的延伸不仅可能没有扩展品牌的吸引力，提高自己的形象，反而有可能拉倒了品牌组合的其余部分。

2. 主副品牌策略的水平延伸风险

与垂直延伸风险类似，水平延伸风险也是主副品牌策略作为一种品牌延伸具体形式经常出现的风险。

所谓水平延伸是产品线的延伸，是指在不同品牌范围内进行品牌线或产品线的延伸，母品牌或企业跨越不同的行业，覆盖不同的品类。品牌的水平延伸可以利用品牌的声誉和影响力等资产，结合企业资金、技术、渠道等资源，进行相关或不相关品类的拓展。但如果这一进攻性策略未能管好，就会存在许多潜在危险，如使消费者产生心理冲突、隐性成本增加、品牌形象削弱及与分销商和零售商的关系出现麻烦等。

采取主副品牌策略进行水平延伸，企业覆盖不同的品类、跨越不同的行业同样会面临很多相同的风险。企业进行相关产品延伸时，使用不当就会扰乱产品在消费者心中的定位。例如，雪佛兰将生产线扩展到卡车、赛车领域后，消费者心中的“雪佛兰是美国家庭轿车”的定位模糊了。企业在跨行业延伸时，如果不顾核心品牌的定位和兼容性，就容易使消费者产生心理冲突。例如，以生产“999”胃泰起家的三九集团，企业品牌经营非常成功，以至于消费者把“999”视为“胃泰”这种药物的代名词。然而把“999”扩展到冰啤就让人难以接受了，“胃泰”与“冰啤”很容易通过联想让人产生心理冲突。

3. 主副品牌策略的管理协同风险

企业采取副品牌进行品牌延伸时，虽然没有增加品牌的数量，但增加了很多副品牌产品，由此企业就面临一个副品牌协同管理的问题。当产品属于同一大类，在市场上的重要程度接近时，公司需要对产品进行严格的品质、市场以及目标顾客的定位，做到不让顾客对这些副品牌产生差不多的感觉，这就对品牌定位和管理提出了很高要求。实施主副品牌策略可以激发企业内部竞争，保持活力。但是如果各个副品牌之间的竞争关系得不到很好的协调就会造成“诸侯混战”的局面，不仅违背了企业初衷，还会对企业造成很大损失。

在实际品牌管理操作中，很多公司借鉴宝洁公司经验，采用品牌经理制，为一个品牌安排一名经理全权负责。这种方法在很多国际大公司实施后证明是有效的，但任何制度都需要一分为二来看待，许多延伸品牌的副品牌的品牌经理的任期是有限的，这就导致他们采取短期繁荣做法，过分依赖于快速销售增长刺激的战术，通过品牌延伸、促销手段使得短期销售业绩不错，却无法为品牌建立长期品牌美誉和品牌忠诚，缺乏品牌策略的战略规划、协同效应和积极的营销管理，长期以来会损害品牌的资产价值。

4. 主副品牌策略的过度使用风险

采用主副品牌进行品牌延伸时，带来了多样化的产品，会使消费者眼花缭乱，不清楚哪一款才真正适合自己，从而感到困惑。消费者更忠诚于简化的品牌，会重复购买简化的品牌。此外，当消费者认为企业的品牌延伸不合适时，还会质疑品牌的整体性和品牌能力。

海尔是中国乃至世界上副品牌应用的典范，但是现在海尔的做法已经有点“过犹不及”。当海尔推出“海尔—小神童”时，家电行业确实是产生了一次不小的变革，促使整个行业显得越来越有秩序。可是当消费者走进商场，看到摆在自己面前的“海尔—帅王子”“海尔—金王子”“海尔—小超人”“海尔—小状元”时，可能就会不知所措。无限制副品牌延伸将使消费者失去辨别能力，使副品牌的优点归零，时间与金钱将被浪费。

使用副品牌绝不是越多越好，如果企业希望自己更专业，就要尽量把路走得窄一点，避免副品牌滥用的问题。企业不能一味追求产品数量的增加，而应倾力培植核心产品，把几个产品做强做大，做深做透，胜过推出几十个没有影响力的产品。

（四）主副品牌策略的实施条件

主副品牌策略作为品牌延伸的一种常用方式，其实施条件必然要满足品牌延伸的基本条件。并非是所有的品牌延伸都可以采用主副品牌策略，这就为品牌延伸的实施提出了更为严格的条件。一般而言，主副品牌策略的实施必须满足以下条件：

1. 对企业所属行业和产品的要求

采用主副品牌策略进行品牌延伸，目的在于使企业已有资源或企业可以调动的社会资源发挥更大的效益和更高的效率。所以，在实施主副品牌延伸时就要考虑所在行业和产品、计划延伸的行业和产品等方面的特点。如果产品容易进行细分市场，且它的消费群在价格定位、使用用途等方面存在明显差别，那么就适合采用主副品牌策略。

要是行业的产品价值低，最好推出需要不断重复购买的那一类产品；若产品价值高，最好推出科技含量较高的那一类产品。比如，餐具、文具、床上用品等产品不仅价值低，而且由于较长时间才需更换，购买频率较低，使用副品牌策略难以收回成本，没有必要进行副品牌推广。而日化用品、饮料和食品，虽然价值低，但是购买频率很高，推出副品牌是可能收回成本的。

而高级灯具、家具、大型家居装饰用品等产品虽然价值高，但由于科技含量低，人们在购买时主要考虑的是相对价格和外观，这些因素看得见摸得着，品牌本身对消费者购买所产生的影响较小。而对于家电、通信设备和计算机，人们注重的是技术，而技术是看不见摸不着的，这就需要通过品牌来做保证。此时，品牌对购买的影响是非常大的，副品牌策略可以适用。

2. 对产品相关性的要求

品牌延伸的相关研究认为，品牌延伸时要考虑新产品的特点和风格，注意新旧产品之间的关联性。原品牌与新产品之间相关联时，品牌延伸就容易取得成功。这种关联性包括：其一，原品牌产品特征或性能与新产品之间的相似性，即消费者头脑中原品牌知识与新产品认同的相关联程度，例如，互补性的产品关联。其二，新产品与旧产品在品牌概念、意义和联想的一致性。如果原产品与新产品相关联性越高，新产品被认为包容于原品牌意义和联想之中，新产品就越易成功。因此，实施主副品牌策略的重要前提是：必须保证品牌原有产品与新的副品牌产品在产品性能、特征品牌意义和联想等方面具有很好的相关性。

3. 对主品牌的要求

首先，主品牌须是强势的。强势品牌会在人们心目中形成对产品的固定的知识结构和思维定式，如同一提到奔驰就会想到成功人士，提到保时捷则会想到时尚、昂贵一样，实施主副品牌的目的就是借助已有品牌的声誉和影响迅速推出新产品。主副品牌虽然同属一个产品，但在市场影响力、对品牌的重要性上有明显差别。主品牌为副品牌提供担保，副品牌借助主品牌的声誉，犹如“借船出海”，可见主品牌对副品牌的影响力。这就犹如我们向银行申请贷款需要找一位经济实力很强的第三方担保一样，如果担保人经济实力雄厚，银行就会非常放心地贷款给我们，甚至在贷款额度上还有商量的余地。强势的主品牌也能增强新的副品牌产品的说服力和可信度。

其次，品牌是抽象的。当提到该品牌时，消费者脑海里反映的不是具体产品，而是一种看待事情和生活的理念。要求主品牌的定位要足够宽，主品牌内涵要足够广，才能具备延伸的空间。认知心理学研究表明，抽象概念的联想一般比具体概念的联想更丰富。这一原理运用到副品牌策略上，就是抽象的概念意义比具体产品的特征联想更容易，即品牌意义联想越丰富，品质信誉越高，副品牌应用的宽度就越大，在市场上成功的可能性也就越大。所以，副品牌策略中主品牌概念形象是十分重要的方面。例如，意大利默洛尼卫生洁具有限公司的阿里斯顿品牌，其产品涉及厨卫的大部分电器，但它只在中国重点发展电热水器业务。这是因为它进入中国市场后，一直以“全球热水器专家”自居，把品牌内涵定位得太过单一，太过狭窄，造成了人们认知和联想上的障碍。也就是说，如果把品牌内涵定位得太初级，将会阻碍公司的发展。

4. 对人才和管理的要求

人力资源和管理经验是企业发展的支柱，人才是决定和实施品牌发展的动力。没有良好的人才不可能有良好的品牌延伸，公司品牌管理人员素质的高低直接决定了品牌延伸战略实施的效果。另外，人才需要有展示自己才能的舞台，企业提供的管理制度和体制就是这个舞台，一个企业管理的优劣也是影响或制约人才发挥才能的重要方面。主副品牌策略的实施对企业的管理水平提出了很高要求，不仅包括对品牌的管理，还包括对企业人力资源、销售资源的统筹和协调。

实施主副品牌延伸不是一劳永逸的，要协调好主副品牌之间及副品牌之间的关系，使之发挥出协同效应；要随时关注品牌延伸的发展动向，进行剔出管理，随时判断副品牌延伸效果。对无法快速方便盈利的副品牌产品，应及时停止资源投入，将其剔除企业产品线，对产品品牌资源进行重新调整，真正实现主副品牌策略的优势。

三、多品牌策略

随着消费者需求的多元化，一个消费群体可能会分离成不同偏好的几个群体，单一品牌策略往往不能很好地迎合消费者偏好的多元化，而且容易造成品牌个性不明显及品牌形象混乱。而多品牌策略正好解决了这一问题。

（一）多品牌策略的含义

多品牌策略，也称产品品牌策略，是指企业对于其生产或经营的同一种产品使用两个或两个以上品牌的战略。多品牌策略对于其每一种产品赋予一个品牌策略，不同的产品品牌有不同的品牌扩张策略，每一个品牌都是一种定位，最大限度地实现品牌的差异化与个性。多品牌策略强调品牌的特色，让这些品牌特色深深地植入消费者的记忆。当今实施多品牌策略的例子不胜枚举，如世界著名的日用品公司宝洁就成功地实施了这一策略。宝洁公司的日化产品有洗衣粉、香皂、洗发水等，其不同的产品线及不同的产品项目使用不同的品牌。洗衣粉有汰渍、碧浪、奥妙、立白、雕牌等品牌，香皂有舒肤佳，洗发水有飘柔、潘婷、海飞丝、沙宣、伊卡璐等，并且每个品牌都是市场主导品牌。

（二）应用多品牌策略应具备的条件

多品牌策略一般适用于企业同时生产、经营两种或两种以上不同种类甚至性质截然不同的产品，也适用于企业的产品在质量、性能上存在较大差异的情况。多品牌策略相对于品牌延伸策略来说，具有很多优点，但并不是所有的企业都适合应用。一个企业应用多品牌策略至少需要具备以下两个方面的条件。

第一，目标消费群体的需求差异大，有一定的市场容量。消费者需求的差异化是实施多品牌策略的基础。没有差异化的需求，就没有多品牌营销。而且，需求差异必须要达到一定的程度，才能进行多品牌营销。譬如，消费者对汽车的需求就有高档、中档、低档、商务、家用等，并且各个档次需求的差异度比较大，这就构成了汽车企业进行多品牌营销的基础。丰田汽车拥有皇冠、凯美瑞、汉兰达、锐志、卡罗拉等多个不同层次的品牌。需求差异是进行多品牌营销的前提条件。

市场具有较大的容量也是进行多品牌营销的一个重要条件。因为进行多品牌营销要对市场进行细分，把整个市场按不同的消费需求分为几个子市场，如果市场容量本身比较小，那么细分后的市场就更小，可能会不足以支持多品牌营销的相关费用，就没有必要应用多品牌策略。

第二，企业管理能力高，实力雄厚。应用多品牌策略，对企业的管理能力要求较高。首先，企业的高层领导者必须对品牌与营销具有比较深刻的认识，并在品牌战略方面足够重视。其次，企业要具有合适的组织结构，比如，必须有一位专门负责营销或品牌的高级副总裁，对整个品牌组合进行规划、协调，管理各个品牌经理以及监视整个行业环境等。再次，需要一种以消费者为导向、以员工为基础的企业文化。这是企业进行多品牌营销的内部软环境，如果没有这个软环境，运作一个品牌就十分困难，更不用说同时对一个产品运作多个品牌。最后，对企业的人力资源管理等方面也具有较高的要求，因为品牌的打造与管理需要大量的优秀人才。以上几个方面并不是相互脱离的，而是相互紧密联系的，表现为企业的综合管理能力。

实施多品牌策略对资金的要求较大。企业对不同的品牌进行不同的广告传播和营销，需要花费大量的资金。据报道，宝洁公司每开发一个新品牌，不管成功与否，首期投入的资金就达2 000多万美元。另据统计，在美国打造一个新品牌需要资金5 000万至1亿美元，并且新品牌的成功率还比较低。打造一个品牌需要如此大的资金，同时成功率又很低，这是一般的中小型企业无法承受的。

实施多品牌策略取得成功，把握市场需求差异是基础，企业的管理能力与企业资金实力是重要前提条件。

（三）多品牌策略的优缺点分析

1. 多品牌策略的优点

（1）占有更大的货架空间，挤占竞争者的货架空间。零售商一般是按照品牌名称来确定其销售条码和货架陈列空间的，多品牌策略可以在零售货架上占得更大空间，增加销售的机会。如美国箭牌公司，除了绿箭口香糖外，还开发了黄箭、白箭、益达、劲浪等多个品牌，占满了其有限的零售货架空间。

（2）有利于企业占领市场，扩大市场覆盖面。一个目标市场是由许多具有不同期望和需求的消费者组成的，推出一种品牌只能满足某一类消费群体的需求，而不能满足其他消费群体。如果根据不同消费群体的不同消费需求推出不同的品牌，就可以吸引不同的消费群体，从而在整体上提高企业的市场占有率。宝洁的洗发水有 5 个品牌，分别是飘柔（使头发柔顺）、潘婷（营养亮泽）、海飞丝（去屑）、沙宣（专业美发）、伊卡璐（天然果萃）。5 个品牌分别针对 5 个子市场，满足 5 种差异需求，从而使宝洁的洗发水在中国的市场占有率超过 50%，品牌的忠诚度也极高。如果是单一品牌，其市场占有率是很难达到 50% 的。通用汽车公司根据人们的不同需求，分别创建了凯迪拉克、别克、雪佛兰等品牌，从而在美国市场上曾经达到了 50% 多的市场份额，最终超过福特汽车公司。

（3）借助不同的品牌突出各自的产品特性，满足广大消费者个性化的需求。多品牌策略有利于适应细分市场的需要，推进品牌的个性化和差异化，满足不同消费群体的需要，可以突出每一种产品的特色，从而在消费者心中形成比较明显的产品差别，以适应不同消费群体的品牌偏好和消费特点。

（4）能较好地分散风险，提高企业抗风险能力。采用多品牌策略的公司赋予每种产品一个品牌，而每一个品牌之间是相互独立的，个别品牌的失败不至于殃及其他品牌及企业的整体形象。这不同于单一品牌策略。实行单一品牌策略，如果某个产品的经营出现问题，将产生“株连效应”，使企业的几个产品种类遭到打击。

（5）有利于激发企业内部的活力，提高企业的效率。由于一个企业内部有多个品牌，一类产品就有一个品牌，这使每位品牌经营者都感到竞争的压力，能够努力搞好自己担负的品牌营销与市场开拓工作，推动企业效率的提高。

（6）获取品牌转换的利益。诸多事例显示，虽然消费者心中存在着品牌忠诚信念，却很少有消费者会对某一品牌绝对忠诚，也不会对其他优质品牌毫无兴趣。因此，获取“品牌转换者”的光顾和利益就成了企业认真思考的问题。而多品牌策略提供好几种品牌，就可能吸引住大部分品牌转换者，使他们继续使用本企业的其他品牌。在一定条件下，企业多品牌战略提供多个品牌，是获取“品牌转换者”的主要办法甚至是唯一办法。

（7）降低业务退出壁垒。多品牌营销策略能够降低企业在业务方面的退出壁垒，并且实现退出的业务价值最大化。一个产品的营销资产包括品牌资产、营销渠道资源、营销队伍等，品牌资产是营销资产中最重要的组成部分。一旦公司对某个品牌经营不善或公司业务转型，重新进行战略规划，需要出售某个业务的时候，多品牌策略具有很大作用。它不但降低了业务的退出壁垒，而且还能卖出更高的价格。如果是应用品牌延伸策略，就只能出售机械设备等固定资产，品牌等方面的无形资产就无法出售。

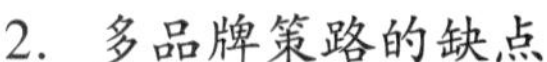
2. 多品牌策路的缺点

（1）促销费用高，增加企业的成本开支。多品牌策略需要对每个品牌进行独立宣传、独立保护、独立管理等，这样会造成营销资源的相对分散。例如，企业需要对每个品牌开发一套独立的品牌识别系统，并进行注册保护，同时需要各自的广告费用开支与管理人员的费用支出等，这些都将分散企业有限的营销资金。

（2）不同品牌之间存在着相互竞争。一个企业开发多个品牌分别服务于不同的细分市场，满足不同消费群体的需求。但是各品牌之间的权责边界常常很难确定，容易造成品牌之间的过度竞争。实际上，各个品牌的界线是不可能绝对明确的，一定程度的相互竞争在所难免。但是，多品牌策略的管理难度大，稍有不慎就会形成过度竞争，影响到整个企业的品牌战略。

（3）不利于树立企业整体的、统一的形象。如果企业的品牌较多，各个品牌在形象上有很大差异，就很难形成统一的公司形象。如果没有在产品上标明公司名称，消费者将无法判断产品到底是哪家公司生产的。实际上，有的企业不希望消费者知道其公司名称，例如，瑞士斯沃琪（SWATCH）集团旗下的宝珀、斯沃琪、欧米茄、雷达、浪琴等多个知名腕表品牌，都没有在产品上标明该公司的名称。相反，宝洁公司在每个品牌的产品上都标明公司名称，甚至还在有的产品上打着“宝洁优质产品”的字样。因此，不同企业、不同产品在市场上的表现是不同的。

（四）多品牌策略的实施

从品牌创建过程来看，应用多品牌营销策略大致要经过以下几个步骤。

第一，市场细分是进行多品牌营销的基础。市场细分是指根据市场的需求差异，把整个市场划分为几个甚至若干个细分市场，然后选择合适的几个细分市场作为目标市场。如果没有进行市场细分或者细分后的各个子市场差异不明显，就不能进行多品牌营销。

第二，根据每个细分市场的差异需求对各个品牌进行定位，确定各个品牌的核心价值。这是进行多品牌营销的关键。如果不能对各个品牌进行清晰、准确的定位，也就不能满足各个细分市场的差异需求，反而会使各个品牌在细分市场上重叠，出现相互竞争的局面。品牌与品牌之间的市场边界是进行多品牌规划的重点，也是多品牌规划的难点。品牌边界的规划是否清晰、明确，在很大程度上决定了多品牌营销的成败。

第三，依据每个品牌的定位采用独立的传播沟通策略。沟通策略包括形象识别系统、媒体策略、诉求主题、广告语等。例如，宝洁的洗发水就运用了不同的诉求主题：飘柔强调“头发更飘、更柔”；潘婷则突出“拥有健康，当然亮泽”；海飞丝则是“头屑去无踪，秀发更出众”。

第四，对各个品牌的价格、渠道等进行规划。高端品牌定高价，在高档百货店或专卖店销售；低端品牌定低价，在超市销售或采用传统销售渠道。例如，欧莱雅的高档化妆品有兰蔻、碧欧泉、赫莲娜三大品牌，主要在经过严格挑选的高档百货商店销售；大众化妆品有巴黎欧莱雅、美宝莲、卡尼尔等品牌，则采用大众化的销售渠道，如超市和百货店等；专业美发产品“巴黎卡诗”仅限于发廊和专业美发店销售；活性保养品业务的薇姿和理肤泉通常由药店销售。四种业务采用四种不同渠道。

第五，对各个品牌进行单独管理与维护。为每个品牌配备一位品牌经理，负责一个品牌的广告策划、市场分析、利润等各个方面，但统一由品类经理或营销副总裁进行协调管理，这就是当前比较流行的品牌经理制。在多品牌的管理方面，各品牌之间的边界管理是重点，也是难点。

实施多品牌策略时，由于行业之间、企业之间具有一定的差异，可能会导致在很多方面不一样。行业不同，细分标准也可能不同，这就会导致后面的定价、渠道、促销传播等策略截然不同。日用品大多采用功能细分，在渠道等方面可以共享；而汽车、化妆品、服装、烟酒等行业大多采用价格、档次、行为细分，使各品牌在定价、渠道、传播等方面的策略都各不相同，各品牌自成一体。

（五）应用多品牌策略应该注意的几个误区

1. 多品牌策略的数量误区

企业进行多品牌营销一定要注意品牌的数量误区。有的人认为，既然是多品牌策略就一定要开发更多的品牌才好。实际上，这是一种错误的观点。品牌的数量并不是越多越好，也并不是企业把整个市场分为多少个，子市场就一定要开发多少个品牌，必须充分考虑企业与市场的现实状况。有很多情况是一旦企业决定实施多品牌策略就盲目地开发多个品牌，也没有对各个品牌进行全面系统的规划，也没有考虑企业自身的管理能力和资金实力，最后导致多品牌策略的失败。在进行市场细分时，企业一定要注意细分市场的规模。企业必须实事求是，针对细分市场的不同需求与企业实力决定创建什么品牌和推出多少品牌。

2. 多品牌策略的速度误区

在实施多品牌策略时，品牌推出的速度也是一个误区。有的企业急功近利，同时推出几个新品牌，或者是一个品牌还没有壮大又继续开发其他新品牌，也没有对每个品牌的开发进行仔细的市场考证，也没有考虑企业能力与竞争对手等状况，导致新品牌推出的失败概率很高。出现这种情况也是比较常见的，很多企业希望在短时间内达到多品牌的目的，迅速占领各个细分市场。品牌开发应该是有步骤、有缜密计划地开发，并且每个品牌的推出都要进行仔细、全面的斟酌。企业可以同时对多个品牌进行全面的规划，但最好不要同时开发几个品牌，那样将会大大分散企业有限的资金和资源，陷入多品牌营销的速度误区。

3. 资源平均分配的误区

在进行多品牌营销时，资源平均分配是一个误区。很多企业存在着把每个品牌都做大，都成为全国或全球顶尖品牌的思想，所以把企业有限的营销资源进行平均分配。这些想法并没有错，但事实上是非常困难的，甚至是不可能的。虽然宝洁公司是多品牌运作的鼻祖，经验非常丰富并且经济实力雄厚，但仍然不能把每个品牌都做成一流品牌。所以，实施多品牌营销，一定要权衡品牌之间的权重，绝对不能搞平均主义。营销资源平均分配的结果可能是每个品牌都因缺乏足够的资源支持而没有真正成长起来。国际品牌大师凯勒教授把一个公司的品牌分为主力品牌与侧翼品牌，高端品牌与低端品牌。企业对其拥有的各个品牌进行分类管理是很有必要的，有利于企业分清主次品牌，明晰品牌之间的差异。

多品牌管理也可以遵循“二八法则”。根据“二八法则”，企业利润的 80% 是由

20%的品牌所贡献的。所以，多品牌管理的重点应该是有市场吸引力和市场规模的品牌。欧莱雅集团一共拥有 500 多个品牌，其中 17 个是国际知名的大品牌，占据着欧莱雅集团销售总额的 94%，这 17 个品牌是欧莱雅管理的重点。

企业在实施多品牌营销策略的过程中，可能暂时会存在一两个品牌较弱小或知名度不高的情况，这时候也很容易让企业的高层领导者陷入一个误区：花费大量资金和资源去扶持弱势品牌。在这种情况下，要全面分析导致品牌弱小的原因，不可盲目地进行扶持。若该弱势品牌的确没有发展前景或没有改进的余地，就要干脆果断地剥离掉，否则只会浪费企业有限的营销和管理资源。

4. 多品牌策略的其他误区

通常认为，打造一个新品牌需要大量的资金，这是一个认识上的误区。一旦陷于上述误区，将会严重阻碍企业进行多品牌营销。事实上，并非所有的情况都是如此，有的行业打造一个品牌可能不需要投入大量资金。2006 年，现代营销学之父菲利普·科特勒教授在台湾品牌国际化论坛上专门论述了这一观点：打造品牌不一定需要大量资金。但是行业之间具有差异，有的行业打造一个品牌需要的资金较少，而有的行业可能需要大量资金。企业领导者与营销经理们必须足够了解自己所在的行业特点，全面分析打造该行业的品牌是由哪些主要因素决定。

此外，多品牌策略中的单个品牌也并非完全不可延伸，在维持品牌基本定位与其他相关因素不变的情况下，也可以进行适当的延伸。如果掉入了品牌完全不可延伸的误区，也不利于企业的发展。但是在实际操作中，更多的是应用副品牌策略。例如，奥迪 A4、A6、A8 系列，奔驰 C 系、E 系、S 系列，凯迪拉克 CTS 轿车、STS 轿车、SRX 豪华多功能车及凯迪拉克 XLR 豪华跑车。这些都是品牌适当延伸的成功例子。但是品牌不能随意延伸，不能影响到主品牌的定位和形象。每个品牌决策，都要进行仔细分析、研究论证，防止掉入多品牌营销的误区。

本章小结

随着市场竞争的不断白热化，一个企业在市场竞争中往往不止推出一个品牌，而是针对其涉足的不同行业或不同的目标消费群体进行多品牌经营，从而有效地分散、规避其经营风险。任何商品所面对的消费者都是以其需求的差异性分为许多群体的，品牌也是如此，这便是品牌系统的基本内容。

本章首先介绍了系统论及品牌系统论的含义、特征及内容；进而介绍品牌系统的三大理论，包括品牌关系谱、品牌体系 3V 价值模型、品牌结构；最后，特别详细介绍品牌体系的策略的具体应用，包括单一品牌策略、主副品牌策略、多品牌策略。

思考与练习

1. 什么是品牌系统？品牌系统的内容包括什么？
2. 简述品牌关系谱的四种模式。
3. 企业实施单一品牌策略的风险有哪些？
4. 主副品牌策略的实施条件有哪些？
5. 应用多品牌策略应该注意避免哪几个误区？

下编

品牌管理

第七章　品牌管理概述

学习目标

（1）知道品牌管理的定义、意义及法则。
（2）熟悉品牌管理的基本内容及核心。
（3）了解传统品牌管理与现代品牌管理的组织形式。
（4）明确品牌管理未来的变化趋势。

星巴克创始人霍华德·舒尔茨（Howard Schultz）曾说过一句话："管理品牌是一项终生的事业。品牌其实是很脆弱的。你不得不承认，星巴克或任何一种品牌的成功都不是一种一次性授予的封号和爵位，它必须用每一天的努力来保持和维护。"可见，品牌管理对企业而言意义重大，既是工作，也是责任。

第一节　品牌管理的内涵

品牌管理伴随着品牌的设定、成长而不断深化和延续。只有一个好的品牌名称、品牌设计是不够的，这只预示开了一个好头，真正的品牌建设是一项漫长而复杂的工作，品牌管理是品牌成功与否的决定因素。美国宝洁、可口可乐，德国奔驰轿车、西门子电器等国际知名品牌百年长盛的秘诀并不是品牌初创时就实现的，而是企业百年不间断地对品牌的细心呵护，是品牌管理的结晶。品牌管理决定着品牌的健康成长与基业长青。

一、品牌管理的定义

品牌管理最初由宝洁公司在 20 世纪 30 年代提出，是以企业的品牌化发展战略为方向指引，以品牌资产的打造建设为核心，运用企业的一切有效资源和有效手段，对企业的品牌按照创建、发展与维护的主线进行系统化管理的过程。随后，品牌管理历经品牌观念阶段、战略阶段、资产阶段，并发展到目前的品牌管理阶段，主要包括品牌管理的有效实质载体、内涵设计体系、品牌知识体系、传播体系和维护体系等主要组成部分。

当前品牌管理阶段的核心观点主要在于，企业实施品牌化管理的过程中，需要对每一个独立的品牌配置一名专业的品牌经理，并以品牌经理对其品牌下所有产品和服务的整个管理涉及面负全部责任，同时通过品牌经理团队对品牌管理的各个组成部分进行高效组织与合理利用，在企业生产经营环节当中进行产品研发、生产以及销售工作的协调和统一，从而达到提高品牌资产的最终目的。

品牌管理作为战略管理的重要分支，是企业在战略视角下对品牌进行管理的系统性工程。企业以提升品牌资产为最终目的，建立并调整适宜于企业进行品牌化发展的有效载体，在企业有效载体的支持下，进行品牌管理的内涵设计体系的建设和运行。通过对以品牌核心价值为中心的品牌内涵进行完整和充分的设计，在品牌营销过程中将品牌管理延伸到外部的知识体系建设当中，并通过品牌传播体系所建立的品牌接触点，在消费者精神层面不断传递和累积企业品牌知识。最后通过完善的品牌维护体系对企业品牌管理进行全面的监测与系统的维护，及时修正企业在品牌化发展过程中与品牌战略方向的偏离。因此，在后期品牌化发展的过程当中，还应随时以企业的品牌化发展战略作为方向参考，在每一个品牌化发展的战略阶段，不定期地对企业品牌管理的各个主要组成部分进行检验和修正，从而保障企业的品牌化发展拥有最为集中化的核心指向，以实现企业品牌核心价值的集中体现和品牌资产的集中化提升。

二、品牌管理的意义

传统营销管理中，品牌只是产品策略的一部分，品牌附属于产品而存在，是产品的符号、名称，其目的是为了消费者识别和厂商产品权利的保护。品牌管理更多的是企业内部的、静态的管理，停留在事前的设计和法律的保护上。随着科学技术的进步、生产力的提高、市场竞争的加剧，企业越来越多地面临来自市场、消费者和竞争者的压力和挑战，早期形成的企业营销体系变得越来越不能适应变化的需要。具体而言，现代品牌管理具有以下意义。

（一）品牌管理是现代商业生存和发展的灵魂

越来越多的人意识到产品本身是不会创造出生命力的，如果该商业只有运作过程中所需要的产品，完全看不到和品牌相关的内容，那么这个商业的发展生命力必然会受到各种各样的影响，甚至无法有效延续下去。假如在商业运作的过程中发生了我们不可预见的因素，比如发生了火灾，肯定会有许多工厂和设备被烧毁，但是无论发生何种意外，公司的品牌价值还是能稳固存在。

企业想要得以生存和全面发展下去，品牌才是其最为重要的因素之一。如果这一因素运用得好，企业的价值也能得以有效延续，并且品牌是不会受到社会和时代推移影响就被埋没掉的。所以，为了更好地促进商业的长远发展，构筑自身发展的灵魂，企业必须对品牌提起足够的重视。只有这样，我国的企业才能从现在的“世界工厂”转变为世界级公司，自身的名气会有很大程度上的延伸，利益自然也会比之前更长远。

（二）品牌管理是保障商业竞争力增强的基本手段

企业产品参与市场竞争可以分为价格竞争、质量竞争以及品牌竞争三个层次。随着时代的全面发展和社会的进步，现代竞争主要表现为品牌和品牌之间的竞争。品牌一词的背后所带来的是高附加值、高利润以及良好的市场占有率。品牌是消费者认可的另一个代名词，表达出来的是高的质量和品位。曾有专家通过自身对市场发展的研究做出过大胆的设想：将来各大行业的营销之战必然是品牌之战，是大家为了获取品牌的主导性地位所开展的竞争。

对于企业及其领导人来讲，拥有市场将是一件比拥有企业更让其兴奋的事情。企业想要在激烈的商业竞争中占有自己的市场，一个非常有效的途径是拥有占据市场主导地位的品牌。经过长时间的实践证明，一个企业想要构筑自己的市场竞争力还是要努力从品牌和品牌战略的角度入手，这样才能更好地抓住关键点所在。

（三）品牌管理是客户群的另一个代名词

若从消费者的角度来分析，消费知名品牌的商品或服务，一方面是认为其可以从质量上满足消费者自身的需求，另一方面是品牌会让消费者在购买的过程中产生愉悦感和自豪感，进而获得巨大的满足感和成就感。在实际消费的过程中，品牌和承诺是挂钩的，并且有千丝万缕的关系。品牌能够代表消费者购买的产品以及其所享受到的服务，更为重要的是其所消费的产品是和一定的质量水准、品牌信誉密切联系在一起的，并且是始终相连的。一个良好的产品是一定数量产品以及服务质量的代表，从多个方面展示着企业的形象，并且这其中还囊括着顾客、公众和社会对其所做出的各种各样的评价。如果这些方面的内容都始终保持良好状态，可以帮助企业吸引到更多的客户群，使之成为忠诚的购买者。可见，品牌是与客户忠诚度密切相关的因素。

（四）有效的品牌管理能增加企业经营效益

成功的品牌建设之所以能推动产品的销量，增加企业的经济效益，是因为一旦品牌的建设能够成功，产品在后期销售的过程中能通过消费者发生连锁反应。众所周知，消费者的力量是巨大的，在相互传播中形成良性循环，进而促进销量的提升。除了提升销量之外，在前期的制作过程中也会节约大量的人力物力，例如，降低流通成本、加速企业资金的周转等。在企业的品牌建设没有形成之前，其社会影响不够强烈，产品极有可能被积压，资金无法快速回笼，相应的流通成本也就无法降低。然而，在企业的品牌建设达到一定程度时，其社会影响就有一定的成效。相应的，产品的销量也就上去了，其资金回笼的速度相应加快。可见，企业品牌建设在推动产品的销量和提升企业的经济效益方面都有不可替代的作用。

三、品牌管理的要素与法则

（一）品牌管理的重点要素

1. 建立卓越的信誉

信誉是品牌的基础，没有信誉的品牌几乎没有办法去竞争。现在很多跨国品牌同中国本土品牌竞争的热点就是信誉。由于跨国品牌多年来在全球形成了规范的管理和经营体系使得消费者对其品牌的信誉度远超过本土品牌。本土品牌同跨国品牌竞争的起点是开始树立信誉，信誉的树立不是依靠炒作，而是通过提升企业的管理水平、质量控制能力、客户满意度的机制和团队素质来实现的。中国本土企业必须马上开始研究客户需求的变化并不断创造出可以满足他们不同需求的个性化功能的产品或服务。未来的品牌竞争将是靠速度决定胜负的。只有在第一时间了解到市场变化和客户消费习惯变化，才可能以最快的速度调整战略来适应变化的环境并最终占领市场。

2. 争取广泛的支持

没有企业价值链上所有层面的全力支持，品牌是不容易维持的。除了客户的支持外，来自政府、媒体、专家、权威人士及经销商等的支持也同样重要。有时候，企业还需要名人的支持，并利用他们的效应增加品牌的信誉。

3. 建立亲密的关系

由于客户需求的动态变化和取得信息的机会不断增加，为客户提供个性化和多元化的服务已成为唯一的途径。只有那些同客户建立了长期紧密的关系的品牌才会是最后的胜利者。所以国内外的品牌现在都不遗余力地想办法同客户建立直接的联系并保持客户的忠诚度。

4. 增加亲身体验的机会

客户购买的习惯发生了巨大的变化，光靠广告上的信息就决定购买的消费者已经越来越少了。消费者需要在购买前先尝试或体验产品后，再决定是否购买。所以品牌的维持和推广的挑战就变成了如何让客户在最方便的环境下，不需要花费太多时间、精力就可以充分了解产品或服务的质量和功能。这种让客户满意的体验可以增加客户对品牌的信任并产生购买的欲望。

（二）品牌管理的价值法则

1. 最优化的管理

遵循这一法则的企业追求的是优化的管理和运营，它提供中等品质的产品和服务，并以最优惠的价钱、最方便的手段和客户见面。这样的企业不是靠产品的创新或是同客户建立的亲密关系来争取市场的领袖地位的，相反，它是靠低廉的价钱和简单的服务来赢得市场的。例如，沃尔玛（Walmart）百货就是这类公司的成功典范。沃尔玛现在仍然不断寻求新的途径来降低成本并为客户提供更加全面和简单的服务。

2. 最优化的产品

如果一家企业能够集中精力在产品研发上不断推出新一代的产品，它就可能成为产品市场领袖。他们对客户的承诺是不断地为客户提供最好的产品。当然并不是靠一个新产品就可以成为产品的领袖，而是要年复一年地推出新产品或新功能来满足客户对产品新性能的要求。

3. 亲密的客户关系

遵循这一法则的企业把精力放在如何为特定客户提供所需的服务上，而不是满足整个市场的需求上。他们不追求一次性的交易，而是和选择性的客户建立长期、稳定的业务关系。只有在建立了长期、稳定的关系的情况下才可以了解客户独特的需求，也才可以满足客户的这种特殊需求。这些企业的信念是：我们了解客户要什么，我们为客户提供全方位的解决方案和售后支持来实现客户的远景目标。

第二节 品牌管理的内容

品牌管理是通过对品牌的动静态管理，实现品牌的最优组合，进而塑造品牌形象。品牌管理不能停留在品牌的静态管理上，如对品牌的设计、命名等，好的品牌名称、符号设计只是企业所做的品牌工作的第一步。品牌是消费者对品牌的认识，品牌资产只能在品牌市场化过程中形成，是动态的过程。没有品牌的市场化过程（如销售、购买、使用），没有品牌的动态发展，就没有品牌形象资产的建立。2019 年可口可乐的品牌资产价值是 361.88 亿美元，但这不是“可口可乐”符号的价值（也叫名称值），而是蕴含在“可口可乐”名称之后的强大市场价值，是“可口可乐”品牌市场化发展的结果。品牌的静态管理是对品牌（名称、符号）的命名与设立；品牌的动态管理是对品牌形象的塑造、品牌资产的建构。品牌的设立是短期的、事前的行为，它不能构成品牌的资产价值，品牌的动态管理是品牌的全过程管理，是品牌与市场融合的过程，是品牌资产不断增值的过程。品牌资产在品牌的市场演进中不断形成、壮大。

一、品牌的静态管理

（一）品牌设计、命名

品牌设计、命名是品牌管理的第一步，是构成品牌的基本要素。品牌要素包括品牌名称、标志、符号、造型等。为了使品牌便于识别和口头传播，几乎所有的品牌都包含了文字部分和符号部分。品牌的文字部分就是品牌的名称，在品牌识别的基础上，品牌名称还要代表商品的某些特点，能够提高商品的信息。如“松下”，它的日文意思是“曲尽其妙”“华声四起”。品牌名称作为商标的一个极其重要的组成部分，不但具有视觉上的传达性，而且具有听觉上的传达性。品牌的创立是从命名开始的。“可口可乐”堪称翻译最完美的品牌，不但让人一目了然，感觉到产品的专类（饮料），更让人在清凉爽口的感觉下用心体会“快乐”。可口可乐是一种精神感觉，把品牌名称上升到了情感交融的层次。

好名称能为企业创造无穷的财富。美国杜克大学的著名品牌专家凯文·凯勒教授认为品牌命名要遵循五个标准：可记忆性原则、有意义性原则、可转换性原则、可适应性原则和可保护性原则。品牌的设计、命名既是一种科学，又是一门艺术，它融合了美学、传播学、心理学、文化、宗教、道德伦理等内容，又充分展示了现代经济发展的状况。品牌命名除了应起到识别商品的基本功能外，还应该从命名本身体现商品特点，能给消费者带来有益的联想，能在品牌的名称中表达企业的形象。

（二）商标注册

商标是已获得专用权、受法律保护的品牌，注册商标使品牌获得法律上的保证。品牌作为企业标志产品、强化竞争的手段，首先要具有自我保护性。商标注册为品牌树起了保护的屏障，成为品牌组成的法律要素。另外，通过商标注册，企业也可确立品牌名称及符号是否具有法律独占性。因为国际上对商标权认定的两个原则是“注册在先”和“使用在先”。没有法律的保护，品牌可能受到多方侵害。我国许多企业的产品准备上市时，却发现自己使用的商标不能用，因为已被别的企业注册。还有的企业不注重品牌保护，未进行商标注册，当企业经过千辛万苦打出市场、树立品牌知名度后，发现自己用无数心血、资金建立的品牌已被其他企业注册，自己的商标成为侵权商标。

二、品牌的动态管理

品牌的动态管理是品牌在市场运营中的管理，是品牌资产建构的管理。品牌设立后，通过产品进入市场，送到每一个消费者手中，这个过程是品牌的万里长征。品牌在市场中的运动过程，就是品牌经受检验和塑造形象的过程。品牌的动态管理保持了品牌的运动轨迹，又在运动中不断修正品牌，建立品牌资产。

（一）品牌运营管理

设立一个品牌并非难事，但品牌在设立之初是没有价值的，品牌只有进入市场，成为代表产品、企业、服务的形象后，价值才得以体现。在品牌的运营管理中，包括了横向和纵向两个方面的管理。品牌运营中的横向管理强调对品牌运作手段的管理，充分运用4Ps、4Cs、多品牌策略等各种有助于品牌塑造的营销手段，通过整合营销传播的方式建立品牌资产。横向管理可以说是一种短期管理，是品牌建立中的每一个具体行动计划。品牌运营中的纵向管理是从一个相对较长的时期来管理品牌，保证品牌沿着一个正确的方向前进，保证品牌在长期发展过程中方向明确，能够累积品牌资产。

品牌运营管理是品牌管理中最重要的管理，也是最困难的管理。它要求企业清醒地意识到品牌在激烈竞争下的不稳定性和动态性，要制定完善的品牌策略，必须具有超前的品牌发展思想和战略。企业必须监控自身品牌运营的状况（包括品牌传播效果、品牌形象界定、消费者感知等），以便及时发现问题，及时修正，消除隐患。为保证品牌的正确发展方向，企业要建立品牌中长期发展规划，并列入企业发展战略的最重要部分，在一个相对长的发展时期内来管理、运营品牌。品牌的建立和发展切忌急功近利，品牌所产生的营销效果也不是即时实现的。追求品牌的短期效果所毁掉的通常是品牌本身。

（二）品牌修正

品牌一旦确立，企业在其后的品牌运作中就要全力以赴地塑造品牌个性特征。然而，由于市场的动态变化，企业难免会在动态的市场中发现品牌的不足之处。为适应市场发展的需要，保持品牌优势，企业必须对原有品牌再定位，对品牌策略进行修正，以适应新的竞争需求。品牌定位的修正能及时调整企业的品牌策略，获取新的市场优势。

三、品牌管理的核心

品牌与消费者关系的维系变得越来越困难，同时也比以往显得更加重要。那种企图靠广告的“狂轰滥炸”或一个点子性的策划来获得消费者的短期行为显然已经行不通了，更不能打造强势品牌。面对目前的后危机时代，企业必须站在战略高度，以长远的眼光来看待品牌与消费者的关系，这是未来品牌管理的核心与基石。

现代品牌管理理论研究认为，只有当消费者根据自己的需要、价值观以及生活方式来选择与之相适应的品牌时，品牌才会使消费者产生一种“这品牌代表了我”的印象或感觉，即品牌形象与自我形象一致起来了。例如，年轻的经理早上去上班，他自豪地穿上阿玛尼（Armani）西服，因为他感到该品牌符合他的身份；而到晚上与朋友在一起时，他想给人一种不同的形象，就会穿上李维斯（Levi’s）牛仔裤与保罗（Polo）衬衣。

可见，强有力的品牌能帮助消费者建立鲜明的自我形象，人们购买不仅是因为质量上乘，还是为了塑造自己的形象。研究认为：消费者在选购品牌时不像以前那样偏重理性的考虑，而更注重使用不同品牌来体现不同的自我（个性）与情感。从消费者行为的角度来说，消费者购买一个品牌的商品或接受一个品牌服务项目，他不只是关心商品具有什么功能，更重要的是体验商品的个性，使他感到品牌的个性适合于这一场合。所以，未来品牌管理的核心与基石就是如何有效地强化品牌与消费者的关系。以下品牌策略对实现品牌管理的目标具有重要的参考意义。

（一）坚持以顾客资料库为导向的个别化品牌营销策略

现代消费者的生活正向个性化和多样化发展。一方面，人们带着强烈的自我与自主意识，在日常生活的各个领域中生活着。人们试图通过自我显示来向他人展示自己在某一方面的魅力，希望通过品牌消费表现出自己独特的个性和品位；另一方面，消费者行为也向着多样化发展，生活成为一个剧场，人们存在着一种想要借助于演出而体验另一种生活的愿望，消费者向着多变的和感性的生活者转化。据调查显示，在 20 世纪 60 年代，10 位消费者只有一种声音；到 80 年代，10 位消费者有 10 种声音；而在 21 世纪，一位消费者就有可能有 10 种声音。面对个性化和多样化的消费倾向，美国西北大学的品牌传播理论专家舒尔茨教授指出，企业不能再将注意力投注于全体消费者，而要投注于消费者之间的不同差异上。但是，长久以来，企业却习惯于同质对待消费者，并将抽样调查的结果用在全体消费者身上，这是一种过时的品牌策略。

建立品牌与消费者关系的策略，必须了解消费者需求、自我意识和个性的变化，在建立消费者资料库的基础上，进行个别化品牌营销。企业应视顾客资料为公司的重要资产，试着向任何接触到顾客的人，搜集有关顾客的各种资料。最后，运用这些详细的资料制定品牌营销策略以打动特定的顾客群，得到个别消费者持续性满意。

运用以消费者特点为基础的资料库信息开展个别化品牌营销，能够为品牌带来其他方式所不能提供的利益，也使营销更容易成功。正如管理大师彼得·杜拉克在回答什么是他心目中最完善的广告时所说："那种会使消费者说，这个广告是针对我而且只为我而制作的。如果消费者认为一个品牌是针对自己而且只为自己而做的，他与品牌的关系一定牢不可破。"

（二）运用整合营销传播策略进行品牌营销

20 世纪 90 年代以来，整合营销传播已成为一种最有效的品牌传播趋势。其基本主张是要将各种沟通工具，如商标广告直接推广活动、活动营销、企业形象等综合起来，使目标消费者处在多元化目标一致的信息包围之中，所谓"多种工具，一个声音"，从而对品牌和公司进行更好的识别和接受。这种整合式营销沟通不但突出了"沟通"，而且强调不能仅仅使用单一手段，也不能分开运作不同的手段，而要通过多元取向的结合来整合和强化沟通攻势。强化品牌与消费者关系，与整合营销传播策略使用是相互依存的。企业必须将品牌传播组合中的所有要素协调整合，以符合消费者在与品牌接触的各种阶段下的不同消费需求、自我要求和个性发展。如 IBM 在经历了一段时间的低谷以后，利用整合营销传播重塑品牌形象，它综合运用广告、商标广告直接推广活动、公关、促销、活动营销等五种手段，在全球各地 100 多个国家通过整合营销传播，进行品牌营销。无论在哪个国家，以何种语言，或透过何种媒体做广告，均遵循相同的风格、语调与方式来沟通，使其"四海一家的解决之道"的品牌形象深入人心。企业运用整合营销传播策略，就是要使每一个构成品牌的要素都被用于提升品牌的地位，以此维系与消费者的密切关系。

要强化品牌与消费者关系，企业应当在以消费者为中心，使顾客从满意到忠诚的经营哲学指导下，将个性化营销与整合营销传播策略有机结合起来应用于实践。在实际工作中还要注意以下几点：

第一，品牌策略设计要尽量深入了解消费者心理变化，找到能让他们动心的地方，即认知他们生活和自我观念。如耐克“Just do it”的品牌活动为美国人带来了坚持体育运动、及时锻炼身体的动力。消费者接收到的这些积极的信息与耐克品牌紧密相关。更深层次意义上讲，是品牌理念帮助品牌与消费者产生共鸣，从竞争中脱颖而出，进而才能建立起一系列协调一致的品牌创建策略。

第二，品牌创建策略时要鼓励消费者积极介入，这样品牌关系才会加深。研究说明消费者与其他相关信息相比，更看中他们与品牌的互动。如体验营销就是运用这一方式让消费者接近品牌，来加强与品牌的联系。

第三，品牌创建策略需要针对消费者进行细分市场，以求消费者达到共鸣，如果市场细分策略混乱不清，则品牌从一开始就会产生偏离，失去诉求点。发展与消费者的深度关系就要制定适合不同市场细分的定位内容。

这三个特点的相对重要性要根据竞争环境而定。如对一个在市场上初露头角的品牌来说，加强品牌印象是一个重要策略。对成熟品牌的无意记忆则能反映品牌与消费者的关系。如在大超市中的商品，品牌认知度位置就显得格外重要。因为品牌认知度位置影响冲动性购买。

总之，未来品牌管理的基石是不断强化品牌与消费者之间的关系，只有这样，消费者才会从满意到忠诚于品牌，向相关人群谈及品牌的优点，并为品牌的不足辩护。

第三节　品牌管理的组织

“环境决定战略，战略决定组织”，这句话强调了组织因为战略的存在而存在，同时又明确了组织对实施战略的重要作用。品牌战略作为企业战略的重要组成部分，同样需要相应的组织结构来支撑品牌战略的实施。

一、传统的品牌管理组织

传统的品牌管理组织主要是职能化品牌管理制度。在这种制度中，品牌管理的责任主要由各个职能部门的经理以及外部广告机构的专业人员来共同承担。企业每个品牌的管理职能都分散进行，没有一个规范的机制来处理企业内不同品牌之间的战略关系。

（一）企业主负责制

企业主负责制是指品牌的决策活动乃至众多的组织实施活动全由企业主或者公司经理等高层领导承担，而较低层次的品牌相关活动才授权下属员工执行的一种高度集权管理制度。这种制度主要存在于20世纪20年代以前，如可口可乐公司的创立者阿萨·G.坎德勒从1888年买下可口可乐专有权后，至1916年间，一直用一种近乎宗教的激情去建造遍布全国的营销网络，并亲自参与选择广告代理商等活动。

企业主负责制的优点在于，由于企业主亲自参与，往往决策迅速、协调顺畅。但是一个人的智慧和力量总是有限的，再智慧的企业主也概莫能外，当企业发展到一定程度时，企业主个人知识、见识等的缺失和有限理性就显现出来了。可以说这种组织形式不是严格意义上的品牌管理组织形式。

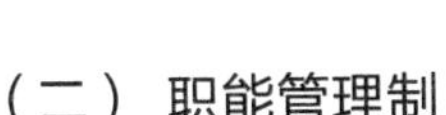

（二）职能管理制

品牌职能管理制在西方盛行于20世纪20年代至50年代。品牌职能管理制是在企业统一领导、组织与协调下的，品牌管理的职责主要由企业各职能部门分别承担，名职能部门在各自的权责范围内行使权利，承担义务。职能部门的建立有助于企业内部的合理分工，明确权责，消除经验管理的弊端，极大地提高工作效率，进而有利于品牌形象和企业形象的提高。职能管理制建立了管理层级，使企业领导能摆脱日常事务的纠缠，集中精力思考解决企业发展中的重大问题。同时，品牌职能管理也存在缺点，主要是由于品牌职责分别由彼此平行的若干职能部门承担，它们之间在企业发展的诸多问题上难以达成共识，以致出现矛盾、冲突与相互推诿等现象。此外，各部门间自身利益的存在，阻碍了企业合力的形成，甚至出现为了局部利益的满足而损害品牌形象的情况。

在企业品牌数量较少的时期，企业高层能完全控制每一品牌的运营。但随着企业生产经营产品种类的增加，拥有多个品牌的企业也相应增加，这不仅使品牌职能管理制的内在的、固有的缺点更加显露，而且品牌之间的关系确定与协调管理也难以找到理想的解决办法。为适应不同企业品牌管理的现状，品牌管理的方式也在不断演进。

二、产品品牌经理制

品牌经理于1931年由美国宝洁公司首次提出。当时负责佳美香皂销售的尼尔·麦克尔罗伊（Neil McElroy）被指派协助规划宝洁公司第二个香皂品牌“佳美”的广告活动，而此前宝洁公司已经有一个知名香皂品牌——象牙，此二者均由黑人代理广告。佳美香皂推出后销售一直不太理想，成了象牙香皂的翻版。象牙香皂是宝洁公司的主要产品之一，销售业绩很好。与象牙面对同一消费群体，又被规定“不允许进行自由竞争”的佳美香皂，自然成为宝洁公司避免利益冲突的牺牲品。后来，宝洁决定对“佳美”不设任何竞争限制，可以自由地、毫无顾忌地与“象牙”展开竞争，就像与其他公司的品牌竞争一样，“佳美”销售业绩随之迅速增长。当时负责“佳美”品牌的促销和广告公司日常联系工作的麦克尔罗伊发现，由几个人负责同类产品的广告和销售，会造成人力与广告费用的浪费，宝洁需要一个与其他市场相匹配的、特别的管理系统。于是，他提出“一个人负责一个品牌”的构想，并得到公司时任总裁的赞同和支持，使得品牌经理这个概念开始从试验性质转变为具有资源和职权支持的实际意义的管理者。从此，宝洁公司的市场营销理念和市场运作方式发生了改变，以“品牌经理”为核心的营销管理体系逐步建立。

产品品牌经理的职责包括：①在对市场环境、消费者、竞争者进行分析研究的基础上，为品牌制定战略、战术规划，包括细分市场的确定、品牌定位、产品开发、价格制定、分销渠道选择、广告、促销、公关等内容。②组织、协调公司研发、生产、财务、销售等各个部门的力量，围绕品牌战略、战术规划展开自己的工作。其基本思路是：企业为每一个品牌安排一位品牌经理，由其负责协调该品牌的各项活动。品牌经理不同于一般意义的市场部经理，市场部经理更关注近期的日常战术性问题，如促销活动策划和广告发布等，而产品品牌经理更重要的任务是明确品牌战略，塑造清晰的品牌形象，使品牌资产不断增值，如图7-1所示。

由于产品品牌经理制取得切实效果，很多美国公司也相继采用这种模式，如庄臣公

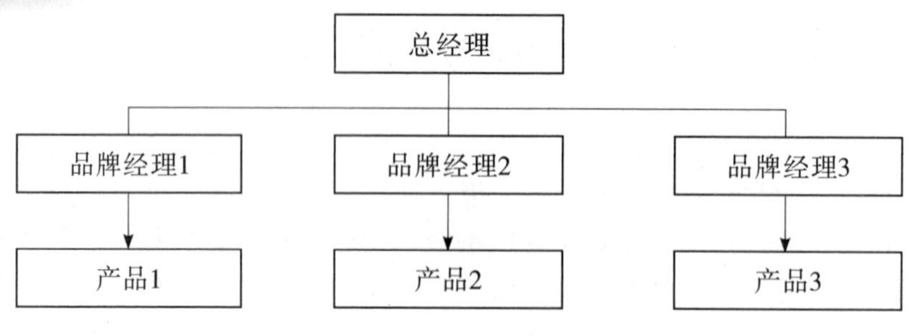

图 7－1　品牌经理制

司、棕榈公司以及一些银行、邮局等服务性行业。1967 年，美国 84% 的主要耐用品企业均采用此制度。就宝洁公司而言，就聘用了 100 多位品牌经理，而且这些人员都成为公司的重要人才资源。

（一）品牌经理制的优势

品牌经理通过对产品销售全方位的计划、控制与管理，灵敏、快捷、高效地适应市场变化，改善公司参与市场竞争的机制，减少资源浪费，能更好地服务于消费者，拉长产品的生命周期。对于整个公司来说，则可以强化竞争意识，追求双赢或多赢的效果，形成“1＋1＞2”的市场效应。其优势主要体现在以下几个方面。

1. 加强市场导向，更好地创造顾客价值

产品品牌经理制使品牌管理的重心从企业的模糊层面具体化到每一个具体的品牌，有利于更密切地关注市场、关注竞争的差别性优势，包括价格成本差别性、产品特点差别性、品牌风格差别性、促销手段差别性，有效地克服产品、品牌的趋同现象，以差别化战略参与竞争并最终赢得竞争。宝洁公司之所以能够取得如此卓绝的市场效果，就是因为公司充分重视消费者的需求差异，根据消费者的现实需求和潜在需求，不断调整品牌策略的结果。宝洁公司的洗发水等产品有着其他企业难以企及的市场细分，就是一个明显的例证。

2. 增强公司各部门之间的协调性

一般来说，各个部门都有其自身的职责范围，都会首先选择从自身的利益出发，制定或参与制定市场营销组合策略，这样显然使各部门难以从整体的角度出发，做出精心全面的营销规划，从而导致市场营销的失败。品牌经理能够从整体上来考虑品牌的利益，并运用制度的力量去协调各部门围绕其品牌做出种种努力，明确每个部门对每个品牌在每个时间点上所承担的责任，消除部门之间的推诿扯皮，从而实现企业的整体优化。

3. 维持品牌的长期发展和整体形象

产品品牌经理不但在产品延伸方面始终如一地保护品牌的个性特点，也会在市场营销的过程中积极避免短期行为。产品品牌经理会根据品牌的长远战略利益做出正确的选择，使品牌得到可持续的发展。这一点可以从宝洁公司的品牌发展史中得到支持，宝洁公司的滴然（Dawn）洗涤剂已经行销将近 50 年，佳美香皂已经行销 60 多年，象牙香皂更是已经畅销 110 年之久，这些产品在市场的成功和产品品牌经理制的贡献是密不可分的。

4. 创造良好的内部竞争环境

产品品牌经理制是对品牌进行有区别的个性化管理。也就是说，一个品牌不但要面临不同生产厂商之间的竞争，而且还面临同一企业不同品牌之间的竞争，虽然这种竞争是基于企业总体战略基础之上的，有可能在不同的品牌之间存在一定的市场定位的差异，但是公司内不同品牌间的竞争依然是不可避免的，这无疑会促进品牌之间的良性竞争，为公司带来发展的动力，促进公司整体业绩的提升。宝洁中国公司的洗发水就包括海飞丝、飘柔、潘婷、沙宣等品牌，每个品牌下面又被细分为若干个品种，使得宝洁公司洗发水的总体市场份额大幅提升，在细分市场方面更加专业。

5. 有助于培养管理人才

由于产品品牌经理要统筹整个品牌的市场调研、研发、生产、分销、促销等整个过程，需要和不同部门打交道，这对于提升产品品牌经理的管理能力和协调能力都有很大的帮助，有助于培养公司的管理人才。

（二）产品品牌经理制的缺陷

产品品牌经理制在半个多世纪的实践中取得了很大的成功，获得了普遍的认可，但是随着社会的不断发展，产品品牌经理制的局限性也越来越明显。1994 年，英国《经济学家》杂志曾经发表题为《品牌经理制的终结》一文，对产品品牌经理制的弊端进行了尖锐的批评。

1. 竞争有余而合作不足

产品品牌经理制的实施虽然是建立在公司不同品牌市场定位的详细考察的基础之上，但是不同品牌之间的竞争仍然是不可避免的，企业内部的摩擦造成资源的浪费和效率的降低。此外，不同部门之间的协作是品牌发展的必要条件，产品品牌经理拥有的权限并不能指挥其他部门的行动，如生产部门、财务部门、公关部门、营销部门等。

2. 缺乏统一的规划和领导

产品品牌经理的权力有限，他们缺乏制定战略性、全局性战略地位的权力和技能，因此产品品牌经理制虽然能激励产品品牌经理的积极性，但由于缺乏必要的合作机制和统一规划，往往导致企业的资源浪费和品牌管理失控，损伤企业品牌的市场权力。

3. 易导致腐败现象的产生

产品品牌经理制赋予了产品品牌经理相当大的权力空间，在相应的监督制度建设上存在着一些漏洞，容易导致腐败现象的产生。宝洁公司的玉兰油事件就是一个典型的案例。2001 年 9 月，宝洁（中国）有限公司宣布开除涉嫌巨额贪污的玉兰油某品牌经理，其贪污金额在 100 万元左右。

品牌经理应有的作用发挥不到位，会严重弱化企业的品牌管理水平，出现品牌战略实施无人监督、无人协调，甚至是营销传播活动严重偏离品牌核心价值，品牌战略停留于纸上谈兵等问题，这些问题制约了品牌的建设、维护和发展。据统计，73% 的企业品牌战略失败均与品牌管理组织及品牌经理的设置不到位有关。

目前，随着国际市场的变化，国外一些大企业已开始在更多层次上创新产品品牌经理制。在采纳产品品牌经理制这种管理模式时，应以市场状况及本企业的经营规模、产品特点、文化背景为依据，在掌握先进且适合自己的管理体系的同时，创造性地提高品牌竞争力。

上海家化是我国产品品牌经理制运作较成功的本土企业。在上海家化，品牌经理的职责涉及管理的各个层面，是整个上海家化营销管理工作的核心，因此被称为“小总经理”。企业的研发、生产、财务、销售等各个部门在品牌经理的协调之下，紧紧围绕品牌的建设，有的放矢，快速反应。因为科学的品牌管理效果不凡，上海家化的“六神”品牌，硬是把许多国际知名品牌拉下马，成为夏季洗化类产品中的霸主。

（三）产品品牌经理制的职责

产品品牌经理的职责因企业而异，但是其基本职责是一样的。一般来说，包括下几个方面：

（1）制定品牌的长期经营目标和竞争战略。如确定细分市场，洞察消费者的需求，探寻品牌发展机会；确定品牌的核心价值，明确品牌定位，寻求品牌的市场差异性；制定品牌识别系统，如品牌名称、品牌个性、品牌形象、品牌口号、品牌气质、品牌地位、品牌故事等，以此来指导品牌传播，“用同一种声音说话”。

（2）制定品牌的年度营销计划。产品品牌营销计划是有效品牌管理的纲领性文件，为年度市场营销活动定下基调。

（3）制定广告、公关、赞助等传播策略，维护品牌传播的持续一致性，切忌朝令夕改。

（4）组织、协调公司的其他部门围绕品牌建设的核心经营，在产品特性、价格定位、分销渠道等方面把握品牌发展的大方向，切忌企业经营偏离品牌核心价值的主线。

（5）制定行为细则，确保员工行为在不同的接触点上有效一致地表达品牌信息和承诺，维护企业文化与品牌的一致性。

（6）确保客户关系管理方案与品牌保持同步。

（7）随时监控品牌的表现，发现偏差及时纠正。

（四）成功实施产品品牌经理制的关键

必须清楚，产品品牌经理在企业整个营销运作过程中并不具有很大的权力，无权指挥其他部门。他们要获得成功，必须与其他同事合作，创造机会，提供点子，帮助别人解决问题，以便在他们需要帮助时，别人也能为他们提供同样的帮助。这就要求品牌经理具有一定的智慧和创造力。

从自身素质来讲，作为产品品牌经理，必须比企业里其他任何人都更了解自己所负责的品牌，要有不断被人挑战的精神准备和较宽的专业知识面。通过美国一组织对在若干家背景差别较大的企业里工作过的 25 名产品品牌经理的调查表明，大约半数的品牌经理有 MBA 学位，并有相关技术领域的背景。

从工作职责来讲，企业建立产品品牌经理制后，它每一个新产品的开发或现有产品的变动，均应由相应的产品品牌经理通过严格的程序来进行管理和控制，并对所管理品牌的产品或产品线的成功与否负最终责任。因此，产品品牌经理不仅要关心新产品的开发、生产和销售，而且还要关心原有产品和产品线的发展，以期利用品牌的知名度，求得最大的经济效益。

从市场需求来讲，新品牌的开发不能无的放矢，而要建立在广泛的市场调研、了解消费者需求、把握市场走势的基础上，真正降低新品牌开发的风险和成本，不能出现品牌研制出来却因缺少需求支持而“胎死腹中”的情形。

从品牌风格来讲，必须建立一个区别于其他品牌、独立明确的品牌形象，这个形象要与产品的本质属性相一致，并相对保持不变。同时这个形象既不能和原有品牌形象撞车，又要与已有良好信誉的品牌相互配合、彼此呼应。

从生命周期来讲，一个品牌在成长时是最为脆弱的，需要以各种方式引起消费者的关注和兴趣。此时要利用消费者在消费方面的社会价值观进行引导，促使其尝试和购买；产品品牌经理要准确把握广告诉求点和市场卖点，让新品牌一下子就扎根于消费者心中。

从企业整体来讲，品牌经理虽有相对独立性，但又必须服从企业的整体计划，形成品牌的战略组合和整体推进。

由此可知，实行产品品牌经理制是一个极富挑战性的举措，产品品牌经理本身就是一个充满风险和挑战的工作。

（五）实施产品品牌经理制的阻力

尽管品牌经理制得到了西方企业的广泛应用，但其施行的过程并非一帆风顺。1973年，百事可乐公司宣布取消产品品牌经理制，由此涌起了一股反对产品品牌经理制的风潮。产品品牌经理制的阻力主要来自以下几个方面。

1. 产品品牌经理制的适用性

没有一种营销制度能够适用于所有的企业，产品品牌经理制当然也不例外。特别是对于那些未慎重考虑就跟随潮流建立产品品牌经理制的企业来说，产品品牌经理制的适用性更加值得怀疑。例如，在20世纪70年代，百事可乐公司拥有的品牌数量相对较少，实行产品品牌经理制不但不能产生理想的效益，反而会使组织机构显得更加臃肿。

2. 产品品牌经理制的执行问题

产品品牌经理制的概念虽然容易表述，但到企业具体执行起来却是个较大的难题。

第一，企业中的职能部门一般可分为两种，即可完成一项特定职能并拥有一定实际决策权的职能型部门和只拥有建议权的参谋部门。产品品牌经理究竟作为哪一种，或者是两种兼而有之，这个问题对营销部和整个企业的组织机制都有重大影响，是企业在建立和施行产品品牌经理制时的一项艰难决策。

第二，产品品牌经理的权责划分存在问题。一般来说，产品品牌经理应该对其所管理的品牌业绩负责，但品牌业绩应该在多大程度上纳入产品品牌经理的考核和报酬体系？按照权责对等的原则就必须赋予其财务、生产、研究开发、销售等方面的相应权力。这些权力应该有多大？与相应的职能部门的权力之间应该如何分配和均衡？如果这些权责不能清晰界定，不但会严重影响产品品牌经理开展工作，还会使得对产品品牌经理的招聘及考核标准缺乏清晰的依据。

三、类别品牌经理制

在产品品牌经理制下，各产品品牌经理因为难以避免的竞争关系而各自为政，竞争有余而合作不足，造成企业资源的严重浪费。正是认识到如前所述产品品牌经理制的种种缺陷，20世纪80年代末90年代初开始，产品品牌经理制的创始者宝洁公司开始推行新的品牌管理制度——类别品牌经理制。

顾名思义，类别品牌经理制就是把企业商品进行分类，摒弃以前按照产品分别委任经理的制度，改之以按照产品的大类委任经理。这样可以减少企业内部品牌之间的竞争，提高和渠道商博弈过程中的谈判能力，提升整体效益。类别品牌经理制是在产品品牌经理制的基础上发展起来的，是一种扬弃。在接受产品品牌经理制优势的同时，因为合并市场定位相近的产品，从而降低了企业内部的恶性竞争，加强了企业内部的沟通和协调，减少了资源的浪费，进一步整合了企业的资源能力，提升了企业的竞争力。

如图 7－2 所示，类别品牌经理制的具体做法是：对企业产品系列进行系统梳理，将企业品牌按照产品性质分为若干个类别，每一个类别设置一个类别经理，管理该类别下所属同类各产品品牌经理。在此种制度下，类别品牌经理的主要职责是界定企业所属品牌间的边界和相互关系，发挥协调作用，而品牌经理的职责主要是了解市场信息，协调研发、生产、营销等企业部门，做好日常的品牌管理和建设工作。

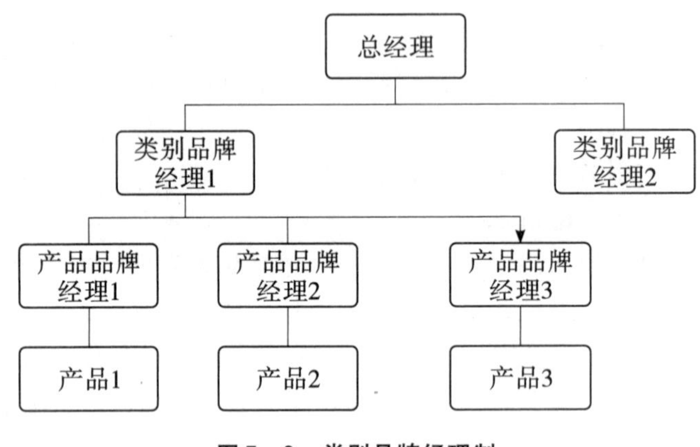

图 7－2　类别品牌经理制

四、企业品牌经理制

企业品牌经理制是近年来出现的品牌管理组织形式，与以往的品牌管理组织形式相比，企业品牌经理制重点培育企业品牌或旗帜品牌，并通过企业品牌与其他品牌之间的关系，使品牌系统中的各品牌能够相互支持，从而实现品牌建设的收益最大化。企业品牌经理对企业众多品牌进行系统管理、协调发展，致力于强化企业形象，在消费者心中建立良好企业品牌与优质产品品牌之间的联想。企业品牌是企业价值观的体现，是企业对社会的一种承诺，也是企业经营全过程的总体反映。品牌策略家佛瑞辛克莱曾说过："一屋子的品牌就像是一个家庭，每一个都需要一个角色与一份和其他品牌之间的相互关系"，企业品牌经理的目标就是要经营好这个家庭。

（一）企业品牌经理的职责

企业品牌经理的主要职责包括：制定品牌管理的战略性文件，规定品牌管理与识别运用的一致性策略方面的最高原则；建立母品牌的核心价值及定位，并使之适应公司的文化及发展需要；定义品牌架构与沟通组织的整体关系，并规划整个品牌系统，使公司每一个品牌都有明确的角色；致力于品牌延伸、提升等战略性问题的解决；实施品牌体

验、品牌资产评估、品牌传播的战略性监控等。

（二）企业品牌经理制产生的原因

1. 营销环境的变化

在之前的经济环境中，消费者对产品的诉求还比较简单。随着消费者需求的日益丰富，消费者主导地位的建立和互联网的发展，消费者开始趋向理性购买。他们不仅关心产品，也关心提供产品的生产者，他们希望所购买的任何产品背后都有一个值得信赖的企业。消费者在选择商品时，除了产品或服务给他们提供的功能性利益之外，企业形象、企业文化、社会责任感等因素也成为必要的考量。宝洁公司前总裁埃德·阿兹特（Ed Artzt）指出，现在的消费者希望了解公司，而不是产品。一项对美国消费者的大型调查发现，89%的被调查者认为，企业的声誉常常决定他们购买哪家的产品；71%的被调查者说，他们对一家企业越了解，对其感觉就越好。这种营销环境的变化，使得企业品牌经理制成为必然。

2. 市场竞争环境加剧

一方面，随着技术的发展，产品的同质性越来越严重，消费者选择更加多元化，市场竞争日益加剧。另一方面，在注意力经济的时代背景下，由于消费者被大量的信息所淹没，能够有效引起消费者注意就是一个十分重要的问题。如果没有被注意，肯定谈不上被购买。即使能够引起注意，能不能形成真实的购买行为在一定程度上要取决于品牌的市场权力，所以要加强领袖型品牌的建设，强化在消费者心中的形象。

3. 创建和维持品牌费用昂贵

创建和维持品牌的费用越来越高，迫使企业集中于部分品牌，重点培育企业品牌或旗帜品牌。销售专家认为，在未来的市场竞争中，要想在北美及欧亚顾客中夺得显著的“印象占有率”，需要约10亿美元的广告费用。培育企业品牌是现代市场条件下取得竞争优势的有力手段，而建立企业品牌经理制则有利于企业更好地培育企业品牌。

4. 品牌分散管理，削弱品牌竞争力

品牌是识别产品的标志，是企业向其最终消费者、客户、利益相关者、管理层传递信息的工具。因此，品牌必须能够传递一家企业所具有的共同文化、共同目标、价值观等。但是如果企业有很多独立品牌又缺乏系统管理，其结果则不仅容易造成企业形象的混乱，而且使企业内大多数品牌缺乏竞争力。而建立企业品牌经理制，重点培育企业品牌，则可以较好地解决这些问题。

5. 产品品牌经理制的缺陷越来越明显

产品品牌经理制缺陷越来越明显也是间接推动企业品牌经理制产生的原因之一。由于产品品牌经理制一度是企业进行品管理的经典方法，一旦其缺陷暴露，则大多数企业都面临寻求一种新管理方法的任务。从类别品牌经理制，到企业品牌经理制的建立，都说明了企业只有适应环境变化，不断调整品牌管理方法，才有可能在竞争日趋激烈的市场中立稳脚跟。

（三）建立企业品牌经理制的意义

1. 有利于从战略高度对品牌进行管理

由于企业品牌经理制赋予了企业品牌管理层最高管理地位，同时负责品牌建设的总体规划和布局，因此避免了产品品牌经理制下缺乏协作的致命缺陷，使得企业品牌经理可从大局和整体利益出发，对企业品牌实行统一的系统管理，有利于企业品牌达到整体最优的状态。

2. 有利于资源有效整合

企业品牌经理制能够让企业更好地实现资源的合理配置，更系统地实现品牌建设的可持续健康发展。众多品牌相互支持，成为一个有机整体，而不是彼此独立，从而有利于企业形成“1 +1 >2”的整合效应。

3. 有利于企业集中培育企业品牌（或旗帜品牌）

一般来说，产品品牌更多地代表产品、配方、专有技术等；而企业品牌或旗帜品牌则代表企业利益、价值理念、企业文化等，是更高层次企业理念的表述。重点培育企业品牌或旗帜品牌，可使企业产品品牌在其理念的支持下，共同维持统一的企业形象。

第四节　品牌管理的变革

品牌管理的历史迄今为止已有千年的历史了，然而作为真正意义上的品牌管理却仅有几十年的历史。

随着经济的发展，品牌管理模式也从传统的职能式品牌管理模式，发展到品牌经理模式，并且还在不断地变化。面对机遇与挑战，唯有那些胸怀远大，能够准确把握未来趋势，努力通过变革使品牌不断适应环境变化的企业才能把握住品牌的命运。而那些目光短浅、缺乏方向感和环境变化适应能力的品牌必然会失去发展的空间并最终走向衰落。

一、品牌管理模式变革的压力

（一）信息技术的不断发展

信息技术的发展，将对营销领域，包括品牌和品牌管理领域，产生深远的影响。信息技术的发展使得基于网络的直销方式成为可能。在所有直销形式中，最具革命性的是基于互联网的网络营销。网络营销被认为是当今最具优势的一种直销方式。然而具有讽刺意味的是，网络营销对于所有营销人员来说都不啻是一场噩梦。

众所周知，品牌对于消费者而言，一个重要功能是可以减少消费者的寻找成本。而信息技术的发展，尤其是互联网的发展，其实也是在显著地降低消费者的搜寻成本，并使市场变得越来越有效，因为消费者和卖方完全可以在一个既定的价格条件下实现交易。但是，市场越来越有效，反过来又对传统的以品牌管理为导向的营销的存在提出了质疑，因为营销只是在市场不是十分有效的条件下才出现。

同时，消费者在互联网上使用各种搜索引擎，获取最低的价格，未来甚至可以实现在购物时邀请多个供应商同时进行投标竞争。

因此，随着信息技术的发展，市场将越来越有效，品牌对于帮助消费者减少搜寻成本的作用将大大降低，而各种以提供搜索引擎为目的的企业或者信息提供者的作用和重要性将大大提高。

（二） 消费者价值观念的转变

消费者价值观念在不断改变。一方面，随着竞争的加剧、产品供给的增加，消费者面临着更多的选择，他们变得愈加精明。另一方面，人口的老龄化趋势意味着有经验的购买者数量在增加。而且企业在提供高质量产品的同时，还向消费者提供了越来越多的附加服务，又导致消费者对价值期望的提高。

所有这些趋势，都意味着未来消费者可能更加成熟，更加重视价值导向。消费者对价值的进一步关注，对品牌和品牌管理会产生重要影响，品牌的情感性利益对于消费者来说将变得更加重要。

（三） 零售商作用的扩大

在过去十几年中，零售的集中度越来越高，这是一个全球性趋势。我们在中国也可以看到这一趋势，表现形式为大量的大型百货商场、大型超市在整个社会零售商业总额中所占的比重越来越大。在这一趋势下，营销的重心开始由制造商转向零售商。一些制造商开始更关心整个品类的促销，而不是只关心品牌的促销，因为零售商占有货架空间，处于主导地位，且更关心整个品类的盈利能力。所有制造商的新品牌或者品牌延伸都要保证扩大整个品类的盈利能力。

零售商作用的扩大对品牌管理的影响是深远的，传统的以消费者为中心的品牌管理者必须意识到零售商的重要性，并需要逐渐由单一的品牌管理转向范围更广的品类管理。

二、品牌管理模式变化趋势

品牌及品牌管理所面临的环境发生的变化，将不可避免地导致品牌和品牌管理制度的变化。特别是在营销关系过程中，品牌对消费者和制造商的作用都会发生变化。那么未来品牌管理可能会往什么方向发展呢？品牌经理制又会发生怎样的变化呢？品牌经理制自 1931 年由宝洁公司创立后，不但在宝洁推行成功，而且被广泛地应用于企业界，这套品牌管理制度已行之多年了。但随着全球化趋势的来临，新兴市场的复杂度不断增加，竞争日益激烈，渠道不断变革，加之多品牌、品牌延伸等营销策略的发展，今天的品牌管理会朝着以下方向发展。

（一） 企业内部品牌管理组织发生变革

新型的品牌管理组织对品牌管理团队的能力方面提出了更高的要求。品牌管理人员必须具有市场营销方面长期的专业知识和技能，品牌管理团队应该以更宽广的胸怀广泛吸收外部专家顾问和内部资深人士加入；品牌管理人员必须对目标客户群需求和个性要有深入的感性认识、敏锐的洞察力以及创新意识；品牌管理人员自身的价值观和个性要与品牌的核心价值保持高度一致。

（二） 由技术性转为策略管理

今天的品牌经理必须具备策略性和前瞻性的眼光，而不只是从事技术性工作。他们必须参与企业政策的制定和执行，同时品牌策略必须遵循企业政策并反映企业文化。这种转变包括以下三个方面。

1. 职位的提升

过去的品牌经理只是中层干部，任职不超过 2 ~ 3 年。今天的品牌经理不但是营销部门的最高主管，而且许多都是由执行长官担任，他们具有多年丰富的工作经验。

2. 注重品牌资产的发展

过去的品牌经理注重的是品牌形象的建立，现在他们注重的是品牌资产的发展。品牌资产的发展是企业竞争优势和长期获利的基础，更需要由高级管理人员来负责。

3. 衡量品牌资产价值

过去的品牌经理注重短期的销售和获利数字，今天的品牌经理必须进一步衡量品牌资产的价值。品牌资产的价值来自投资回报、获利、品牌的认知度和忠诚度、品牌认同等因素，是经过长期累积而成的。

（三） 由狭窄转为宽广

过去的品牌经理通常只负责一个品牌、一个产品或者一个市场，今天的品牌经理面临的挑战更大、更具复杂性，因此工作范围也较以前宽广。主要是因为环境出现了以下改变。

1. 多项产品和市场

今天的品牌经理必须负责多项产品和多个市场的发展。因此，产品和市场范围的规划成为一项重要工作。品牌经理必须决定品牌延伸和品牌授权的政策，例如，哪些产品应该用哪些品牌；也必须考虑哪些品牌可以销售到不同市场，或者不同市场要采用不同品牌。今天的品牌经理在对待产品和市场的营销策略组合上必须更富有弹性，才能适应市场的多变性。

2. 复杂的品牌工程

今天的品牌经理必须处理复杂的品牌工程，包括各种产品的延伸和副品牌的推出，让品牌之间达到明显的细分并发挥绩效互补作用。

3. 注重品牌类别管理

过去的品牌管理制度鼓励同一类别的品牌之间彼此竞争，例如，宝洁在洗发水类别中就有潘婷、海飞丝、沙宣等品牌。但是今天的品牌管理制度侧重于整个类别，即品牌类别管理，而非只是单一品牌，原因是许多大型零售业者要求厂商提供整个类别产品的单一窗口，以便于管理和信息处理。否则由于市场上充斥着越来越多的品牌，同一企业中若各品牌自行其是，就会使得品牌区隔模糊、销售重叠，因此有必要统一管理。

4. 全球化视野

过去的品牌管理制是把同一套品牌策略应用到不同的国家，今天的品牌经理必须具有全球化视野，了解哪些国家可以采取跨国品牌策略，哪些国家必须采取地区性品牌策略。

5. 整合营销

过去的品牌经理只要依赖少数的媒体，如电视，就可达到营销目的。今天的品牌经理面对分众营销市场的形成、媒体的开放及多重营销渠道，必须采取整合营销的方式，运用广告、促销、赞助、网络、直销、公关等发挥最大效果。

（四） 由注重销售转为品牌认同

今天的品牌管理策略不仅注重销售和获利等短期绩效指标，更注重品牌认同。品牌认同的发展有赖于品牌经理对消费者、竞争者和企业政策的全盘了解。

在消费者方面，要了解目标消费者是谁，如何区隔市场，消费者的购买动机和行为如何，等等。

在竞争者方面，要了解主要竞争者是谁，竞争者的优缺点是什么，竞争者的营销策略是什么，如何和竞争者有所差异，等等。

在企业政策方面，必须了解企业对消费者的承诺是什么，如何通过品牌营销来达成企业承诺和建立声誉等，必须了解消费者对企业品牌是否认同，这才是企业能够维持长期优势的基石。

品牌经理制的改变，表现为由执行面转化为策略面，由单一品牌转为多品牌、品类或商品群管理，由单一市场转为多样化市场、跨国性市场、全球化市场，由追求短期绩效转为建立长期优势。随着品牌经理的角色改变，其重要性增加，职位提高，任务和责任加重，面临的挑战也越来越多。

（五）品牌驱动的业务流程管理体系和与之相配套的绩效考核体系日益完善

无论是创建一个强势品牌，还是维护一个强势品牌，都需要从战略的高度对企业运营流程进行管理和监控，并建立起品牌驱动的业务流程管理体系和与之相配套的品牌管理绩效考核体系。

一个科学的品牌管理绩效评估体系应该包括科学合理指标和权重设定，兼顾定量指标和定性指标、内部考核和外部市场等因素。为了获得量化指标和数据，IBM 公司会请第三方公司每个季度进行一次公司品牌形象的调查。其他企业也可以借鉴 IBM 公司的做法。

（六）一致性沟通和品牌接触点管理的实践

顾客需要花足够的时间去理解一个品牌，并对品牌信息做出反应，如果品牌与客户在沟通过程中缺乏一致性，顾客就会感到困惑。所以品牌传播必须保持长期的一致性。

然而，保持品牌沟通一致性肯定会面临挑战，这些挑战首先来自于建立内部品牌沟通机制。品牌管理虽然是高层的责任，员工却是品牌对外沟通的最重要的媒介。想要实现品牌对外的一致性沟通，首先需要从内部沟通开始，只有当企业的每一名员工都能对品牌形成一致性的认知并最终融入品牌文化之中，成为品牌的保护者和传播者，品牌才有可能以一致的形象被传播并最终被客户所认可。正如可口可乐公司的一句著名的话："在公司悠长的发展历史中，我们一次次地证明，当我们的员工、我们的品牌和我们的合作伙伴一起努力并出色工作的时候，谁都无法击败我们。"

（七）从消费者管理到消费者引导

伯松（Berthon）、赫尔伯特（Hulbert）和皮特（Pitt）指出在关系导向范式下，客户管理是品牌管理的一个关键支柱，品牌学家为实现成功的关系管理提出了顾客终身价值最大化这一理念。而社区导向范式扩展了客户管理，通过对消费者进行引导，对关系导向范式进行了深化。新的品牌管理重点从那些购买和消费品牌的顾客，转移到那些通过数字媒体以各种直接或间接方式与品牌互动的群体。因此，形成社区导向范式的企业会将那些尚未成为顾客，但已经与品牌有互动的潜在消费群体也视为他们的目标市场。

鉴于品牌管理的作用已经发生变化，因此"管理顾客"的理念已不再适用。"引导顾客"可能更加合适，它更能体现企业与潜在的和现有参与品牌互动的群体间互动的作用。"玩家"的出现就是对这一积极作用的最好印证。小米公司就把成熟的互联网游戏的销售模式成功地引入小米公司的品牌管理中，依托传统网络和移动互联网等平台，包括小米官方网站、论坛、企业微博以及腾讯 QQ 空间等社交媒体与“米粉”进行互动。

此外，引导消费者还包括提供品牌相关的服务，这对那些享受数字化生活的消费者很有益。社区导向范式下新增的管理项目对企业的管理能力也提出了更高要求，从而可能导致企业管理能力的重新评估。

本章小结

品牌管理最初由宝洁公司在 20 世纪 30 年代提出，是以企业的品牌化发展战略为方向指引，以品牌资产的打造建设为核心，运用企业的一切有效资源和有效手段，对企业的品牌按照创建、发展与维护的主线进行系统化管理的过程。

品牌管理包括静态管理和动态管理两部分。其中，品牌的静态管理是对品牌（名称、符号）的命名与设立；品牌的动态管理是对品牌形象的塑造、品牌资产的建构。品牌管理的组织包括传统的品牌管理组织、产品品牌经理制、类别品牌经理制和企业品牌经理制四种。

本章最后介绍了品牌管理模式的变化趋势。企业需要准确把握未来趋势，努力通过变革使品牌不断适应环境的变化。

思考与练习

1. 什么是品牌管理？品牌管理包括哪些方面的内容？
2. 传统品牌管理组织有哪些类型？其缺点有哪些？
3. 产品品牌经理制在实践中有什么障碍？
4. 品牌管理模式的发展趋势是什么？
5. 简述产品品牌经理制和企业品牌经理制的异同点。

第八章　品牌标志的设计与管理

学习目标

（1）知道品牌标志的起源、概念和分类。
（2）了解品牌标志的要素与功能。
（3）熟悉品牌标志设计的原则和流程。
（4）把握品牌标志设计的风格。

21 世纪是一个经济全球化的时期，也是品牌革命的时期。在当今商业迅猛发展的时期，品牌标志已经成为企业品牌或产品品牌进行营销的方式之一，是商业品牌与消费者之间的桥梁，同时更是树立企业品牌或产品品牌形象最为有效的工具之一。随着国内众多新的商业品牌的诞生与成长，以及许多国际品牌逐渐进入国内市场，品牌的力量已经逐步显现，而标志在品牌的推广中则起到了至关重要的作用，它可以将企业文化、企业形象和企业精神进行有效的传播。

第一节　品牌标志的来源、分类及功能

标志的历史由来已久，其发展历史可以追溯到没有文字的原始社会。人类由于相互交往和相互了解的需要创造了图形，这种图形化的视觉语言比文字语言能更快速、更直接地表达思想、传递信息。在当今信息传播量与日俱增、人际交往圈不断扩大的时代，标志成了一种人类共同的直观联系工具，在社会生活中占有十分重要的地位。标志作为表明事物特征的符号，在今天的社会生活中无处不在，例如，公共场所标志、交通标志、安全标志、企业团体标志、商品标志等都从不同的层面发挥着沟通与交流的作用。可以说，随着人类社会的不断发展，标志还将渗透到更加广阔的领域。

一、标志的来源

标志的来源可以追溯到上古时代的“图腾”。那时，每个氏族和部落都有一种与自己有某种神秘关系的动物或自然物象作为本氏族或部落的特殊标记（图腾）。如女娲氏族以蛇为图腾，夏禹的祖先以黄熊为图腾，还有的以太阳、月亮、乌鸦为图腾等等。最

初人们将图腾刻在居住的洞穴和劳动工具上，后来就作为战争和祭祀的标志，成为族旗、族徽。古人们在生产劳动和社会生活中，为方便联系、标示意义、区别事物的种类特征和归属，不断创造和广泛使用各种类型的标记，如路标、村标、碑碣、印信纹章等。广义上说，这些都是标志。

中国早在春秋战国时期就出现了既有文字又有图形的标志。由于当时战争频繁、盗贼作乱不断，加之习武是众多人一生中的“头等大事”，于是刀、剑等兵器便成了那时的重要商品。许多造剑匠师为了把自己造的刀、剑同他人造的刀、剑区别开来，便在刀、剑上刻印标记。在当时的一些较大都市如临淄、邯郸、洛阳、成阳等，以及一些比较固定的大小市场，可以从商贾手中买到“郑之刀、宋之斧、鲁之削、越之剑”各种兵器。传说中的“鱼肠”剑、“龙渊”剑等名剑，虽无可考证，但在刀剑上刻有标记这一点上，应确有其事。同时，在市场上也可以买到北方的马、南方的颜料、西方的皮革等等。在这种条件下，要把这些产地各异、不同匠师（如陶工、竹工、皮革工、漆工）制造的不同器物加以区别，在产品上刻上制造者的姓名或别的什么标记，已是合情合理之事。在出土的楚国铜器铭文里就已发现有“工”“顾客”“冶师”等几种称呼，说明战国时期已经出现用某种名称去区别、标志是谁制造的物品或是属于谁的物品这一客观事实了。虽然这些标记还不具有现代商标的意义，但它的确是用在商品上以示区别制造者的标志。汉唐时期，北有丝绸之路，南有通商之城。中国与西域、中亚，特别是与印度的贸易十分频繁，因此在商品上已开始流行饰纹、图画等各种标记。如西汉时期还在锦、绣、纱、帛上织绘花草、马兽或几何图案，以及“延年益寿”“长乐光明”等祝福吉祥的文字或图案。在文史资料中也有“剪张禁”“酒赵放”“何以解忧，唯有杜康”等赞誉商品的佳句。这说明当时在商品上使用标记已经十分普遍，有的还明确标明货名、产地、价格等，这种用于市场竞争的饰纹标记已具有宣传、招徕顾客的功能。中国现存最早且较为完整的商标，是北宋时期山东济南刘家功夫针铺所用的“白兔”商标。商标中心图案为一只白兔，图案上方刻有“济南刘家功夫针铺”，两边刻有“以门前白兔儿为记”，下方还有文字，为“收买上等钢条，造功夫细针，不误宅院使用。转卖兴贩，别有加绕，请记白”。它基本上具备了现代商品标志的大部分外貌。这个印刷铜版，现陈列在中国历史博物馆，是世界商标史上极为珍贵的文物。元、明、清时期，中国的商品经济没有得到迅速发展，商标发展也极为缓慢。清代的“六必居”“泥人张”等字号仍然是汉唐以后商业性、服务性标记的延续和量变，这种标记主要起到类似今天厂商名称的作用，旨在招徕顾客，向顾客提供信用保证。纵观我国商标的历史，它是从无到有，随着简单商品经济的发展而逐渐发展的。由于商品交换的发展，有了商铺及作坊，商品上的标志也渐渐趋向复杂。最初在商品上只使用行铺、作坊名称或匠师姓名作为标记，之后则出现了文字、图形及其组合的标记，甚至还出现了水印暗纹标记，如唐朝民间各作坊生产的纸张上已普遍使用了水印暗纹标记。我国的商标比国外出现得早，大约早500多年，但从标志的功能来看，也仅仅是标示和区别而已。对生产者或商业主来说，商标用于标示商品的不同质量，有宣传推广作用；对购买者来说，只要认牌购货，可以货比三家了。

国外最早的商标，见于古代西班牙游牧部落打在牲畜身上的烙印。古代西班牙的游牧部落，为了表明牲畜属于自己所有，便于在集市上交换牲畜时和别人的牲畜有所区别，就在属于自己的牲畜身上打个烙印，这是国外最早具有一定性质的标志。古希腊和罗马时期的陶器、灯具、金器等，多刻有文字图案的标记。这种标记在当时除了用于纪念或表示私有权，还可方便官方征税，或者便于业主与工匠之间记账使用；有的还用来作为官方垄断经营商品的标志。到了13世纪，欧洲行会盛行，商品经济发展较快，珠宝玉器、呢绒织造、皮革鞣制等开始使用自己特有的标记，供本行业协会参加者共同使用，目的在于保证自己生产的产品具备一定规格质量，也为了保持行会的对外垄断，方便对粗制滥造、假冒他人产品的行为进行追究。有的个体工匠和商人也使用明记或暗记，以便在商品出售后，买主需要退货或修理时能够辨明商品的制造者和经营者。14世纪，欧洲一个国家的国王曾颁布过对伪造酒标记者处以绞刑的法律。法国于1554年颁布过对假冒他人标记者砍掉右手作为处罚的严酷法律。16—17世纪，行会成了欧洲经济的重要支柱，采用行会标记、责任标记、个人标记非常普遍，并且这种标记也被纳入国家法律管束的范围。

现代商标标志是资本主义制度确立之后出现的，伴随着资本主义经济的发展、生产规模的扩大和商品贸易的增长，都需要一种能普遍用来辨认商品的标记。随着资本主义经济的发展，商标使用了刺激性的文字和图形以吸引消费者购买，而且为了扩大产品的销售和盈利，有的企业甚至违法违规采用仿造、假冒别人已经获得信誉的名牌商标，借以推销自己的低劣产品和积压产品；有的故意收买对手厂家的名牌产品置于库内让它变质，然后再投入市场销售，以败坏他人名牌产品的信誉；有的出高价收买竞争对手的名牌商标，限制对手永远不得产销该名牌商品。标志演变为一种专有权，它不仅具有区别商品的基本功能，同时也是一种可以转让买卖并受法律保护的无形财产，从而形成了现代商标制度的基础。

到了21世纪，公共标志、国际化标志开始在世界普及。随着社会经济、政治、科技、文化的飞速发展，经过精心设计后具有高度实用性和艺术性的标志，已被广泛应用于社会的一切领域，对人类社会性的发展与进步发挥了巨大作用，产生重要影响。

二、标志的定义

21世纪的经济常被人们称为眼球经济，伴随读图时代的到来，人们常常可以看到各种各样的标志，如商品的商标、工厂的厂标、大型运动会的会标、道路旁的交通标识、公共设施的标记等。这些标志以简洁、明快、易记和传达迅速等特点，冲击人们的眼球。这些设计精美、创意独特的标志在现代社会生活中的作用越来越重要。

标志是一种大众传播符号，它以精练的形象表达一定的含义，并借助人们的符号识别、联想的思维能力，传达特定的信息。标志之“标”是指标准，而“志”的含义为记号，是表明特定物的符号。单从标志字面上解释标志的概念是极其宽泛的，它可以是动作，也可以是声音，还可以是行为，更可以是形态。金字塔是古埃及的标志，长城是中国的标志，枫叶是加拿大的标志。礼帽、拐杖、小胡子是卓别林的标志，发令枪是起跑的标志。广义的标志，包括了所有通过视觉、触觉、听觉所识别的各种标准识别记号。例如，以图形、文字、色彩、声音、节奏等各种知觉形式为载体，代表某种特定事物内容的符号。狭义的标志则是单指以视觉形象为载体，代表某种特定事物内容的符号式象征图案，通过特定而明确的造型、图形表达出事物抽象的精神内容，将信息快速准确地传播给社会大众。在社会生活中，各种不同性质、目标、质量、规模等内容的信息，都可以用标志加以有效地限定和区别，本章探讨对象为狭义的标志概念。

特别要说明的是，标志不同于信号、符号和商标。虽然都为视觉语言，但涉及的概念和内容不一，因而分别代表不同的意义。信号是经由知觉感受的反应引发联想的事物和现象，如看到梅子会想起酸的刺激；看到火会想起热的刺激。符号是将事物及现象的内容传达给人类的特定形象，有约定俗成的意味。商标则是具有商业行为的标志，具有说明品牌质量、企业信用的性质与机能。标志实质上是一种具有象征性的符号，通过形象来完成传达信息的过程。在传播中，信息传达的过程是这样的：信源—编码—信号—媒介—信号—解码—信息。品牌标志设计传达的过程，就是设计师将品牌的信息通过设计编码成一种可视信号，也就是标志图形，通过一定的媒介呈现在受众面前，让受众看到这个品牌信号，进而进一步了解熟悉该品牌。

标志是企业与产品的代表符号，是一种以精练的形象表达一定含义的图形；也是一种超浓缩的信息载体生成的独特的视觉语言，是独特的视觉语言与超浓缩的信息载体表达的内涵。

三、标志的分类

（一）按照标志用途分类

1. 国家和国际组织机构标志

国家和国际组织机构标志，也称徽标或徽章（如图 8－1、图 8－2 所示）。徽标是由徽章演变而来，用符号图形来象征其使用者的身份标志，如国徽、军徽、团体徽记、纪念性和活动性标徽等，从而使人们树立某种理念意识，并庄重表示某些行为特征和气势氛围，成为具有特殊内涵的徽标形象。

图 8－1　中华人民共和国澳门特别行政区徽章

图 8－2　世界卫生组织徽章

2. 公共信息标志

公共信息标志是一种指示性标志，是日常生活中规范行为常用到的标志，主要指用于公共场所、交通、建筑、环境中的指示系统符号（如图 8－3 所示）。公共信息标志是人类文明与现代化城市建设和发展的象征，其特点是在公共场所运用标志形象，加以规范化表现，让大众识别并起引导作用，从而提高信息服务的功能。公共信息标志包括公共标志、交通标志、部门标志、产品使用标志、质量标志、安全标志、运动标志、操作标志、场所标志、等级标志等等。

图 8－3　公共信息标志

3. 品牌标志

品牌标志是企事业机构或商品、活动、服务的象征性符号（如图 8－4 至图 8－6 所示）。品牌是一个用来见证品牌名称、品牌标记、商标和版权等的概念，是企业的无形资产。商标是商品的标记，是品牌形象中的视觉核心，并广泛应用于商业领域，成为具有商用价值的标志。商标是企业的无形资产，是企业形象、商品质量和信誉的保证。同时又是企业走向市场参与竞争的有力武器，具有商业目的和商业价值功能。

图 8－4　中国石化品牌标志

图 8－5　三菱公司标志

图 8－6　强生公司标志

（二）按标志的表现手法分类

按照标志设计元素和表现内容的不同可以分为图形标志、文字标志、图文组合标志等。

1. 图形标志

图形标志是利用图形跨语言、跨国界的优势，强化图形共识性特征要素进行标志设计。图形标志有具象与抽象之分。具象图形是对事物进行客观描述，这种客观描述又分为人物、动物、植物等物象描述。

在标志中使用的具象图形并不是绝对的写实图形，而是对图形进行有效概括、精炼、简化，以突出形象特征。例如，世界自然基金会（World Wide Fund for Nature or World Wildlife Fund，WWF）的图形标志设计，以熊猫为元素（如图 8－7 所示），概括了熊猫圆耳黑眼、黑白色、体态丰满的客观特征，进行简洁化处理。雀巢的图形标志同样使用写实方式，图形由鸟巢、嗷嗷待哺的小鸟和口衔食物的鸟妈妈组成（如图 8－8 所示），画面生动温馨，紧贴关爱安全、自然、营养、协调的品牌理念。标志图形以轮廓线勾画出写实场景，简单明确，寓意为全球婴儿和妈妈们提供了高品质奶源。凤凰卫视标志（如图8－9所示）设计构想是其创始人刘长乐提出来的。他认为，中国人自古将凤凰视为吉祥如意、和平安康的象征。一凤一凰、一阴一阳的两个主体像两团燃烧的火，极富动感地共容在一个圆内，既具直观性又有象征意义。凤尾和凰尾突出开放的特点，两个主体之间绝没有堵的感觉，是通气的。凤凰卫视以抽象的凤凰旋转交融的形象为台标，凤凰就像中华民族的传统图腾龙一样，在传统中代表了民族的话语。凤为阳，凰为阴，在东西方意识形态之间，凤凰取得了微妙的平衡。其玄妙之处在于，凤凰卫视的台标在中国传统的、封闭的意识形态中找到了出口，由阴阳盘踞的两只鸟所组成的台标中，所有的口都是开放而非封闭的，展示了开放的媒体姿态。

图8－7　WWF标志

图8－8　雀巢公司标志

图8－9　凤凰卫视标志

2. 文字标志

文字标志是标志设计中的一种较为直接的设计表现形式，在最初的企业形象设计（又叫CI设计）创意中，中外的设计者都会将文字作为主要设计方案进行创意。文字标志因为具有视听同步的特点，可以使消费者及受众通过标志中的文字准确、快速地了解产品品牌诉求特征，进而增强品牌印象。因此这一设计形式广受企业经营者和管理者的青睐。文字标志中的文字具有图形与文字说明的转化功能，文字既传达意义，又具有图形效果。文字标志一般以英文、数字、国别文字（例如中国品牌的汉字标志、韩国品牌的韩文标志等）三种形式为主。

（1）英文标志。由于英语是当今世界使用最广泛的语言，其作为国际性语言的优势，使得英语系国家与非英语系国家在品牌标志的设计上均喜欢使用英文。同时，英文字母造型简单，组合搭配性强，也是其成为设计者乐于进行创意使用的原因之一。英文标志一般有单字母形式、企业全称缩写形式和英文单词形式三种。

用首字母进行设计在字母理解与造型创意上具有一定的难度，成功案例突出但相对较少，联合利华（Unilever）是一个典型的案例。其品牌标志就是单字母的“U”型标志，由25种具有独特含义的小图案拼成，每种小图案分别代表一种活力和产品品牌（如图8－10所示）。而“LV”是以品牌全称LOUIS VUITTON（路易威登）的首字母缩写组合进行标志设计（如图8－11所示）。而以单词形式作为品牌标志的，通常选用的单词为创始人的名字或其名字中的某个单词，例如，蒂芙尼（Tiffany & Co.）珠宝（如图8－12所示）、戴尔（Dell）计算机（如图8－13所示）均以品牌名称的英文单词为基础进行品牌标志设计，而其品牌又以品牌创始人的名字来命名的，能直接通过字义了解品牌特性。

图 8－10　联合利华（Unilever）的品牌标志

图 8－11　LV 的品牌标志

TIFFANY & CO.

图 8－12　蒂芙尼（Tiffany & Co.）的品牌标志

图 8－13　戴尔（Dell）的品牌标志

（2）数字标志。数字标志应用数字进行品牌标志形象设计。这类数字一般具有较好的寓意，或者对企业而言有特殊的含义。数字在不同国家和地区的发音、谐音、寓意均不相同。比如 1、6、8、9 等数字在我国都属于吉祥数字。西方国家对数字也有美好的寓意，幸运数字是西方人将好运气寄托在数字上的一种表现。

7－11 便利店（如图 8－14 所示）是用数字作为品牌标志的典型，其设计的初衷是借以标榜营业时间为上午 7 时至晚上 11 时等。而 3M 公司的标识素材则从公司名称中提取而来。3M 公司的全称是明尼苏达矿务及制造业公司，英文名为 Minnesota Mining and Manufacturing Corporation，因公司英文名中有 3 个以 M 开头的字母，因此以“3M”为标志的设计内容（如图 8－15 所示）。

图 8－14　7－11 便利店的标志

图 8－15　3M 公司的标志

（3）国别文字标志。国别文字标志即采用品牌或企业所在国家的语言进行品牌标志设计。在我国，利用汉字设计标志的品牌比较多，例如，全聚德、五芳斋等中华老字号，字表其意、音表其名，易于老百姓认知识别（如图 8－16 所示）。改革开放后，在市场经济中新兴的品牌，如娃哈哈、喜之郎、伊利、汇源、蓝月亮等名牌也采用汉字设计品牌标志（如图 8－17 所示）。

图 8－16 全聚德、五芳斋等中华老字号的标志

图 8－17 喜之郎、蓝月亮等新兴品牌的标志

3. 图文组合标志

图文组合标志是指品牌标志设计由文字与图形组合而成，这种组合形式使文字与图形互为补充，文字的说明性与图形的易识性相结合，从而增强标志的识别度。此类标志传递的信息明确、通俗易懂，在中外各类品牌标志设计中均使用较多。图文组合标志常见的设计形式有两种，一种是文字与图形彼此分开，互不干扰、互为衬托，例如，爱马仕、劳力士、永和豆浆等（如图 8－18 所示）。另一种形式是文字与图形互为转换，文字变形为图形的一部分，或者图形穿插到文字中，作为文字的某一结构笔画，使整个标志被赋予生动多变、巧妙设计的意蕴。例如，“汉堡王”的标志（如图 8－19 所示），外形就是一个巨大的汉堡，但是汉堡中夹的肉饼、蔬菜被“BURGER KING”单词所替代，文字成了汉堡中的食物，图形明确，文字清晰。又如纸业知名品牌“心相印”（如图 8－20 所示），心字的一笔被红心图形所替代，准确点明产品品牌的热情温馨、心心相印的寓意。

爱马仕品牌标志

劳力士品牌标志

永和豆浆品牌标志

图 8－18 图文分开式组合标志

图 8－19　汉堡王标志

图 8－20　心相印品牌标志

四、品牌标志的功能

一般来说，品牌标志具有以下四大功能。

（一）区分商品

标志能够展示出某种组织、某项活动或某个企业品牌的性质、服务和宗旨。现代社会，生产经营同一种商品的企业很多，同类的活动也很多。企业主为了表明“我是谁”，往往用易辨认、易记忆，且含义深刻、造型优美、特征鲜明的图形符号把自己与他人区别开来，防止因标志雷同而让顾客混淆，做到令人一眼即可识别，甚至过目不忘。例如，不同的汽车品牌会采取区别较大的标志来塑造品牌形象，以区别于其他品牌（如图 8－21、图 8－22 所示）。

图 8－21　凯迪拉克汽车标志

图 8－22　标致汽车品牌标志

（二）树立品牌形象

品牌标志不同于古代的商品印记，其承载着企业的无形资产，是企业综合信息传递的媒介。对于企业而言，品牌标志不仅要表明“我是谁”，还要说明“我怎么样”，使人们在看到品牌标志时，就会对相应商品的内在品质、包装设计、售后服务质量及企业形象和口碑等产生自然的联想，从而对企业产生认同感。品牌标志是企业信誉的象征，是企业树立良好形象、占领市场的重要营销竞争手段。

（三）提升品牌价值

当今社会，享用名牌似乎成了身份的象征、地位的体现和个人魅力的表现，这就使得品牌标志具有了某种精神力量。这种精神力量就代表着品牌的价值。品牌价值是无形资产，无形资产的价值远远高于企业的有形资产价值和年销售额，例如，可口可乐、百事可乐的品牌价值都在上百亿美元，品牌标志也因此获得各个国家的法律保护。品牌标志是企业发展的一种依托与保证，是一笔巨大的无形资产。其核心是具备良好的品质和服务，以及优良的社会信誉和形象，而这些都需要长期不懈地努力才能形成。

（四）审美功能

品牌标志是将原本枯燥的语言，通过具有趣味性的视觉设计表述出来，这种生动活泼的设计形式能吸引观者的注意，激发其好奇心。优秀的品牌标志设计一定要形式优美、表意清晰，具有强烈的视觉冲击力，让人赏心悦目，具有审美价值，给人以视觉美的享受，使人们在享受美的过程中记住一个品牌，理解其含义。同时，能有效地引导大众的审美观念，领导视觉艺术的时尚。

消费者对品牌的第一印象通常来自于标志，品牌标志就是品牌的眼睛，有图腾般的作用。汉代李延年在其所写的乐府诗中曾有这样的诗句："一顾倾人城，再顾倾人国。"优秀的品牌标志就应该有这样的效果。杰出的品牌标志设计有助于品牌成为经典，从而成为品牌极为重要的资产。品牌标志设计与其他图形艺术表现手段既有相同之处，又有自己的独特之处；既体现功能特点，又遵循科学的设计流程。

第二节　品牌标志设计的元素、原则与流程

品牌标志在品牌形象的塑造过程中有着重要的作用，既可以帮助消费者区别相同类别的商品，又可以帮助企业树立良好的形象，还能进一步帮助品牌主塑造品牌的影响力。从宣传的角度来看，优秀的标志还可以丰富并提高人们的审美能力。一个成功的标志一定会充分利用设计的元素，进而充分表达好设计诉求。常见的设计元素包括了名称、图形和色彩。在标志的设计过程中，需要充分发挥标志的功能。

一、品牌标志设计的元素

（一）名称

一个出色完美的标志，除了要有优美鲜明的图案，还要有响亮动听的品牌名称。品牌名称不仅影响商品在市场上的流通和传播，还决定商标的整个设计过程和效果。如果品牌有一个好的名称，能给商标设计人员更多的有利因素和灵活性，设计者就可能发挥更大的创造性。反之，就会带来一定的困难和局限性，也会影响艺术形象的表现力。因此，确定商标的名称应遵循"顺口、动听、好记、好看"的原则。要有独创性和时代感，要富有新意和美好的联想。

当代品牌名称设计已形成一个国际化潮流，品牌的国际化除了具有品牌的共性——易读、易写、易识外，还需要品牌名称能通行世界各国，也就是说，对于品牌名称来说，最重要的功能是要最大限度地传播品牌，要让目标消费者记得住、想得起所指代的品牌，只有这样的品牌名称才是成功的。品牌名称传播力的强弱取决于品牌名的组成和含义这两方面因素，两者相辅相成、缺一不可。

关于品牌的命名第二章已有详细阐述，这里不再赘述。

（二）图形

图形（Graphic）是品牌标志的重要组成部分，是标志设计的表意形式，是设计作品中受众关注的视觉中心。品牌标志中的图形可以通过印刷进行大量复制，并通过媒体进行广泛传播。在品牌标志的图形设计中，创意是非常重要的，创意不同，设计出来的品牌标志也各不相同。品牌标志中图形与纯美术作品的重要区别之一是其特殊的功能性，具体表现如下：①与语言文字媒介一样，图形也含有强大的信息量。与语言文字的抽象性和线性不同，图形传递信息时生动、直观、易识别、易记忆。②图形可以跨越国家、民族之间的语言障碍，可以超越国家和民族之间的鸿沟而进行广泛的传播。③图形在情感传达方面具有更多的灵活性，可以很好地和企业经营理念相结合。

品牌标志中的图形可分为具象图形和抽象图形，还有将二者相结合的综合型。随着网络技术的发展和智能手机的普及，现在还出现了动态品牌标志图形，以更加丰富的视觉形式来展现。

品牌标志的具象图形常以动植物、建筑物、器物等具体物象作为设计元素，通过艺术手法提炼其特征，加上简化或适当的装饰手法处理，使其形象直观易懂。相较于植物或建筑物的图形创意，动物的图形更能给人带来亲切感，尤其是大家所熟知的动物形象，已经被广泛地使用在品牌形象或标志设计中。目前，国内各大电商所使用的图标均为动物形态的再加工，例如，天猫的猫、京东的狗，这些动物图案形象简洁、生动又亲切，有很强的识别度，受到市场和消费者的喜爱。而抽象型的标志始于现代主义运动，核心就是用简洁、抽象的视觉语言取代之前繁杂的绘画写实的设计语言，提倡“简洁就是美”，应用在具体的标志设计中，多以经过概括的几何线形为设计要素，通过秩序美、韵律美和矛盾空间及空间结构建构成具有现代美和形式感的几何图形，传递着和标志主题相一致的感觉和意念，通过抽象造型带给受众不同的情感体验。

（三）色彩

色彩是人们视觉传达中最活跃的因素，是标志设计中最重要的部分。在标志设计过程中，色彩的视觉传达特征、象征性力量和心理影响发挥着巨大的作用。色彩设计贯穿于标志设计的整个过程，能使标志设计产生强烈的视觉冲击力和艺术感染力。标志设计中合适的色彩，能产生理想的视觉效果，增强标志鲜明的外在识别性。运用色彩可以加强标志的内在理念及其含义的表达，引发多种情感和联想，从而准确地传达出标志设计所要表达的信息，更能吸引受众的关注。

色彩作为一种视觉感知语言，可以提高信息传播的速度，促使人们快速地识别各种标志视觉信号，产生强烈的视觉效果。色彩在标志设计中起着先声夺人的作用，比点、线、面等元素对受众产生的视觉冲击更猛烈，有着相对其他元素更为显眼的视觉效果。色彩能在瞬间给人留下较深刻的印象，在标志设计中能提高作品的识别性，增强标志的鲜明性，更加快速精确地传达出设计的理念，吸引受众注意力。

在标志设计过程中，色彩的具体运用必须将经验性、情感性及相关知识有机地结合起来，从而达到设计所需的目的。在设计过程中，要仔细研究、认真分析，尤其要高度重视主观色彩的表现，如色调的兴奋感、色调的明快活泼感、色调的档次感、色调的冷暖感等。把握色彩的感知和内在心理效应，将其合理地运用在标志设计上，这在竞争日益激烈的市场中很容易达到意想不到的效果。不同的标志色彩可以创造出不同的视觉形象，传达企业的内在品质和精神理念，充分表达标志的相关属性与特质，产生良好的社会价值。在标志设计色彩运用中，我们应当充分考虑到不同受众的接受程度和理解程度的差异。不同国家、民族、人群对色彩的理解有一定差异，这种差异，常常是因色彩引起的不同联想造成的。不同的人对色彩的喜好程度也不一样，而且个人的年龄、性别、职业和所处的社会文化及教育背景，也会使人们对同一色彩产生不同的联想。受众的风俗习惯、生活实践、审美态度也使色彩具有情感特征，进而产生各种不同的联想。这些色彩心理联想的差异，在标志设计中我们应充分重视。

二、品牌标志设计的原则

品牌标志的本质是传播信息，这是现代标志设计的核心。标志的设计创意应从信息传播入手，从功能需要出发，明确标志要表达的内涵是什么，要传递给接收者什么信息，而不是把形式作为标志设计的唯一出发点。要把握标志所要传播的信息要点，就要通过最佳视觉元素的编排，达到信息传播的目的，使接收者在心理上产生特定的感受和联想。这是标志设计的内容与任务。在品牌标志设计中应遵循以下原则。

（一）独特性

独特性是标志设计的最基本要求。标志的设计必须做到独特别致、简明突出，追求创造与众不同的视觉感受，给人留下深刻的印象。因此，标志设计要能区别于现有的标志，避免与各种各样已经注册、已经使用的现有标志在名称和图形上雷同，要能在众多的标志中脱颖而出。只有富于创造性、具备自身特色的标志，才有生命力。个性特色越鲜明的标志，视觉表现的感染力就越强。

（二）注目性

注目性是标志所应达到的视觉效果。优秀的标志应该给人美的享受，给人以较强烈的视觉冲击力。只有引起人的注意，才能对人产生影响力，传达标志的信息。在标志设计中，注重对比、强调视觉形象的鲜明与生动，是产生注目性的重要形式要素。特别是公共性标志设计，不仅要求在常规环境中具有较强的视觉冲击力，还要求能在各种不同的环境条件下都能保持较强的视觉冲击力。商标设计也要求在各种不同的应用中，都能保持良好的商标视觉形象，使商标无论是在商品的包装上，还是在各类媒体的宣传中，均可起到突出品牌的积极作用。

（三）通俗性

通俗性是标志易于识别、记忆和传播的重要因素。通俗性不是简单化，而是以少胜多、立意深刻、形象明显、雅俗共赏。通俗性强的标志具有公众认同面大、亲切感强等特点。对于商标而言，一般通俗的商标形象，首先要有一个与众不同、响亮动听的品牌名，以好的品牌名为基础，综合考虑品牌标志的特点，选择最佳方案，再进行具体的图形设计。一个优秀的品牌标志不仅影响商品在市场上的流通和传播，还决定着设计者的整个设计过程和最后效果。优秀的品牌标志应具备以下特点：①结合商标的内容和特性，与商品有密切联系；②根据商标注册的时间，体现出一定的思想内容和时代精神；③现代商标应富有人情味和生活气息，给人以亲切感和轻松感。

商标需要有讲得出、听得进、看得懂、传得开的特点。对商标设计还应追求品牌名响亮、动听，造型简洁、明晰、易于识别，使商标在听觉和视觉上都具有通俗、易记的

个性特征。

（四）普适性

普适性是指标志应具有广泛的适应性。标志的普适性是根据其功能及需要在不同的载体和环境中展示、宣传的特点所决定的。

现在的媒介手段越来越丰富，除了传统的电视、广播和户外广告外，如今还有互联网、APP、自媒体等众多新媒体平台。一个好的品牌标志必须具备在多个平台上都能方便使用的特点。除了容易记忆外，在延伸方面也要有很好的应用。不论是纸质广告还是借助媒体终端，抑或是利用金属、塑料等需要特殊加工工艺的材料制成广告牌，都能有很好的应用效果。

（五）信息性

标志的信息传递有多种内容和形式。其信息内容有精神层面的，也有物质层面的；有真实存在的，也有虚拟的；有企业方面的，也有产品方面的；有原料方面的，也有工艺方面的。其信息成分有单纯的，也有复杂的。信息传递的形式有单纯图形的，也有单纯文字的，还有图文结合的；有直接传递的，也有间接传递的。人对信息的感知，有具象的，也有抽象的；有明确的，也有含蓄的。一般而言，标志中信息的处理与调节，应尽量追求以简练的造型语言，既内涵丰富，又侧重明确，并且容易被观者理解的兼容性信息为最佳。优秀的标志都具有形象简洁、个性突出、信息兼容的特点。

（六）文化性

文化性是标志本身的固有属性。标志中的文化性是通过标志中的民族传统、时代特色、社会风尚、企业或团体理念等精神信息来体现的。在具体的标志形象中，所显现出的这些文化属性，又是标志设计者通过自己对事物的理解和构思，自然而然地融合于标志的内容与形式之中的。因此，也可以将标志中的文化性，看作是具体标志的设计风格或设计品位的特征。文化性强、设计品位高的标志，必须是联想丰富、耐人寻味的不同凡响之作。

（七）艺术性

艺术性是标志设计给人以美的享受的关键。标志的艺术性是通过巧妙的构思和技法，将标志的寓意与优美的形式有机结合体现出来的。艺术性强的标志，具有定位准确、构思不落俗套、造型新颖大方、节奏清晰明快、统一中有变化、富有装饰性等特点。在具体的标志设计时除了要求标志必须具有强烈的个性特征外，对于标志的其他要求，则应以现有同类标志的现状为背景，以具体标志所要传达的主要信息为侧重点，进行灵活调节，不必苛求对各项具体要求面面俱到。总之，凡是标志设计中的佳作，必然是内容与形式相统一，个性突出，形象鲜明，注目性强，便于识别和记忆，能给人以美的享受。

（八）时代性

商标的时代性是保证企业形象树立中的核心。商标既是产品质量的保证，又是识别商品的依据。商标代表一种信誉，这种信誉是企业经过几年、几十年，甚至是上百年才培植出来的。经济的繁荣、竞争的加剧、生活方式的改变、流行时尚的趋势导向等都要求商标必须适应时代。如何改革商标，一种方式是抛弃旧商标，重新设计，以全新的面貌出现。这种重新设计，在经济上可能要付出较大的代价，通过广告媒介反复宣传，才能重新树立形象。另一种方式是针对老品牌的享有信誉的商标，在原商标的基础上通过一个长期的策略，用渐变的手法，随着时间的推移，逐步改造和完善。这种商标既具有连续性，易于识别；又富于时代感，让人在不知不觉中接受新商标。

三、品牌标志设计的流程

（一）调研分析

标志不仅仅为一个图形或文字的组合，它是依据企业的构成结构、行业类别、经营理念，并充分考虑标志接触的对象和应用环境，为企业制定的标准视觉符号。在设计之前，首先要对企业做全面深入的了解，包括了解经营战略、市场分析，以及企业最高领导人员的基本意愿，这些都是标志设计开发的重要依据。对竞争对手的了解也必不可少，因为标志的识别性，就是建立在对竞争环境的充分掌握上。

（二）要素挖掘

要素挖掘能为设计开发工作做进一步的准备。依据对调查结果的分析，设计师提炼出标志的结构类型、色彩取向，列出标志所要体现的精神和特点，挖掘相关的图形元素，找出标志的设计方向，使设计工作有的放矢，而不是对文字图形进行无目的组合。

（三）设计开发

有了对企业的全面了解和对设计要素的充分掌握，就可以从不同的角度和方向进行设计开发工作。设计师通过对标志的理解，充分发挥想象，用不同的表现方式，将设计要素融入设计中，让标志达到含义深刻、特征明显、造型大气、结构稳重、色彩搭配合适，避免流于俗套或大众化的目的。不同的标志所反映的侧重或表象会有区别，经过讨论分析修改，设计师需要找出适合企业的标志。

（四）标志修正

提案阶段确定的标志，可能在细节上还不太完善，经过对标志的标准制图、大小修正、黑白应用、线条应用等不同表现形式的修正，使标志使用更加规范，进而达到统一有序规范的传播。标志设计将具体的事物、事件、场景和抽象的精神、理念、方向通过特殊的图形固定下来，使人们在看到标志的同时，自然地产生联想，从而对企业产生认同。标志与企业的经营紧密相关，标志是企业日常经营活动、广告宣传、文化建设、对外交流必不可少的元素，随着企业的成长，其价值也不断增长。因此，具有长远眼光的企业家会十分重视标志设计，好的标志设计是日后无形资产积累的重要载体。如果没有能客观反映企业精神、产业特点同时造型科学优美的标志，等企业发展起来再做变化调整，就会对企业造成不必要的损失。

第三节　品牌标志设计的风格

品牌标志设计在企业品牌和产品品牌形象宣传中的作用已经越来越重要，一个好的标志设计不仅体现了企业和产品的整体外观形象，还体现了企业精神和产品的文化内涵，传递了企业和产品的品质。品牌标志是企业的无形资产，在设计中既要遵循一定的设计原则，使用恰当的表现形式，又要敢于突破常规、开拓思维，结合多方面因素，创作出独特的创意表现形式。通常在品牌标志设计中会充分考虑品牌的名称、性质、特征、文化、理念等，结合专业的设计原则和具有创意性的设计理念，形成符合品牌发展的设计风格，突出品牌唯一性、标志的高辨识度和具有独特艺术性的品牌标志风格。

一、品牌标志设计风格简析

品牌标志的设计风格多种多样，这里列举常见风格案例并加以说明。

（一）简约主义风格标志设计

简约主义是20世纪初提出的一种设计风格。其目的在于减少复杂的装饰，尽量突出重点元素，简约主义并不是简单地减少设计内容。简约主义风格体现在设计表现方式中有简约文字、简约图形、简约色彩等。简约文字，即通过简单的文字符号来展现不同的含义；简约图形，即采取简单的点、线、面的构想与设计，在保证图像简约性的同时，还能有丰富的内涵；简约色彩，是指在设计中采取简单的单色搭配，配合文字和图形呈现出特有的审美。例如，耐克的标志，即采用简单图案和简约色彩的设计手法。

（二）手绘风格标志设计

在数码技术备受推崇的今天，手绘风格的标志设计凭借淳朴自然、细腻柔和及富有亲切感的特点获得商家和消费者的青睐。手绘风格的标志特质，主要体现在随意性、感染性、亲切性等方面。手绘标志的随意性，就是把不经意的视觉效果自然保存下来，尽量避免可以为之的感觉，随意绘出的形态，能使人感觉跃然纸上的趣味。感染性，主要体现在手绘风格的标志大多具有感性生动的造型，无论是线条、色彩、笔触等都有着手绘特有的韵味；另外，手绘风格的标志形体流畅、收放自如，给人以自由舒畅的感受，又极富有人文之风。

（三）抽象几何风格标志设计

当代抽象几何风格的标志设计可以说是相当普遍。几何图像作为非常常见的主体设计元素，通过不同的变形、分解和表达，可以形成不同的标志设计图案。基本构成图形有圆形、三角形、四边形等，采用不同的手法进行图形复合。例如，三菱的品牌标志，采用了内部三个菱形结合成外轮廓为三角形的构成方式，具有非常强烈的主宰氛围；对称式的处理具有稳定性，正符合所属的汽车行业追求的稳定感和速度感。阿迪达斯的标志则是采用非对称的三角形设计，体现了动感的效果；三条纹的四边形切割抽象代表山峰，具有很强烈的主动情感；从左至右体现了升高和挑战，指出实现挑战、成就未来和不断达成目标的愿望。

（四）复古风格标志设计

复古是一种对过去时光的致敬，代表着现在和未来的连接，许多品牌的复古设计都相当惊艳。这种潮流最有趣之处在于，虽然是旧的东西，但总能给人新的感觉。复古设计在有着出人意料的新鲜感之余，还能在旧的基础上提高每一个设计单品的品质，相当于用一种感性的方式去塑造一种情怀。复古风格主要集中在模仿工艺美术时代、新艺术时期、达达主义和装饰主义等风格的作品，作品呈现出一种特有的怀旧质感。比较多的咖啡店、西餐厅等都会采取这样的标志设计。

（五）插画风格标志设计

人类历史上很早就出现了插画，且早期的人类文明中，有完整的叙事性插画形式；中世纪，插画在宗教领域的应用极大地推进了插画的发展；18世纪后，更是迎来了插画的黄金时代。插画发展至今，已经形成了很多个不同的风格，并在品牌标志设计中都有很广泛的应用。由于其自由度极高，可以表现具象，也可以表现抽象，又极具美感，使得插画风格深受设计师和消费者的喜爱。

以上简单介绍了几种标志设计的风格，实际工作中远不止这几类。随着社会经济的发展，不同的标志设计风格定会产生迭代，以适应品牌发展和消费者的需求。

二、“中国风”标志欣赏

中国风，即中国风格，是建立在中国传统文化的基础上，蕴含大量中国元素并适应全球流行趋势的艺术形式或生活方式。一个独特的中国风作品，必然不仅仅是中国风素材的堆砌，还加入了作者的思考、改进。其往往是在利用中国风元素的同时，适当改造、更换色彩、简化结构、复杂化肌理效果，以求在视觉上更接近品牌的气质。

三、品牌标志设计的动态趋势

随着科学技术和信息化的发展，以及人们审美意识的不断提升，诸多因素潜移默化地影响到了主要依靠纸质印刷为传播媒介的标志设计，标志设计不再受到时空与物质资源的限制，极大地丰富了其表现手段和表现范围，其形式和风格朝着多元化的方向发展。谈及标志设计的新兴表现形式，大致可以归结为以下三种：①多维动态型标志设计，主要表现为标志的表现领域在二维的空间展现三维的视觉效果。②整合观念的多元组合型标志设计，主要表现为设计出来的众多标志，应用在公司不同业务领域，突出其各个业务的特点。但是即使在千万个领域有千万个标志，这些标志也会有一个基本的形状，或者有一个共同的形状特点。③情感型标志设计，表现为大型企业针对市场的变化以及人的情感需求，对自己的标志融入特定的装饰，迎合人的情感需要。最大的特点是，它的时效性很强，一旦过了特定的使用时间，企业的标志又恢复到最初的状态。

（一）多维动态型标志设计

多维动态型标志设计是一种基于精心规划的、遵循某种变化原则的多形态的标志形式，是指相对传统的静态标志的一种标志表现形态。美国在线（American Online，Aol.）是一个互联网服务供应商，人们通过它确实可以做很多事情。为了体现这种多样性，Aol. 的标志也以一系列的不同图片来呈现。其中，形色各异的图片占据了我们的主要视线，而文字“Aol.”反而像是一个配角，只是为了证明自己还存在。挪威的诺尔辰（Nordkyn）角处于欧洲最北面的诺尔辰半岛上，其旅游标志视觉形象由两个基本意义构成，即“自然支配”和由挪威气象局提供的气象统计数据结合而成。当气象局所提供的风向及温度的数据发生变化时，标志也会随之而发生变化。在网站上，标志会每 5 分钟更新一次。

（二）情感型标志设计

标志设计从形成之初的高度功能化、理性化风格，逐步发展到现在的理性、功能、情感相结合的特点，这与社会发展及人们的需求紧密相连。在当今科技高度发展的社会，需要运用情感因素来平衡其负面影响，因为一旦设计中的理性元素超出了应有的范畴，就会偏离人性。正如史蒂文·斯皮尔伯格（Steven Allan spielberg）所拍的经典电影《人工智能》所寓意一样，机器人发展到一定程度开始有了自己的情感。虽然这是一个好莱坞的科幻片，但也从另一个角度说明了在高速发展的社会中人们渴求情感和人性的回归。

对于现代标志设计来说，我们既不能单方面强调理性与功能化，从而忽略了对人性发展的关注，也不能单方面为追求情感与装饰而忽略了标志最本质功能的发挥。毕竟，片面地强调任何一个方面都会使设计走向极端。因此，这就决定了标志的设计必须坚持理性和科学的思考，用饱含人文情怀的艺术语言表现其严谨的科学内涵和逻辑思维。让标志的色彩、造型乃至每一个细微之处都体现着人文关怀以及信息的全面传达。只有这样的标志设计，才能在拥有良好的视觉传达功能的同时，又富于情感和美感。

（三）多元组合型标志设计

国外很多企业很早便开始使用多元组合型标志设计，原因有两个方面：一方面，在视觉上给人耳目一新的感觉；另一方面，突出了企业各方面的特点，满足了企业全面发展的需要。采用这种设计方式的通常是事业领域比较宽泛、有实力的综合型企业，他们希望在保持整个企业统一形象的同时，各个部门又彼此独立，发展各自的优势项目，拥有各自独特的管理模式、激励机制、经营理念等。传媒机构和文化机构也会使用这种设计方式，这些企业的主要活动就是从事文化艺术等综合活动，其商品大多为视觉传播内容。这些特点决定了企业应该采用变化的设计，达到整体视觉效果大同小异。这种多元组合型标志设计的优势就在于，可以根据不同场合和方式的需求，标志随之而改变，既可以树立不断进取的积极企业形象，又更加系统化了企业形象设计。因为对于以往的企业形象设计，我们必须只有一个永远不变的标志。而今天出现的多元组合型标志设计，则对以往设计思想进行了升华，使企业形象设计更加系统、全面和完整。

本章小结

在品牌形象构成中，品牌标志是最基本的元素，更是品牌的视觉外衣。品牌标志可以引发消费者的品牌联想，尤其是使消费者产生有关产品属性的联想。同时，可以激发消费者的兴趣，使消费者产生喜爱的感觉。在品牌识别的过程中，标志往往比名称更能发挥识别作用。

本章首先介绍了品牌标志的起源、分类及功能，接着介绍了品牌标志设计的主要元素、原则与流程，最后梳理了常见的标志设计风格。通过学习，使学生初步掌握品牌标志的相关知识，进一步明确标志设计在品牌视觉形象构建过程中的重要作用，为后期从事相关工作打下理论基础。

思考与练习

1. 根据标志表现手法的不同，品牌标志可分为哪几类？
2. 品牌标志命名的策略有哪些？
3. 举例说明色彩在标志设计中的重要作用。
4. 查阅资料，结合案例，谈谈未来品牌标志设计的趋势。
5. 请列举 5 个中国成功品牌，展开小组讨论，评价其品牌命名及标志设计。

第九章　品牌传播管理

学习目标

（1）了解品牌传播的内涵、特点和方式。
（2）熟悉广告媒体的形式、作用及选择策略。
（3）懂得品牌公共关系传播的价值和原则。
（4）学会公共关系传播的手段与实施步骤。
（5）掌握事件营销的概念、原理及策略。

品牌是企业、单位或产品对外宣传的重要标志，是向外界传播最直观的一个形象代表。品牌，不仅仅是一个标志，更象征着企业文化内涵以及发展前景。品牌所具有的价值和影响力越来越引起人们的重视，因此，品牌传播也成了各家企业经营管理的重要环节。本章我们来了解品牌传播的常见方式，包括广告、公关、事件营销传播。

第一节　品牌传播概述

品牌传播是创建和发展强势品牌过程中必要的武器和有效手段，是一项复杂而艰巨的工程。它既是建立消费者品牌认知度、忠诚度的重要方式，同时也是提升品牌知名度、美誉度的有效途径。

一、品牌传播的内涵

所谓“品牌传播”，就是企业以品牌的核心价值为原则，在品牌识别的整体框架下，选择广告、公关、销售、人际等传播方式，将特定品牌推广出去，以建立品牌形象，促进市场销售。品牌传播是企业满足消费者需要、培养消费者忠诚度的有效手段，是目前企业家们高擎的一面大旗。

加强品牌传播可以增加产品销量，提高企业利润。从整体来看，积极科学地进行品牌传播具有重大的意义。

（一）有利于形象的提升

一个品牌的发展，从某种程度上讲，需要借助多样的宣传形式来提高它的市场知名度。这样的应用案例非常普遍，比如广告、宣传海报等。作为一名受众，在产生某种产品需求时，最先想到的是深入人心的、被宣传过的产品。因此，进行积极的品牌传播，有助于品牌整体形象的提升。

（二） 有利于企业产品的发展

在经济社会高速发展的今天，消费品牌已经成为商业发展的主要方向。越来越多的消费者认可品牌，而拥有“知名品牌”“驰名商标”等响亮头衔的企业也就越能得到消费者的认可和青睐。所以，科学的品牌传播能够极大地促进企业产品的发展，提升自身综合市场竞争力。

（三） 有利于文化市场的繁荣

一个品牌，不只是一个简单的标志，从一定意义上还反映着一家企业的文化内涵。对品牌形象进行积极的传播塑造，是该企业文化不断夯实的过程。在经济社会中，品牌越多样、越有活力，经济社会就越繁荣。相应地，文化市场也就越繁荣。所以，加强品牌的传播塑造，能够促进社会文化市场的发展繁荣。

二、品牌传播的特点

（一） 传播手段的多样性

传播手段的多样性主要体现为：并非只有广告和公关才是品牌传播的手段，事实上能够用来协助品牌传播的手段非常丰富。按照整合营销传播的理论，营销即传播，所有来自品牌的信息都会被受众看成品牌刻意传播的结果。换言之，在品牌传播中，企业或品牌的一言一行、一举一动都能够向受众传达信息。任何一个“品牌接触点”都是一个品牌的传播渠道，都可能意味着一种新的品牌传播途径和手段。

（二） 传播媒介的整合性

所有能用来承载和传递品牌信息的介质都可以被视为品牌传播媒介。新媒介的诞生与传统媒介的新生，正在共同打造一个传播媒介多元化的新格局。品牌传播媒介的整合要求与传播媒介的多元化密切相关。在“大传播”观念中，所有能够释放品牌信息的品牌接触点都可能成为一个载体，比如促销员、产品包装、购物袋等。在网络中，接触点更是具有无限的拓展空间和可能。由互联网所带来的新媒体的丰富性，至今尚未为人们完全认识。因此，品牌传播在新旧媒介的选择中，就有了多元性的前提，亦即品牌传播首先要整合与顾客及相关利益者的一切接触点的传播平台。

（三） 传播对象的受众性

首先，从正常传播流程看，品牌的信息接受者不都是“目标消费者”，而是所有品牌信息接触者。品牌传播的受众是指“所有与品牌（消费）经历、品牌广告或社会公关活动等相关的个体或是群体”。目标受众是指任何可能使用或感受品牌的特定群体或消费者。这里的“使用或感受”可能是接触品牌的标识和各类广告，或是完整的品牌消费等。

其次，从品牌传播的影响意图看，品牌传播的对象应是“受众”而不仅仅是“消费者”。虽然在一定程度上，“消费者”与“受众”是一致的，但不同的强调点却体现了不同的实践观念：将品牌传播的对象表述为“消费者”，强调的是消费者对产品的消费，体现的是在营销上获利的功利观念；而将品牌传播的对象表述为“受众”，强调的是受众对品牌的认可与接受，体现的是传播上的信息分享与平等沟通观念。

最后，从品牌传播对象的定位看，应以“利益相关者”来锁定和划分具体受众。品牌传播对象具有显著的多元性，既包括目标消费者，也包括大量的利益相关者，这些利益相关者通常也会成为品牌传播的目标受众。

（四）传播过程的系统性

系统性是品牌最为基本的属性。不承认品牌的系统属性，将导致无法科学理解品牌现象中的多元化特征，更无法正确全面地建构起品牌的理论体系。对品牌的感受、认知、体验是一个全方位的把握过程，并贯穿于品牌运动的各个环节中。消费者品牌印象的建立是一个不断累积、交叉递进、循环往复、互动制约的过程。

作为一个复杂的系统，无论从消费者认知的角度来看，还是从企业创建的角度来看，品牌都是一个动态传播与发展的过程。这种动态传播与发展的目的，是在品牌、消费者、品牌所有者三者的互动性交流和沟通中，逐渐建立一种品牌与消费者之间的不可动摇的长期精神联系，即品牌关系。这也是品牌营销传播的本质所在。

由于品牌传播追求的不仅是近期传播效果的最佳化，还包括长远的品牌效应，因此品牌传播总是在品牌拥有者与受众的互动关系中，遵循系统性原则进行操作。其基本程序为：审视品牌传播主体—了解并研究目标受众—进行品牌市场定位—确立品牌表征—附加品牌文化—确定品牌传播信息—选择并组合传播媒介—实施一体化传播—品牌传播效果测定与价值评估—品牌传播的控制与调整。该程序构成了一个品牌传播的系统工程，并周而往复，使品牌不断增加活力，在系统性的传播与更新中走向强大。

三、品牌传播的方式

（一）动态媒体传播

动态媒体传播主要指利用电视、电影、广播等富有动感的现代化视听媒体来开展品牌营销活动。一般这种动态媒体传播具有传播面广、传播速度快、信息传递准确等特点，能够促进品牌更快速地传播，提升品牌影响力。

虽然这种动态媒体传播速度很快，但需要花费大量的金钱成本。所以，对于刚成立的企业，并不建议运用这种品牌推广方式。

（二）静态媒体方式

静态媒体方式又称为传统的品牌营销方式。它主要指利用报纸、杂志、海报、邮件等静态媒体进行品牌营销活动。例如，报纸广告、杂志广告、附送广告、邮件购物、广告式订单、街头海报、体育场广告牌、城市巨幅广告等。

静态媒体方式的主要优点是价格低廉，可储存，传播面广并且能够做到有针对性地传播。但是静态媒体方式的缺陷是传播速度慢、信息易失真、表现方式呆板、互动性差、影响力小等。

（三）网络媒体方式

网络媒体传播是互联网时代下品牌营销的主要方法，它是指利用网络对品牌进行传播。常见的网络品牌营销方式有网上广告、网上商店、网上购物、网上软文、新媒体传播等。

这种品牌营销方式，成本低、传播速度快，能够让用户快速认识品牌，进而提高品牌的影响力。但网络信息纷繁复杂，企业想让自己的品牌第一时间被消费者找到，就要有一套适合自身企业、产品的品牌营销方案，这样才更有利于品牌的传播。

第二节　品牌广告传播

广告作为一种主要的品牌传播手段，是指品牌所有者以付费方式，委托广告经营部门通过传播媒介，以策划为主体、以创意为中心，对目标受众所进行的以品牌名称、品牌标志、品牌定位、品牌个性等为主要内容的宣传活动。

广告是品牌传播最重要的方式之一，有人甚至认为：品牌 = 产品 + 广告，由此可见广告对于品牌传播的重要性。根据资料显示，在美国排名前 20 位的品牌，每个品牌平均每年的广告费用约为 3 亿美元。人们了解一个品牌，绝大多数信息是通过广告获得的，广告也是提高品牌知名度、信任度、忠诚度，塑造品牌形象和个性的强有力的工具，由此可见广告可以称得上是品牌传播的重心所在。

一、广告的表现形式

广告具有报纸、杂志、广播、电视、户外、互联网等主要表现形式。

（一）报纸广告

报纸的作用是传递及时、详细的新闻，并提供读者关注的其他信息。报纸中最大的一类是为特定地区服务的日报、晚报。但是，周报及全国性的或针对特殊读者的报纸可能具有特别意义。

报纸的优势，一是地域选择力，广告主可以通过报纸或报纸组合来实现各种覆盖面。二是报纸具有高度的市场覆盖率或渗透力。三是报纸具有灵活性，大部分广告在报纸出版前 1～2 天交递即可，所以它能对突发事件做出即时反应，可以及时地刊登地方性促销信息。

尽管报纸有许多优势，但与其他媒体一样，也存在一些缺陷。例如，印刷质量较差，表现产品的精美度略差；虽具有较强的地域选择性，但对于人口特征或生活方式特征而言，它并不是一种定向媒体；广告的生命周期较短。

（二）杂志广告

杂志能满足消费市场和企业市场教育、信息和娱乐的要求。在所有的媒体中，杂志的专门化程度最高，它具有以下优势：①有较强的选择力。多数杂志是为了某个具有特殊兴趣的群体制作的，满足了广告主接触特定目标受众的需要。②具有创作的灵活性。杂志可根据营销者的需要，创造立体广告、香味广告等，还可随广告赠送样品、优惠券。③具有持久性。消费者多会将杂志保存一定时期，这样就可以仔细阅读广告内容，并可根据需要寻找广告。④具有较高的接受度和涉入度。消费者多会主动寻找感兴趣的杂志广告，以扩大资讯量。

杂志广告也有局限性。一是需要较长的预留期，广告主需提前 30～90 天做好准备，这样就使得广告的时效性略差，不能及时反映突发事件和市场变化状况。二是杂志发行量有限，寻求广泛影响的广告主需要购买数种杂志广告。三是杂志的发行范围较广，受众的分布较分散。

（三）广播广告

广播广告是增长较快的媒体形式。现在中央台和地方台，不但老的名牌节目常办常新，还涌现出一些个性化服务的新栏目，喜好不同、年龄不一、需求迥异的听众都能在专业的广播频率中找到自己的知音。

广播广告的优点在于：①成本低，无论是制作成本还是播出成本都相对较低。②具有较强的地域选择力及特定群体的选择力。③具有很强的灵活性，可以随时根据当地市场形势及时进行广告内容调整。

广播广告的局限性在于：①缺乏视觉影响，无法展示品牌和产品。②听众分散，覆盖率低，广告主无法通过购买一家电台广告而覆盖一个地区性市场。③广播听众注意力不集中，听众一般是将广播作为背景声音，所以有时广告无法引起听众足够的重视。

（四）电视广告

电视广告被认为是最理想的广告媒介，它能集声、色、神、形多种功能于身，其直观效果为其他广告媒体所不及。它具有以下优势：①具有创造性和冲击力。它能为品牌或产品创造一种形象、感觉或基调，使无活力的产品具有个性和情趣。②具有覆盖面广和诉求力强的特点。收看电视节目仍是大众的主要娱乐方式之一，所以电视广告能覆盖大量受众。③具有高俘获力和注意力。当观众收看喜爱的电视节目时，广告就被强加于观众。

然而电视广告也存在一些问题，阻碍了广告主的使用。一是电视广告的制作费用和媒体播放费用高昂。一则精良的电视广告制作成本可能超过 100 万元，黄金时段广告播出费用每 30 秒就高达数千元至数万元。二是电视广告暴露时间短，传播的信息量有限，噪声干扰相对较大。由于电视广告时间越来越短，信息转瞬即逝，广告之间互相干扰，削弱了电视广告的传播效果。三是电视广告缺乏选择性，电视节目的覆盖面一般都超出了电视广告的目标消费群。

现在，电视广告受许多因素的影响，收视率呈下降趋势。但在中国现阶段，电视广告仍是大多数企业的首选。家电、食品饮料、医药保健品和电子产品等行业，仍是依赖电视广告来接触大量消费者。

（五）户外广告

户外广告涵盖多种广告形式，如广告牌、充气广告、候车亭广告、车身广告、报刊亭广告等，现在户外媒体形式正在日渐增加。

户外广告的优点是：①尺寸大、色彩丰富，有较大的创作空间，也能形成强大的视觉冲击力。②可以广泛覆盖地方市场，并获得较高接触频度。③户外广告的信息可以保持长久。

但是户外广告也有许多局限性。如媒体到达率[①]浪费，虽然户外广告的受众较多，但可能多数并不是目标消费者，造成媒体浪费；可传递的信息有限，因为它面对的是走动的人群，所以信息必须简短概括、易于理解；消费者对于它的注意力较差。

（六）互联网广告

互联网时代，越来越多的人实现了网上学习、娱乐的梦想，互联网广告也应运而生。

---

① 编者按：媒体到达率是指特定对象在特定时期内看到某一广告的人数占总人数的比率。

互联网广告是形式最多样、最具双向互动性的广告。现在的互联网广告有弹出窗口式、按钮式、横幅式、互动式、网上视频和直播、文字链接、网上论坛、电子邮件、短视频、社交媒体等形式，企业可以通过综合网站上发布的广告告知消费者关于产品和促销的信息，或让受众通过链接登录企业网站，阅读更详细的信息。

互联网广告的主要优点是：①能够针对特定的受众群体，如音乐爱好者、旅游爱好者，甚至可以做到一对一的定向投放。②具有交互能力，可以提高消费者的参与度，可以通过调查问卷、专题论坛，随时了解受众的反应。③可以通过游戏方式让消费者阅读和传播广告。④互联网的搜索引擎、文字链接，可以使消费者根据自己的兴趣检索产品信息。⑤信息传递量大，信息更新速度快。⑥可创造性强，设计者可以不断推出新的形式。⑦多媒体技术的发展，使互联网广告的视听效果更具冲击力。互联网广告的缺点是：广告激增，而广告所引起的注意力明显下降；互联网侵犯广告（例如强制广告、强制注册、弹出页广告）使得一些企业收到适得其反的效果。

目前计算机的拥有数量和上网人数正在快速增长，互联网广告的形式在不断创新，相信未来互联网广告将有更大的发展。

（七）其他广告

其他广告形式，如互动广告、激励广告、原生广告、黄页广告、电梯广告、火车厢内广告、电影和光盘广告、电影和电视中产品展示等，这些广告形式对某些产品的宣传，对某些受众的影响非常大。

二、广告在品牌传播中的作用

广告可以提升品牌忠诚度、品牌知名度、品牌品质认知，丰富品牌联想，增加品牌资产。此外，广告对于品牌个性的形成也发挥着至关重要的作用。

（一）有助于建立品牌忠诚度

研究表明，成功的广告能极大地增加消费者的品牌忠诚度。关于广告对品牌忠诚度的影响，国内外学者的研究很多，结论也相差无几。对成功的品牌来说，在由广告引起的销售量的增加中，只有30%来自新的消费者，剩下70%的销售量来自现有的消费者。因此，现在比较公认的一种看法是，广告的一个重要目标是巩固已经存在的消费者与品牌的关系，并使他们变得更加忠诚。对已有的品牌来说，大部分广告的目的是使已经存在的消费者更加忠诚，而不是说服别的消费者从其他品牌转移过来。

广告对品牌忠诚度形成的作用模式为：认知→试用→态度→强化→信任→强化→忠诚。就是说，由广告认知产生试用期望，导致试用行为。试用经验形成决定性的态度，这种态度经对品牌的广告的认知而增强。被强化的态度如果总是肯定的，就会增加重复购买或重复使用的可能性。如果继续强化，重复购买或重复使用就会转化为对品牌的信任，形成品牌忠诚。

（二）促使品牌在短时间内建立较高的知名度

知名度是建立品牌的第一步，其具体价值如下：

（1）熟悉会引发好感。人是惯性的动物，对于熟悉的事物，自然会产生好感和特殊心理。当产品同质化越来越强烈时，为消费者所熟悉的品牌会使他们感到安心和舒适。

（2）知名的品牌即使不能成为首选品牌，消费者在购买同类产品时也会将其列入考虑的几个品牌之中，这对品牌的销售发挥着极为重要的作用。

（3）知名度也是一种承诺。高知名度通常给人以大品牌的印象，有品质的保证。当消费者面对其他同样的品牌时，知名度代表着所有者的承诺。这种承诺包括：①耗资巨大、独特精美的广告说明企业实力雄厚，而且有眼光、有魄力。②品牌覆盖销售面广，随处有卖或可见到许多人使用，其品质令人放心。③其售中、售后服务应该周到而令人满意，不会给购买者带来很多麻烦。④生产厂家即使不是国内外著名的老牌企业，也是一个优秀的新兴企业。

（三）有助于建立正面的品牌品质认知

品牌品质是指其所属产品的功能、特点、可信赖度、耐用度、服务水准及外观。品质认知度是消费者对某一品牌在品质上的整体印象。品质的认知一般完全来源于使用产品之后，这里所说的品质，并不仅仅指技术上、生产上的品质，而更侧重于营销环境中的品质。广告对消费者在品质认知过程中的作用如下：

（1）使用者更多地关心他们使用过或正在使用的品牌产品的广告，将他们已有的关于品质认知的经验和体会与广告中对品质的表现进行对比和联系。如果两者相符，则原有的好感将会加深，消费者会更加信任这一品牌，并对品牌本身和自己的判断都很满意，从而成为该品牌的忠诚拥护者。相反，如果使用者认为品质差而广告却宣传品质优良，消费者会认为广告是欺骗，原有的厌恶感就会进一步加深，变成极度反感和不信任。

（2）广告诉求点通常是品牌品质上的特点，是消费者最关心、最喜爱的特点，是品牌较具竞争力的特点，也是品牌提供给消费者的利益点。

（3）新品牌上市，人们对品质一无所知。而创意佳、定位准确的广告，通常能使消费者对品牌产生好感，并且愿意去购买。可以说，广告的品质在一定程度上可以反映品牌的品质。

（4）当企业进行品牌延伸时，广告帮助消费者将原有的品质印象转嫁到新的产品上，这对延伸产品而言，无疑是一块打开市场的敲门砖，其所带来的好处是不言而喻的。

（四）广告为品牌联想提供了空间

说到一个品牌，人们总会有许许多多、各种各样的联想。比如一提起麦当劳，消费者可能立即联想到汉堡、薯条、鸡翅、冰激凌，想到其整洁的环境、小孩子的乐园等，这些都是品牌联想。所谓的品牌联想，是指消费者（尤其是目标对象）想到某一品牌时所联想到的内容。如果这些联想又能组合出一些意义，就叫品牌形象。品牌形象是品牌定位传播的结果，是通过广告传播之后，在消费者脑海中形成许多的品牌联想，最后就构成其品牌形象。

广告对于促进品牌联想的作用具体如下：

（1）差异化以求得第一的位置。广告最主要的功能之一就是告知消费者，使消费者对品牌能立刻产生联想，而消费者所想到的特质，就是该品牌的独特卖点。广告就要利用这种独特的差异，在消费者心中构建一片天地，并使其所宣传的品牌在其中位居第一。

（2）创造正面的态度及情感。广告的表现手法中，最常采用的就是感性诉求，即利用消费者对自然事物美好情感的转移而建立他们对品牌的好感。比如化妆品广告常借助于美丽的画面或动听的音乐来促使消费者对品牌产生美好的联想。

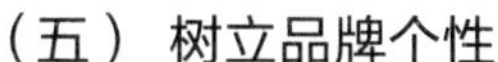

（五） 树立品牌个性

考察一下当前广告与品牌的关系就不难发现，除了少数品牌在广告中体现着一贯的、和谐的形象外，大多数国内企业的广告中存在着品牌个性频繁变动的缺陷。大卫·奥格威认为，市场上的广告95%在创作时是缺乏长远打算、仓促推出的。之后年复一年，这些广告始终没有为产品树立具体的形象。他指出，埃克森美孚、可口可乐等品牌正是由于塑造协调一致的形象，并能持之以恒地在广告中实施，所以才取得成功。最终决定品牌市场地位的是品牌个性，而不是产品间微不足道的差异。

一个成功的品牌不单是成功的产品，还意味着一种与品牌联想相吻合的、积极向上的文化理念。例如，化妆品公司出售的并不是香水，而是某种文化、某种期待、某种联想和某种荣誉。在广告中注入更多的文化底蕴，可以在潜移默化中培养人们对品牌的好感和忠诚。

三、正确选择广告媒体

选择适当的广告媒体是保证广告成功的主要条件之一。选择广告媒体首先要了解有哪些广告媒体可供选择，广告媒体的种类及各自的优缺点在前文已做过详细介绍。这里需要强调的是：由于各种媒体传播信息的方法不同，其影响范围、程度和效果各异，而企业又因受经济条件、目标市场的制约，不可能每种广告媒体都采用，而必须对其进行选择。选择的标准是广、快、准、廉。根据这一标准，选择广告媒体应考虑以下条件。

（一） 产品的性质与特征

选择哪种广告媒体，首先要考虑所宣传产品的性质与特征。按产品的性质和特征分类，可分为是生产资料还是消费资料，是高技术性的还是一般性的，是高档品、中档品还是低档品，是畅销品还是滞销品，是全国都使用的还是地区性的，是多用途的还是只有一种用途的，是人人都使用的还是专门人员使用的，是耐用消费品还是普通消费品，等等。

广告媒体的选择要考虑产品特点的差别。例如，对于生产资料，主要利用报纸、杂志、说明书做媒体，或者用电视、电影片做媒体，以便进行示范表演；对于消费资料，则要选广播、电视等覆盖面广的媒体；而对那些专门人员用的，则最好将广告刊登在专业性杂志上。

（二） 消费者接触媒体的习惯

不同的消费者接触媒体的习惯是不同的。只有根据消费者的习惯选择广告媒体，才能取得理想的效果。例如，向农民介绍生产资料或消费资料，以广播和电视媒体为最佳，尤其以有线广播为最好。我国目前县以下的有线广播已经普及，只要利用得当，不仅传播速度快，而且可以做到家喻户晓。对于城市的居民，则以报纸和电视为好。对于儿童用品，则以电视媒体效果最佳。

不过值得一提的是，随着移动互联网应用越来越广，部分偏远地区也逐渐实现网络化，商家们亦可根据实际情况选择移动网络端发布广告。

（三） 媒体的传播范围

不同的广告媒体，传播的范围有大有小，能接近的人口有多有少。比如，报纸、电视、广播、杂志的传播范围大，而橱窗、路牌、霓虹灯传播的范围小。从每一种媒体本身来说，也有范围的区别。例如，报纸可分为全国性报纸和地方性报纸，每一种报纸又有不同的发行量。因此，这就要根据不同的销售范围来决定广告媒体的选择。凡销售全国的，宜在全国性报刊或中央电视台、中央人民广播电台上做广告；在某一地区销售的，则宜于在地区性的报刊、电视台、电台上做广告。

（四） 媒体的影响程度

广告媒体的影响程度是指该媒体传播信息的效果，它取决于该媒体的信誉和消费者对该媒体的接受频率。一般来说，中央和省、市、自治区的报纸、电视台、电台的信誉较高，其他媒体次之。同时，选择媒体还要看消费者对媒体的接受频率，因为不论信誉多好，由于频率太低，消费者记不住，也无法促进购买。为了提高消费者接受广告的频率，必须选择适当的插播广告的时间。

（五） 媒体的传播速度

有些产品具有较强的时效性。例如，季节性产品和供应节日的产品都属此类，它们对广告也有较强的时间要求。为此，所选择的广告媒体必须传播信息迅速，以广播、电视和报纸中的日报为宜。而那些时效要求不高的产品，其广告媒体则不一定选择那些时效性强的媒体，因为时效性强的媒体一般费用较高。

（六） 媒体的费用

不同的广告媒体所支出的费用是不同的，有的相差甚大，一些覆盖面不同的同种媒体的费用也存在很大差别。因此，在选择广告媒体时必须以自己的广告预算财力为基础。

衡量广告媒体的费用，不仅要看它的绝对值，还要看它的相对值，即不同媒体的广告费用支出与预计效果的比较。比较的方法是计算接触该媒体的每千人广告成本的高低。其计算公式为：千人广告成本 = 媒体费用 ÷ 视听人数 ×1 000。例如，将某一彩色广告刊登在 A 杂志上需花费 8 000 元，登在 B 杂志上需花费 16 000 元，前者的读者有 20 万人，后者的读者有 80 万人，则各自的千人广告成本为：

A 杂志千人广告成本 =8 000 ÷200 000 ×1 000 =40（元）

B 杂志千人广告成本 =16 000 ÷800 000 ×1 000 =20（元）

可见，A 杂志的绝对费用低于 B 杂志，其相对费用却高于 B 杂志。当然，仅用触及人数来衡量广告的效果也是不全面的，在应用中还必须考虑其他因素。为了取得比较理想的品牌传播效果，在选择媒体时就不能只看一个方面，而必须进行综合考虑。

四、大数据背景下广告投放的技巧

（一） 细分消费需求， 实现小众化、 个性化传播

生活中每个人的需求、兴趣不同，大众化的品牌传播湮没了人们个性的需求和对自我的彰显，无法差异化顾及每位顾客。大数据为企业带来的机遇之一就是在数据分析基础上，逆向构建一个人的生活状态、兴趣爱好、所需所感，进而为顾客创造个性化的解决方案、服务措施。当一个品牌能够切实满足顾客的个性需求，并与之建立良好的关系时，就能真正进入他的内心，培育起对品牌的忠诚和信仰，这种地位是任何广告语所无法达到的。

以美国著名户外品牌“北面”（The North Face）的社区网站为例，在网站设置的卫星地图平台上，每位会员可以选择自己喜欢的活动、组织、户外名人，甚至想参与的义

工服务。在个性设置的基础上，会员收到自己感兴趣的信息，避免了无意义的垃圾内容。而北面则掌握了用户详细的喜好和地理位置信息，在执行品牌传播时，就可以针对每个人制定不同的宣传策略和讯息。如此个性化的传播方式，其投放效果和转化率会比大众化的传播高出很多。如若再与会员的社交网络实现交叉和数据共享，品牌传播的效果将进一步扩大。

（二）多维度个性下的品牌分层传播

品牌个性是消费者感知的品牌所体现出来的性格特征，在消费者心智资源里，品牌个性具有多维度特点。这就启发品牌在进行传播、与消费者沟通时，需要经常转变角色，以消费者喜欢和希望见到的个性来交流。可以说，品牌个性不是品牌自己赋予或创造的，而是作为一种资产在与市场、消费者长期打交道的过程中，在他们心智中慢慢留下的印象。

通过对数据的搜集、语义分析、趋势预测，观测消费者对品牌的评价、期望，在此基础上，品牌可以描绘出自身在消费者心智中的不同个性维度，并按照个性维度将消费者划分为不同的群体，针对不同群体，以相对应的个性维度进行沟通、传播。多维度下的品牌传播，使得传播具有更强的针对性，也更易被目标所接受，小范围、区别化的传播方式，不仅节约了传播成本，效果也得到提升。

以舒肤佳为例。根据千家品牌实验室提出的品牌个性维度，结合消费者对舒肤佳感知的品牌个性，可以将舒肤佳的品牌个性定义为以下三个维度：①务实，即消费者认为的“顾家”“小时候妈妈的关心”。②健康，舒肤佳“有效除菌护全家”，这是贯穿两代人的概念。③可靠，一提到舒肤佳人们便会想到身穿白大褂的研究人员，专业、放心。不同的个性维度对应着不同的人群，顾家对应的是身为母亲的、30～45岁的中年妇女，她们常常接触的媒介是电视；对健康、除菌认识更深的是小时候受过电视广告、妈妈影响的年轻一代，互联网是他们经常使用的工具；专业、放心维度对每类人都有或多或少的影响。根据不同人群的认知和他们常接触的媒介，舒肤佳就可以有针对性地投放不同宣传内容。如对年轻一代，发送舒肤佳的个性化邮件，提醒在繁忙工作生活中注意卫生，加入怀旧色彩的内容画面，更重要的是可以唤醒他们心中对“妈妈的关心”的回忆，将舒肤佳与对妈妈的感激联系在一起，借此加深舒肤佳在其心中的烙印。

（三）依靠大数据产生的有价值信息进行内容营销

品牌观念需要长时间的培养，内容营销也是一项长期工作，注重通过长期向目标客户传达有意义、有价值的信息，影响现有顾客和潜在顾客，最终改变顾客的购买行为和认知理念，达到培育品牌忠诚度的目的。内容营销的关键在于如何生产对顾客有意义、有价值的信息。通过对各类网络数据的定向整理分析，挖掘品牌受众群体对内容的兴趣倾向，结合其浏览习惯和媒介接触情况，可创造有意义、有价值的信息进行推送。

第三节　品牌公共关系传播

在现实生活中，尤其在企业经营活动中，公共关系的作用正显得越来越重要。当今社会，公共关系已经被广泛地应用到众多的领域和各种各样的场合，公共关系无处不在。

公共关系已经变成了一个强有力的工具，在今天这个全球化商业竞争的环境中，能够完成许多对企业而言至关重要的工作，常常起到“四两拨千斤”的效果。

一、公共关系的概念

公共关系一词源自英文 Public Relations。Public 意为公共的、公开的、公众的，Relations，即关系之谓，两词合起来用中文表述便是公共关系，有时候又称公众关系、机构传讯，简称 PR 或公关。

自从公共关系诞生以来，人们给其下一个准确定义的努力就没有停止过。由于每个人的认识角度不同，对公共关系内涵的理解也各异，于是就形成了许许多多的公共关系定义。20 世纪 70 年代中期，美国社会科学家莱克斯·哈洛（Rex Harlow）博士就搜集到 47 个公共关系的定义；还有人说，公共关系的定义已有上千条之多。于是有人不无幽默地说：有多少公共关系学者，便有多少种公共关系的定义。

那什么是公共关系？美国公共关系权威教材《有效的公共关系》一书将公共关系定义为：“公共关系是这样一种管理功能，它能建立和维护组织与公众之间互惠互利的关系，而一个组织的成功或失败取决于公众。”①

本书采用美国著名公共关系理论家詹姆斯·格鲁尼格（James E. Grunig）的定义：公共关系是一个组织与其相关公众之间的传播管理，其目的是建立一种与这些公众互相信任的关系。

由这个定义可知，公共关系归根结底是一种以公众为导向的管理功能。从目的来看，公共关系当然是为了组织自身的发展；但是就策略和手段而言，最终要落实到与各类公众的关系上来，落实到传播沟通手段上来。公众是商品经济社会中企业生存和发展的土壤，缺乏与公众之间的良好关系，任何一个企业要立足、要持续健康地发展，恐怕都是一句空话。而这种良好关系的建立，离开传播，简直就是不可能的。

二、品牌公共关系传播的价值

公共关系在品牌传播上的价值主要体现在以下几个方面。

（一）提高品牌知名度

公共关系是提高品牌知名度的重要手段，这已经被实践所证实。早在 1984 年，北京长城饭店就成功地争取到了美国时任总统里根访华结束时举行答谢宴会的机会。这一举措使长城饭店一夜之间成为全世界瞩目的焦点，成为中国最有名的五星级饭店之一。

（二）树立品牌形象

公共关系可通过一些公益性的社会活动，来树立品牌的良好形象，通过媒体的宣传报道来增加品牌的可信度和亲和力。在这个方面，壳牌公司就做得非常成功。作为一家石油公司，壳牌一直在全球范围内积极参加各种社会公益活动。壳牌中国分公司也秉承企业的优良传统，在积极服务于中国能源和交通事业发展的同时，也积极投身于中国的公益事业，从而树立了良好的品牌形象和鲜明的企业特色。

---

① 卡特里普，森特，布鲁姆. 有效的公共关系［M］. 明安香，译. 8 版. 北京：华夏出版社，2002：4.

（三）澄清品牌危机

当品牌出现危机时，公共关系部门可迅速做出反应，对问题进行解释和澄清，以防止事态进一步恶化。当企业与公众发生冲突或有突发事件，公众舆论反应强烈时，如果处理不当，最直接的后果是品牌形象受损，品牌资产被削弱，产品销售受到影响。此时，企业应当借助有效的、及时的沟通，解释造成危害的不同起因（如企业行为不当引发突发事件，抑或失实报道等），动员各种力量及传媒来处理危机，协调和平衡企业与公众之间的紧张关系。这种有针对性的公共关系活动能有效地防止事态进一步恶化，使品牌免受或少受损害。

三、常用的公共关系手段

品牌公共关系传播的手段主要有以下几种。

（一）活动赞助

与广告的单向传输、被动接受的属性相比，作为公共关系形式之一的赞助活动则在一定程度上成为人们生活的一部分。赞助活动经过企业的精心设计和诠释，向人们诠释品牌与特定事物的某种联系。越来越多的企业看到一些成功品牌因赞助活动而取得很大发展，于是纷纷效仿，趋之若鹜。其实早在100多年前，西方就有品牌运用这一策略。

企业在做出赞助决策时，应在明确把握自有品牌的实质、核心识别、延伸识别及独有的价值取向的前提下，对于赞助活动的本身进行深入了解，对被赞助对象的性质和环境进行深入了解和分析，找出可以作为品牌和被赞助对象纽带的内在关联点，进而有针对性地设计赞助策略，以取得事半功倍的赞助收益。

阿迪达斯曾热衷于赞助重要的、大型的比赛，比如奥运会、欧洲足球锦标赛、世界杯赛等。这些策略的充分运用使得阿迪达斯将自己与最激动人心的体育盛会联系起来，向人们传达着阿迪达斯的卓越表现、积极参与、振奋人心的品牌精神。而耐克则通过赞助著名运动员参加赛事活动，凭借运动员的出色表现来诠释和宣扬耐克富有进取心、直面挑战、生气勃勃的、强劲有力的品牌精神。

（二）开展公益活动

品牌传播要达到“润物细无声”的效果，就要求企业把一部分广告预算用于公益服务活动。现在有许多企业主动支持社区的活动，创造良好的社区环境。企业也可以向公益事业和慈善机构捐赠钱物，以提高品牌在公众心目中的美誉度。

开展公益活动是跨国公司经常采用的公共关系手法。例如，宝洁进入中国市场已有30多年，拥有20多个领先品牌。其企业、品牌在中国开展了一系列的公益活动，具体围绕三个方面来开展。一是传递同一个理念。一个有影响力的品牌，除了产品销量，更应该传递正能量来帮助改变社会偏见和消除标签化。2018年，宝洁收集了超过10万名女性消费者的真实故事，打造了梦想无惧年龄的大片，与消费者达成了理念共通。在激烈的市场竞争中，不仅取得了优异的成绩，也赢得了消费者的好口碑。二是打造同一份事业。宝洁公司和其下属品牌曾打造出一系列属于品牌和消费者共同拥有的有意义的事业。如宝洁发起的乡村学校厕所改造计划、汰渍发起的“衣物常新，地球常青”活动。三是推动同一个未来。宝洁公司自1996年开始支援我国希望工程，截至目前，在全国建了200所宝洁希望小学，有30万名儿童获益。

（三）紧跟热点事件做宣传

全社会广泛关注的热点问题常常被企业用来宣传、提升自身形象，尤其是那些涉及国家利益和荣誉的焦点事件更是被看成百年难遇的公共关系活动机会。2003 年，当美伊战争打响后，统一润滑油的广告巧妙地借用战争话题，以“多一些润滑，少一些摩擦”的创意，非常贴切地迎合了中国观众对和平的期待，给人们留下了深刻的印象。

不过，热点信息本身就具备“用户参与感”，蹭热点也必须充分考虑用户参与感，让用户把自己的品牌当成话题。例如，《星球大战》系列是不少影迷心中绝对的经典。作为人类史上最伟大的电影之一，《星球大战：最后的绝地武士》引来了无数品牌的借势。百事可乐与之合作，借势推出一系列营销活动，与时下崇尚个性文化的年轻消费群体产生共鸣，满足了年轻人的个性需求，借此机会更新包装，推出百事可乐无糖星球大战系列限量罐和星球大战主题品牌广告。此外，百事可乐还为其定制了一款星球大战主题。人们通过扫描二维码，手机屏幕将变为科幻感十足的星空，旋转手机找到限量罐可以测试出自己和星球大战中哪个角色最匹配。

（四）社会化媒体中的新型关系传播

社会化媒体中存在着比现实世界还要广泛的关系网，这对品牌传播来说是非常关键的阵地。品牌需要积极引导，并体现出对用户的尊重，鼓励用户主动产生内容，让感兴趣的人都能够参与进来，并在品牌设置的引导策略中，进一步创作内容。例如，多美滋品牌实施的“1 000 日抵抗力计划”，建立专门的网站和系统，提供权威专家和知识库。从妈妈怀孕第一天开始，记录走过的 1 000 天，包括对营养、奶粉、宝宝等各种需求的专业问答、成长记录。多美滋利用数据挖掘和语义分析，获得妈妈们的知识需求、消费需求、服务需求，与多美滋是怎样的品牌关系、对多美滋的品牌认知等，甚至可以通过询问的问题、成长记录，知道她处在什么阶段，从而更准确地提供服务和进行沟通。

在 1 000 天的时间里，多美滋与妈妈们建立了和谐、信任关系。妈妈们主动寻求答案和服务，在得到满意的答复之后，才有可能在社交网络上进行分享和传播，此过程是主动的，品牌只是提供了一个平台。新型的关系传播，意味着品牌首先要与消费者建立起稳固且信任的关系，打破双方的信息不对称，实现平等、互动；其次，才是消费者在自身社交网络关系网中的二次传播，通过大数据支持，寻找有相关需求或同样感兴趣的人，进行“共同代言”。

四、品牌公关传播的原则与实施步骤

（一）确定公共关系的原则

1. 真实性原则

真实性原则是指组织在开展公共关系活动时，必须建立在组织良好行为和掌握事实的基础之上，向公众如实传递有关组织的信息，同时向组织决策者如实传递有关公众的信息。

公共关系是建立信誉、塑造形象的艺术，但它又不是一种纯粹的艺术或宣传的技术，而是以事实为依据的科学。公共关系不能“制造”，只能“塑造”良好的形象，这种塑造所用的材料就是事实。

2. 公众利益与企业利益相协调的原则

企业的生存发展离不开社会的支持，诸如劳动力、资金、生产资料的提供及政府的宏观调控。因此，企业应当为社会公众提供优质产品，在公共关系活动中将公众利益与企业利益有机地结合起来。

3. 全员公关原则

全员公关原则是指一个组织公关工作的开展，不仅要依靠专职公关机构和公关人员的不懈努力，而且有赖于组织中各部门和全体员工的配合，要求组织的全体成员都注意树立公共关系观念，都要关注并参与公共关系工作，都要为公共关系工作做出贡献。

（二） 选择公共关系传播的方式

品牌公共关系传播的方式很多，除上面提到的一些传播手段外，还可以利用周年庆祝活动、企业参观、艺术展览会、拍卖会、义演晚会等多种传播方式。

（三） 品牌公共关系传播实施的步骤

1. 调查研究

公共关系部门通过调研，一方面了解公众对企业所实施的政策的意见和反应，反馈给高层管理者，促使企业的决策有的放矢；另一方面，将企业领导者意图及决策传递给公众，使公众加强对企业的认识。

2. 确定目标

一般来说，企业公共关系目标是促使公众了解企业，改变公众对企业的态度，提升企业品牌形象。必须注意，不同的企业或企业在不同发展时期，其公共关系目标是不同的。公共关系部门必须针对不同时期的公共关系状态制定明确具体的公共关系目标。

3. 交流信息

公共关系的重要职能之一就是信息交流。企业通过大众传播媒介及信息交流平台传播信息，可达到树立良好品牌形象的目的。

（四） 评估品牌公共关系传播效果

评价的指标可以包括三个方面。一是曝光频率，衡量品牌公关传播效果最简易的方法是计算品牌出现在媒体上的曝光次数。二是反响，调查品牌公关传播活动前后，公众对产品品牌的知名度以及认知、态度方面的变化。三是统计出销售额和利润，量化的统计数据是最令人信服的一种评估方法。

第四节 品牌事件营销传播

在市场营销实践活动中，越来越多的企业开始关注“注意力资源”，并以此为营销目的，组织策划市场活动，由此促成了一种新型的品牌传播方式——事件营销。利用事件来“借势”或“造势”的事件营销，通常借用“炒作”的手段，造成具有新闻价值的轰动效应，自然地吸引了消费者的注意力，它在提升企业品牌知名度、美誉度和促进产品销售等方面往往都有出色表现。

一、事件营销的概念和特征

事件营销是指营销者在真实和不损害公众利益的前提下，有计划地策划、组织、举行和利用具有新闻价值的活动，通过制造热点新闻效应的事件吸引媒体和社会公众的兴趣和注意，以达到提高社会知名度、塑造企业良好形象，最终促进产品或服务销售目的的手段和方式。

企业的事件营销传播具有明显的商业营销宣传性质。按照其中传播事件的性质，企业的事件营销传播的运作手法可以分为两大类：一是利用现有的社会热门事件或话题；二是人为制造媒体和公众关注的热门事件或话题。“借势”和“造势”就是社会对这两大类型运作手法的通俗表达。

相比其他几种品牌传播的方式，事件营销具有以下特征：①有高频率的大众媒体作为传播支持，有广泛的消费者受众面。②利用具有轰动效应的传播话题，借用或者策划密切相关的事件，产生事半功倍的传播效果。③事件作为营销传播的核心，贯穿于过程的始终；事件营销传播作为一种阶段性的营销策略与传播手段，传播周期较长。④投资回报率高，是建立企业知名度与接触媒体较为廉价的工具。

二、事件营销传播的原理

（一）事件营销的原始动机——注意力的稀缺

品牌传播的目标是让消费者从注意、理解、购买到建立忠诚度的一个过程。传播活动是注意力资源消耗最多的领域，而媒体是现代社会人们进行思想和信息传播活动的主要场所。媒体可以通过注意力的导向作用，将受众的注意力导向一个特定的对象、企业和某个特定的事件，从而实现社会注意力和个人注意力的分配与再分配，唤起消费者强烈的共鸣，改变消费者对企业产品、服务的态度，促使消费者做出对企业有利的购买决策。

可见，注意力对于企业来说，是一种可以转化为经济效益的资源，把握住大众的注意力，也就有了事件营销的动力。

（二）事件营销的实现桥梁——大众媒介议程设置

所谓的大众媒介议程设置，简单说来，就是大众传播媒介具有一种为公众设置议事日程的功能，传媒的新闻报道和信息传达活动以赋予各种议题不同程度的显著性的方式，影响着人们对周围世界的“大事”及其重要性的判断。因此，如果企业想成功地实施一次事件营销，必须善于利用大众媒介，只有凭借传媒开展的新闻传播、广告传播等大众传播活动，营造出有利于企业的社会舆论环境，才能帮助企业达到借势或造势的目的，引起大范围的公众重视。所以，大众媒介议程设置是事件营销的实现桥梁。

（三）事件营销的必要途径——整合营销传播

著名学者唐·舒尔茨认为，整合营销传播就是一种适合于所有企业信息传播及内部沟通的管理体制，而这种传播与沟通就是尽可能与其潜在的客户和其他一些公共群体保持一种良好的、积极的关系。

营销传播资源的整合在事件营销传播中的体现有三个方面：

1. 整合多种媒体发布渠道

在传统的营销传播活动中，营销传播者通过对付费与非付费媒体的配比，控制信息的流动。企业一方面通过网络、电视等媒体进行事件信息的高空传播，另一方面配合平面、户外、路演、终端等多种形式的地面推广活动，整合信息传播的多种媒体渠道，通过立体交叉的媒体网络传播同一个核心事件。

2. 整合多种媒体渠道传播信息

我们常说“从一千个角度说一件事情”，使受众能够多角度地接收企业发出的信息，累积企业的品牌认知度。企业要传播的核心事件，应成为多种媒体渠道传播的核心内容。企业在事件营销传播活动中的传播对象有消费者、供应商、经销商、企业的内部员工及股东等。即使传播信息的内容与角度有所不同，企业也必须确保通过多种媒体渠道发布的信息在呈现的语调、态势等方面都具备一致性。

3. 整合多种营销传播工具

企业想要圆满完成某项事件营销传播活动，需要综合运用多种营销传播工具，譬如广告、促销、公关等，三者各有优势，要想更好地完成事件营销活动，必须对三者加以整合，进行协同合作。

三、事件营销传播的策略

在以消费者为中心的市场中，事件营销应该以满足消费者需求为策略选择的标准，并联系企业实际实施，以达成营销传播的目标来制定事件营销传播策略。

（一）事件策略

事件营销传播就是要利用自身创造的事件“造势”或者已发生的事件“借势”，来制造新闻效应和轰动效应，吸引目标受众眼球。例如，每当苹果公司新品发布后，各大品牌商纷纷借苹果新品的“东风”来推广宣传自身品牌。

（二）活动策略

除了利用事件，企业还可以自己策划能引起媒体和公众关注的活动以实现信息传播。一般预算较为充裕的企业，往往喜欢搞大型活动，但这会造成资源浪费和对无效人群的传播。其实，专门针对目标受众的小型活动也能取得良好的营销效果。比如有关父亲的话题，每个人的记忆里都有自己父亲的背影，温馨而又煽情催泪。2015 年，一张台湾父亲为儿子撑伞的照片感动全球。吉列借助该照片的事件在父亲节策划了晒父亲、秀父子照、年代照的主题活动，发起话题或者参与话题，并且做成小游戏，让大家一起生成图片分享，这些活动收到了不错的效果。

（三）节日策略

节日本来就聚集了大量人气，利用各种节日的事件营销传播可以增添节日气氛，扩大品牌影响力。

例如，每个中国人对于春节都有千丝万缕的情绪。因此，携程旅行摒弃了简单粗暴的广告形式，用春风化雨的形式把产品介绍给了消费者。广告以普通人的视角，演绎了三个曲折的买票故事，加深了受众的代入感。从结构上看，运用了反转的表现手法：当你正在为买不到票焦急时，平时苛刻冷漠的人却默默帮你安排好了行程。很多人看到这里产生了情感共鸣，眼泪就不自觉流了下来。

（四）蜂鸣营销策略

蜂鸣营销俗称口头宣传营销，是传统的“口耳相传”方法在新经济下的创新营销方法，是一种主要通过人们（可以是消费者，也可以是企业的营销人员）向目标受众传播企业产品（或服务）信息而进行的非常廉价的营销方法。

利用意见领袖引导不同目标受众就属于蜂鸣营销。当然，意见领袖不仅仅局限于名人，只要有一定影响力和号召力的人士都可以利用。比如，李佳琦成为近两年带货流量最大的主播，曾经在直播中两个小时试380支口红，5个半小时带货价值达353万元，最高的纪录是直播了5分钟，就卖光了15 000支口红。

（五）制造“公益类”事件策略

近年来，越来越多企业已经认识到公益营销的好处。如果企业能根据消费群体的特点，把营销跟公益事业联系在一起，无疑是一种既赚眼球又赚美誉度的营销模式。例如，一汽马自达在2019年借势520热点做有温度的营销，在大学附近地铁站外绘制爱心斑马线，以“多谢你等我”为主题替行人告白车主，暖心提醒来往车辆礼让行人，同时以“等灯等灯”这样的提示语提醒行人遵守交通规则。一汽马自达去广告化的公益性情感营销，在公众中吸引自然流量，实现了品牌的软着陆和品牌价值的提升。

（六）巩固老用户策略

根据“二八原则”，80%的业绩来自20%经常光顾的顾客。对企业来说寻找新客户的重要性不言而喻，但维持一个老客户的成本仅仅为开发一个新客户的1/6，维持客户忠诚对企业发展意义重大。一般而言，客户的忠诚度和消费时间是呈正比的。拿移动通信客户来说，其在网时间越长，越不容易离网，对品牌忠诚度也越高。由于开发新客户的成本远远大于维护老客户的成本，对于品牌忠诚度普遍较高的老客户，企业应该多做和他们相关的活动，为回馈和保留老客户做出努力，而非只重视新产品上市推广和新客户开发活动。企业除了按消费时间长短对客户进行评价和回馈外，还可以免费赠送相关新业务给老客户试用，让其既接受了新产品信息又感到被重视，增进对企业的忠诚度和好感，一举两得。

四、运用事件营销应注意的问题

（一）慎用“社会问题”和“恶搞”

企业在进行事件营销前，一定要对事件进行分析，考虑事件与品牌的契合度，把握好营销尺度，否则容易变成危机公关问题。例如，有企业借用李天一案进行安全套营销，不但没有效果，而且造成企业公关危机。因此，要慎用“社会问题”，如贫富差距、食品安全、道德滑坡等是老百姓心中绷得最紧的那根弦。如果找不到准确的切入点，切勿随意借用，否则会引起民众的反感。

而“恶搞”是互联网发展的产物。“恶搞”有很多案例，比如央视《中国警察》纪录片里跑龙套的扎克伯格，让该纪录片的关注度翻了几倍。如果能够巧妙利用互联网的“恶搞”文化，随时有可能打造出极具传播性的话题。但应注意“恶搞”不能低俗、无耻、无底线。

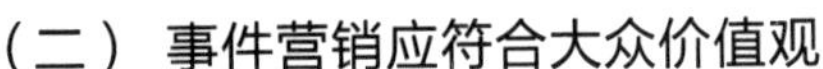

（二）事件营销应符合大众价值观

事件营销大多会选取时下的热点事件，或者是能引起大众关注的新颖问题，此时，公众的观点往往对事件的传播起到了重大作用。如果选择的事件或者营销手段与大众价值观背道而驰，传播只会起到反作用。如果本身传播的事件是大众或主流价值观赞成的，那会对传播非常有利。比如，农夫山泉以公益进行宣传，每一瓶饮用水都会向山区的孩子捐出一分钱。该营销的出发点从公益出发，反响非常好。除此之外，事件营销中所宣传的价值观，也需要符合大众价值观，应当是积极向上的，具有正能量的，包括大众用正向观点评价不良事件等。只有符合这一点，事件营销才能传播得更好。

（三）事件营销应符合规章制度

随着互联网时代的到来，网络传播已经成为最主要的传播手段之一。在事件营销的整个过程中，都要注意相关的规章制度，不能因为追求曝光率和关注度而忽略网络规章制度。只有严于律己的网络行为，才能保证用户和企业的利益，营销也才能做得更好。比如 2015 年斯巴达 300 勇士事件，活动组织者为了吸引眼球，让 300 名帅哥装扮成斯巴达勇士在北京的繁华地段游行。曝光量虽然有了，但是最终因为不符合相关法律规定，“勇士们”在三里屯被城管制止，这场营销以闹剧收场。

（四）事件营销的重心在于传播

在运用事件营销上，企业不能把精力只投入事件本身，应该用更多的资源进行传播，否则事件就变成了一场活动而已。企业所策划的种种活动只是手段，通过这些活动，吸引媒体、社会团体和消费者的兴趣与关注，以求提高企业或产品的知名度、美誉度，树立良好品牌形象，并最终促成产品或服务销售。

本章小结

品牌传播是创建和发展强势品牌过程中必要的武器和有效手段，是一项复杂而艰巨的工程。它既是建立消费者品牌认知度、忠诚度的重要方式，同时也是提高品牌知名度、美誉度的有效途径。本章主要介绍了品牌传播的相关知识，着重介绍了品牌传播的几种主要方式，包括广告传播、公共关系传播和事件营销传播。

广告是一种主要的品牌传播手段，主要形式有报纸、杂志、广播、电视、户外、互联网等。与广告不同的是，公共关系是一个组织与其相关公众之间的传播管理，其目的是建立一种与这些公众互相信任的关系。公共关系传播的价值主要有提高品牌知名度、树立品牌形象、澄清品牌危机等。事件营销是指营销者在真实和不损害公众利益的前提下，有计划地策划、组织、举行和利用具有新闻价值的活动，通过制造热点新闻效应的事件吸引媒体和社会公众的兴趣和注意，以达到提高社会知名度、塑造企业良好形象，最终促进产品或服务销售目的的手段和方式。

思考与练习

1. 什么是品牌传播？品牌传播的有效手段有哪些？
2. 品牌广告传播中应如何选择传播媒体？
3. 大数据背景下存在哪些广告投放的技巧？
4. 与其他品牌传播方式相比，品牌公共关系传播的优势是什么？
5. 简述常见事件营销中的传播策略。
6. 为你所在地区的某一品牌制定品牌推广计划及具体实施方案。

第十章　品牌扩张管理

学习目标

（1）认识品牌扩张的内涵、原因及意义。
（2）了解品牌延伸的概念和策略。
（3）知道品牌联盟的定义、作用、影响因素及伙伴选择。
（4）掌握品牌授权的概念、方式及途径。
（5）分析品牌延伸和品牌授权的利弊，提升品牌扩张的效益。

21 世纪是品牌纵横的世纪，品牌已成为企业最有潜力的资产，品牌扩张成为企业发展、品牌壮大的有效途径。众多企业利用品牌扩张使销量增加、企业壮大，获得了很好的经济效益和社会效益。然而，也有一些企业在品牌扩张方面盲目运作，缺少策略，出现了不利于企业发展、品牌发展的不良影响，反为其所困。本章在给大家介绍品牌扩张的基本原理后，着重阐述品牌延伸、品牌联盟、品牌授权等几种品牌扩张的形式。

第一节　品牌扩张概述

在市场经济不断发展的今天，品牌代表着企业拥有的市场，在一定程度上也代表着企业的实力。品牌需要培养，需要耐心、勇气，需要财力、物力的投入。如何对现有品牌进行开发和利用，更好地发挥品牌的作用，是企业经营战略中不可或缺的。

一、品牌扩张的内涵及形式

（一）品牌扩张的内涵

品牌扩张是一个具有广泛含义的概念，它涉及的活动范围比较广，但具体来说，品牌扩张是指运用品牌及其包含的资本进行发展、推广的活动。它包括品牌的延伸、资本运作、市场扩张等内容，也具体指品牌的转让、授权等活动。从本质上说，品牌要传递一种市场信息，让顾客在瞬间以简单的形象识别，联想到企业提供的区别于其他企业产品的内在信息，如服务、质量及顾客能得到的价值。企业品牌扩张既是企业品牌营销发展的必然结果，也是企业合理利用品牌资源的重要方式。

不同学者对品牌扩张的理解不同，本书认为品牌扩张内涵主要涉及以下两个方面的内容：

（1）企业借助品牌效应实现地域市场范围的扩展，即凭借现有成功品牌，通过品牌授权许可、管理合同等方式或通过与知名品牌进行合作的策略在其他地域开设新企业方面的扩展。

（2）企业运用品牌及其资本价值进行业务范围内的扩展，即凭借企业原有品牌通过品牌延伸、多品牌策略等进入其他业务市场，为其他具有不同喜好的消费者提供与原有产品均有明显差异性的新产品。

（二）品牌扩张的形式

品牌扩张主要有单一品牌扩张，包括品牌许可与授权策略、品牌合作（联盟）策略、品牌延伸策略、多品牌策略等多种形式。其中，品牌许可与授权是企业品牌在更大的地域市场范围内以最小的资金代价扩张自身业务最重要的一种手段，也是企业品牌扩张的最基本表现形式。

二、品牌扩张的原因

品牌作为企业重要的资源，甚至对一些企业来说品牌是其最主要的资源，应该充分、合理地利用它，使它发挥最大的经济效益。在研究品牌资源合理利用的时候，就不得不研究品牌的扩张。那么品牌扩张的原因是什么？为什么众多世界名牌纷纷实施扩张策略呢？其中的原因有很多方面。

（一）品牌扩张的消费者心理基础

消费者使用某个品牌产品或接受某种服务并获得了满意的效果后，就会对此品牌进行评价，产生良好的消费经验，并把这种经验保留下来，影响其他消费行为。尤其消费者在消费某一名牌并获得了满意后，会形成一种名牌的“光环效应”，进而影响这一种品牌下的其他产品或服务。例如，人们购买了耐克牌运动鞋，经过使用并获得了满意（认为其质量好、舒适等），由此人们会对其他款式的耐克鞋产生好感，对耐克的其他产品如运动服、体育器材等也存在好感，并影响人们将来对此类产品的消费行为。中国有句成语“爱屋及乌”便说明了这种心理效应。

（二）企业实力的推动

从企业内部讲，企业发展到一定阶段，积累了一定的实力，形成了一定的优势，如企业积累了一定的资金、人才、技术、管理经验后，为品牌扩张提供了可能，也提出了扩张要求。特别是一些名牌企业，它们一般具有较大的规模、较强的经济实力，这为实行品牌扩张提供了条件。在企业实力的推动下，企业主动地进行品牌扩张，以充分利用企业资源，在这方面的表现主要是利用品牌优势，扩大产品线或控制上游供应企业，或向下游发展，或是几者的综合，众多企业在积累了一定的实力后，纷纷采用品牌扩张的战略。例如，TCL集团在家电方面取得了优秀的业绩，形成实力后，又向信息产业进军。

（三）市场竞争下的品牌扩张压力

企业的生存与发展是在市场竞争中进行的。品牌的生存发展也同样摆脱不了市场竞争。市场竞争的压力常会引发品牌扩张的行为，市场竞争压力下的品牌扩张主要指由于竞争对手在某些方面做出了调整，或进行了品牌延伸、市场扩大，而迫使企业不得不采取相应对策，进而采取相应的品牌扩张措施。竞争对手的品牌扩张使其实力增强，规模扩大或发生了其他有利于竞争的变化。例如，麦当劳由美国走向世界进行全球性的品牌扩张，其销售额、利润都获得了巨大发展，品牌知名度也在世界范围打响。作为其主要竞争对手的肯德基在这种竞争态度下也必须采取相应的措施，开展品牌扩张战略。肯德基也必须进行全球扩张，以抵御麦当劳实力增长给其带来的竞争压力，否则，肯德基便在这场竞争中处于下风，并可能导致肯德基的失败。另外，这种现象还存在于可口可乐公司与百事可乐公司的竞争中，双方针对性的扩张，措施常层出不穷。

市场竞争中，由于一个竞争对手进行了品牌扩张，并取得了良好的效益，比如利润的增长，市场差额的提高，市场知名度或美誉度的提高，等等，都会促使竞争者态度发生变化，从而使竞争的天平偏向一方。这种情况下，相应的竞争者就需要采取措施，也必须进行品牌的扩张，以恢复自身的竞争地位。

另外，企业产品竞争的市场集中度很高时，各竞争者间势均力敌，并形成了一种僵持状态，此时企业若想再提高市场占有率，就有很大困难，而常用的市场竞争方法——广告战、价格战不仅耗损巨大，而且收效甚微，甚至还会造成“两败俱伤”的局面。于是，企业就在这种竞争压力下，采取品牌扩张的方法转而进入其他行业、其他项目，以图发展。

（四） 外界环境压力下的品牌扩张

企业是在一定的外界环境中生存、发展的，外界环境会对企业的发展、品牌的扩张产生重大影响，外界环境造成的压力常常也是企业进行品牌扩张的原因之一。企业生存的外部环境主要指影响企业的宏观环境，如政治环境、自然环境等，这些因素对企业来说是不可控的，某一环境因素的变化都可能导致企业进行适应性变革，这些变革很多是品牌扩张的内容。比如，对于石油产业，当石油资源枯竭时，企业必须进行品牌扩张，向新的产业转移；对于一家企业其供应商出现变化而影响到企业时，企业也需要做出相应调整，以适应这种变化的要求。

美国杜邦公司在20世纪70年代面对石油危机，一时无法应对，其产品的营销和价格营销都处于混乱中，仅仅两年的时间，其利润就下降了2.7亿美元。企业的外部环境发生了变化，对于杜邦这样的公司——80%的产品原料是石油，70%的收益来自石油制品，必须进行品牌扩张，采取相应的应对措施。经过利弊权衡后，杜邦公司决定兼并美国第九大石油公司，并创立自己的品牌。此举通过品牌扩张，实现了原料的自给自足，不但降低了成本，而且摆脱了国际市场原油的控制，使杜邦公司在化学工业市场上立于不败之地。

（五） 产品生命周期的结果

企业的产品总有一个生命周期，对于企业来说这是不容回避的现实。当产品生命周期处于成熟阶段或衰退阶段时，市场需求停止增长并开始下降，这时企业应考虑如何推出新产品或进入新的市场领域，从而避免产品生命周期给企业带来的灾难。实际上，当企业产品处于成熟期或衰退期时，企业就开始考虑品牌扩张，希望通过品牌扩张推出新产品或转入新行业，从而使企业或品牌继续生存和发展下去。另外，科技的进步，使一些产品的生命周期大大缩短，这更需要企业提早准备，积极进行品牌扩张。联想集团曾以“联想”汉卡称霸国内市场多年，但随着技术的进步，汉卡的体积越来越小，最后因被集成在芯片上面走到生命的尽头。联想集团较早地看到了这一点，在汉卡销售正兴旺时就着手研制自己的电脑，当汉卡市场萎缩时“联想”电脑已成为企业的第二代拳头产品了。

（六）规避经营风险的需要

企业的经营常会遇到各种风险，其中的一种便是单一的产品、项目或业务经营的失败给企业带来的致命打击。也就是说，对于单项经营的企业来说，此项业务的失败，会使企业唯一的经营活动失败，从而给企业带来严重的损失。由此，众多的企业在发展中往往采用品牌扩张的策略，进行多元化经营，从而规避经营风险。实施品牌扩张，使企业左右逢源保证了企业平稳发展。美国吉利公司前任董事长勒克勒在 1978 年出任总经理时就提出：“本公司不应再以刀片当唯一的事业了。”于是，吉利公司在继续研制新型剃须刀的同时，大刀阔斧地进行了品牌扩张，企业经营转向了化妆品、医药及生活用品等多个方面，并在这些行业中取得了成功。正是由于实施单一经营向多元化的战略调整，使吉列开始多条腿走路，使吉列的“剃须刀王国”更加巩固。

三、品牌扩张的意义

品牌扩张既是企业品牌营销发展的必然结果，也是企业合理利用品牌资源的重要方式。从品牌扩张的实际效果来看，品牌扩张对企业的意义主要体现在以下几个方面。

（一）充分利用品牌资源，优化资源配置

经济学讲究资源的合理配置，企业只有合理配置各种资源，使其充分发挥作用，才能使企业走向良性发展道路。品牌是企业重要的资源，企业在发展品牌战略中可能会出现这样那样的问题。比如，品牌资源闲置，遇到这样的情况，品牌扩张战略正可以促进资源合理利用，增强企业实力。针对品牌资源闲置，可以搞对外扩张、特许经营、品牌延伸等，从而达到有效、充分利用企业品牌资源的目的。著名时装品牌如香奈尔、范思哲、阿玛尼等，都具有极高的知名度、美誉度、信任度和追随度，若他们只在服装领域里开拓，而不进入相关产品领域，则消费者对其的忠诚、赞誉便会在无形中损失掉，这些都是企业宝贵的品牌资源。

（二）借助品牌忠诚，减少新品“入市”成本

通过对消费者的研究发现，消费者往往具有某种忠诚的心理，即在购买商品时，多次表现出对某一品牌的偏向性行为反应。这种忠诚心理，为该品牌的新产品上市扫清了消费者的心理障碍，并提供了稳定的消费者群体，从而保证了该品牌产品的基本市场占有率。因此，当企业进行品牌扩张，对新产品以同一品牌投放市场时，就可以利用消费者对该品牌已有的知名度、美誉度、信任度及忠诚心理，以最少的广告、公共关系、营业促销等方面的投入，迅速进入市场，提高新产品开发、上市的成功度。品牌扩张常利用已有品牌及产品的美誉度、知名度、追随度来提携新产品，为新产品上市服务。

（三）提高市场占有率

品牌扩张能给品牌以新鲜感，使其更丰富，从而提高市场占有率。品牌内容若长期一成不变，长此以往会使消费者因无新鲜感而被其他品牌所吸引，品牌扩张能使品牌概念不断增加新的内涵，让消费者感到这一品牌在不断发展、不断创新，从而紧紧抓住消费者，牢牢占领市场。品牌扩张更为目标市场扩大了领域，为消费者提供了更多的选择

对象，增强了品牌的竞争力。品牌扩张能使品牌群体更加丰富，对消费者的吸引力更大。

（四） 增强企业实力， 实现收益最大化

品牌扩张在某种程度上发挥了核心产品、主品牌的价值，充分利用品牌资源，提高品牌的整体投资效益，使得企业产销达到理想的规模，实现收益的最大化。

品牌扩张是企业发展的重要手段，如果运用得当，会大幅提升产品及企业的实力和竞争力，扩大企业效益，为企业带来利润及市场占有率、竞争力、亲和力等，已成为企业发展战略中不容忽视的内容。

第二节　品牌延伸策略

“品牌延伸”是个老生常谈的话题。通过长达百年的企业发展史，我们不难看出，品牌延伸是一把双刃剑，延伸过度会伤及品牌自身。在大数据时代，品牌延伸究竟值不值？要使品牌延伸取得成功，需要具备什么条件？通过这一节的学习，相信读者们会有所启发。

一、品牌延伸的概念及类型

品牌延伸（brand extension）是指企业利用已经取得成功的品牌名称来推出改良产品或新产品。例如，海尔集团用“海尔”这个品牌成功推出海尔冰箱后，又利用该品牌及图样特征推出了洗衣机、微波炉、电视机、热水器等新产品。品牌延伸的最终目的是吸引消费者对新产品的认同，将新产品迅速推入市场，从而获得竞争优势。从品牌延伸领域与原有品牌领域的密切度分析，品牌延伸主要有以下三大类型。

（一） 专业化延伸 （special extension）

专业化延伸是指品牌延伸的新领域与其原有领域处于同一行业并有一定的关联性，专业技术、目标市场、销售渠道等方面具有共通性。企业可以充分利用原有品牌的品牌声誉吸引消费者选择新产品，从而节约新产品进入市场的成本。例如，娃哈哈公司从儿童营养口服液起家，利用“娃哈哈”这个品牌，逐步延伸到娃哈哈果奶，再到娃哈哈八宝粥、纯净水等。

（二） 一体化延伸 （integration extension）

一体化延伸是指品牌向原有领域的不同档次延伸，品牌成长空间更为广阔。具体而言，品牌沿产业链向上延伸，可进入高端产品市场；品牌沿产业链向下延伸，可填补低端市场空白，扩大市场占有率。例如，阿玛尼品牌最早推出乔治·阿玛尼高级时装后，又推出安普里奥·阿玛尼为二线成衣品牌。

（三） 多样化延伸 （diversification extension）

多样化延伸指品牌延伸的新领域与原有领域完全不相关的品牌延伸行为。多样化延伸的消费者群体有一定的重合度，借助原有品牌的品牌声誉，在新的领域内快速获利。例如，皮尔·卡丹象征着身份和高贵，在该品牌名下有高档衣服、香烟、家具等跨度很大、关联度很低的延伸产品。皮尔·卡丹依靠原有品牌的影响力，包容这些物理属性和产品类别都相差甚远的产品，并能得到消费者的认同。

二、品牌延伸的利弊

品牌延伸作为企业扩张的一种经营策略，在品牌延伸过程中，对原有品牌和新品牌既有有利的方面，也有不利的方面。因此，全面正确地识别品牌延伸的利弊，对于何时、何地以及如何延伸品牌等问题的回答有重要的意义。

（一）品牌延伸的有利方面

品牌延伸涉及两个方面：一是原有品牌产品；二是新产品。因此，品牌延伸的有利方面也从这两方面加以论述。

1. 对原有品牌的有利方面

（1）提升原有品牌的形象。品牌形象由品牌认知和品牌联想构成。一是品牌延伸可以加深品牌名称的认知深度，强化已有形象。如果消费者对某品牌名称感到很熟悉，在消费者购买过程中，这种熟悉感会直接影响消费者的购买行为，并将熟悉的品牌归入购买范围，从而使得品牌名称直接转变为市场优势，进一步加深消费者对原有品牌的认知和理解。例如，海底捞火锅、绿箭口香糖、格兰仕微波炉、联想电脑等，都是借助消费者对原有品牌的熟悉程度吸引消费者选择购买产品的。二是品牌延伸赋予品牌新内涵。品牌延伸可以丰富原有的含义，公司不断推出新的产品，可以让消费者感觉到品牌具有可创造性。例如，美国著名的施乐公司，是最早发明复印机的企业，企业通过品牌延伸，由单一生产复印机延伸至生产数字打印机、扫描设备、文字处理软件等软硬件设备，从而使人们对施乐的印象由“复印”转向“文件处理”。三是品牌延伸可以使原有产品产生新的品牌联想，增强消费者对品牌和公司的信赖。凯勒和艾克认为，成功的品牌延伸有利于加深消费者对公司专业水平的印象以及信任度和忠诚度。例如，耐克从跑鞋向运动鞋、运动服、运动设备的延伸，扩大了耐克运动产品的领域，从而加强消费者对“高品质”和“运动”这两方面的联想。

（2）扩大市场覆盖面。品牌延伸可以扩大市场覆盖面，无论是线内延伸还是线外延伸，都能覆盖更多的市场领域。一方面，采取战略性的品牌延伸，划分更多的细分市场，可以抑制竞争者占领目标市场，起到保护原有品牌的作用。例如，丰田公司在其中档产品卡罗拉（COROLLA）的基础上，向上延伸推出佳美牌（CAMRY，现名为凯美瑞），以及凌志牌（LEXUS，现名为雷克萨斯），向下延伸推出小明星牌。这样做不仅扩大了市场份额，而且有效地应对了其竞争对手的攻击。另一方面，通过品牌延伸，充分利用消费者对原有品牌的信赖，不断给原品牌注入新的活力，提供多种不同功能和形象的产品，给消费者更多的选择余地，满足消费者不断变化着的需求，这样不仅可以提高该品牌的声誉，而且能够加强消费者对原有品牌的重视，从而也增加原有品牌的销售量。

（3）为后续延伸做铺垫。品牌延伸可以为原有品牌的进一步延伸提供机会。如果品牌只与一种产品紧密关联，使得消费者把品牌的联想与产品一对一地记忆，那么一旦消费者的偏好发生变化，原有品牌也会随之失去市场。因此，进行成功的品牌延伸，可以促使品牌与产品独立，降低品牌与产品间的黏度。原有品牌进行一次成功的品牌延伸后，再次推出新产品，就更容易进入市场，被消费者接受。例如，固特异成功推出首款为湿滑路面路况设计的副品牌“阿考奇”（Aquatred）轮胎后，又通过品牌延伸推出适合于带货卡车和大篷货车的“牧马人”（Wrangler）轮胎产品、绿色节能和高性能的“鹰牌”

（Eagle）轮胎。

2．对新产品的有利方面

（1）提高新产品的可接受性。品牌延伸的基础是企业有一个消费群体和经销商都认可的品牌，如此才能顺利地借助原有品牌的知名度、信誉度等来推销新产品。某一品牌已经被消费者接受，则说明该品牌的特性也得到了消费者的认同，当延伸的新产品出现时，消费者会利用对原有品牌的信赖尝试购买新产品，从而使得新产品在短时间内得到消费者的认可。研究表明，消费者在购买商品时，在很大程度上受到产品品牌所提供的先验知识的影响，最终直接引导消费者的购买行为。延伸的新产品能得到消费者的认可，增加了消费者对延伸产品的需求，经销商在购进原有品牌的同时，也会适量购买延伸产品。实证研究也表明，超级市场的购货人员在采购预算决策中，品牌声誉是新产品是否被采用的重要选择标准。因此，品牌延伸的同时要注重把品牌声誉延伸到新产品中，从而提高新产品的可接受度，这样也容易说服经销商选购及推广新产品。云南白药在生产传统白药产品的同时，充分发挥云南白药独有的产品功能和品牌形象，将云南白药品牌延伸到云南白药牙膏，进一步发挥云南白药止血的功效，一举成为国内最好的保健牙膏，市场绩效尤为显著。

（2）提高促销效率。品牌延伸引入新产品，一是可以降低新产品市场导入成本和所需的促销费用。推出新品牌需要进行市场调查，在设计新品牌名称、包装、标签、制作、广告宣传等一系列活动时，都需要花很高的费用。据估计，企业如果要在美国市场推出一个新产品，需要5 000万至1亿美元的费用，而采用品牌延伸则估计可节省总成本的40%～80%。二是提高延伸产品的促销效率。品牌延伸的一个显著优势是不需要为新品牌建立知名度，只需要强调原有品牌推出新产品就可以了。当新产品与原有产品的特性相似性很高时，品牌延伸比新的导入品牌在广告宣传上更容易让消费者接受，从而减少了营销宣传费用。众多企业均是以此扩大产品线的，例如，可口可乐公司在推出“健怡可口可乐”和“樱桃可口可乐”两款新产品时，就没有进行大规模的广告宣传，但很快赢得了消费者的认可，间接地提高了产品的促销效率。

（3）满足消费者的多样化需求。品牌延伸是为了满足消费者不断变化的需求，采用的是一种低成本而有效的方法。企业通过不断为原有品牌注入新鲜活力，拓宽产品线，给消费者提供各种各样有差异性的产品，增加消费者的选择机会。不同的消费者对同一产品有不同的要求，如洗发水，有的人要求顺滑，有的则要求去屑，宝洁公司通过品牌延伸推出不同功效的产品，以满足不同细分市场的需求。

（二）品牌延伸的不利方面

在一定条件下，品牌延伸是企业常用的一种有效的营销策略，但也要注意品牌延伸失败带来的影响。具体表现在以下几个方面：

1．淡化并损害原有品牌的形象

过度进行品牌延伸，会淡化原有品牌的形象，尤其是那些具有高品质联想的品牌的形象会受损。任何一个成功的品牌都具有其特有的品牌个性，进行品牌延伸时，如果改变了这一特性，使得消费者不能接受，则品牌延伸就陷入困境了。如果百事可乐把“年轻人的可乐”这一特性，同时用于其他不同的产品上，很可能会淡化该品牌在消费者心中的形象。

2. 消费者产生心理冲突

在购买产品时，消费者首先会选择购买自己信赖的品牌。企业通过品牌延伸推出各具特色的产品，特别是各种产品在功能用途上存在矛盾时，不仅模糊了原有品牌的定位，消费者也会因为品牌联想而失去对原有品牌的忠诚，带来消费者心理上的冲突。例如，以生产“999”胃泰起家的三九集团，成功经营了“999”品牌，以至于消费者把“999”品牌视为胃泰的代名词。接着企业又将“999”延伸至啤酒行业。这一品牌延伸，使得消费者难以接受，大多数消费者表示，在喝“999”牌啤酒时会产生有药味的感觉，容易使人通过联想产生心理抵触。

3. 产生株连效应

株连效应是指品牌延伸产品的失败会影响原有品牌已有的声誉和形象。实施品牌延伸时，如果品牌延伸的新产品因技术、质量等出现问题，则会影响其他产品的信誉，导致消费者感觉受到欺骗，对这个品牌失去信任，并排斥该品牌的所有产品，形成“株连效应”。例如，巨人集团在20世纪90年代初进入保健品市场，开发了巨人“脑黄金”产品在市场上火爆一时。巨人集团又迅速推出了“巨不肥”“吃饭香”等十多种保健品，均取得了不俗的业绩。但后来由于“脑黄金”市场占有率一再下滑，其他保健品也因此受到“株连”而销售业绩纷纷下滑，巨人集团由此步入了举步维艰的低谷，最终倒闭。

三、品牌延伸的有效策略

一方面，品牌延伸利用原有品牌在消费者心中的知名度，使新产品顺利进入市场；另一方面，品牌延伸又可以通过新产品的销售进一步扩大原有品牌的影响力，获得品牌宣传的规模效应。那么，如何实施有效的品牌延伸呢？具体做法如下：

（一）加强品牌延伸的管理

1. 从企业战略高度研究品牌延伸

一般认为，如果品牌延伸出现淡化原有品牌的形象，品牌延伸就失败了。这种判断标准具有很强的片面性，不能对品牌延伸成功与否的最终判断起决定作用。应该将品牌延伸放在企业的经营战略上来考虑，从企业全局和长远发展的角度来审视品牌延伸，并做出明确而周到的规划。

2. 综合权衡各种因素

品牌延伸是一项系统而复杂的工程，要实现成功的品牌延伸，需要综合考虑各种因素。一个品牌想要覆盖整个市场是不太可能的。在延伸过程中，品牌受到企业成本和消费者购买特性这两个因素的影响。

3. 建立一套科学完整的品牌管理系统

成功的品牌延伸需要有科学的品牌管理系统做支持，包括完整的品牌运营战略、完善的品牌管理机构、科学的品牌资产评估体系和先进的品牌信息管理系统等。本书第六章已对品牌管理系统做了详细介绍，此处不再赘述。

（二）保持品牌独特的核心价值

核心价值是品牌的精髓，一个成功的品牌都有其独特的核心价值。在品牌延伸时，要始终保持延伸产品与原有产品具有一致的核心价值，扩大原有品牌的内涵，使原有品牌的核心价值具有包容性。如果品牌的核心价值能包容延伸产品，那么原有品牌的延伸能力就强。反之，若品牌延伸与品牌的核心价值相违背，则最终会稀释、淡化甚至会毁坏原有品牌的形象，品牌延伸的能力将大打折扣。另外，在实施品牌延伸战略前，应该正确认识品牌的核心价值。有人认为，一家企业的品牌若成为某一产品的代名词后再进行品牌延伸，会降低品牌的核心价值。然而，真正正确认识到原有品牌的核心价值后再进行品牌延伸，不但不会损害品牌的核心价值，相反还会使得企业进行成功的品牌延伸策略。例如，提起“雀巢”这一品牌，消费者就会想到咖啡，但这只是雀巢品牌的核心价值之一，它还意味着“优秀品质、温馨、有亲和力”，这才是该品牌真正的核心价值所包含的主体部分。该品牌价值具有很强的包容性，因而，该企业把这一品牌延伸至奶粉、冰激凌等系列产品时都取得了成功。

（三）把握企业的市场环境

进行品牌延伸时，须从两个方面把握市场环境。

（1）考虑品牌延伸的市场机会。市场机会又可分为以下几种情况：①品牌所延伸的产品市场还没有形成强势品牌，延伸品牌容易进入。②品牌市场上强势品牌实力比较弱，延伸产品有一定的市场空间。③在已具有强势品牌的市场中寻找空隙，进行品牌延伸。只要有效地抓住市场机会，是可以扩大品牌延伸的市场和生存空间的。

（2）考虑市场竞争状况。市场竞争状况要考虑两个市场，即主导产品市场和延伸产品市场，企业应根据两个市场的竞争程度采取不同的延伸策略。两个市场的竞争状况对品牌延伸的影响可分为四种情况：①延伸产品的市场竞争不激烈，主导产品市场不存在强势品牌，可以大胆地进行品牌延伸。②延伸产品的市场竞争激烈，主导产品市场存在已有强势品牌，就不适合做品牌延伸。③主导产品市场强而延伸产品市场竞争不激烈的情况下，可以进行品牌延伸，但要保持专业品牌的市场地位，才能成功实现品牌延伸。④主导产品市场弱而延伸产品市场竞争激烈的情况下，延伸产品要保持市场的差异性，才能顺利进行品牌延伸。

（四）实施主副品牌策略

副品牌指企业生产多种品牌，给所有产品以统一品牌的同时，再根据每种产品的不同特征给其取一个恰当的名字。这种策略的好处是可以借用原有品牌的影响力顺利进入市场，同时也可在一定程度上降低风险。实行主副产品策略，可以使新产品在统一中突出差异性，还可以形象地向消费者传达新产品的特色、功能，让消费者感觉到推出了新产品，从而引发消费者对新产品的美好联想。需要注意的是，副品牌的推出要有利于提高主品牌的价值，始终把主品牌放在主导地位，实现主副品牌的有机统一。

第三节　品牌联盟策略

2010 年，联合利华中国公司的“夏士莲”品牌联合中华老字号“同仁堂”推出夏士莲灵芝养护防掉发产品，率先采取了中国品牌和外国品牌使用于同一产品的营销策略。品牌联盟是什么？如何选择联盟者？影响品牌联盟效果的因素又有哪些？这一节将会和大家详细介绍。

一、品牌联盟的定义与类型

（一）品牌联盟的定义

基于不同的着眼点，研究者们对品牌联盟给出了各不相同的定义。史蒂夫·鲍尔默（Stere Ballmer）指出，由于参盟品牌与企业品牌有着更为深厚的联系（较之于产品或服务品牌而言），所以可将品牌联盟放在公司品牌化以及公司层面营销的背景下来看待。持这一理念的研究者不在少数，帕克等人即从品牌管理及营销的角度出发，称品牌联盟为现有品牌名称的联合，其目的在于创造出一个新的复合品牌名称以应用于新的产品。沃什伯恩等人认为品牌联盟是一种特殊的营销战略，它将两个或更多参盟品牌的品牌资产迁移到新创的品牌联盟之上。

也有研究者将定义的着眼点主要放在“联盟”这一属性之上，更加关注品牌联盟中存在的合作关系。正如帕克等人所提出的，品牌联盟可能是两个公司间合作的最高形式，因为这种合作是高度公开化的，且加入联盟的公司是在用自己的声誉做赌注以换得合作的成功。遵循这一思路，法国学者卡普费雷将品牌联盟定义为：两个不同公司的不同品牌名称在合作性营销行动中的联合。

本书认为：品牌联盟是指两个或更多品牌相互联合、相互借势，使品牌本身的各种资源因素达到有效的整合从而创造双赢的营销局面的策略。

（二）品牌联盟的类型

不同学者采用不同的标准来划分品牌联盟的类型，例如，保罗等人将品牌联盟划分为促销/赞助型、成分型、价值链型、创新型等；国内学者许基南认为品牌联盟主要包括了产业一体化型品牌联盟、技术导向型品牌联盟和市场导向型品牌联盟。目前，被广为使用的一种品牌联盟类型的划分方式是布莱科特和博德根据创造共有价值机会由低到高将品牌联盟划分为接触/认知型品牌联盟、价值认可型品牌联盟、元素组成型品牌联盟和能力互补型品牌联盟。

1. 接触/认知型品牌联盟

接触/认知型品牌联盟，指合作企业通过品牌联盟合作向对方的顾客群展示自己的产品、服务和品牌，扩大企业在新目标市场上的影响，提高企业品牌在新受众中的认知度。接触/认知型品牌联盟，对合作伙伴的选择可以是非常广泛的，即使是在战略、价值、定位等方面存在很大差异的企业之间也可以进行联合。由于接触/认知型品牌联盟处于品牌联盟价值创造的最低层次，主要是通过在合作伙伴的客户群中进行宣传，使得合作的双方迅速地提高公众对他们品牌的认知，品牌合作的目标仅仅局限于同受众进行接触并提高其认知度，因此该品牌联盟共同创造价值的潜力较低。

2. 价值认可型品牌联盟

价值认可型品牌联盟，指一方品牌对另一方品牌的价值或定位进行认可或注释，或双方品牌相互注释。价值认可型品牌联盟的实质，是两个企业为了实现其品牌价值在顾客心中的联合而进行的合作，而这种品牌价值的联合又是通过顾客的品牌联想来实现的。价值认可型品牌联盟对合作伙伴的要求就比较高。这种品牌联盟要求参与合作的企业具备或者想要取得在客户心目中品牌价值的一致性，这样就削减了潜在的合作伙伴，提高了价值创造的潜力。当两个品牌具有联系紧密的核心特征和价值时，合作的双方均可以从联合中提升品牌声誉，刺激产品的销售，创造出更多的价值。

3. 元素组成型品牌联盟

元素组成型品牌联盟，指两个品牌同时出现在一个产品上，其中一个是终端产品的品牌，而另一个则是其所使用的成分或组件产品的品牌。对于某种材料而言，高附加值的原料由两个相关的品牌共同创造，这将极大增加产品提供给消费者的最终价值，并因此提高品牌在消费者心中的价值。其基本原理就是一个以优质的产品质量而闻名的品牌，把它提供给另外一个知名产品，作为其组成元素之一，在这种类型的品牌联盟中包含了更多的“物质”元素。通过元素组合型品牌联盟，制造商和供应商向消费者传递了其产品和性能的特定信息，不仅提升了双方的品牌价值，而且还分摊了宣传的费用。

4. 能力互补型品牌联盟

能力互补品牌联盟是指两个强势品牌在能力上具有互补性，它们的合作并不是各个部分的简单相加，而是集中各自的核心能力和优势来共同生产一个产品或提供一种服务。能力互补品牌联盟是最高层次的品牌联盟，共同创造价值的潜力最大。它同元素组成型品牌联盟的主要区别在于，元素组成型品牌向终端产品提供的是一个可分离的实体成分，而能力互补品牌联盟的互补能力则不仅包含有形的、可分离的实体成分，而且还包含了无形的、不可分离的要素。

品牌联盟是一种有效的管理品牌资产的方法，对于品牌经理来讲，如何有效地识别品牌联盟的机会，以及选择何种具体的联合策略是一项关键的任务。对此，上述4种品牌联盟类型可以提供一个很好的指导。当然，每种策略都有一定的优点和相当的局限性，正确识别品牌联盟机会的关键在于对目标顾客清晰的定义，以及对顾客利益的仔细描绘和对传递这些利益的明确的产品层次划分。

二、品牌联盟的作用

经济学家和企业家都对品牌联盟的动机进行了研究。品牌为什么要联盟？有的品牌在联盟之前，其品牌声誉和品牌价值就很高，如“爱立信”和“索尼”。美国明尼苏达大学卡尔森管理学院的一位教授认为，当品牌单独出现没有说服力时，品牌联盟可以更好地标明商品的品质。具体来说，品牌联盟的作用表现在以下几个方面：

（一）品牌联盟导致的排挤行为与进入壁垒

在一些情况下，一个强有力的纵向一体化品牌联盟能把未纵向一体化的企业排挤出去。假设一个纵向一体化品牌联盟在一种最终产品的生产过程中的前序阶段具有垄断能力，这个企业便可以提高前序阶段产品的价格，还可利用其垄断地位压低最终产品的价格，未实施纵向一体化的企业就不得不高价购进，低价出售，从而被赶出市场。同时，纵向一体化的品牌联盟筑高了进入壁垒，阻止潜在的竞争者进入。斯蒂格勒（George Joseph Stigler）观察到，一体化“成了排除新竞争者的一种可用的武器，具体作用机理是使得进入那些已联合成一体化的生产过程的资本需要量提高了”。

（二）品牌联盟能够实现优势互补与资源共享

品牌联盟中的各个品牌要素，可能在某些方面具有自己独特的优势。而且一个品牌所具有的某种优势有可能恰恰是另一个品牌缺乏并且是必需的。因此，进行品牌联盟可以更好地实现各个品牌间的优势互补。

例如，在 1995 年，法国著名的乳制品企业达能（Danone）进入南非开拓市场。由于当地消费者对达能品牌并不熟悉，所以尽管它进行了大量的广告宣传，品牌认知度仍然不高，而企业的促销和广告成本又居高不下。于是，达能选择了南非最大的鲜奶制品生产商 Clover，推出品牌联盟“Clover – Danone”。Colver“高质量”的品牌形象、生产能力和市场渠道，加上达能国际化的运营经验，使这一品牌联盟获得了成功。

（三）品牌联盟能够更好地表明产品的品质或特性

品牌的出现就是消费者信息不对称的产物。一个品牌能被顾客认可是因为它已经在顾客心目中有了明确的定位，而且能使顾客产生丰富的联想。例如，前文所述的元素组成型品牌联盟，当产品和品牌单独出现不能揭示产品的质量时，走品牌联盟之路就可以利用另一方品牌（一般是知名的技术品牌）给顾客带来的品牌联想来说明该产品的品质。这尤其表现在新产品或高科技产品（只有实际消费之后才能发现其真正品质的产品）的推广过程中。新产品或高科技产品可以借助于知名的技术品牌推荐而消除消费者心头的疑虑，使其对产品的真实质量增加信任感。

（四）品牌联盟能够降低促销费用

在开拓市场方面，品牌联盟可以降低促销费用，促销费用双方共同承担，加之各自品牌早期的广告和促销活动对品牌联盟又助了一臂之力，双方的促销费用都大大降低。例如，金龙鱼与苏泊尔的品牌联盟，其品牌联盟营销的主题是“好锅好油健康美食”。双方投入费用达 2 000 多万元，并在市场和品牌推广、销售渠道共用、媒体投放等方面展开深度合作。由于双方拥有类似的目标消费群，可在销售渠道上形成互补，这样就可以在推广时节省成本，实现双方品牌资源利用的最大化。

（五）品牌联盟能够提高品牌的资产价值

品牌是有资产价值的，品牌间的相互联合能够引发消费者的注意和兴趣，并可以使品牌联盟更快、更强地导入消费者的头脑，从而使消费者对联合的各方品牌及品牌属性认识更全面，印象更深刻，所以，品牌联盟有助于增强消费者对品牌及其属性的记忆，从而提高品牌的资产价值。

三、品牌联盟的影响因素及风险

（一）影响品牌联盟效果的因素

狄金森和巴克认为，各个参盟品牌的先前态度、熟悉度以及品牌适合度与品牌联盟所受的积极评价之间存在着正比关系。此外，更高水平的先前态度和熟悉度又和品牌的适合度感知联系紧密，那些具有更高先前态度和更高熟悉度的品牌在品牌联盟中将于适合度方面得到更高的评价。顾客越是认为联盟品牌之间存在着较高的适合度，则品牌联盟所受到的总体评价就会更高，参盟品牌所获的溢出效益也就越高。狄金森和巴克的分析涵盖了影响品牌联盟效果的几大因素。

1. 先前态度

在品牌联盟中，任何一个品牌都存在于其他品牌所营造的环境之中。所以品牌联盟所受的评价将受到联盟中各品牌的先前态度的影响，而且联盟中各品牌在联盟后所受到的评价也可能受到其他品牌所营造的环境的影响。研究证明，对于参与品牌联盟的各品牌而言，联盟前的先前态度和联盟后的品牌态度间存在着很高的正相关。

有学者发现，参盟品牌的参盟前品牌态度对品牌联盟的总体态度有着积极的影响，具体而言，可以影响到顾客对品牌联盟产品的品质感知、为其支付高溢价的可能性以及最终的购买意向。

狄金森和巴克在总结前人的研究后认为，如果创建联盟的每个品牌在之前都具有积极的品牌态度，则其所创建的品牌联盟也将在总体上获得积极的品牌态度。而且创建联盟的个体品牌最初具有的品牌态度越是积极，则联盟就越可能受到顾客的青睐。值得注意的是，个体品牌在联盟前的积极品牌态度在很大程度上能保证品牌联盟所受的青睐。当顾客认为品牌联盟的适合度较高时，这种效果就显得更加明显。

2. 熟悉度

对于那些为顾客所熟悉的品牌而言，由于其具备较为理想的品牌体验和品牌联想，就可以更好并且更为稳固地建立起相对较高的品牌喜好。而对于那些不为顾客所熟悉的品牌而言，之前的品牌态度要么未曾建立，要么在强度和态度可及性方面有很大不足。

联盟中某品牌的熟悉度越低（高），其先前态度对品牌联盟所受的总体评价的影响就越小（大）；参盟品牌的熟悉度越低（高），则品牌适合度对品牌联盟的影响也将越低（高）。熟悉度较之于合作伙伴更低（高）的品牌将对品牌联盟做出更少（多）的贡献；熟悉度较之于合作伙伴更低（高）的品牌将体验到更强（弱）的溢出效应。当参盟品牌都具有很高的熟悉度时，其所受溢出效应的程度将是均等的，且将对联盟做出大小相当的贡献。

3. 适合度

众多研究者都对品牌联盟的适合度投入了很大关注，具体而言，适合度又包括产品适合度、品牌适合度等。产品适合度指品牌联盟中涉及的产品类别之间联系的紧密程度，与品牌的关系并不紧密；而品牌适合度是指顾客对联盟中的各品牌间品牌形象的黏合性以及品牌联想一致性方面的感知。

品牌联盟中的品牌适合度不仅体现在技术或专业性等功能性层面之上，也可以体现在品牌个性等抽象层面上。如果参盟品牌在每个产品品类中都能在功能和情感层面上具有较高的适合度，则顾客对联盟产品的购买可能性就会更高。此外，参盟品牌间的品牌个性间的适合程度越高，品牌联盟所受的态度评价就会越高。当顾客认为联盟内的品牌间存在着较高的适合度时，初始品牌的品牌态度就能实现往更高层次的迁移。

4. 产品及品质因素

因为顾客相信品牌联盟会导致技术及资源的整合，进而会带来更好的产品。顾客亦会倾向于认为品牌联盟将使产品的制造变得更为简单，这又能减轻其在试用新产品时的怀疑和焦虑。所以品牌联盟的新产品越是易于制造，顾客对品牌联盟的态度就越为积极。对于品牌联盟而言，初始品牌的较高品质是其取得成功的一个先决条件；对于联盟品牌的更高的品质感知将导致对品牌联盟的更积极的态度。

5. 其他因素

在组建品牌联盟之时，不仅要考虑到参盟品牌在上述几种因素上所具有的适合度，也应考虑到顾客是否会真正购买联盟的新产品并承认新产品的品质。不同类型的品牌联盟会对产品的价格水平、总体收益及利润等产生程度不一的影响。而相较于本国品牌，品牌联盟中的外国品牌能得到顾客的更积极评价。

（二）实施品牌联盟的风险

实施联合品牌战略，也蕴藏着许多风险，如果运用不当就会造成消极后果。

首先，产品、品牌及企业的形象不一致。这样不仅不利于企业形成统一的运营策略，向消费者展现一致的品牌形象，创造新的竞争优势，而且还会损害各自品牌的权益。

其次，合作品牌出现任何危机，都会产生株连效应，影响到联合品牌。如果一方企业破产或遭遇其他财务危机，从而导致其不能继续履行联合品牌的投资责任，那么合作关系便不得不终止，而另一方企业也会因此而蒙受损失。

最后，破坏战略协调。一方品牌进行重新定位，有可能会破坏合作双方在战略上业已形成的协调。

四、品牌联盟的合作伙伴选择

第一，好的品牌联盟不仅需要保证参盟品牌都能从联盟中获益，而且要保证各方的获益程度达到一个均衡的水平。西蒙宁（Simonin B. L.）和露丝（Ruth J. A.）认为，参盟品牌对品牌联盟的贡献并不一定是均衡的，当品牌联盟中的参盟品牌在知名度等方面具有明显差距时，就可能出现经济学中所谓的“搭便车”现象，即知名度更低的品牌对联盟的贡献较小，但却可能从合作者处获得很大好处。但他们也指出，这并不意味着知名度高的品牌就需要避免与低知名度品牌间的联盟，只要合作品牌的品牌态度及其与主品牌间的适合度不是太低，这种联盟仍然有其积极意义。

第二，一个在产品品质和态度方面受到较高评价的联盟品牌将对整个品牌联盟的成功起到较为积极的作用。狄金森和巴克认为，不论是在何种情况之下，选择一个适合或者相匹配的联盟伙伴都是极为重要的，合适的伙伴能使联盟的利益实现最大化，也能使参盟品牌都能得到最大的溢出效应。此外，对于那些需要进行品牌联盟的主品牌来说，在挑选同盟者的时候不仅需要考虑对方的声誉度及其未来的发展表现，还需要对建立同盟的成本、利好和潜在的威胁及机遇等方面进行评估。对应的，对于联盟品牌而言，在进行品牌联盟时也要确保主品牌具有可持续保持的高品质，并对联合之后的成本和潜在收益进行有效评估。对于那些需要对难于直接感知的品质进行担保的产品来说，一个具有良好声誉的联盟者是较为合适的；而对那些需要增强某些产品属性的产品而言，一个在相应属性上具有较佳表现的同盟者则是适宜之选。

第三，具有较高品牌资产的合作者能提升顾客对与该合作者有关的体验性及信誉度方面各种属性的使用前评价。拥有高品牌资产的联盟品牌将能使顾客对参盟品牌拥有更高的使用前评价和信赖度。对需要进行联盟的品牌而言，选择一个能够提升而非玷污自身声誉的联盟品牌是非常重要的。品牌联盟要取得成功，关键的一步就在于挑选出一个拥有相近目标，并能在象征性及功能性品牌属性方面提供相应支撑的合作者。

第四，即便是已经参与过多次品牌联盟的品牌，在新参与的品牌联盟中也能发挥较大的作用。这就意味着，在挑选联盟品牌时，并不一定要刻意回避那些已经参与过其他品牌联盟的品牌。

当然，独立联盟品牌（可以被单独购买及消费的品牌）将通过提升品牌联盟态度的方式对品牌联盟做出更大的贡献。若以排他性为基准，可以将联盟品牌分为排他性联盟品牌和非排他性联盟品牌。相对于独立联盟品牌，非独立联盟品牌能够获得更强的溢出效应；而相对于非排他性品牌，排他性品牌可以获得更强的溢出效应。联盟品牌所带来的稀缺资源与排他性合约能提升顾客对品牌联盟的态度评价。所以，在进行品牌联盟之前，需要在独立性及排他性方面对候选的联盟者进行考量。

第四节 品牌授权管理

品牌授权始于卡通人物的商品化，至今已有100多年的历史。从米老鼠（Mickey）的经久不衰，到凯蒂猫（Hello Kitty）的广受欢迎，品牌授权已经被证明为品牌建设和品牌扩张的有效工具，为娱乐品牌建设和国际文化传播做出了突出贡献。

一、品牌授权的概念

品牌授权又称品牌许可，是指品牌权利人将自己所拥有的受法律保护的财产（如商标或版权的名称、徽标、肖像、字符、短语或设计）以合同形式在一定期限内许可被授权者使用，被授权者按合同规定内容从事品牌产品的设计、生产、销售等经营活动，并根据产品销售额向品牌权利人支付相应的品牌使用费的一种扩张策略。现在品牌授权不再是少数人研究的学术领域，许多企业都把品牌授权看作市场营销的重要工具，甚至可以说品牌授权已经成为现代市场推广和品牌延伸的有效方法之一，并通过日益增加的各种方式加以应用。

史努比（Snoopy）是美国著名卡通画家查理·舒兹先生创作的著名卡通形象。从1950年开始，在持续70年的时间里，全球共有75个国家、3亿多读者在2 500多家不同的报纸上看到了18 000多套史努比的漫画。通过漫画和卡通片的传播，史努比成为风靡世界的著名卡通人物。带给舒兹先生庞大财富的不是“稿费”，而是“卡通商品授权”，光是2002年全球就有超过20 000万种与史努比有关的商品，每年利润高达11亿美元。2004年，珠海姗拉娜化妆品有限公司与美国统一专栏联合供稿公司正式签订特许协议，取得史努比在中国区域内化妆品的唯一经营权。随后，姗拉娜推出史努比品牌的婴幼儿、儿童、青少年系列产品多达几百种。姗拉娜借助史努比的品牌知名度开拓市场，美国统一专栏联合供稿公司则利用姗拉娜的设计、生产和营销网络进入了中国的化妆品市场，优势互补，相得益彰。

二、品牌授权的方式

根据不同的分类标准，可以将品牌授权进行不同的划分。国际授权业协会（International Licensing Industry Merchandiser's Association，LIMA）从品牌授权的主体出发将品牌授权划分为卡通形象和影片娱乐、企业品牌、试装、运动（包括球队和球员）、大专院校、艺术、音乐七类。营销百科也将品牌授权总结为七大类别，主要有企业品牌授权、卡通造型授权、影片娱乐授权、运动品牌授权、休闲品牌授权、艺术授权和网络游戏授权。

国内关于品牌授权方式的研究中，曾朝辉曾在早期把品牌授权的方式归纳为商品授权、商标授权、项目授权、专卖授权和专利授权等五种。庞守林也曾将品牌授权按照形象区别分为如下几种类型：①知名品牌拓展业务范围和改变业务性质的品牌授权，如麦当劳品牌的经营授权、奔驰车品牌授权服装生产等。②电影、电视、网络动画等利用其知名度，及塑造的人物、偶像和卡通等的影响力进行品牌授权，如利用电影中的主角——蜘蛛侠、哈利波特、白雪公主进行授权经营。③体育运动品牌、文艺作品等的授权经营，例如 NBA 的服装授权经营，加菲猫、蜡笔小新、格林童话等艺术作品的品牌授权经营等。

随着品牌授权在中国市场的发展以及现代消费模式的不断转换，目前国内市场品牌授权的方式也不断丰富，吴创宇在《品牌授权与动漫发展之道》一书中，综合前人研究又结合品牌授权业务实际操作，提出了目前被国内本土品牌授权行业普遍采用的品牌授权划分方式。他从品牌授权经营者的角度，即获得授权后的实际运用出发，将品牌授权主要分为以下四种。

（一）商品授权

商品授权（merchandising licensing）指被授权商可以运用授权品牌的商标（Logo）、人物（character）及造型图案（design）在商品的设计开发上，并取得销售权。例如，迪士尼公司授权天利玩具有限公司生产销售小熊维尼的室内飞行玩具。

（二）促销授权

促销授权（promotion licensing）包括促销赠品授权和图案形象授权。

1. 促销赠品授权

促销赠品授权指被授权商可以运用授权品牌的商标、人物及造型图案，与自己的促销活动结合，规划赠品，促进公司产品销售。例如，购买麦当劳套餐赠送天线宝宝玩具。

2. 图案形象授权

图案形象授权指被授权商可以运用授权品牌的商标、人物及造型图案，与促销活动结合，规划主体广告、创意主题活动，达到促销目的。例如，噜噜米 Moomin 经常现身在大型百货公司、信用卡等促销活动中。哆啦 A 梦、柴犬、蜡笔小新等图案授权给台湾大哥大做手机图案下载活动等。

（三）主题授权

主题授权（subject licensing）指被授权商可运用所授权品牌之所属商标、人物及造型图案为主题，策划并经营主题项目。主题授权的一个经典案例是华强方特，借势《熊出没》最火的时候开发了《熊出没》主题乐园的设施，从而让方特当年的营收创新高。

（四）通路授权

通路授权（place licensing）指被授权商可加入做授权品牌的连锁专卖店和连锁专卖专柜，统一销售授权品牌的商品。例如，腾讯 QQ 的 Q－Gen 品牌专卖店。

除以上所述授权方式外，不同的品牌授权商/代理商根据品牌特点的不同还有各自独特的授权方式，被授权商可根据自身的实际情况与授权商采用不同的合作方式获取品牌授权方式。这些授权方式并非互相独立或排斥的，相反，在实际操作中一次授权往往可能同时涵盖多种授权模式，相辅相成，互相促进。

三、品牌授权的利弊

（一） 品牌授权的有利方面

据一项调查显示，目前品牌授权业最发达的美国占据了世界品牌授权业65%左右的市场份额。相比之下，中国在世界品牌授权业所占的份额不足0.5%。有关专家表示：中国应引进品牌授权经营模式，大力发展相关产业，因为品牌授权可以为市场创造一个“三赢”的局面。

1. 品牌授权增强国内企业的产品竞争优势

品牌授权对国内大多数企业来说可能还比较陌生，但实际上，品牌授权这种经营模式在美国、欧洲和东南亚的国家已经有了很长的发展历史，对不少国外的知名品牌的授权商来说已经构建了成熟的品牌授权体系。品牌授权的推广是精细、复杂且专业化要求极高的执行过程。往往授权商都有一个明确的授权规定，制定了选择标准，而且会考核被授权商的资格。

也就是说，国内的厂商一日凭借自身企业的生产、销售渠道等优势成功地从授权商那里获得了国际著名形象和品牌的使用权，为了保证业务顺利开展，授权商会给予人员培训、组织设计、经营等方面的指导和协助。接下来就能凭借产品和品牌形象的结合，产生高附加值，从而创造出更多的购买诱因，甚至企业还可以针对品牌所定位的消费者量身打造，以个人专属的角度打动消费者的心。对中国厂商而言，取得品牌授权就是品牌授权家族的成员，全系列相关产品在卖场中的陈列声势虽不一定浩大，但却比单打独斗来得有机会。

2. 品牌授权有利于唤起消费者的品牌联想

从市场的角度看，进行品牌授权的原因还在于一个强大的品牌便于消费者识别并唤起消费者的品牌联想，进而促进消费者对其产品的需求。例如，国内的好孩子集团通过品牌授权获得了巨大的商业收益。目前，好孩子集团已拥有“耐克儿童用品”品牌等十大国际品牌的授权，这些国际著名品牌借助好孩子集团在国内的营销网络，迅速进军中国市场。由于采用了品牌授权，所有的童装都将由品牌拥有者提供设计、形象要求、培训，由好孩子贴牌加工。据介绍，这样同品牌的产品在中国的价格要比在国外低一半多，对中国的消费者来说，是以合理的价格享受到了高质量的品牌产品。而对好孩子集团来讲，与国际品牌合作，不仅能提高好孩子的形象，更重要的是与世界品牌放在一起是资源的整合，能够主动利用掌握经营儿童用品的资源，了解世界儿童用品的最新趋势，开创了授权企业、国际品牌和国内消费者三方互惠互利的共赢局面。

3. 品牌授权有利于品牌商进行扩展

对于拥有知名品牌的授权商来说，这些容易被消费者识别的品牌作为有效投资授权出去意味着品牌的扩展，即拥有知名品牌的授权商不用投入厂房、设备、办公设备、人员等烦琐事宜就可以进入一个新的市场。不光如此，品牌授权每年还为品牌商带来源源不断的收入，可谓一举两得。例如，华纳公司授权商品在美国的年销售额可达60亿美元。在中国，华纳公司积极推广“哈利波特”“蜘蛛人”“蝙蝠侠”等数百个授权品牌。

（二） 品牌授权的不利方面

品牌授权虽然可以创造一个“三赢”的局面，但同时也存在以下风险。

1. 授权监控的风险

被授权者是通过“购买”的方式获得品牌使用权，所以被授权者必须考虑投资的短期收益，不会注重品牌的维护与发展。此外，由于品牌授权者并不直接进行产品生产，大多授权者远在国外，甚至有的品牌授权者还是“二道贩子”，无法对具体的被授权企业进行产品质量上的监督，一旦出现质量问题就会危及整个品牌。

2. 授权产品冲突的风险

某些授权产品由于企业长期经营战略及实际操作的结果，消费者已经在某一领域认同了该品牌，使其可延伸性变弱。在这种情况下，如果授权产品与原有产品的关联性较差，甚至产生抵触，就会使消费者产生心理不适，有损原来的品牌形象。例如，品牌的原有产品是食品，而授权产品是药品，就会使产品的可信度降低。

3. 授权变“圈钱”的风险

据报道，有关部门已经发现一些不法之徒打着品牌授权的幌子，有的甚至连商标都未注册，便开始了所谓的品牌授权。在大肆圈钱之后，就换一个招牌继续招摇撞骗。一旦加入了这样的“联盟”，其后果不堪设想。

因此作为被授权方，一定要确认授权方是否拥有合法完备的授权资格，品牌授权方是否拥有良好的整体状况和商业记录，品牌授权联盟是否受到相关法律的保护，授权方是否可以提供强有力的培训、法律和协调支持……决不能仅凭一套花哨的加盟资料和口头承诺便轻率加入，有必要对其进行深入考察。

在签订授权合同时，要在授权商品（品牌数量和商品大类）、销售区域（生产和销售的区域）、销售时间（双方履行合同的时间期限）三方面特别注意，否则就会引起纠纷；在进行授权谈判时，要对授权方有全面的了解；由于授权方的多方授权，可能会引起同一品牌在市场上的平行竞争，被授权方要加强对市场的维护。

4. 授权品牌不受保护的风险

获得国外企业授权加工的商品，与国内企业产品的注册商标相同或相近时，将构成侵权。因此，如果国外授权品牌取得的注册商标未在国内注册，并且与国内已注册商标相同或相近，那么在国内使用该商标就有侵权嫌疑。

还有一种情况是品牌根本就无法注册，而为所有商家所通用，这样品牌就会减弱甚至失去其价值。例如，QQ 这个名称，因为作为字母无法注册，所以实际上是一种公共资源，谁都可以用。于是奇瑞推出了 QQ 汽车，腾讯也有 QQ 即时通信，如果某个企业愿意，也可以推出 QQ 糖果。而现在腾讯 QQ 准备对品牌授权，应用于食品、文具、玩具以及服装等行业，实际上对于加入者隐藏着极大的风险。不仅 QQ 的名称无法得到保护，即使是腾讯引以为自豪的企鹅形象，在许多产品中也是屡见不鲜。

5. 克隆仿冒的风险

一个“鳄鱼”品牌，在我国市场上就有新加坡鳄鱼、香港鳄鱼、法国鳄鱼；鳄鱼头标识既有朝左的，也有向右的。尽管这些“世界名牌”都拥有自己的合法身份，但大都没有在相关的品牌发源地注册，更没有在世界知识产权国际组织进行注册。因此这些克隆品牌在我国是合法的，在国际上却根本得不到承认。

四、正确实施品牌授权经营的途径

品牌授权的经营模式带来了品牌的商机，也凸显了危机。因此，作为授权方，应构建一套成熟的品牌授权体系。

（一）对授权厂商的选择要慎重

要全面考核被授权者的资格，确立长远互利的合作关系，决不能谁交钱就给谁干。具体来说，要考虑以下几个方面的因素。

1. 考察合作者的资金实力

潜在合作者的资金实力将是至关重要的考察因素。如果没有雄厚的资金实力，那么它就不可能承担起对品牌的建设和提升的重任，而只会从品牌原有价值中分享利益。

2. 是否拥有经营团队

除了品牌之外，经营团队是企业的灵魂。即使投资者拥有资金，如果其没有操作过实业（如张海收购健力宝），或者未拥有一支精干的经营团队，指望雇佣职业经理人是难以成功的。毕竟，中国职业经理人生存和发展环境都还不成熟，更不要说职业经理人团队。

3. 对所选项目的操作方式

具体的操作方式是多种多样的。比如有的合作者会要求控股新公司，那么授权方要提前设定商标授权的使用范围和退出机制，否则会留下后患；有的投资方会选择以原始设备生产商（Original Equipment Manufacturer，OEM）的方式介入新的延伸业务，那么就要考察合作者的真诚度，要知道 OEM 是被授权方轻易进入的一种方式，此种操作方式产品质量、发货流程是很难控制的，对品牌价值的提升度也是有限的。

4. 授权方和被授权方企业文化的相互包容性

由不同文化理念的多个企业共同经营同一个品牌，而且这种合作的各方又是独立自主的，其结果就会使同一个品牌逐渐地演变出不同的品牌形象出来，甚至是相互排斥的品牌形象。如果出现这种情况，可想而知，品牌的终结也就不可避免。因为文化理念的不同决定了经营理念的差异，而经营理念的差异必然对产品的质量、市场推广的行为以及服务的品质等产生较大的冲击，从而导致市场对品牌认知的混乱，最终会大大削弱品牌的影响力。此外，品牌的授权经营，还应考虑被授权方是否具有诚信的经营理念、是否具有较强的市场竞争力等问题。

（二）要加强对被授权方的管理

品牌授权的基础是开发品牌形象并维持该品牌形象的知名度和地位，具体来说，加强对被授权方的管理，要做好以下几个方面的工作。

1. 加强对授权商品的品质控制

品牌授权方对被授权方的管理主要是授权商品的品质控制，不能让低劣的商品影响品牌的形象。

2. 加强对授权合同的控制

对被授权方可以生产销售的授权商品种类、授权商品的销售区域也会在合同中确定清楚。像姗拉娜对史努比的使用就被品牌授权商美国统一专栏联合供稿公司严格限定在沐浴粉、护肤霜/膏、乳液、润肤油、爽身粉、沐浴露、泡沫浴、洗面奶、啫喱水、护手霜、洗手液、驱蚊水、润唇膏、洗发露、香皂、湿纸巾、面霜等 17 大类，并将每两年对姗拉娜的使用情况及经营情况进行审核。

3. 加强对授权方经营过程的指导和管理

授权方对被授权方在品牌授权后的经营过程要进行指导和管理，以防被授权者的品牌授权经营偏离了企业原有的轨道；要坚决杜绝授权方在授权后成为“地主”的现象：只顾收“租金”，对被授权方在品牌授权后的经营过程不管不问。

（三） 把握发展加盟商的节奏， 切忌操之过急

授权方要把握发展加盟商的节奏，量力而行，切忌操之过急，免得消化不良。

中国作为世界上最主要的生产基地，能够生产出高质量、低成本的产品，这是中国发展品牌授权业的优势。随着经济的发展，中国在国际上的影响力越来越大，未来是中国品牌进行品牌授权经营的好机会，对于缺乏品牌授权的中国民族制造业，现在正是了解品牌授权经营、与国际授权品牌合作、发展自己品牌的关键时期。

本章小结

如今越来越多的企业意识到品牌的重要性，品牌意识已深入人心，企业竞争的实质已经由产品竞争、资本竞争转向了品牌的竞争。知名品牌意味着高附加值、高利润和高市场占有率。企业品牌扩张既是企业品牌营销发展的必然结果，也是企业合理利用品牌资源的重要方式。

品牌扩张的具体做法包括品牌许可与授权策略、品牌合作（联盟）策略、品牌延伸策略及多品牌策略。本章主要选择品牌延伸、品牌联盟及品牌授权三种品牌扩张策略进行介绍。其中，品牌延伸是指企业利用已经取得成功的品牌名称来推出改良产品或新产品。品牌联盟是指两个或更多品牌相互联合、相互借势，使品牌本身的各种资源因素达到有效的整合从而创造双赢的营销局面的策略。品牌授权又称品牌许可，是指品牌权利人将自己所拥有的受法律保护的财产（如商标或版权的名称、徽标、肖像、字符、短语或设计）以合同形式在一定期限内许可被授权者使用，被授权者按合同规定内容从事品牌产品的设计、生产、销售等经营活动，并根据产品销售额向品牌权利人支付相应的品牌使用费用的一种扩张策略。

思考与练习

1. 什么是品牌扩张？品牌扩张的原因及意义如何？
2. 何谓品牌延伸？它有哪几种类型？
3. 品牌联盟有哪几种类型？如何选择品牌合作伙伴？
4. 简述影响品牌联盟效果的因素。
5. 分析品牌授权的利与弊。
6. 正确实施品牌授权经营的途径有哪些？

第十一章　品牌关系及其管理

学习目标

（1）知道品牌关系的定义和分类。
（2）分析品牌关系的影响因素。
（3）了解品牌关系质量的维度。
（4）熟悉品牌关系管理的核心内容。
（5）掌握品牌关系管理的实施过程。

随着体验经济的到来，营销界对顾客关系的高度重视，品牌关系理论成为品牌研究的一大热点，众多的学者从多个角度对此进行阐释和解读，品牌关系理论很快成为品牌研究的最新阶段。目前，透过关系视角来探索品牌理论，已成为一种潮流。品牌关系理论作为品牌理论发展的一个新阶段，它既是对品牌内涵深入探索的结果，也是企业品牌营销实践的结果。企业为使品牌具有更广泛的发展空间，会通过各种活动或努力，建立、维持、增强品牌与顾客、品牌与零售商和供应商之间的关系，并通过互动的方式进行有效增加品牌价值的活动。

第一节　品牌关系概述

品牌关系理论基于关系营销发展而来。关系营销的实质是组织通过营销战略规划及实施以获得、建立并维持与顾客紧密联系的长期关系。20 世纪 90 年代以来，关系营销这一概念被运用到品牌和产品的层面，形成了品牌理论研究的新领域——品牌关系（即品牌与消费者关系）。品牌关系理论是品牌研究的最新阶段，是关系营销理论在品牌层面上的应用。品牌关系概念的提出始于国际市场研究集团（Research International，RI）的麦克斯·布莱克斯通（Max Blackston），其将品牌关系类比成人际关系，认为品牌也像人一样会对消费者产生态度和行为。

一、品牌关系的产生

（一）关系与关系营销

关系作为学术术语在关系营销学中是指两个或两个以上客体、人或组织之间的种种联系。这种联系可以是因共同爱好和兴趣建立的个人联系，也可以是各自利益驱动下的组织间的商业联系。

关系营销这一术语是在 1983 年由贝利（Berry）提出的，他认为关系营销属于服务营销和工业品营销的范畴，主要是指顾客与服务或工业品供应商的关系，并强调关系营销的核心是保持和改善现有顾客，是一种基于营销者与顾客间“一对一”的关系营销模式。作为一种新的营销范式，关系营销自提出以来就一直受到营销学术界和实务界的重视。西方的关系营销主要讲的是组织与组织之间的业务关系，即使涉及私人关系，强调的往往也是通过个体所体现的组织与组织之间的关系。西方先有利益，在利益关系中建立信任与情感，由此发展出关系营销。与西方文化强调自我独立意识不同，中国文化强调关系，强调个人在关系网络中的位置，以及针对不同人应采取不同的态度和行为。中国的“关系”通常是指人与人之间的一种心理关系（包括认知、情感）和相应的行为表现。中国先有信任和情感，然后利用信任和情感关系做生意，即在信任和情感关系中加入了利益因素，由此发展出关系营销。

（二）品牌关系产生的背景

品牌关系研究是关系营销深入品牌层面而形成的品牌理论研究的前沿课题，是以体验经济为背景的在品牌研究方面的新角度、新视野。具体来说，品牌关系理论的产生背景可以归纳为以下两点。

1. 顾客对品牌需求层次的提高

品牌不只是一个简单的标志符号，它具有更复杂的内涵。“现代营销学之父”菲利普·科特勒（Philip Kotler）认为，一个品牌具有六层含义，即属性、利益、价值、文化、个性和使用者。根据马斯洛的需要层次理论，人的需要层次具有递进性，对品牌的需求亦如此。随着品牌竞争的加剧，顾客对品牌的需求不再局限于属性、利益层次，而是追求品牌所特有的价值、文化和个性，追求品牌的情感内涵。同样，企业对品牌的发展也应定位在更高层次上，在杰斯帕·昆德（Jesper Kunde）设计的品牌精神模型中，品牌的发展被划分为产品、品牌概念、公司理念、品牌文化和品牌精神五个阶段，其中品牌文化和品牌精神是品牌发展的最高阶段，即“品牌天堂”阶段。

2. 企业经营理念的转变

随着市场态势由卖方市场向买方市场转变，顾客拥有更多的选择权和话语权。市场性质的转变导致以交易为特征的传统营销理论被以维系顾客关系、获取顾客资产为中心的关系营销理论所代替，科特勒称之为“营销学研究范式的转变”。交易营销视角下，企业认为在供需价值链所提供的价值一定的条件下，消费者获得的价值越多意味着企业得到的价值越少。但关系营销将重点放在企业和消费者整个供应链体系的价值的提高上，而不是一定数量价值的不同比例分割。企业不再将消费者视为价值争夺的对立面，而是通过与其建立一种相互信任、依赖的合作关系来提升价值，共同获利。这要求企业以“共赢”观念而非“零和博弈”观念来处理企业和消费者之间的关系。

二、品牌关系的定义

（一） 狭义的品牌关系

狭义的品牌关系是指关系主体只涉及品牌和消费者两个层面的品牌关系。基于关系主体的主要的品牌关系概念模型是传统的品牌—消费者关系模型。传统的品牌—消费者关系是布莱克斯通基于社会心理学的人际关系理论而提出的，其理论基础决定了消费者与品牌间存在拟人化的关系。

在这个关系体系中，消费者与品牌被视为同等重要的两个部分，品牌关系是顾客对品牌的态度和品牌对顾客的态度两者之间的互动。这种互动体现在两方面：一方面，品牌通过定位战略形成品牌个性展示在消费者面前，称为客观品牌；另一方面，消费者对品牌个性会形成自己的态度，即消费者如何看待品牌，称为主观品牌。因此，狭义的品牌关系也即主观品牌和客观品牌之间的相互作用。该模型揭示了基于企业视角与基于消费者视角的品牌之间差异性的存在，突出了品牌的两面性（即主观性与客观性）。通过该模型可以认识到，企业要想塑造理想的品牌关系必须达到主观品牌与客观品牌的统一。

（二） 广义的品牌关系

相对于狭义的品牌关系，那些除了品牌和消费者，还包括其他关系主体的多个层面的品牌关系被称为广义的品牌关系。大卫·艾克指出，品牌管理者必须将品牌当作产品、企业、人、符号来建立品牌管理的架构。这一观点为品牌关系概念的泛化提供了理论依据。

假如市场上有互相竞争的品牌 A（对应消费者 1）与品牌 B（对应消费者 2），狭义品牌关系模型只关注品牌 A 与消费者 1、品牌 B 与消费者 2 之间的关系。而广义的品牌关系模型则还注重研究以下主体之间的关系：品牌 A 与品牌 B 之间、品牌 A 与消费者 2 之间、品牌 B 与消费者 1 之间、消费者 1 与消费者 2 之间等。因此，广义品牌关系模型不仅考虑品牌与消费者之间的互动，同时还考虑品牌与品牌、消费者与消费者之间的互动关系，这为研究品牌生态系统内品牌间的博弈与共生现象、品牌社区内消费者间的互动奠定了理论基础。总之，广义的品牌关系比狭义的品牌关系有了更大发展，随着品牌关系理论发展和营销实践的需要，其外延也不断扩展。

（三） 动态的品牌关系

福尼尔（Fournier）认为，品牌关系的形成过程和人际关系的形成过程相似，均可分为注意、了解、共生、相伴、分裂和复合六个动态发展阶段，此角度更加客观和全面地描述了品牌关系的动态过程。该模型以消费者与品牌的接触过程为线索，表述了在不同阶段消费者与品牌之间的关系状态，突出了品牌关系发展的逻辑流程。品牌关系经“注意—了解”的认识过程，通过消费者和品牌之间的接触，消费者了解品牌个性，若消费者愿意与品牌继续增进情感，就能达到“共生”“相伴”阶段，即品牌成为消费者生活中的一部分。此外，该模型还指出关系会由于种种原因而破裂，又会因为补救而复合。

消费者和品牌之间的沟通可能失败，出现“分裂”状态，这主要基于两方面原因：一是品牌个性与消费者认知发生冲突，以至在“了解”阶段出现认知“分裂”。二是在“相伴”或“共生”阶段，由于公司危机造成对品牌形象的严重损害，导致消费者不愿继续保持原有的品牌情感。品牌关系出现“分裂”时，公司若积极采取危机管理策略，主动修复品牌关系，则品牌关系可以“复合”，重新回到“相伴”或“共生”状态。

三、品牌关系的分类

关系型态是品牌关系的一个重要研究分支，从根本上说，品牌关系型态是将种类繁多的品牌关系进行基本分类，以便更清晰地认识品牌关系的本质。现有的品牌关系型态的划分有四个视角：互动论、角色论、交换论和强度论。互动论关注的是“品牌关系表现出怎样的互动特征”；角色论关注的是“品牌关系是在什么角色的关系方之间建立起来的”；交换论关注的是“品牌关系是建立在什么交换基础之上的”；强度论关注的是“品牌关系的强度和等级如何”。

（一）互动论

互动论又分产品类别和细分群体两个视角。首先，现有研究从消费品领域、服务领域和公用事业领域等产品类别视角进行了品牌关系形态的划分。其次，从细分群体的视角看，现有研究以妇女、儿童等作为访谈对象。如前所述，相对于男性而言，女性更容易感受到品牌关系的存在，因而适合做品牌关系的探索性研究。产品类别研究视角还需要根据具体产品的类别进行更细致的关系划分，因为不同产品类别的关系形态会存在差异。在细分群体研究视角中，还可以按照年龄、性别、职业等人口统计变量划分更多的细分群体，开展诸如男人、老人和学生等群体的品牌关系形态研究。

（二）角色论

大卫·艾克把自己的研究直接建立在珍妮弗·阿克尔（Jennifer Aaker）的品牌维度量表（Brand Dimensions Scales，BDS）之上，提出了纯真、激情、信赖、教养和坚固五种品牌关系。纯真的品牌个性所形成的品牌关系就像家庭成员之间一样和睦；激情的品牌个性所形成的品牌关系就像共度周末夜晚的朋友之间一样愉快；信赖的品牌个性所形成的品牌关系就像是与老师、商业领袖之间的关系；教养的品牌个性所形成的品牌关系就像是和有权势的上司或是有钱的亲戚之间的关系；坚固的品牌个性所形成的品牌关系就像和喜爱户外运动的朋友之间的关系。国内学者叶香麟在魏斯（R. Weiss）的社会关系理论的基础上，认为在品牌关系形成过程中，品牌主要扮演了四种角色，根据关系的远近依次为咨询顾问、同事与同学、密友与朋友、夫妻与亲人，并基于以上关系角色将品牌关系划分为四类。角色论反映了关系的亲疏远近，其价值在于为创建理想品牌关系形态提供了操作路径，即塑造适当的品牌个性角色，但现有研究在角色描述上存在一定差异，原因是理论依据和视角不同。此外，角色是否完备还有待商榷。

（三）交换论

查鲁·C. 阿加沃尔（Charu C. Aggarwal）依据社会交换理论将品牌关系形态分成交易和社交两大类。交易关系是指等量价值的交换，主要表现在陌生人之间或商人之间；社交关系则是一种不等价的交换，主要表现为家族关系、浪漫关系和友谊。两类关系的差异在于建立关系的基础不同：交易关系基于互惠，而社交关系基于情感。交换论指明了品牌关系创建的基础，为理解品牌关系的分类提供了理论依据。不过，直接套用交换论的两种关系类型来划分品牌关系使得结论略显粗糙，必须在两种关系的基础上做进一步深化研究方可指导营销实践。

（四） 强度论

法耶尔（Fajer）和斯豪腾（Schouten）利用人际关系理论，根据忠诚程度将品牌关系分为品牌试用、品牌喜好、多品牌忠诚、品牌忠诚、品牌沉溺。这一观点实际上是关系动态阶段论，但忽视了福尼尔提出的品牌分裂和复合，因此并不全面。另一种强度论根据关系维度来进行划分。福尼尔提出了描述品牌关系的七对维度，它们是自愿与被迫、积极与消极、深入与肤浅、长期与短期、公开与私下、正式与非正式、对等与不对等。斯威尼（Sweeney）和丘（Chew）后来又增加了两项，即主导与附属、友好与敌意。这九对维度实际上从九个方面描述了品牌关系的强度，每一对代表一种关系。不过，九对维度可能还不完备，如直接与间接的关系就没有包括在内。

第二节　品牌关系的形成与影响因素

品牌关系是一个动态演变的过程，如同人际关系的发展一样，它会经历一个从无到有、从陌生到熟悉、从一般亲密到忠诚的阶段。但是，品牌关系又是一种脆弱的品牌资产，主要在于它是建立在消费者关于该品牌的知识和信念上的，外部信息不断变化，将使消费者关于特定品牌的知识和信念也随之变化。因此，品牌关系会因为企业的品牌失误或者负面信息曝光而断裂终止，但同时也能通过企业的挽救和努力而得以恢复。如何使品牌关系永葆青春，是当前品牌关系管理所面临的巨大挑战。

一、品牌关系的形成

基于不同的视角，现有研究对品牌关系的形成阶段存在不同划分。从品牌关系的发展趋向出发，可以将目前有关品牌关系形成阶段的研究划分为三大类：升华类、终结类和循环类。

（一） 升华类的品牌关系阶段论

升华类的品牌关系阶段论认为品牌关系是一个由低层次向高层次不断加深的过程，比较典型的有明略行公司（Millward Brown）的金字塔模型和基于品牌接触的品牌关系五阶段论。明略行公司的品牌动态金字塔模型围绕产品从功能到情感对消费者需求的满足过程这一主线，指出品牌与消费者关系的动态发展具有金字塔层级关系，包括存在、相关、功能、优点和联结五个层面。而基于消费者与品牌的接触过程的视角，克罗斯和史密斯提出品牌关系五阶段论，包括认知、认同、关系、族群和拥护阶段。该模型不只涉及消费者与品牌的关系，还涉及消费者与其他消费者的交流。然而，这两种品牌关系阶段的划分有一个共同的局限性，即都未涉及关系的恶化与分裂过程，这与品牌关系发展的现实阶段不相吻合。

（二） 终结类的品牌关系阶段论

终结类的品牌关系阶段论认为消费者品牌关系最终会走向断裂，具有代表性的理论主要包括人际关系五阶段论和买卖关系五阶段论。人际关系五阶段论将人际关系发展阶段概括为起始、成长、维持、恶化、瓦解五个阶段，主要代表人物是莱文格（Levinger）。与人际关系五阶段论不同，买卖关系五阶段论将买卖关系概括为知晓、探索、扩展、承诺、断裂五个阶段，主要代表人物是德怀尔（Dwyer）、舒尔（Schurr）和吴（Oh）。与升华类品牌关系阶段论不同的是，上述两种终结类理论都认为品牌关系最终将会走向瓦解或断裂。虽然许多品牌营销实践说明了这一点，但现实中仍有相当多的百年品牌屹立不倒。

（三） 循环类的品牌关系阶段论

福尼尔在人际关系五阶段论和买卖关系五阶段论的基础之上，提出了品牌关系六阶段论，即注意、了解、共生、相伴、分裂和复合六个阶段。这一模型将品牌关系形成过程比拟成人际关系形成过程，用人际关系术语来描述品牌关系。此外，该模型还指出关系会由于种种原因而破裂，又会因为补救而复合，因此更加客观和全面。综上所述，品牌关系形成阶段的划分品牌六阶段论的观点已较成熟，需要深入探讨的问题是，如何通过量化来界定各个阶段，以及不同阶段是哪些因素在起主导作用。

二、品牌关系的断裂

在品牌建设中，由于缺乏科学的关系经营及其他种种原因，已建立的品牌关系会出现断裂。一些学者对此进行了研究。有学者将关系断裂定义为“消费者关于现存关系的保持或退出决定的过程，这个过程的结果是消费者停止与相关公司的所有交易行为”。在商业领域中，关系断裂定义为“一个消费者停止光顾一个特定的供应商的经济现象”。根据对人际关系断裂的界定（在人际关系领域，断裂不仅仅是一个决定，而更要把它看作是一个过程），将品牌关系断裂视为一个过程，指出品牌关系断裂是关系暂时或永远的不存在。从实践中看，断裂阶段是品牌与消费者关系消亡的过程，断裂的结果主要表现为消费者不再光顾和购买企业的产品，双方的交易行为的终止。

（一） 品牌关系断裂的原因

对品牌关系断裂的原因，即品牌关系断裂的影响因素的研究是非常有必要的。目前已有的研究主要是从人际关系视角和消费者心理视角对品牌关系断裂的原因进行阐释。法耶尔和斯豪腾将人际关系理论应用到品牌关系断裂研究中，并认为品牌关系中止的潜在原因有先天注定、运作失败、进度损失和突然死亡。福尼尔构造了熵模型和压力模型来解释品牌关系的断裂。其中熵模型指出关系会因缺乏维系而自然耗尽；而压力模型则认为关系受环境因素、伙伴导向压力、关系压力等外力的影响。

（二） 品牌关系断裂的过程

莱文格认为，成对关系断裂是指联结、关系、联盟的取消或解散，变成各自一方的行动，品牌关系结束或消亡。达克（Duck）认为断裂不仅仅是一个决定，而更要把它看作是一个过程。从目前的研究来看，大多数学者都认同关系断裂是一个过程。法耶尔和斯豪腾借鉴达克的观点提出关系断裂过程包括中断、衰减、解脱和断裂四个渐进阶段。在不同的关系断裂阶段，顾客的情感和行为分别是忠诚意图和正面劝告、正面劝告和忽视关系、忽视关系和负面传播、负面传播和退出关系。该研究只是根据人际关系理论，运用归纳演绎法来推断出品牌关系断裂的四个阶段，而对断裂过程的具体特征并未做进一步解释，因此，无法对品牌关系断裂的真正过程做出明确判断。后来，一些学者对关系终止过程做了进一步研究，但绝大多数都是基于某一行业或特定背景下的研究。由于各行业的背景和特点不同，已有的关系终止模型在跨行业时缺乏通用性。由此可见，仍然没有一个完整可行的过程理论来解释关系的终止过程，对品牌关系断裂过程的研究则更为不足。

三、品牌关系的恢复

品牌关系六阶段论指出，品牌关系是一个循环的动态过程，不仅涉及关系的建立、维持和断裂，还涉及品牌关系断裂之后的复合。品牌关系的恢复阶段是指与那些已经退出关系的顾客重新建立关系的过程。在恢复阶段，经过企业的努力，可以挽回流失的顾客，减少企业的损失。但是，并不是所有品牌关系的破裂都是值得修复的，任何品牌都会有一定的顾客流失，对企业而言，有些关系的终止并非是企业愿意的，消费者转移带来了很多不利影响，直接表现为企业利润的损失，消费者负面口碑对品牌的冲击等，只有那些对品牌仍然有利的品牌关系才会进入修复阶段，开始下一个品牌关系的循环，而这需要企业对关系修复带来的价值和成本进行评估。与关系的起始阶段相同的是，恢复阶段的品牌关系主体并没有改变，仍然是品牌与原有消费者之间的联系，但是，由于品牌关系的恢复阶段是建立在初次品牌关系的基础之上的，因此现阶段关系的建立，既受到了原有品牌关系（包括关系质量、断裂的原因等）的影响，也受到现实关系发展的因素的影响。

只有在品牌关系断裂后积极努力地应对，才可能使品牌与消费者的关系得以维持和延续。例如，高露洁在“致癌”事件发生后，采取积极措施与消费者进行沟通，成功唤回了原本已经离它而去的消费者，从而实现了品牌关系的再续。在危机面前，同样受到媒体口诛笔伐，同样受到市场与消费者质疑，有的品牌能够化险为夷，有的却遭受重创一蹶不振或彻底销声匿迹，这主要取决于企业是否进行了科学有效的应对工作来修复受到影响的品牌关系。由此可见，品牌关系断裂后，展开品牌关系恢复研究是理论发展和实践进步的迫切要求。

四、品牌关系的影响因素

品牌关系的形成受许多可能因素的影响，学术界的现有研究认为，自我认同、品牌个性、消费情境和品牌体验等是影响品牌关系的主要因素。

（一）自我认同

消费者因素无疑是品牌关系形成的核心因素，其中消费者自我认同尤为重要。埃斯卡拉斯（Escalas）和贝特曼（Bettman）提出，不同参照组个体自我与品牌所形成的联结是不同的，个体使用品牌是为了自我证实，而渴望成为群体成员则是为了自我提升。为了强化品牌与消费者自我概念的关系，埃斯卡拉斯在后来的研究中建议采用讲述品牌故事的方式对品牌赋予内涵。巴塔查里亚（Bhattacharya）和森（Sen）认为，消费者与公司品牌的关系源自于他们对公司形象的认同，这种认同有助于消费者的自我界定。可见，品牌形象与消费者自我认同越接近，品牌关系越易建立。

（二）品牌个性

品牌因素是品牌关系形成的核心因素，其中鲜明的品牌个性尤为重要。品牌个性能促进品牌关系的形成，而品牌关系又会发挥调节作用，并影响消费者对品牌个性的看法。大卫·艾克、福尼尔和布拉塞尔（Brasel）的研究结果表明，不同品牌个性维度对品牌关系强度的影响是不一样的。在一般情况下，纯真的品牌个性比具有刺激性的品牌个性更加容易形成长期品牌关系，如果发生了品牌侵害消费者利益的情况，基于纯真品牌个性的品牌关系会受到更大的影响。哈耶斯（Hayes）等指出消费者对品牌个性的感知会影响他们对品牌关系伙伴的想象程度，品牌吸引力是两者关系的调节因素，由此可以看出，品牌关系的形成路径是从品牌个性到品牌关系伙伴。国内学者周志民的实证研究表明，不管消费者是否认知或是认同品牌个性，他们都有可能与品牌形成工具型关系（基于优惠）；品牌个性认同度与情感型品牌关系（基于利益）并无显著的直接联系，品牌个性认知度是两者的中介变量。根据另外一些文献，品牌个性与品牌关系可能互为因果，如吴真玮的研究显示，与品牌形成朋友关系、从属关系以及伙伴关系的消费者在品牌个性认知度上显著高于属于利益结合关系与敌意关系的消费者，品牌的长期使用者对于品牌个性魅力的信赖程度要显著高于其他类型的使用者或非使用者。大卫·艾克指出，使用者比非使用者更容易描述品牌个性，而且是正面的描述，这说明品牌个性能促进品牌关系的形成，而品牌关系又会发挥调节作用，并影响消费者对品牌个性的看法。

（三）消费情境

消费者与品牌的互动因素是品牌关系形成的推动因素，集中体现在消费情境和品牌体验上。按照贝尔克（Belk）的观点，消费情境分为物理氛围、社会氛围、时间、任务和购前状态五种，现有研究主要探讨了部分物理氛围对品牌关系的影响。索布·乔恩森（Thorb jornsen）等的研究表明，个性化网站和网上社群并没有对品牌关系质量产生重要的影响。不过，相比之下，当消费者上网经验较多时，个性化网站比网上社群更能形成强品牌关系；反之，上网经验较少时，网上社群比个性化网站更能形成强品牌关系。奈斯文（Nysveen）等的研究表明，短信和彩信这两种移动增值服务对品牌满意度、直接关系投入（消费者对关系的投入）、间接关系投入（品牌对关系的投入）和主要移动通信服务的使用产生正向作用，而与备选服务的品质呈负相关关系。贝弗兰（Beverland）等研究指出，店内音乐如果与品牌形象不符，那么消费者可能会根据店内音乐而感知到不真实的品牌形象，从而使品牌关系的形成受到影响。

（四）品牌体验

我国学者张立品指出，感官体验、思考体验、行动体验和关联体验对品牌关系均产生显著的正面影响，而情感体验则不产生显著的影响，这说明不同的品牌体验会对品牌关系的形成产生不同影响。张保隆和成敏华的实证研究表明，个人体验和共享体验会影响品牌联想、品牌个性、品牌态度、品牌形象，最终形成品牌关系。由此可见，不同的影响因素之间可能存在一定的逻辑关系，这需要进行进一步的实证检验。

同时，除了上述提及的自我认同、品牌个性、消费情境和品牌体验四类影响因素，其他可能存在的影响因素如消费价值、品类个性、关系意愿、品牌社群等也值得更进一步研究。另外，这些影响因素之间可能存在一定的逻辑关系，这也需要进行实证检验。

第三节　品牌关系的质量分析

品牌关系质量这一概念是在关系营销和品牌资产理论发展背景下提出的，中国是

“关系导向”型社会，品牌关系的研究就成为品牌研究的重要领域。品牌关系质量是判断品牌关系是否良好的一个重要指标，品牌关系质量用以直接描述品牌与消费者关系的状态，包括关系强度和关系时间的长度两部分。品牌关系强度强调的是关系的深度，包括亲密性、排他性、信任度等几个方面；而品牌关系时间的长度则体现在承诺和忠诚上，我们认为给予更多承诺和对品牌越忠诚的顾客，品牌与消费者的关系也越长。

一、品牌关系质量的含义

作为主体间的关系概念，品牌—受众关系可以从不同的方面进行评估和测量，如品牌关系质量、品牌关系强度、品牌互动形态、品牌关系类型等，其中品牌关系质量是评估品牌关系的核心概念。

品牌关系质量（brand relationship quality，BRQ）的概念最早由福尼尔提出，是借鉴服务营销中的关系质量概念提出的新术语，反映了顾客与品牌之间的关系实质，以及顾客和品牌之间能够长时间联结的力度和发展能力，可用来衡量品牌关系的稳定性和持续性等健康状况。福尼尔对品牌关系质量的描述是：“作为一种基于顾客的品牌资产测量，它反应消费者与品牌之间持续联系的强度和发展能力。”我国学者卢泰宏和周志明则将品牌关系质量定义为品牌关系的状态及其强度。品牌关系被认为是品牌价值的最好体现。品牌战略制定者的一个目标就是建立高度忠诚的品牌—顾客关系。衡量这种关系程度的概念就是品牌关系质量。

已有的实证研究表明，高水平、多维度的品牌关系质量能够加强消费者的重复购买倾向、抵制竞争威胁、支持顾客反应，还能够在品牌价值链中起中介和调节作用。因此，相关的研究集中在品牌关系质量维度和各维度之间的结构关系这两个方面。

二、品牌关系质量的维度

（一）品牌关系质量维度的构成

由于品牌关系质量是品牌关系的一种状态外显或是品牌关系的一种测度方式，因此，学者们对品牌关系质量研究关心的问题和研究的重点主要集中于品牌关系质量的构成维度上。下面是关于品牌关系质量构成维度研究中比较有代表性的学者的观点。

1. 二因素论

布莱克斯通通过研究消费者与企业品牌的关系发现，成功的、受到肯定的品牌关系都具有两项元素：顾客对品牌的信任和顾客对品牌的满意。他认为信任与亲密度有关，亲密度是衡量品牌与顾客关联程度的指标。这为品牌关系质量的测量指明了可行的方向，即通过测量消费者对品牌的信任程度和满意度来描述品牌关系的亲密度。顾客对品牌的信任程度可从两方面进行量度：品牌因素（顾客主观上对公司能力、声誉的评价）、关系因素（顾客主观感知—“对我好”及客观上的交易程度—既有关系）。而顾客满意度受到其定义的影响，可以从品牌感知质量以及顾客期望的评估中得到体现。

2. 六要素论

福尼尔于1998年的研究是品牌关系质量维度的标志性成果，从通过深度访谈获得的大量品牌故事中提炼出品牌关系质量的六个维度，即爱与激情、自我联结、承诺、相互依赖、亲密感情、品牌伴侣品质等。

（1）爱与激情。所有强烈的品牌关系的核心，指品牌和消费者关系之间情感联系的强度和深度，在品牌关系质量的构面中代表品牌对消费者具有强烈的吸引力和影响力，而且此品牌对消费者而言具有独有与依赖的感情，远比简单的品牌偏好更强烈。

（2）自我联结。这个关系质量维度反映了品牌传达重要的自我关心、任务或时间的程度，并因而表达了自我的重要部分。

（3）承诺。强烈的品牌关系通常会存在高度的承诺。指消费者对此关系之态度的稳定性，承诺在营销中可以视为一种意图，致力于关系未来的持续性与稳定性。

（4）相互依赖。强烈的品牌关系可用消费者与该品牌相互依赖的程度来区分，相互依赖包含与该品牌互动频繁、增加参与品牌相关活动的范围及广度、互动不频繁但是具有强度。

（5）亲密感情。强烈的品牌关系因具有亲密性而持久，亲密性基于消费者对品牌的绩效有信心，认为该品牌不可替代，并且优于其他竞争品牌。

（6）品牌伴侣品质。消费者对该品牌的评价及消费者感受该产品的态度；品牌伴侣品质又包含五个要素，分别是：①感觉该品牌对消费者具有正面的影响力，使消费者感受到被需要、被尊重、被聆听、被关怀；②品牌具有可靠性、可信性、可预测性；③品牌会遵守“隐含”的契约规则；④品牌会传达消费者渴求的信念；⑤品牌会为其行动负责。

3. 七指标论

对于品牌关系质量的衡量，苏珊·福尼尔（Susan Fournier）曾提出了七个衡量尺度。这些衡量尺度与品牌和人之间的牢固关系紧密相连，并且对如何构思、测量和管理品牌—消费者关系有着启示作用。这七个衡量尺度分别是行为依存、个人承诺、爱与激情、怀旧关联、自我概念关联、亲密性、成员质量。

表 11－1　品牌关系质量七个衡量尺度

维度	维度解释	测量指标
行为依存	关系成员活动相互影响的程度，可以由交互作用的频率、重要性以及参与程度表现出来	这个品牌在我的生活中有着举足轻重的作用；如果我在一段时间里没有使用这个品牌的产品，我会觉得像是丢失了什么东西似的
个人承诺	成员互相忠于对方，长期存在提高和保持关系质量的愿望。如果关系受到损害就会感到内疚	我对这个品牌非常忠诚；我会一直使用这个品牌，无论时势是好还是坏
爱与激情	成员之间牢固的情感纽带，无法忍受分离，反映了成员之间存在的爱与激情。当顾客与品牌已建立起热切的联系时，替代品只会带来不适	没有任何其他品牌能够取代这个品牌的地位；如果找不到这个品牌，我会非常沮丧

续上表

维度	维度解释	测量指标
怀旧关联	部分建立在对过去美好时光的回忆上	这个品牌让我想起曾做过的事或曾去过的地方；这个品牌总是让我想起生命中的一段特殊的时光
自我概念关联	成员拥有共同的兴趣、活动和见解	这个品牌和我的自我形象类似；这个品牌让我记住我是谁
亲密性	成员之间相互十分了解。顾客通过了解该品牌及其使用的细节形成亲密关系。一对一营销计划通过增进相互了解而增强亲密感	我很了解这个品牌；我很了解创造这个品牌的公司
成员品质	反映了一方成员对另一方成员表现和态度的评价，包括消费者如何对品牌对于他的态度做出评价	我知道这个品牌真的很欣赏我；这个品牌把我当作尊贵的顾客对待

（二）品牌关系质量维度的影响因素

国内外学者对于品牌关系质量构成的研究，其维度划分并没有达成共识和一致的意见，但是我们发现，在学者们的观点中，普遍包含了满意、信任和承诺这三个维度，因此采用以上三个维度来探讨品牌关系质量的影响因素。

1. 品牌满意

满意的本意是强调预先料想的结果是否令人满足。卡多佐（Cardozo）在 1965 年首次提出消费者品牌满意这一概念，数年来对于这一领域的研究可以说是有增无减，但至今没有一个统一的认识。在对品牌满意这个概念进行界定时，学者们也都从这个角度进行界定。

博尔顿（Bolton）和莱蒙（Lemon）认为，品牌满意是顾客购买该品牌产品或服务前所产生的感知预期被实现甚至被超越的程度。科特勒认为，品牌满意是顾客所感知的该品牌产品绩效与购买前个人期望之间的差异程度，是一种感知绩效与期望的函数。这种看法顾及了顾客的满意程度，也反映了该品牌商品或服务满足顾客需求的成效。乔杜尔（Chaudhur）和霍尔布鲁克（Holbrook）对品牌满意的测量是基于顾客对品牌的积累性满意感，这种满意感对顾客长期和理性行为具有较强影响力。他通过“我对这个品牌感到满意”“这个品牌达到了我的要求”“这个品牌让我感觉愉快”三项来测量品牌满意。

此外，还有一些学者基于心理学的公平理论对品牌满意进行了阐释，他们认为品牌满意是顾客所感知的投入产出与企业的投入产出处于一种平衡状态。

2. 品牌信任

按照社会学的观点，信任是指人们在社会交往过程中的一种行为预期，这种预期可以用来弥补所需要的信息，使人们的交往增加安全感。首先，人际信任是基于认知的，因为人们自己选择信任的对象、信任的内容、信任的情境，也自己决定信任的理由；其次，人际信任也可能因为感情而存在，人们会继续对相互间的信任关系投注感情，并相信这种真诚的投入能带来回报。如果顾客没有建立起对企业合理程度的信任，顾客与企业之间的关系就不可能持续。在营销学上，摩尔曼（Moorman）等人认为信任是交换的一方信赖交换对象的意愿。摩根（Morgan）和汉特（Hunt）将信任定义为交换一方相信另一方是诚实的、可靠的。

品牌信任的概念是由霍华德（Howard）和谢思（Sheth）首次提出的，他们认为信任度是购买意向的决定因素之一。他们假设信任度与购买意向呈正相关。类似的，贝内特（Bennett）和哈雷尔（Harrell）认为信任度在预测购买意向时发挥着主要作用。迈耶（Mayer）认为信任是一方愿意并期待对方将会完成某一特定行为，且在其过程中没有监视或控制对方行为的发生。英克潘（Inkpen）、库拉尔（Currall）认为信任是风险状况下对联盟伙伴的信赖。奇德哈里（Chaudhuri）和郝布鲁克（Holbrook）开发的四项品牌信任量表比较具有代表性。他们在对品牌信任和品牌情感承诺的绩效研究中指出，品牌信任是普通消费者信赖品牌履行其承诺的程度。在研究中采用四项对品牌信任进行了度量，包括“我信任该品牌”“我信赖该品牌”“这是一个诚实的品牌”和“这个品牌是安全的”。

由此可以看出，信任是交易一方对交易对方未来行为预期的看法，认为交易对方是诚实、正直、善意、仁爱的，并具有满足其自身交易需求的相关能力。顾客信任不仅是一种认知状态，更是一种情感依恋和行为表现，它能超越现有的信息去概括出一些行为预期。交易双方相互间信任程度越高，其相互间的关系越强。

3. 品牌承诺

承诺是答应、保证的意思。承诺是资源交易关系中的交易双方相互依存的一个重要因素。品牌承诺，就是一个品牌给消费者的所有保证。一个品牌向消费者承诺什么，反映出一个企业的经营理念。

国外学者对于品牌承诺比较有代表性的观点有：鲍尔比（Bowlby）认为，品牌承诺是顾客对品牌产生强烈的情感依恋的程度；特雷勒（Traylor）认为，品牌承诺更多的是一种态度现象，承诺越多，这个品牌作为顾客唯一选择的确定性越大；黑曾（Hazan）和谢弗（Shaver）认为，品牌承诺意味着顾客对品牌具有强烈的情感依恋并会投入资源甚至为其做出牺牲；斯豪腾和麦克·亚历山大（Mc Alexander）指出，尽管消费者在自己的生活中与成千上万的产品和品牌相互作用，但是他们仅仅和这些对象中的很少部分产生了情感上的依恋。

早期研究品牌承诺的学者主要通过客观的顾客对品牌的心理反应来定义品牌承诺概念。进入20世纪，学者们对品牌承诺的概念表述大多集中在品牌承诺的作用上。富勒顿（Fullerton）认为，品牌承诺的根源来自“认同”，共同的价值观、依恋和信任是满意、信任和忠诚的指示器，并常常被用于解释消费者对品牌的正向态度和经常购买所代表的品牌忠诚的过程。

三、品牌关系质量的结构

品牌关系质量的结构指的是品牌关系质量各维度之间的结构逻辑关系。索布·乔恩森、布雷维克（Breivik）和苏佩伦（Supphellen）指出了福尼尔的品牌关系质量模型存在各维度关系不清的问题。在研究品牌关系质量与品牌忠诚之间关系时，他们借鉴蒂鲍特

（Thibaut）和凯利的理论提出了依存模型（其中自变量是满意度和竞争品质量），又借鉴鲁斯布尔特（Rusbult）的理论提出了投入模型，其中自变量是满意度、竞争品质量、关系投入，中介变量是承诺。实证结果显示，依存模型在预测方面效果最好，而投入模型与品牌关系质量模型在诊断方面表现更好。汤姆森（Thomson）和约翰逊（Johnson）认为依附类型会对品牌关系中的满意度产生影响。他们研究了逃避和焦虑这两个依附维度与满意度的关系，结果显示，焦虑型依附和逃避型依附都与满意度呈负相关，而焦虑和逃避的互动对于满意度的负向影响将超过各自对满意度的负向影响。赫斯（Hess）和斯托里（Story）把品牌关系看成承诺，认为承诺由个人联结和功能联结组成。个人联结由信任决定，而功能联结由满意决定，满意又会影响信任。古尔维兹（Gurviez）和科尔基亚（Korchia）将信任视为品牌关系质量的核心变量，认为信任由可信度、真诚和善意等三个维度构成。信任正向影响承诺，而承诺又正向影响对暂时缺陷的容忍程度。

维度结构研究是品牌关系质量研究的深化，但目前选取的维度还不够，如亲密性、自我表达等较少纳入研究模型。另外，尽管品牌关系的构成是双向的，但仍很少有研究者从品牌对消费者的角度来思考品牌关系质量的结构，从而无法凸显品牌关系中“品牌”这一关系主动方。

第四节 品牌关系管理的核心内容与实施

随着经济全球化，尤其是我国加入 WTO 以来，外贸摩擦加剧，世界经济的多极化，我国企业的经营环境日趋激烈，传统的品牌管理越来越显得苍白无力，品牌关系管理应运而生。传统的品牌管理以产品和交易为中心，强调品牌资产。品牌关系管理以顾客为中心，强调顾客资产。从品牌关系管理来探讨如何增强我国企业竞争力是一个新的视角。品牌建立和成长的过程是一个企业与消费者、供应商、分销商、竞争者、政府机构及其他公众发生互动作用的过程，正确处理企业与这些组织及个人的关系是企业品牌战略的关键。

一、品牌关系管理概述

品牌关系管理（Brand Relationship Management，BRM）是指一种活动或努力，通过这种活动或努力，建立、维持以及增强品牌与其顾客之间、品牌与零售商之间的关系，并且通过互动的、个性化的、长期的、以增加价值为目的的接触、交流与沟通，以及对承诺的履行，来持续地增强这种关系。

（一）传统品牌管理分析

传统品牌管理的出发点或指导思想在于提供产品、吸引和争取顾客、每次交易的价值最大化以及提升品牌资产。可见，品牌与顾客之间的关系实质上是一种短期的交易关系。经营环境的变化及传统品牌管理败落的原因主要表现在以下几个方面。

1. *顾客的价值寻求行为*

人们在购买商品时，越来越多地依赖于“当前的交易价格”，而不是专注于选择一个著名的品牌。对价格越来越敏感的消费者要求他们所购买的商品在价格既定的情况下能够提供最大的价值，即价值与价格的比值要大。

2. 顾客期望持续提升

顾客持续期望品牌能够带来更多的价值，如若顾客感觉不到某品牌所带来的额外价值，他们则不愿意为该品牌付出溢价。不言而喻，只有给顾客带来更多价值的品牌才能占得市场先机，赢得竞争优势。而现实情况是，传统的品牌管理已使得企业在面对持续升高的顾客期望时感到力不从心。

3. 品牌的增生

品牌增生的结果是品牌化的信用正在被腐蚀。在市场上，每一种类的产品都有许多品牌，而这些品牌之间的区别仅仅在于名称的不同。因而品牌的一个重要的区别功能就会降低或消失。可见，作为一种营销工具，品牌的作用正在逐步退化。

4. 零售商权力的增长

市场权力正从制造商向零售商转移，制造商品牌的权力削弱了。过去，制造商品牌经理用市场调研信息来估计消费者的需要，与零售商相比，拥有信息优势。现在，零售商越来越多地使用自己的自有品牌，并且因能够保证产品和服务的质量，为消费者提供更多的价值，使得消费者不再像以前一样专注于制造商的强大品牌。

5. 媒体的分裂和激增

由于媒体的分裂和激增，品牌将其信息传递给目标顾客变得越来越困难和昂贵，因为要将有关信息传递给目标顾客，需要更多的媒体展露。

6. 电子商务的出现

电子商务的出现使得消费者能够通过互联网进行购物。许多网上商店本身就成了品牌，它们用自身的品牌销售来自各地的产品。例如，亚马逊书店用自己的品牌卖书、音乐、玩具、体育用品、软件等。

7. 大规模定制营销的兴起

随着大规模定制营销的出现，企业的品牌扩张已经失去了相关性。随着媒体的高度碎裂，以及广告本身相互作用模式的改变，品牌也已经失去了今天内容上的相关性。将来，除了企业品牌之外，将不再有任何其他品牌。

8. 产品种类管理的兴起

从传统的“品牌管理”到“种类管理”，包括品牌管理的创始者宝洁公司在内的许多著名公司已经认识到单个品牌不是必不可少的，但企业作为一个整体，必须使得一个产品种类的销售最大化。

（二）品牌关系管理的特征

传统的品牌理论主要是指已经发展相当成熟的品牌资产论，品牌关系理论是对品牌资产论的继承与超越。因此，品牌关系理论不是对传统品牌理论割裂式的突变，而是与传统的品牌资产论建筑在共同的品牌思想之上，同时在具体如何建设品牌方面提出了新的理念。与传统品牌管理相比，现代品牌关系管理的特征主要表现在以下几个方面。

1. 核心

传统品牌管理的核心是交易，企业通过与顾客发生交易活动从中获利，以交易为导向；品牌关系管理的核心是关系，企业从顾客与其品牌的良好关系中获利，以关系为

导向。

2. 关注点

传统的品牌管理围绕着如何争夺新顾客和获得更多的顾客展开；品牌关系管理则更为强调以更少的成本留住顾客或保持顾客。

3. 方式

传统的品牌管理强调大传播、大交流、促销和分销渠道；品牌关系管理则强调顾客价值和顾客资产。

4. 目标

传统的品牌管理强调高市场份额，认为高市场份额代表高品牌忠诚度，但是真正的品牌忠诚是一个远比市场份额复杂的概念，因为品牌忠诚还包括顾客的偏爱和态度。品牌关系管理则着重强调顾客占有率和范围经济。顾客占有率是指企业赢得一个顾客终身购买物品的百分比，测度的是同一顾客是否持续购买；范围经济是指同一顾客向同一企业购买相关零配件、其他产品和新产品所给企业创造的利润。

5. 指导思想

传统品牌管理的指导思想是大规模营销；品牌关系管理的指导思想是一对一营销和大规模定制营销。

6. 利益点

传统的品牌管理考虑的是使每一笔交易的收益最大化；品牌关系管理则考虑与顾客保持长期关系所带来的收益和贡献，即通过使顾客满意并同顾客建立关系，开发顾客的终身价值。许多营销者已经认识到，他们与顾客之间并不是一次交易，而是要留住顾客一辈子，通过与顾客建立更紧密的关系，可以获得更多的收益，因而他们不再考虑每次交易的价值最大化，而是通过建立顾客关系和使得顾客满意来使得顾客终身价值最大化。

7. 与顾客的联系

传统的品牌管理是有限的顾客参与和适度的顾客联系；品牌关系管理强调高度的顾客参与和紧密的顾客联系。

二、品牌关系管理的核心内容

品牌具有标志、品质保证、决定和影响企业竞争力、创造超值能力以及品牌文化导向等作用，但是从品牌关系角度看，也许这些因素并不是品牌经营的核心所在，最多只能说这些因素都涉及品牌的经营，但并不是品牌经营的目的。事实上，所有关于品牌作用的认识都可以归结为一个核心，即品牌的核心作用就是与顾客或者相关利益者建立一种特殊关系。

（一）品牌资产和顾客资产

传统的品牌管理以产品和交易为中心，强调品牌资产，特别是在20世纪90年代，品牌资产处于营销的中心地位。品牌资产强调产品销售、吸引顾客和与顾客进行交易。这里需要说明的是，品牌资产依然具有营销上的现实意义，只是品牌资产的提法在当今的市场环境下已不够确切与完善。

品牌关系管理以顾客为中心，强调顾客资产。所谓顾客资产，是指最有价值顾客在其生命周期内给企业带来的价值增值能力。顾客资产强调顾客超过产品，强调关系超过交易，强调保持顾客超过吸引顾客。

（二）顾客资产的要素

对大多数企业来说，顾客资产是企业价值最重要的组成部分。尽管企业的顾客资产价值不是企业价值的全部，但是，企业现有顾客资产是企业未来收益的主要来源。顾客资产由三个要素组成，即价值资产、品牌资产和关系资产。

1. 价值资产

价值资产是顾客依据其感觉对品牌效用或品牌品质做出的客观估计。影响价值资产的三个要素是质量、价格和便捷性。

（1）质量。企业提升价值资产的方法包括提高和维持高的产品质量标准，制定合理的价格，提高顾客获得产品和服务的便捷性。高质量能够达到或超过顾客对产品和服务的期望，同时保证产品使用价值的实现。

（2）价格。合理的价格能使得顾客产生物有所值甚至物超所值的感觉。

（3）便捷性。便捷性的功效在于减少顾客的时间成本、精神成本、搜寻成本、体力成本与决策成本，如航空公司通过延伸其服务，使顾客在任何时候、任何地方、以任何方式都能购得机票。

2. 品牌资产

品牌资产是由品牌形象驱动的资产，是顾客对品牌的主观的、模糊的评估。影响品牌资产的三个要素是品牌知名度、顾客对品牌的态度和企业伦理。

（1）品牌知名度。品牌知名度可以通过广告媒体、口碑传播等途径来提高。

（2）顾客对品牌的态度。顾客对品牌的态度包括品牌能够与顾客创造紧密关系或建立情感纽带的所有方面，通过媒体交流和直销等途径可得到促进。

（3）企业伦理。企业伦理包括影响顾客对企业看法的所有具体的企业行为，如企业政策、雇员关系等，当今，许多企业通过参与社会公益事业、员工参与决策等途径来提升品牌资产。

3. 关系资产

关系资产是将顾客与品牌黏在一起的黏合剂，是顾客的品牌体验价值。提升关系资产的途径包括顾客忠诚计划、特别的认知和对待、亲和力计划、社团建设计划、知识建设计划等。

（1）顾客忠诚计划。顾客忠诚计划包括企业用有形的利益回报顾客的行为或行动。例如，企业向忠诚的年轻顾客赠送儿童玩具。

（2）特别的认知和对待。特别的认知和对待是指企业用无形的利益回报顾客的行为或行动。例如，让顾客加入企业的某个俱乐部，授予忠诚顾客本企业的荣誉员工称号。

（3）亲和力计划。亲和力计划是寻求创造品牌与顾客之间的深厚感情，并将这种感情与顾客生命中的重要事件联系起来。例如，在顾客的结婚纪念日，以特别优惠价向其提供产品或服务。

（4）社团建设计划。社团建设计划是通过让顾客加入到某个社团来巩固与增进顾客与企业或品牌之间的关系。例如，企业可以建立一个网站，通过这个网站建立若干虚拟

社团，让顾客在虚拟社团内进行沟通与交流。

（5）知识建设计划。知识建设计划是通过创造更多、更丰富的顾客知识来阻止顾客与竞争对手建立关系。例如，食品店密切跟踪顾客的食物和饮料偏好，并做到随时向顾客提供其所偏爱的食物和饮料，这样，顾客就不太可能再花费精力到其他食品店去选购食物和饮料。

当企业明确了顾客资产的组成内容后，还应根据自身所处的行业及其自身的特点，确定哪种顾客资产对企业最具影响力，以便把管理重心放置其上。如在电信服务行业，价值资产也许是最关键的推动要素；而在以交易为导向的行业中（如包装消费品），品牌资产也许是最重要的；在一些以关系为导向的行业里（如银行业），关系资产也许是最重要的。对于一个企业而言，如果企业处于建立顾客的基础阶段，最大可能的推动要素是品牌资产。如果企业处于市场成熟阶段，最大可能的推动要素是关系资产。顾客资产及其推动要素是企业制定有效战略的基础，它能找出对企业长期赢利能力有重大影响的战略性活动，这些活动才应作为今后企业财务管理的主要关注点。

三、品牌关系管理的实施

品牌关系管理是将品牌视为能够给企业的未来带来持续现金流的无形资产，但在如何建设品牌、积累品牌资产方面，品牌关系管理理论则超越了传统的品牌理论。在吸收关系营销、定制营销和一对一营销的营销新理念以及融合了人际关系理论、品牌个性理论之后，品牌关系管理理论将产品生命周期与顾客生命周期结合起来，将传统的纯粹收益管理转变为以顾客为中心的收益管理，强调品牌与顾客之间的交流与关系。

（一）选择有价值的顾客

企业实施品牌关系管理的对象并不是所有可能的顾客，而是有价值的顾客，因为来自企业的经验证明，企业利润的绝大多数来自于其20%的顾客，而其余80%的顾客所创造的利润几乎为零，甚至为负数。企业在与顾客建立关系之前，应进行顾客潜在的成本与利益的衡量对比分析，并在潜在关系对象中确定真正的有利可图者。建立、维持和发展顾客关系，势必牵涉到大量投资，若企业从这种关系中获益不能弥补投资并获取合理利润，则建立关系是不明智的。因此，企业不应与所有对象都建立长期关系，即使在建立关系的对象中，也应有不同的层次差别。对顾客进行选择和区别的标准是顾客终身价值，比照这个标准，企业就可以有效地确定关系对象和关系层次。

（二）建立和管理顾客数据库

通过建立和管理比较完整的顾客数据库，企业可以更深刻地理解顾客的期望、态度和行为，从而可以更好地为顾客提供服务，增加顾客的价值。

1. 顾客数据库信息

顾客数据库包含的信息有：顾客的年龄、职业、婚姻状况、收入；顾客的期望、偏好和行为方式；顾客的投诉、服务咨询；顾客所处的地理位置；顾客所在的细分市场；顾客购买产品的频率、种类和数量；顾客最后一次购买的时间和地点；顾客如何购买产品；等等。

2. 获取顾客资料的途径

获取顾客资料的途径有：营销部门；顾客服务部门；电话、互联网、邮件、传真、营销人员等营销媒介和渠道；零售商及其他商业伙伴；等等。

建立和管理顾客数据库本身只是一种手段，而不是目的。企业的目的是将顾客资料转变为有效的营销决策支持信息（如有助于识别高价值顾客群的信息）和顾客知识，进而转化为竞争优势。数据库信息要不断地更新，这样企业才会随时掌握随时间变化而变化的顾客期望、态度和行为，同时还可以开展顾客流失原因的调查。

（三） 建立学习关系

企业必须与他们最有价值的顾客建立学习关系，唯有这样，才能保持并增强品牌力量，才能获得、保持和发展最有价值顾客。

学习关系表现为：顾客说出他们的需要，企业根据顾客的需要定制产品、服务或相关信息。顾客信息数据库和企业与顾客间的相互作用是学习关系的关键。通过向顾客学习，并对顾客知识做出恰当的反应，企业就为顾客设置了品牌转移的障碍。这是因为，顾客在说明其需要时已经投入了时间和精力，假如再从其他企业获得同样的产品或者服务，就必须重新建立关系，这就使得顾客在获得的产品或服务价值不变的情况下，增加了品牌转换成本。企业的呼叫中心或服务中心是企业向顾客学习的重要场所，所以，企业应该允许顾客在任何时候、以各种途径（如电话、电子邮件、传真等）进入其呼叫中心或服务中心。

（四） 认真对待最有价值顾客

品牌关系管理是以顾客为中心的品牌管理方法，其实质是由过去的交易方式向关系方式的转变，可见，企业要实行品牌关系管理，就必须认真对待最有价值的顾客。认真对待最有价值顾客的方式有很多，我们这里只举例说明两种。

1. 保留一些非营利的产品和服务

为了满足最有价值顾客的需要，一些非盈利的产品和服务还得保留，这会使得顾客产生无缝隙的品牌体验，从而有利于保持最有价值顾客。例如，有家食品店继续生产一些不营利的食品，目的就是挽留住可能因停止生产那些不营利食品而离去的某些最有价值顾客（如食品品尝家）。这些最有价值顾客在购买不营利食品的同时，还会购买营利性高的食品，因而企业的总体盈利水平还是比较高的。更进一步说，由于无缝隙的品牌体验所导致的品牌忠诚，会使得那些被挽留住的最有价值顾客持续地购买下去，并且可能降低他们对高营利性食品价格的敏感性。

2. 给予最有价值顾客特别的对待

诸如价格折扣，在货源紧张时优先供应，等等。特别的对待会使得顾客产生亲密、被重视以及与众不同的感觉，进而提高其品牌忠诚度。

（五） 重构企业的组织结构

传统组织结构的设计以职能为基础，实施品牌关系管理时，组织结构的设计则要以顾客为基础，建立以顾客和顾客关系为导向的企业文化；建立包含顾客保持率、顾客终身价值等指标内容的员工奖励制度；加强企业间的合作，如实行供应链管理，目的是向顾客提供最大的价值；等等。

本章小结

品牌关系是企业品牌建设中涉及范围很广的一项管理内容。狭义的品牌关系是指关系主体只涉及品牌和消费者两个层面的品牌关系。除了品牌和消费者，还包括其他关系主体的多个层面的品牌关系被称为广义品牌关系。品牌关系动态模型认为，品牌关系形成过程和人际关系形成过程相似，均可分为注意、了解、共生、相伴、分裂和复合六个动态发展的阶段。现有的品牌关系型态的划分有四个视角：互动论、角色论、交换论和强度论。品牌关系形成阶段的研究划分为三大类：升华类、终结类和循环类。品牌关系的形成受许多可能因素的影响，学术界的现有研究认为，自我认同、品牌个性、消费情境和品牌体验等是影响品牌关系的主要因素。品牌关系质量指作为一种基于顾客的品牌资产测量，它反映消费者与品牌之间持续联系的强度和发展能力。品牌关系管理是指一种活动或努力，通过这种活动或努力，建立、维持以及增强品牌与其顾客之间、品牌与零售商之间的关系，并且通过互动的、个性化的、长期的、以增加价值为目的的接触、交流与沟通，以及对承诺的履行，来持续地增强这种关系。一个成功的关系，就等于一个成功的品牌。以顾客为中心，“由外而内”的品牌关系管理势在必行。

思考与练习

1. 从不同的角度说明什么是品牌关系。
2. 影响品牌关系的因素有哪些？
3. 影响品牌关系质量维度的因素有哪些？
4. 品牌关系管理的核心是什么？
5. 如何实施品牌关系管理？

第十二章　品牌危机及其管理

学习目标

（1）知道品牌危机的定义和类别。
（2）分析品牌危机与产品伤害危机、企业危机、公共危机的联系与区别。
（3）了解品牌危机的成因及其处理原则。
（4）掌握品牌危机沟通管理策略。

随着市场经济的发展，品牌危机越发成为企业发展的常态。这并非妄言，因为在企业的发展过程中，存在着太多的变数，发展时期对一些问题的忽视或考虑不周，便会给企业带来一些隐患。事实上，从世界经济的发展来看，那些知名的大企业，无不经历过危机，在危机当中他们不仅没有倒下，反而变得更为强大，诸如雀巢、蒙牛、伊利、星巴克、可口可乐、微软、联想、海尔……哪一个没有经历过危机，哪一个不是在危机来临的时候，因为处理得当才顺利渡过难关，而且在危机过后，变得更加成熟和理性？

第一节　品牌危机概述

早在19世纪，西方的管理学者就开始研究“危机管理”这一概念，危机管理最早由美国危机管理专家史蒂文·芬克（Steven Fink）在《危机管理：为不可预见危机做计划》一文中进行了系统的阐述。20世纪末，美国著名危机管理学家罗伯特·希斯（Robert Health）用4R模式解释了危机管理的目的，即“缩减力（Reduction）、预备力（Readiness）、反应力（Response）、恢复力（Recovery）”。至此，“危机管理”的目的才被世界广泛认同，“危机管理理论”才开始逐渐形成。危机管理在我国起步较晚，20世纪90代才传入我国。随着中国经济的迅速发展，企业做大做强已经成为一种必然。但随着企业规模的扩大，企业发生危机的风险也随之增加。因此，如何在危机发生后保护来之不易的品牌价值已成为当务之急。对于企业来说，建立一套品牌危机管理机制，是将来成为世界级品牌的必然要求。

一、品牌危机的定义

品牌危机指的是由于企业外部环境的突变和品牌运营或营销管理的失常，而对品牌整体形象造成不良影响并在很短的时间内波及社会公众，使企业品牌乃至企业本身信誉大为减损，甚至危及企业生存的窘困状态。这个定义指出了品牌危机的诱因与结果，强调“信誉”这种无形资产的损失。也有人认为：品牌危机的实质就是信任危机，主要指由于企业自身、竞争对手、顾客或其他外部环境等因素的突变以及品牌运营或营销管理的失常，而对品牌整体形象造成不良影响并造成社会公众对品牌产生信任危机，从而使品牌乃至企业本身信誉大为减损，进而危及品牌甚至企业生存的危机状态。

从符号识别意义的角度出发，有学者认为，品牌危机“就是企业的名称、术语、标记号、设计，或是它们的组合运用作为企业优质产品和良好服务辨别功能的丧失，直接的表现就是企业产品获得的认可度下降、市场占有率低，有时还会直接影响企业后续产品的推出”。这个定义强调品牌危机所造成的大众识别性的下降，更多地是从企业和销售的角度来定义的。从媒介与信息传播角度的定义认为：品牌危机是指品牌所代表的产品（服务）及其组织的自身缺失或外部不利因素以信息的形式传播于公众，从而引发公众对该品牌的怀疑，降低好感或拒绝与敌视并付诸相应的行动，使得该品牌面临严重损失威胁的突发性状态。以上诸定义尽管是从不同角度来阐释的，但是都涉及品牌危机的一个实质性内容，品牌危机是一种信任危机，是公众对品牌信心与忠诚度的改变。

二、品牌危机的类型

（一）核心/非核心要素的品牌危机

是否危及品牌资产的核心要素是品牌危机区分的依据之一。所谓品牌资产的核心要素，主要是由消费者对品牌认同的改变，导致品牌联想等核心要素的改变。有学者研究指出真实或者虚假的品牌主张都会造成品牌危机，跟危机的核心联想越相关造成的危害性就越大。比如农夫山泉砒霜门事件、肯德基麦当劳涉嫌致癌危机，这些负面信息会直接影响品牌形象，影响和改变消费者的品牌联想，造成消费者对品牌的不信任和怀疑，导致品牌遭遇危机。非核心要素的品牌危机，可以归类为，与品牌资产不直接相关的危机，比如品牌延伸的失败、品牌技术革新失效以及企业违背社会责任等问题给企业品牌带来的危机。虽然造成了一定的品牌负面影响，若企业能及时采取相应策略，则有可能会中止或者消除危机对品牌的负面影响。

（二）主动性/被动性的品牌危机

从品牌危机是否由企业自身原因造成的角度看，可以将品牌危机分为主动性的危机和被动性的危机。主动性的危机往往是由于企业自身经营管理不善，出现的产品质量问题、虚假宣传广告、企业不遵守社会责任或者商业道德伦理出现的一系列危害品牌的负面事件。从消费者的归因角度出发，主动性的品牌危机是企业能够控制而且应该承担的责任，这样的感知让消费者容易选择放弃与品牌之间的关系，从而导致品牌关系的断裂。而被动性的危机往往是由于外部环境的变化、竞争对手的恶意造谣中伤、媒体的不实报道、政府的限制性法规出台等因素引发的危机。消费者会认为企业是值得同情和理解的，消费者会选择继续保持或者暂时放弃与该品牌之间的关系。这种危机会导致品牌关系的扭曲或者暂时的断裂，如果企业能采取积极的应对策略，将有可能尽快恢复和重塑与品牌之间的关系。

（三）行业性/非行业性的品牌危机

核心/非核心要素的品牌危机与主动性/被主动性的品牌危机都是从单个企业出发研究品牌危机如何划分，从中国的社会实际状况出发，还可以将品牌危机按照是否会引发产品大类或者行业的危机，分为行业性和非行业性两类。行业危机的发生将导致消费者对整个行业的怀疑和不信任，有可能会造成对整个行业的损害。至于非行业危机就是相对于行业危机而言，就是单个企业的危机事件。可以用前两个分类标准进行研究。对于品牌分析类型的确定，有助于正确认识危机。事实上综合分析各类不同类型危机，我们可以发现，影响危机最终损害程度的因素，大体可以分为两类：一是危害本身的严重程度，如核心的品牌危机比非核心的品牌危机造成的影响和伤害程度大；二是企业的应对策略，有些危机虽然并不严重，企业不同的反应策略也带来不同的消费者反应。因此，辨析清楚危机的类型，有助于我们分清类型，分别应对、提高企业的危机管理能力。

三、品牌危机概念辨析

（一）品牌危机与产品伤害危机

从产生的原因来看，产品伤害危机就是由于产品存在质量缺陷，会给消费者带来的伤害；而品牌危机则不一定，产品质量问题、虚假广告，甚至品牌延伸失误、企业未履行社会责任等都会造成品牌危机。2010 年，丰田车召回事件中，由于丰田车接连爆出油门踏板、驾驶座脚垫、刹车等部件缺陷的质量危机，使得消费者对丰田汽车持否定态度，媒体相继跟风报道，负面信息接连曝光，不仅损害品牌形象，还导致消费者对丰田品牌的质疑和不信任，这次事件就是一起典型的产品伤害危机。而有些品牌危机并不是由产品质量问题引发的，如 2009 年，《公益时报》的一篇报道让农夫山泉陷入“诈捐门”事件，报道指出：农夫山泉的“喝一瓶水，捐一分钱”支援慈善事业活动存在惊人骗局。每瓶农夫山泉水中的一分钱本该属于“宋庆龄，饮水思源”助学基金的助学款，被农夫山泉无情地侵占了 4 个月，据保守估计，4 个月的时间，农夫山泉至少卖了 5 亿瓶矿泉水。也就相当于侵吞了 5 亿个“一分钱”。一时间舆论哗然。农夫山泉声称报道不实，与《公益时报》大打舆论战。这起危机跟产品质量无关，但对品牌造成了伤害。

从判断标准来看，产品伤害危机可以通过严格的产品安全法规来进行判断和诊断，而除了由产品伤害引发的品牌危机之外，大量的品牌危机是没有统一的判断标准的。如巨能钙被指双氧水含量超标，若摄入过多会致癌，然而经过国家质检部门检查发现，巨能钙的双氧水含量并没有超过国家标准，卫生部也出面声称双氧水不会对人体造成伤害，因此巨能钙并没有造成产品伤害危机，也未引发消费者的起诉和负面评价。然而，大量品牌危机尤其是信誉危机，比如农夫山泉的“诈捐门”事件，消费者很难辨别事情的责任在谁，相关机构也无法有统一的标准衡量到底是农夫山泉诈捐，还是《公益时报》报道不实，两者只好大打舆论战，结果不了了之，消费者还是不知真相。基于自我保护的机制，面对这种状况，大部分消费者都是“宁可信其有，不可信其无”，最终让企业很难为自己澄清和辩解。综上所述，品牌危机和产品伤害危机的区别就在于产生原因和判断标准两个方面。

（二） 品牌危机与企业危机

除了产品伤害危机之外，另一个与品牌危机相关的概念就是企业危机。对企业危机的界定，学者们众说纷纭，尚未达成一个统一的定义。有学者认为危机是“一个会引起在负面影响的具有不确定性的大事件，这种事件及其后果可能对组织及其员工、产品、服务、资产和声誉造成巨大的损害”。企业危机的成因大致可分为内因和外因两大类。企业内部引发的危机，主要包括战略选择危机、运营管理危机、产品开发危机（如新产品研发失败）、销售危机（如品牌虚假宣传以及欺诈）以及财务危机等；而外因则由政治法律因素、宏观环境、社会文化环境、行业竞争、媒介导向、公众因素等要素组成。企业危机的相关研究主要集中在企业危机预警系统的建立，企业危机应对策略的选择以及危机后企业恢复的过程。导致品牌危机的事件一定会是企业危机，但企业危机却不一定是由于品牌危机产生的。

（三） 品牌危机与公共危机

从现实状况来看，对于公共危机的界定也未严格区分。综合来看，公共危机就是突发的，对全社会的共同利益和安全产生严重威胁的一种危险境况或者紧急状态。由于诱发公共危机的原因是复杂多样的，加上不同学者研究的视角不尽相同，分类标准的差异也很大，大体可以分为：①灾害性危机事件，如地震、洪水、台风等；②事故性危机事件，如重大安全和环境污染事件；③政治危机事件，如涉及国家主权、领土安全等；④经济危机事件，比如金融危机、经济萧条；⑤突发性社会安全事件，比如战争、恐怖袭击等。

通过对公共危机类别的分析，我们可以发现品牌危机和公共危机的两大区别。从影响范围来看，品牌危机涉及的往往是企业的利益相关者，而公共危机则会对整个社会群体产生危害。公共危机是威胁整个社会系统的一种危机，对社会政治、经济和公众心理的影响是巨大的。从危害程度来看，公共危机会造成巨大的民生损害、经济损失和政治不稳定，引发政府的信任危机或生存危机导致社会混乱，使社会公众心理产生恐惧和严重不安全感。某些危机的影响具有全球性和长期性，品牌危机的影响往往是始于企业的，若企业不能采取行之有效的策略，则可能造成消费者身心的伤害，重则引发大规模的行业危机，甚至社会危机。诸如乳品行业危机和汽车行业的产品质量问题等。

综上所述，通过对比品牌危机与产品伤害危机、企业危机、公共危机，我们可以界定品牌危机就是那些真实的或者虚假的品牌负面信息，这些信息会影响品牌形象，降低消费者对品牌的信任，最终对品牌造成伤害的事件。

第二节 品牌危机的成因

从表面看，品牌危机起源于某件突发事件。但事实上，品牌危机的发生绝不是偶然的，要有效防范品牌危机，就必须探究其发生的根源。从品牌危机的表现形态可以看出，大多数品牌危机看似是企业外部因素所致，但其根源还是在企业内部。

按照品牌与外部环境的关系，品牌危机成因可以分为品牌自身、品牌管理环境与品牌外部环境。从哲学的内外因结构分析法看，品牌危机成因可以细分为内因层、中因层与外因层。内因层指的是诱发品牌危机的品牌自身素质缺陷和品牌定位问题。外因层指的是品牌外部环境，既包括同行恶性竞争、公众因素等，又包括自然灾害、宏观经济环境、政治法律环境等不可抗力因素，这些因素在品牌危机中充当了导火索，构成了危机爆发的外因层。造成品牌危机的品牌管理环境主要包括品牌战略制定和品牌策略选择失误。失误相对于内因层来说，它是诱发品牌危机的外部因素，但是相对于品牌外部环境，又可以将其看作内因层的一部分，所以在整个危机形成体系中成了中因层。这三层成因最终形成了一个完整的结构。

一、品牌危机的外部环境

（一）自然灾害

这里所说的自然灾害是一个狭义的概念，往往是不以人的意志为转移的，包括洪涝灾、旱灾、雪灾、地震、海啸、龙卷风等，这些灾害一旦发生就会对品牌的运转产生意想不到的影响，如质量变化、供货断档和服务延误等，从而引发品牌危机。如2011年日本大地震引发的巨大海啸冲毁了至少2 300辆正准备运往美国的日产和英菲尼迪品牌汽车。被称作“120年一遇”的日本大地震，让当地社会的生活、生产及交通陷入混乱，当地三大汽车企业——丰田、本田、日产陆续宣布全面停工，部分工厂已无法正常生产。

（二）宏观经济环境

宏观经济环境是指一个国家的经济制度、经济结构、产业布局、资源状况、经济发展水平以及未来的经济走势等。通常因宏观经济波动而产生的企业品牌危机，是企业的系统外风险。2006年春季，美国的“次贷危机”席卷美国、欧盟国家和日本等世界主要金融市场，最终引发经济危机。金融危机的爆发，使美国通用汽车公司、福特汽车公司、克莱斯勒汽车公司等经济实体受到很大的冲击，实体产业危在旦夕。美国第十大抵押贷款服务提供商之一美国住宅抵押贷款投资公司、华尔街备受推崇的四大投资公司之一雷曼兄弟控股公司、美国最大的储蓄和贷款银行、全美第六大银行华盛顿互助银行等纷纷申请破产保护。美国金融海啸也波及全球，影响了全世界。

（三）政治法律环境

政治法律环境是指一个国家或地区的政治制度、体制、方针政策、法律法规等方面，这些因素常常制约、影响企业的经营行为，尤其是影响企业较长期的投资行为。政治环境对企业具有直接性、难以预测性和不可逆转性等影响。1994年，中国政府颁布了一系列关于传销非法的法律文件，一时间，已成功沿用这种经营模式的安利、仙妮蕾德、玫琳凯等品牌集体陷入“冬天”。

（四）同行恶性竞争市场经济就是竞争经济

市场经济就是竞争经济，竞争能使消费者获得物美价廉的商品，也可促使行业持续发展。竞争的手段多种多样，虽然有的企业通过“修炼内功”来增强竞争力，但也有些企业通过卑劣手法展开恶性竞争，从而打击同行企业，夺取市场份额。如果某些行为卑劣的企业故意向社会发布不准确消息、蓄意争夺人才、窃取商业机密，甚至做出挑衅市场的违法行为，那么会给同行业的其他品牌带来危害。

（五）公众因素

公众因素是企业外环境系统中的重要因素。随着经济的迅速发展，公众对产品和服务的维权意识也在提高。公众群体意识、社会责任感、民族意识不断增强，不再一味崇拜知名品牌，一旦发现产品有问题，就毫不留情。

二、品牌危机的内部环境

（一）品牌战略制定失误

从广义来讲，品牌战略应包括品牌战略展望的提出、目标体系的建立和品牌战略的制定。品牌战略展望提出的失误，主要是指企业的高层管理者未能清楚地认识到品牌的长期发展趋势和方向，品牌战略展望不能准确地传递企业目标和充分地规划企业未来，品牌的核心价值理念不能为员工及社会公众所认同，企业不能建立一种健康、积极的品牌文化；目标体系建立的失误，包括各类目标不一致，如长期目标与短期目标不协调、品牌目标与财务目标及其他目标不协调；战略制定的失误，包括企业外部环境分析的失误、企业内部资源分析的失误等。

（二）品牌策略选择失误

1. 品牌延伸策略的失误

品牌延伸得当不仅能使新产品迅速进入市场，取得事半功倍的效果，而且可以利用品牌优势扩大产品线，壮大品牌队伍。但是企业一定要注意品牌延伸安全，否则就会进入品牌延伸的误区，出现品牌危机。这主要有四种情况：一是品牌本身还未被广泛认知就急躁冒进地推出该品牌的新产品，结果可能是新老产品一起死亡；二是品牌延伸后出现的新产品品牌形象与原产品的品牌形象定位互相矛盾，使消费者产生心理冲突和障碍，从而导致品牌危机；三是品牌延伸速度太快，延伸链太长，超过了品牌的支撑极限；四是不顾现有技术、资金、管理力量等的局限，进行跨行业的无关联品牌延伸，从而造成巨大的损失。

2. 品牌扩张策略的失误

品牌扩张策略主要有两种：一是通过收购品牌进行扩张的策略；二是通过自创品牌进行扩张的策略。两种方式实质上都是通过收购、兼并、控股重组的方式实现品牌的规模扩张。此外，还可以通过授权经营、共享品牌以及联盟等扩大品牌的控制规模。品牌扩张的风险来自很多方面，如品牌扩张策略本身的失误、消费者需求重心的转移，或者国家及地方政策的影响等。因此，要保证品牌扩张策略的安全，该在策略制定的过程中充分考虑企业的自身实力、市场需求状况以及政策方面的影响等。

3. 品牌营销策略的失误

品牌营销是指品牌通过营销手段在消费者心目中建立品牌的目标形象、定位及相应的品牌资产的行为。品牌营销手段包括产品、价格、渠道和促销。不论品牌营销手段哪个部分出现危机，都会给品牌带来极大的损害。例如，在开发新产品时，没有找准市场，造成品牌定位不清楚，影响产品的销售；过度的价格战导致品牌价值受损，消费者对产品的质量产生怀疑，对品牌的忠诚度下降；在产品促销时，过度投入广告费，造成企业的财务危机。

三、品牌自身管理缺陷

品牌自身素质缺陷包括两个方面：一是品牌的硬素质缺陷，即品牌产品自身的缺陷，以及品牌符号结构的设计缺陷，如品牌名称、标志、象征色等存在缺陷；二是品牌的软素质缺陷，主要是指品牌内涵的缺陷，如品牌理念、品牌文化、品牌个性方面的问题等。

（一）产品自身缺陷

产品自身缺陷一般来源于以下两个方面：其一，企业在生产经营中，产品的结构、质量、品种、包装等方面与市场需求脱节，使企业产品缺乏竞争力，产品大量积压，从而导致企业生产经营的运转产生困难；其二，企业在内部定价策略方面，低估了竞争对手的能力或高估了目标顾客的接受能力，如竞争对手采取低价策略，而企业受自身生产条件、技术、规模的限制，无法压低产品的价格，使企业产品销售困难。由于我国市场经济体制建立较晚，部分企业品牌意识淡薄，不懂得对自己的品牌进行保护或者保护能力不足，因此给企业造成了巨大的损失。

（二）品牌内涵缺陷

品牌是有内涵的，内涵是能延续产品、企业生命的。品牌内涵主要包括品牌理念、品牌文化、品牌个性等方面的内容。品牌理念既是企业经营思想的集中反映，又是企业战略思维的高度概括，对企业的经营发展起着导向作用。品牌文化是决定品牌外在形式的基本原则，是品牌的核心。品牌个性就是品牌特征，品牌既要脱颖而出，又要与企业形象吻合，不能有冲突。例如，苏泊尔的品牌标志，它的英文“supor”是对“超越（super）”的引申，那是在特殊时代背景下形成的独特的企业文化理念，这种理念一直支撑着苏泊尔的企业行为，使苏泊尔始终不甘落后。此外，苏泊尔的第一个炊具（压力锅）广告中所宣传的“安全到家”，使苏泊尔成了“安全压力锅”的代名词，并形成了品牌优势。品牌如故事片一样，能够流传的都是有内涵、易被人们记住的内容，因此成为消费者的首选。

第三节　品牌危机处理原则

品牌经营者千万不要期望在品牌的成长路上永远风平浪静、一帆风顺，各种各样的品牌危机随时都有可能发生，只有不断强化危机管理意识、提升防范危机能力和建立危机处理机制，切实做到未雨绸缪才是品牌顺利发展的有力保障。品牌危机一旦发生，经营者务必冷静面对，遵循迅速反应、统一口径、开诚布公和补偿损失等四大原则沉着应战，力争转危为机。

一、迅速反应

在危机处理中，速度通常是决定危机能否消除甚至转化为机遇的关键，对于危机认识不足或反应速度迟缓，各种猜测、传闻和谣言就会越来越多，结果必然使消费者对品牌的负面印象越来越深，不利联想越来越多，就有造成危机升级的可能。因此，我们要迅速反应，将危机扼杀在摇篮之中，避免危机扩散或升级。品牌危机一旦发生，经营者务必迅速行动，在第一时间做出如下四方面的应对措施。

（一）成立危机处理机构

品牌危机处理必须要有相应的组织保障，诸如××危机领导小组、××危机公关部等，可根据实际情况而定。一般而言，危机处理机构由三大系统组成，即决策系统、信息系统和操作系统等。决策系统可由一名首席危机处理官和若干名危机处理官组成。首席危机处理官应该由品牌的高层管理者担任，一方面其对品牌有全面的了解，另一方面有决策的权威，最好是由品牌领袖直接担任。危机处理官应经过一定的危机处理培训，具有在高压力和信息不充分条件下做出科学决策的能力。

信息系统包括信息收集和整理等方面，应配有训练有素的信息收集专门人员，广泛收集各种信息情报，尤其是意见领袖们的看法，也包括向有关危机处理专家咨询以便获得相关的建议和意见，并对危机相关信息进行识别、分类和记录，供决策者使用。操作系统主要负责具体危机处理方案的实施，包括负责危机现场指挥、媒体的联络与协调、危机处理资源的保障等。

（二）危机的调查与评估

处理品牌危机时首先要找出危机的根源，在科学、全面调查的基础上找出危机发生的根本原因以及整个危机事件的真实情况。只有找到了危机的根源才能为制定有的放矢的解决对策提供依据。同时，全面评估危机事件对品牌的危害，不仅包括现实的危害影响，还包括潜在的危害影响。我们通常把危机的等级划分为普通事件、重大事件和极端事件三大级别。在得出全面的危机评估之后，品牌最高管理层就要根据危机的级别制定相应的处理方案和主攻方向。在这里评估的准确性非常关键，错误地估计危机的危害程度可能会给品牌带来灾难性的后果。

（三）制定危机处理方案

当品牌危机发生时，就要根据已掌握的情况研究对策，制定危机处理方案，明确应该采取什么样的对策，通过什么样的程序进行有效处理，确定什么人在什么时间做什么事，这是危机处理的关键。所制定的方案必须细化、明确和可行。所谓细化，就是危机发生后组织采取的每个步骤和每个操作环节必须设计出来。所谓明确，就是方案用词精确，避免出现歧义，比如“马上”“原则上”“一般情况下”等，并把每项工作落实到个人。所谓可行，是指方案在操作中的可行性。

（四）建立信息传播渠道

在品牌危机事件发生后，建立畅通的信息传播渠道是解决危机的关键措施之一。危机的发生使得品牌处在社会舆论与公众关注的焦点之上，社会公众迫切想知道危机的真相以及企业处理危机的态度与措施。在信息沟通不对称的情况下，在社会公众中极容易产生误解、猜疑的情绪，从而加深危机对品牌的危害。在危机事件处理过程中，品牌只有建立畅通的信息传播渠道，才能澄清歪曲事实的流言报道，让公众了解事实真相。品牌应通过各种信息渠道，如品牌网站、博客、网络社区、海报、告示等发布官方相关信息，并与报纸、电视台、新闻网站等媒体合作，建立起高效的大众信息传播渠道，加强与媒介、社会公众、政府部门的沟通。特别要密切保持与新闻媒介的沟通，因为它们在社会舆论方面发挥着重大作用。

二、统一口径

在平常时期，大家可以充分发扬民主作风表达不同的声音；但是，在危机时刻，企业所有成员都要统一口径，以一个声音表达；否则，外界就会觉得内部沟通不好，没有一种负责任的态度，事情只会越搞越糟，危机越弄越严重。因此，应指派专门的新闻发言人或新闻中心负责处理与媒体间的关系，以统一口径回答有关新闻媒体以及公众的访问，以真诚的态度表达歉意以及处理危机的诚意；掌握舆论主导权，通过所建立的多种信息传播渠道让公众了解处理危机的进展情况以及所调查到的原因。为了有效地统一口径，以一个声音来表达，危机处理领导机构应该根据实际情况明确以下三大事项。

（一）危机定性

在初步掌握危机原因的基础上，危机处理机构的决策系统应该对该次危机事件进行定性，这实际上就决定了处理的基调和策略。例如，我国某品牌汽车在欧洲参展期间被欧洲大型检测机构评定为安全性最差的汽车，出现严重的品牌危机，决策层决定在舆论宣传中策略性地抛出“阴谋论”的定性，然后准备参加另外一家欧洲汽车安全检测机构的测试，以另外的权威测试结果证明这个“阴谋论”的成立。由于测试结果不错，结果该品牌危机得到妥善的处理。

（二）处理态度

品牌的各个经营者都有自己的看法和观点，因此必须通过研究协商，以达到一致态度，有效的处理态度通常应该是向有关受害者及广大公众表达歉意，真诚地表达愿意处理的决心。

（三）事情进展

随着时间的推移，事件会不断地发生新的变化，需要有新的对策和处理方案。因此，品牌危机处理机构的决策系统应该定期研究评价危机事件的发展现状及处理方案，比如每6小时、12小时、24小时、三天、一周等在内部发布官方评估和对策。

通过以上三大项内容的确定，内部就比较容易做到统一口径，以同一声音表达，就不会出现董事长是一个态度，总经理又是一个态度，或者A说一个数字，B说另一个数字等混乱的状况，也不会出现到处都是“无可奉告”的情况，能够有效满足公众和媒体对事件内情了解的渴望。

三、开诚布公

为了有效遏制谣言传播，妥善处理危机，最好的办法就是开诚布公，与受众坦诚沟通，坦诚地公布危机事件的真实情况，不仅可以澄清事实、消除误解、制止谣言，还可以让公众看到企业处理危机、解决问题的诚意。遇到暂时弄不清楚的问题应承诺尽快提供相关信息，而对于不能提供的信息则应诚恳地说明原因，取得对方的谅解，防止激怒新闻媒体。同时，在承担相关责任时也要以危机事件的真实情况为基础，对于自身的过失所造成的责任就要主动而诚恳地承担，并采取相关的补救措施，以高姿态赢得受害者以及社会公众的谅解。而对于责任不在己方的事件应对受害者表示慰问和关切，并加强与各方的沟通，说明真实的原因，获得社会公众的理解和认同，从而最终维护品牌形象，减小品牌危机事件的危害。当然，开诚布公也有一个时机选择的问题，根据危机公关传播应迅速而准确的原则，那么开诚布公就有两大时间点的选择：危机发生的第一时间和危机真相大白的时候。

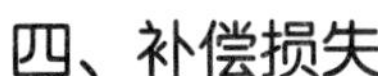

四、补偿损失

保护消费者的利益，补偿受害者的损失，是品牌危机处理的第一要义，因为品牌真正的价值就藏在受众的心里。只要是由于使用了本品牌的产品或服务而受到了伤害，品牌经营者就应该在第一时间向社会公众公开道歉以示诚意，并且给受害者相应的物质补偿。对于那些确实存在问题的产品应该不惜一切代价迅速收回，并立即改进品牌的产品或服务，以表明企业解决危机的决心。例如，1982 年 9 月 29—30 日，美国芝加哥地区有人神秘死亡，后来调查证实有两位死者死亡前都服用了泰诺，发现泰诺里有人投毒，当时泰诺的市场占有率是 37%，芝加哥警方、美国食品药品监督管理局（Food and Drug Administration，FDA）都发表通告，让消费者在原因未查明前不要服用泰诺，媒体也大篇幅地报道这件事。生产泰诺的强生公司想把这个品牌的价值保留下来，专家认为这是不可能完成的任务，但是他们最后做到了，而且超乎想象，成功地转危为机。他们是怎样实现的呢？强生公司在中毒事件发生后很短的时间内收回了数百瓶药品，并花了 50 万美元向可能与此有关的对象及时发出信息，支持暂时不要使用泰诺产品。次日，强生公司又宣布，消费者可以将购买的泰诺产品换购同类产品。为了向社会负责，该公司还将预警消息通过媒介发向全国。随后的调查表明，全国 94% 的消费者知道了有关情况。六周之后，强生公司重新向市场投放了泰诺产品，并有了抗污染的包装，即每一粒产品里都有自己另外的包装，并大规模地向公众推广。公司 CEO 宣称这完全不是商业的行为，这是他们应该做的，跟消费者的利益挂钩的东西。他们还以该事件为契机，变坏事为好事，利用倡导无污染药品包装赶走了竞争对手。结果它的市场占有率在同年 12 月已经回升至 24%，从事发前的 37% 到事发时的 0% 再回升至 24%。这不是一个简单的奇迹，其根本的原因在于他们能够做到保护消费者的利益，补偿受害者的损失。

第四节　品牌危机沟通管理策略

品牌危机是由于企业外部环境变化或企业品牌运营管理过程中的失误，而对企业品牌形象造成不良影响，并在很短的时间内波及社会公众，从而危及品牌甚至企业生存的危机状态。在企业经营过程中，品牌危机管理成为企业必修的一项重大课题。随着传播媒介的多样化及公众意识的不断提高，危机传播问题已成为危机管理的核心问题。因此，研究品牌危机信息传播规律，构建基于信息传播的品牌危机沟通体系，制定品牌危机沟通策略，对于化解品牌危机具有重要意义。

一、品牌危机信息传播分析

（一）品牌危机信息传播模式

品牌危机信息通过各种符号如文字、声音等对外传递，即危机的编码过程；经过编码的信息通过各种形式对外传播，如通过新闻发言人向媒体、消费者公布信息，即危机的通道；品牌消费者以及其他利益相关者通过各类媒体、语言、物理现象等消化吸收危机的相关信息，即危机的解码过程。在危机信息的传递过程中，信息在各个传播环节将受到各类因素的干扰，如信息失真、缺少信息传播渠道、理解失误、无关信息的干扰等，都属于噪声，噪声将对品牌危机信息的传播起到负面影响；危机信息的接收者在感知到危机信息后，将做出相应的反应，危机发送者在了解公众对发送危机接收的反应后，将对危机信息的发送做出调整，通过这一反馈过程，能够使信息传播向趋好性转化。

（二）影响品牌危机信息传播的因素

1. 危机事件本身的性质

不同的危机信息对外界的传播速度、公众受影响规模等方面有较大差异。例如，品牌危机中相关商品是消费者强烈需要或消费者熟悉其形象的，能够造成社会及舆论轰动的事件，危机品牌知名度高和危机信息的公共性强的，具有很高的社会价值的，造成严重人员伤亡或财产损失、对国家或区域带来严重声誉影响的危机事件易被公众和媒体所关注。而频繁发生、公共性较小的危机信息，难以引起公众关注。另外，危机事件本身对消费者等利益相关者产生的负面作用程度也是影响到品牌危机信息传播的重要因素。

2. 危机信息的编码与解码

危机信息的编码是信息发布方对危机的描述与解释。在对危机信息进行编码的过程中，企业应统一信息传播的口径，对技术性、专业性较强的问题在传播中应使用清晰、不产生歧义的语言，以避免出现猜忌和流言。危机解码是公众对危机信息进行解读的过程。在此过程中，消费者可能将接收到的信息加以扭曲使之合乎自己的倾向，导致消费者最终所理解的信息与媒体或者企业发送者原创信息不对称。同时，解码过程也受到信息受众的背景信息的影响。

3. 危机信息传播通道

通道是危机发送和危机接收之间的媒介物，如报纸、互联网、空气、光等。危机发生现场，危机信息的传递通过物理编码进行。而危机信息在受众中的传播，主要采用的是人际传播、组织传播及大众传播等方式，其传播媒介借助于报纸、电视、广播、互联网、电话等。随着信息技术的发展，以互联网、P2P 等作为信息传播的主要方式，这些信息的传播媒介具有高度的即时性和信息的海量性。

4. 噪声

噪声是妨碍危机信息传播并能够造成信息失真的干扰因素，它存在于危机信息传播中的任一环节。如不准确的沟通语言、不符合实际的举止、小道消息、谣言等，这些都属于噪声。噪声能够降低危机信息传递的有效性，使得危机发送与危机接收之间产生较大的差异。

5. 危机反馈

危机反馈是受众根据感知到的危机信息进行解码，表明自己对危机事件的态度或立场，以此来改变危机处理者处理危机的方式。通过危机反馈，公众可以对危机事件所揭示的信息或问题进行评论，形成舆论压力，以此来影响政府或危机处理者的决策。同时，企业也能够从公众面对危机所产生的反应获取相应的反馈信息，以此来改变危机沟通的策略或方式。

（三）品牌危机信息传播的特点

1. 品牌危机信息传播是混乱符号和不确定意义的共享过程

传播通道、载体的混乱是危机传播的一个显著特征。企业与利益相关者对符号的选择、编码和解码都面临着困境。品牌与利益相关者既定的意义空间被打破，意义的真实性、准确性遭到质疑、误读和错解。另外，混乱的载体传递着不确定的内容，必然导致传播结构、传播系统的失调。

2. 品牌危机信息传播是信息传播主体与客体非秩序化复杂互动的过程

企业在常态下的传播强势可能不复存在，利益相关者的个体弱势也可能被利益损害下的愤慨和反抗取代。各种舆论力量带来的重压，不断向危机企业施加。每一个体、每一群体都在主、客体角色的转换中，从自身利益和立场出发，透过多种渠道传递多变的意义，形成了一个明显不同于常态的信息“传播场”。在这个“传播场”之中，常态的传播秩序、信息流动的走向、环境要素的作用机制都遭到冲击甚至抛弃。

3. 品牌危机信息传播是一个失衡的信息系统，包含各种信息的碎片

危机中，基于特定结构方式的常态传播，系统失去平衡。结构和秩序的改变，使传播系统的内外能量输出受到干扰，甚至导致系统崩溃。传播系统的脆弱，是所有危机的一个基本特征，也是品牌危机管理所需解决的核心问题之一。

二、构建品牌危机沟通体系

所谓危机沟通是指以沟通为手段，通过与企业各利益者进行信息及情感的交流活动，以解决危机的过程。危机沟通是影响危机管理成功与否的主要因素。品牌管理的根本是人与人的沟通与互动。由品牌危机中信息传播的规律可知，无论真实信息还是虚假信息，都具有人际传播、大众传播相结合的特点，传播速度很快，对于品牌危机的波及范围和发展影响极大。必须建立有效的危机沟通体系，利用危机信息传播的规律，扬长避短，通过信息传递与利益相关者的沟通，修正利益相关者对品牌的扭曲型理解，以达到品牌危机管理的目的。

（一）品牌危机沟通框架

从利益相关者的角度来看，危机事件严重威胁着他们的利益。在混乱的局面中，他们主要直接出面澄清事情真相，有时又需要采取行动去维护自身利益。确切的信息是利益相关者决策和行动的基础，而信息来源这一角色无疑只有作为当事方的企业才能胜任。危机情境是信息爆发时段中所产生的一切问题信息的集合，做好采集，并加以控制，使信息流沿着预定方向流动，将信息分析结果用于危机决策，使危机得以有效控制。

（二）企业内部品牌危机信息沟通

企业内部信息沟通是指在危机情境下，企业内部员工、部门之间的信息沟通。一方面，品牌管理虽然是企业高层的责任，员工却是品牌对外沟通的重要媒介。想要实现品牌危机时期对外沟通的一致性，需要从内部沟通开始，只有当企业的每一名员工都能对品牌危机形成一致性的认知并最终融入到全力支持品牌的文化氛围之中，成为品牌的忠实保护者和传播者，品牌才有可能以一致的形象被传播并被外界所理解和支持，从而顺利度过危机。另一方面，对内的品牌沟通是一种跨越职能、跨越部门、跨越级别的全面沟通，这种沟通势必要打破传统的企业内部沟通模式，创建旨在使所有员工都成为品牌的拥护者、忠实者和传播者的内部沟通模式。这种内部沟通，应通过保障信息交流系统公开、利用正式和非正式渠道发布真实且明确的信息、关注内部传言、利用标准格式发布信息等方法最大限度地减少不良小道信息的影响。总而言之，良好的沟通能够给企业

带来的不仅仅是信息的顺畅流动，更能为组织的决策与执行力提供基本的保障。

（三）企业外部品牌危机信息沟通

企业外部信息沟通，又称危机公关，是指在危机情境下，企业与外部利益相关者之间的信息互动，目的是向外部利益相关者披露企业应对品牌危机的态度以及采取的措施，维护品牌以及企业形象。同时，向有关部门和组织寻求精神上和物质上的支持，共同应对危机渡过难关。当品牌危机发生时，处于危机中心的企业在利益相关者心中的合法地位和意义都会有明显的动摇。利益相关者同时也会质疑自身与企业之间长期以来形成的已经制度化的契约关系。危机处境中，企业面临着时间紧迫和媒体曝光强度攀升两项挑战。危机往往由于后者对企业的怀疑态度而变得更为困难。此外，利益相关者对自身涉及与不良企业相勾结的担心也会大大降低危机企业获得外部舆论和资源支持机会，鉴于危机公关具有相当大的不确定性和风险性，因此，企业应以正式信息交流渠道为主、以非正式信息交流渠道为辅，开展危机沟通，及时满足利益相关者和公众的信息需求和情感需求。

本章小结

品牌危机指的是由于企业外部环境的突变和品牌运营或营销管理的失常，对整体形象造成不良影响，并在很短的时间内波及社会公众，使企业品牌乃至企业本身信誉大为受损，甚至危及企业生存的窘困状态。品牌危机可分为核心/非核心要素的品牌危机、主动性/被动性的品牌危机、行业性/非行业性的品牌危机。从产生的原因和判断标准来看，品牌危机与产品危机存在一定的差异。导致品牌危机的事件一定会是企业危机，但是企业危机却不一定是由于品牌危机产生的。当品牌危机一旦发生的时候，经营者务必冷静面对，遵循迅速反应、统一口径、开诚布公和补偿损失等四大原则沉着应战，力争转危机为机遇。迅速反应包括成立危机处理机构、危机的调查与评估、制定危机处理方案、建立信息传播渠道。统一口径包括危机定性、处理态度、事情进展；开诚布公主要指让公众看到企业处理危机、解决问题的诚意，引导正确信息的传播，改变消费者等品牌利益相关者对品牌危机过程中的误解，阻止或减少人、财、物的继续损害，阻止危机的蔓延和“传染”引起的连锁反应。

思考与练习

1. 简述品牌危机的定义及类型。
2. 试述品牌危机与产品危害危机、企业危机、公共危机的联系与区别。
3. 品牌危机形成的原因有哪些？
4. 近几年来发生了哪些重大品牌危机事件？你对哪些品牌危机事件印象深刻？
5. 试述品牌危机沟通管理的策略。
6. 案例分析：

【材料】滴滴顺风车司机杀人事件

2018 年，郑州空姐遇害事件和温州女孩遇害事件，把滴滴推到了风口浪尖。对于“少女 + 顺风车”的死亡组合，人们无一例外地把原罪归结于滴滴顺风车“社交 + 出行”的“美好”定位，不少业内人士指出，滴滴在盲目扩张的同时，对用户利益考虑得不周全。其实，从危机公关的角度来讲，滴滴的做法并无太多可指摘之处，几份较为严谨的声明、无限期下线顺风车业务、上线一键报警功能等行动可谓及时。而之所以会激起舆论反弹，恐怕还是要从根源追究起——顺风车式的共享模式尚未经过市场考验，政府方也并未完善行业规则，滴滴虽是行业老大，但也只是一个尚未成熟的“独角兽”企业。

分析回答下列问题：

（1）如果滴滴再次遭遇危机，品牌危机公关应怎么做？

（2）如何看企业管理与危机公关的关系？

第十三章　品牌保护策略

学习目标

（1）认识品牌保护的内涵和作用。
（2）知道品牌自我保护的含义与途径。
（3）明确品牌经营保护的基本对策。
（4）了解品牌社会保护的含义和种类。
（5）熟悉品牌法律保护的内容和途径。
（6）掌握品牌网络发展趋势及保护的措施。

随着市场经济的发展，企业在创出自己的品牌之后，如果不思进取，缺乏创新，就会导致自己的品牌慢慢失去市场，如果对自己的品牌不进行保护，让别人钻了空子，品牌也会渐渐失去光芒。品牌作为企业的重要资产，其市场竞争力和品牌价值来之不易。品牌保护有利于巩固品牌的市场地位，有助于保持和增强品牌生命力，有助于预防和化解危机，有利于抵御竞争品牌。市场不是一成不变的，需要企业不断对品牌进行管理和保护。维护品牌的合法地位是企业品牌管理中的一项重大决策。

第一节　品牌保护概述

品牌是一项十分重要的无形资产，好的品牌特别是名牌、驰名商标等具有极高的品牌价值，是企业的一笔巨大的财富。越来越多的人已经意识到，品牌保护已不仅是企业自己的事，更是全社会的事情，是一项综合性极强的系统工程，需要把全社会的力量动员起来，这包括传媒的保护、社会团体的保护、政府的保护以及消费者和法律的保护等众多力量。

一、品牌保护的定义及内容

（一）品牌保护的定义

品牌保护就是对品牌的所有人、合法使用人的资格采取保护措施，以防范来自各方面的侵害和侵权行为。品牌保护的实质是对品牌包含的知识产权进行保护，即对品牌的商标、专利、商业机密、域名等知识产权进行保护。保护品牌，就必须追加品牌成本，实施品牌推广战略。品牌的市场竞争力、影响力以及发展潜力是决定品牌价值的标准。

（二）品牌保护的内容

品牌保护的内容主要包括品牌的自我保护、品牌的经营保护、品牌的社会保护、品牌的法律保护及品牌网络保护五个部分。

二、品牌保护的作用

（一）品牌保护有利于巩固品牌的市场地位

企业品牌在竞争市场中，知名度、美誉度下降以及销售、市场占有率降低等品牌失落现象被称为品牌老化。任何品牌都存在老化的可能，尤其是在当今市场竞争如此激烈的情况下。因此，不断对品牌进行维护，是避免品牌老化的重要手段。

（二）品牌保护有助于保持和增强品牌生命力

品牌的生命力取决于消费者的需求。如果品牌能够满足消费者不断变化的需求，那么，这个品牌就在竞争市场上具有旺盛的生命力。反之就可能出现品牌老化。因此，不断对品牌进行维护以满足市场和消费者的需求是很有必要的。

（三）品牌保护有利于预防和化解危机

市场风云变幻，消费者的维权意识也在不断增强，品牌面临来自各方面的威胁。一旦企业没有预测到危机的来临，或者没有应对危机的策略，品牌就会面临极大的危险。

品牌维护要求品牌产品或服务的质量不断提升，可以有效地防范内部原因造成的品牌危机，同时加强品牌的核心价值，进行理性的品牌延伸和品牌扩张，有利于降低危机发生后的波及风险。

（四）品牌保护有利于抵御竞争品牌

在竞争市场中，竞争品牌的市场表现将直接影响到企业品牌的价值。不断对品牌进行维护，能够在竞争市场中不断保持竞争力。同时，对于假冒品牌也会起到一定的抵御作用。

三、品牌保护的必要性

（一）造假和仿冒现象蔓延，“恶意抢注”成为一种新趋势

在当今生活中，造假和仿冒现象在全世界迅速蔓延，其影响范围已不是某个国家或区域，而是整个产品世界。假冒商品已在世界某些地方形成了生产、运输、走私、批发、销售的严密网络，有人估计，假冒商品的贸易额约占全世界贸易额的2%，甚至更多。据不完全统计，全球制药厂因假药而蒙受的损失达几十亿美元，在非洲每年有成千上万的人因服用假药而死亡，假冒伪劣产品使广大消费者蒙受了经济上、精神上和肉体上的多重伤害。假冒商品是仅次于贩毒的世界第二大“公害”。

假冒商品品种多、数量大，从生活用品到生产资料，从一般商品到高档耐用消费品，从普通商品到高科技产品，从内销商品到外贸出口商品，假冒商品几乎无所不在、无所不有。其中，制作容易、利润丰厚、销售快捷的假冒名烟、名酒和药品的问题最为严重，而且假冒商品有向大商品和高科技产品方向发展的趋势。随着假冒商品的日益泛滥，其已成为我国经济生活中的一大恶疾。

而恶意抢注商标已成为目前世界市场上的一种新趋势，值得国内企业高度警惕，北京大学知识产权专家张平说“恶意抢注”指的是以获利等为目的、用不正当手段抢先注册他人在该领域或相关领域中已经使用并有一定影响的商标、域名或商号等的行为。“恶意抢注”多发生在以“申请在先”为授权原则能带来一定经济利益或精神利益的权利领域，故多发生于商标、域名及商号。

（二）缺乏品牌保护意识的严重后果

在现代经济中，品牌是一种战略性资产和核心竞争力的重要源泉。品牌保护意识是一个企业对品牌和品牌建设的基本理念，是企业对其产品自觉维护并创成名牌的意识。品牌意识为企业制定品牌战略铸就强势品牌提供了坚实的理性基础，成为现代经济中引领企业制胜的战略性意识。品牌意识的淡薄在我国已经造成了严重的后果，不但制约了我国企业的品牌建设，而且严重影响我国企业的健康发展。

1. 品牌意识的缺乏严重制约了我国企业的品牌建设

现代品牌意识建设主要基于社会化的大生产；而小生产企业普遍无品牌意识，甚至根本无法孕育品牌意识的萌芽，这些小生产企业无视技术在产品创新中的作用和意义，无视市场导向。众多产品只是“有名有牌”，但实际上是品牌空壳的产品。

2. 错误的品牌意识导致错误的品牌定位，严重影响我国企业的健康发展

错误的品牌意识的根本形态是：品牌是一种社会资源，社会资源就应该共享，所以品牌就应该共享。源于这一错误品牌意识的指导，许多企业不是努力创造属于自己的品牌，而是不惜采取各种侵权手段和方式，将别人的品牌套在自己的产品上，造成严重的后果，进而影响我国企业的健康发展。

第二节 品牌的自我保护策略

企业品牌的经营者们不能完全依靠法律提供的保护，而应主动出击，做好防范工作，保护自身品牌。企业经营者们一直致力于塑造高知名度品牌，品牌知名度越高，假冒者就越多，技术失窃的可能性就越大，品牌之间竞争的激烈程度也就越高。因此，品牌经营者为使品牌健康成长，必须注重品牌的自我保护。

一、品牌自我保护的含义

所谓品牌的自我保护，就是品牌的所有人、合法使用人主动对品牌实行资格保护措施。

二、品牌自我保护的途径

（一）应用防伪技术，积极打假

1. 积极采用防伪技术

有些品牌和包装的技术含量低，制假者能够轻易伪冒，这是有些品牌的假冒伪劣产品屡禁不止的一个重要原因，所以必须采用高技术含量的防伪技术，从而有效保护企业

品牌。

防伪技术的主要类型包括以下五种。一是物理学防伪技术，也就是应用物理学中结构、光、热、电、磁、声以及计算机辅助识别系统建立的防伪技术；二是化学防伪技术，即在防伪标志中加入在一定条件下可引起化学反应的物质；三是生物学防伪技术，是指以生物本身固有的特异性、标志性为防伪措施的技术；四是多学科防伪技术，也就是利用两种或两种以上学科方法防伪；五是综合防伪技术。

不论哪种防伪方法，只要行之有效就可采用，或者综合采用。采用现代高科技含量的防技术是有效保护品牌的重要手段，这要求企业品牌经营者们能够有清晰的认识，并保持高度的警惕，综合运用多种高科技尖端技术，使一般人难以仿制本企业产品。如娃哈哈纯净水就采用了电子印码、激光防伪、图案暗纹等多种防伪技术。事实上，世界上大部分的知名品牌都采用了多种防伪标志，对保护品牌起到了一定的积极作用。

2. 积极打假

假冒伪劣作为一种社会公害，是长期存在的。我国许多知名企业都吸取了被假冒的经验教训，成立了专门的打假机构，配备专职打假人员，积极参与打假行动，取得了显著成效。如杭州娃哈哈集团公司为维护公司的商标权益和名誉、保护自己的名牌产品，于 1993 年 5 月成立了打假办公室，积极配合政府执法机关的打假工作，为公司追回大额经济损失 320 万元；广东健力宝集团有限公司为了有效地做好反假、防假工作，专门成立了查假冒产品办公室，公司副经理兼任办公室主任，另外还有 5 名专职人员，有效地打击了假冒健力宝产品的违法行为。

企业必须加强对知名品牌商标的管理，制定专门的商标管理制度，把商标管理纳入全面质量管理之中。对商标的使用、标志的印刷、标志的出入库、废弃标志的销毁等，都要进行严格管理。为了加强企业内部的商标管理，企业应设立科学、完善的商标档案，设立专门的商标管理机构，配备熟悉商标知识和商标法规的管理人员，使他们成为品牌的捍卫者。

此外，企业还可以向消费者普及品牌的商品知识，以便消费者了解正宗品牌的产品；与消费者结成联盟，协助有关部门打假，从而组成强大的社会监督和防护体系。

（二）保护品牌机密

当今世界是信息的世界，谁掌握信息，谁就把握了主动权。

1. 要有保密意识

当今社会，由于各种间谍技术高超、信息手段发达，因此品牌秘密很难保证，稍不留神，就会给品牌造成不可估量的损失。随着信息技术和其他技术的迅猛发展，商业间谍的窃密手段也越来越多种多样，使人防不胜防。一些窃听、盗摄装备的使用威胁着企业重要信息的安全。商业间谍入侵企业内部网络和企业高管的个人邮箱，盗取企业机密的事件也越来越多。因此，企业应该加强对保密工作的重视，避免机密外泄，给品牌造成无法挽回的损失。

2. 避免技术参观和考察

有调查显示，世界上，在每项新技术、新发明中，有 40% 左右的内容是通过各种情报手段获得的，而许多经济间谍正是打着参观的幌子来盗取情报的。所以，品牌经营者有必要谢绝技术性参观和考察。对于无法谢绝的参观，企业需要专人陪同，进行监视，防止技术秘密外泄。

3. 防止内部人员泄密

正所谓“明枪易躲，暗箭难防”，品牌的失密常常是自家人所为。内部人员泄密主要有两种途径：一种是被竞争对手派来卧底的人员盗取机密；另一种则是本企业的技术人员，为了更高待遇而跳槽到竞争对手那里，带走了技术机密。针对这两种情况，必须严格限制接触品牌秘密的人员范围。

第三节　品牌的经营保护策略

品牌发展进入成熟期后，不仅要通过自我保护更新产品，以维持顾客对品牌的忠诚度，采取法律保护手段，以确保著名品牌不受任何形式的侵犯，更应该采取经营维护手段，使著名品牌作为一种资源能得到充分利用，使品牌价值不断得到提升，主要包括顺应市场变化、迎合消费者需求、保护产品质量、维护品牌形象，以及品牌的再定位。消费者心理的变化、社会经济发展、技术变革或者竞争对手的转变，会引起消费行为、竞争策略、政府政策等方面的变化，从而影响品牌的命运。因此，有效的品牌经营维护活动就更加重要了。品牌经营保护是品牌资产得以维持和增值的源泉。

一、品牌经营保护的含义

所谓品牌的经营保护，是指企业经营者在具体的营销活动中采取的一系列维护品牌形象、保持品牌市场地位的活动。

二、品牌经营保护的对策

（一）以市场为中心，全面满足消费者需求

消费者是企业品牌经营者的上帝，以市场为中心，也就是以消费者需求为中心。要知道品牌的经营保护是与消费者的兴趣爱好密切相关的。这就要求品牌内容也要随之做出相应的调整，否则，品牌就会被市场无情地淘汰。

几乎每一个知名品牌都在不断变化以满足消费者的喜好。可口可乐的口味、海尔的空调种类、李维斯牛仔裤的样式都在随着市场趋势而变化。以宝洁公司的“碧浪”洗衣粉为例，该品牌已换过好多次新产品标志，从“碧浪”到“碧浪漂渍”再到“碧浪第二代”，可谓是花样不断翻新，以至于现在的“碧浪”早已与原来推出的“碧浪”大相径庭了。

那些抱着知名品牌吃一辈子，不肯防微杜渐，对市场变化莫衷一是的思想，其实质是扼杀了品牌，最终必将被市场所淘汰。市场是无情的，它不管你是哪里的品牌，只要违反了市场变化的规律，就会导致企业经营的失败。以市场为中心，满足消费者需求，就是要求品牌经营者们建立完善的市场监察系统，随时了解市场上消费者的需求变化状况，及时地调整自己的品牌，以使品牌在市场竞争当中获胜，顺利完成品牌保护工作。

产品设计也要考虑顾客的实际需要。如海尔集团针对不同地区、不同国家推出了小

小神童洗衣机和在部分地区才用得着的可以洗红薯的洗衣机，正是由于海尔能从顾客的实际需求出发，才使它每次推出的新产品都颇受消费者的欢迎。

（二）苦练内功，维持高质量的品牌形象

质量是品牌的灵魂，高质量的品牌往往拥有较高的市场份额。反之，即使一个品牌的知名度很高，但如果它的产品质量出了问题，就会大大降低品牌形象，使品牌受损。大多数消费者对名牌的信赖主要是对名牌质量的信赖，高质量的内在品质是名牌商品的本质。企业必须巩固和不断提高产品质量，才能在市场竞争中立于不败之地。

（三）适应变化，进行品牌再定位

由于品牌在发展过程中会受到社会环境、市场环境、消费心态等多方面变化的影响，品牌保护的一个重要方面便是进行品牌定位的调整。对于品牌保护过程中的品牌定位而言，大多数的定位活动其实是重新定位。只有来自内心的力量才能持久，重新定位后的品牌要得到消费者的忠诚，就必须从内心打动目标顾客，引起目标顾客的情感共鸣。这就要企业针对目标消费者的心理特征和性格爱好，以其容易接受的方式与他们进行互动。

（四）不断创新，锻造企业活力

名牌商品之所以具有名牌效应，一是因为它的高质量，二是因为名牌商品本身技术的独创性和领先性，在经过市场的磨炼之后逐渐被消费者认同和接受而形成较高知名度。因此，对于企业来说，要想创立国际名牌，就必须把技术创新作为一个重要内容，以保护和维护产品技术的领先性和独创性。同时，企业要采取多种措施，将资金投向关键性技术改造项目，形成面向市场的产品开发和技术创新机制，这样才能从根本上保护名牌，求得生存和发展。但现代技术进步的速度和技术更新的步伐越来越快，技术开发周期越来越短，这对每一个品牌拥有者都提出了全新的挑战。要使自己的品牌在市场上不被淘汰，企业就必须有适当的技术储备，在技术开发方面有通盘计划保持合理的技术梯度结构，并能根据市场要求，在适当时机以适当方式推出新技术从而研制出新产品。

创新是企业的活力之源。只有不断创新，才能让企业品牌具有无穷的生命力和永不枯竭的内在动力，使企业品牌得以发展和壮大，它是企业经营保护当中最为有效的策略。创新是一个系统工程，包括许多方面的内容，主要有观念创新、技术创新、质量创新、管理创新、服务创新、市场创新、组织创新和制度创新等。

（五）保持品牌的独立性

所谓品牌的独立性是指品牌占有权的排他性、使用权的自主性以及转让权的合理性。保持品牌独立性的原因在于品牌是企业的无形资产。在市场上享有较高的知名度和美誉度的品牌能给企业带来巨大的经济效益，而只有保持品牌独立性，才能保持品牌形象，使品牌得以不断地发展壮大。

发达国家对发展中国家的经济战略主要有输出产品、输出资本、输出品牌三种手段，其中最有利的方式是输出品牌。对此，我们要有清晰的认识和慎重的态度。企业要保持品牌的独立性，实施有效的品牌保护策略，其根本的办法和出路归纳起来有两条：一是“强身壮骨”，二是“联合抗衡”。所谓“强身壮骨”，就是千方百计发展自己、强壮自己。首先要扩大规模，走规模经济之路；其次要从产品质量、规模品种、生产成本、价格和销售渠道上下功夫，开拓市场，占领市场，提高品牌的知名度和美誉度。所谓“联合抗衡”，就是国内企业联合起来，以知名企业为中心，以名牌产品为依托，携手组织跨地区、跨行业的大企业集团，共同捍卫国家民族品牌的最后一块阵地。

（六）实施品牌扩张，捍卫品牌阵地

品牌扩张是企业实现市场扩张和利润增长的“高速路”，它强调的是企业对已实现的基本品牌资源的开发和利用，使品牌生命得以不断延长，品牌价值得以增加，市场份额不断扩大。

品牌扩张是企业界常用的对品牌进行开发利用的策略。很多知名企业正是因为成功地运用了品牌扩张策略，才取得了市场竞争的优势地位。品牌适时适地地进行扩张，可以把市场做大，锻造出成功的品牌。

当然，品牌扩张还有诸多负面效应，如品牌个性淡化、与产品形象背离等。但如果一个企业品牌不进行扩张，就可能要承担其品牌市场份额被其他名牌侵占的风险，因为进攻就是最好的品牌保护。只是要把握好品牌扩张的策略和技巧，结合企业自身实际情况科学地运筹。

第四节　品牌的社会保护策略

品牌保护，不仅是企业的事，更是全社会的事情，是一项综合性极强的系统工程，需要把全社会的力量动员起来。在市场经济日益发展的今天，随着品牌竞争的日趋激烈，品牌维护成为所有企业均要面临的一项漫长而又艰巨的工作。要想成功地做好品牌维护工作，需要企业品牌经营者、社会、政府、媒体以及消费者的鼎力支持。

一、品牌社会保护的含义及范围

所谓品牌的社会保护，是指综合全社会的众多力量，包括传媒的保护、社会团体的保护、政府的保护以及消费者的保护等对企业品牌资产的保护。它包括传媒的保护、社会团体的保护、政府的保护以及消费者的法律保护等众多力量。

二、品牌社会保护的种类

（一）媒体对品牌的保护

有人形象地把媒介传播称为是操纵品牌的无形之手。舆论传媒不仅对企业品牌有显著的保护作用，还能促进品牌的生长、发育和不断壮大，如由大众传播媒介牵头、由政府作为后盾支持的“中国质量万里行”活动引起了社会的广泛关注。在该活动中，通过各地传媒对各种假冒伪劣产品的大量曝光，对知名品牌的大力宣传，使假冒伪劣产品一度不能公开地在全国市场上生存下去。再如每年的“3·15”消费者权益保障日这天，全国的各大媒体齐心协力地曝光假冒伪劣产品。媒体的舆论宣传力为品牌的正常健康发展起到了防火墙的作用。

（二）政府对品牌的保护

在我国，各级政府都十分关注企业品牌的发展。政府作为国家的行政机关，对品牌保护有着极其重要的作用。

1. 制定政策、规划、纲要，提倡品牌保护战略

政府首先要在政策、规划、纲要上积极提倡鼓励和推动品牌保护，贯彻质量兴国的方针，营造整体大环境。早在20世纪五六十年代，我国政府就制定了“质量第一”的政策，改革开放以来，更是制定了许多相关的政策、纲要和规划，如《中华人民共和国产品质量法》《中华人民共和国消费者权益保障法》《中华人民共和国反不正当竞争法》《关于推动企业创名牌产品的若干意见》等，各级地方政府也制定了有关提高产品质量和实施名牌战略的各项措施，加大对品牌保护的力度。

2. 组织开展创名牌活动，推动知名品牌战略

政府可以有效地利用宏观政策和宏观管理的职能优势，引导和组织企业开展创名牌的活动，总结名优企业创名牌的经验并进行交流和推广，使名牌之花开得更盛，从而推动名牌战略更好地实施。

3. 为企业品牌创造良好的环境

虽然政府机关不能越俎代庖，替企业经营者实施品牌战略，但却可以在政府允许的范围内给予企业一定的物质或精神上的支持，帮助企业解决一些具体的困难。

4. 加大打假力度，全面保护品牌

政府及其有关职能主管部门是行政执法的责任承担者，是打假战场上的第一线主力部队。政府及其所属的相关职能部门都应认真履行自己的职责，加强对市场的管理，对各类商品建立严格的检查、检验制度，依法打击假冒伪劣的违法犯罪活动，依法对制假贩假者从重处罚。

（三） 社会团体对品牌的保护

社会团体与打假活动有密切的关系，它们应该积极地参与到打假活动当中，保护品牌和人民群众的合法权益和既得利益。例如，各地的消费者协会、代表着消费者根本利益的社会团体等，在维护消费者权益方面发挥了巨大作用。中国消费者协会工作人员每天都要处理大量的投诉信，每年全国县级以上的消费者协会受理的投诉信达数十万件。

（四） 消费者对品牌的保护

广大消费者是假冒伪劣产品的最大受害者。近年来，由于使用假冒伪劣产品造成身体伤害、心理伤害以及给消费者带来重大经济损失的现象可谓是屡见不鲜。若要对品牌进行彻底的维护，必须发动广大消费者加入到品牌维护的队伍中来。消费者应该勇敢地拿起法律武器，依法进行斗争，依法维护自己的合法权益，绝不能采取息事宁人的态度，这同时也会对品牌起到重要的维护作用。只有这样，才能维护广大消费者的切身利益，才能打一场全社会参与的打击假冒伪劣产品的品牌维护行动。

第五节 品牌的法律保护策略

我国自改革开放以来，对品牌的立法保护进行了大量的保护工作，制定了一批有利于品牌保护的法律法规，但与市场经济发展的实际要求相比，有些应该制定的法律还没有制定，已经制定的法律法规对假冒伪劣产品打击的力度还不够，出现了许多法律盲点

必须补充。所以，必须进一步加强对品牌的立法保护，进一步加大打击假冒伪劣产品的力度。

一、品牌法律保护的含义

品牌法律保护是指运用法律、法规对企业经营者的品牌资产进行保护，保障其合法品牌的法律维护包括商标权的及时获得、驰名商标的法律保护、证明商标与原产地名称的法律保护，以及品牌受窘时的反保护。

二、品牌法律保护的内容

（一）品牌商标权的保护

商标是商品的生产者、经营者在其生产、制造、加工、拣选或经销的商品上或者服务的提供者在其提供的服务上采用的，用于区别商品或服务来源的，由文字、图形、字母、数字、三维标志、声音、颜色组合，或上述要素的组合而成的，具有显著特征的标志，是现代经济的产物。从商业领域来讲，文字、图形、字母、数字、三维标志和颜色组合，以及上述要素的组合，都可作为商标申请注册。经国家核准注册的商标为“注册商标”，受法律保护，即通过确保商标注册人享有用商标标明商品或服务，或者许可他人使用商标以获取报酬的专用权，从而保护商标注册人的权益。

商标权保护是品牌保护中的重要内容之一，指的是对品牌包含的知识产权，即商标、专利、商业秘密等进行保护。品牌保护最重要的武器是法律，品牌保护的核心是商标权保护，即对商标专用权（已经注册过）的法律保护。品牌保护的范围要大于商标权保护的范围。企业对其品牌的自我保护，既有商标权保护的内容，也有非商标权保护的内容。

1. 注册在先

树立一个牢固的品牌，商标保护至关重要。如果驰名商标不进行品牌保护，那么同样会面临从公众心中消失的危险。可口可乐能够经历上百年仍然长盛不衰，正是因为它的配方、商标、外观设计、包装技术、广告宣传的版权无一不依赖法律保护。然而，即使是非常重视品牌保护的可口可乐，也百密一疏，于是便有了著名的诉百事可乐侵权案，也有了“非常可乐事件”。由此可见，品牌保护是不容忽视的问题，要想保护自己的商标权益，首先要取得商标的专用权，其次要注意商标的类别组合注册，通过科学的组合注册，编织一张严密的保护网，从而确保他人难以搭便车获取利益。

2. 制止混淆

制止混淆也是保护品牌的另一重要方面。《中华人民共和国商标法》规定，无论是在相同或者类似商品上复制、模仿还是翻译他人未在中国注册的驰名商标，都是一种误导公众的行为。

在实践中，因假冒、类似而被侵权的几乎都是驰名商标，《中华人民共和国商标法》(2019 年修正）特别规定，驰名商标的保护范围已经不局限于一般的相同或类似商品，只要是可能造成对驰名商标的误认而误导消费者的商标，驰名商标所有人都可以拿起法律的武器进行防御。对于混淆的认定，随着社会的发展也越来越细化，介于侵权与非侵权之间的企业行为也越来越多。

品牌除商标外，另外一个重要组成部分是商号。由于商标和商号都有区分商品的功能，因此在某些情况下，商号（尤其是有名的字号）就难免发生与另一个企业的商标“撞车”的现象，造成消费者的混淆。特别是我国的企业注册实行的是分级注册制度，由于各个行政区独立注册，并通过企业名称的行政区划分来识别，因此字号间也会出现相同或近似情况。不法分子利用这种状况来打擦边球，非法牟利。

3. 反向假冒

除了商标、商号的混淆外，品牌保护还有一种值得注意的商标侵权形式——反向假冒。我国从1994年首例商标反向假冒案“枫叶”诉“鱼”一案出现以后，就引进了“反向假冒”这一概念，反向假冒由此成为知识产权领域争论的热点。

（二）品牌专利权的保护

1. 专利权的保护对象

（1）发明。发明是指对产品、方法或者其改进所提出的新的技术方案。发明必须是一种技术方案，是发明人将自然规律在特定技术领域进行运用和结合的结果，而不是自然规律本身，因而科学发现不属于发明范畴。同时，发明通常是自然科学领域的智力成果，文学、艺术和社会科学领域的成果也不能构成专利法意义上的发明。

（2）实用新型。实用新型，是指对产品的形状、构造或者其结合所提出的适于实用的新的技术方案。实用新型专利只保护产品。该产品应当是经过工业方法制造的、占据一定空间的实体。一切有关方法（包括产品的用途）以及未经人工制造的自然存在的物品不属于实用新型专利的保护客体。

（3）外观设计。外观设计又称为工业产品外观设计，是指对产品的形状、图案或者其结合以及色彩与形状、图案的结合所做出的富有美感并适于工业应用的新设计。

2. 专利权的保护措施

（1）企业要加强专利申请意识。

（2）明确授予专利的实质条件，即确定申请专利的科技成果有无专利性，包括新颖性、创造性和实用性。

（3）明确授予专利的形式条件，即指国务院专利行政管理部门对专利申请进行初步审查，实质审查以及授予专利权所必需的文件格式和履行的必要手续。

（三）品牌著作权的保护

1. 著作权含义

著作权亦称版权，是指作者对其创作的文学、艺术和科学技术作品所享有的专有权利。著作权是公民、法人依法享有的一种民事权利，属于无形财产权。

2. 著作权保护的重要性

《中华人民共和国著作权法》是知识产权的一个重要组成部分，它是现代社会发展中不可缺少的一种法律制度。著作权保护不仅能够促进文化事业的发展，同时版权产业也已经成为经济发展的动力。《中华人民共和国著作权法》是一种无形的权利，同时也是用有形物体现的，包括精神权利和财产权利，因此著作权也是人权，又是一种财产。侵犯他人著作权如同偷盗他人钱财。盗版就是盗窃。保护知识产权不仅是保护著作权人的个人利益，同时也是为了维护公众利益，维护国家利益，维护国家经济秩序，促进社会的发展。

3. 侵权行为

侵犯著作权的行为，须具备以下三个条件：

（1）有侵权的事实。即行为人未经著作权人许可，不按著作权法规定的使用条件，擅自使用著作权人的作品，以及表演、音像制品和广播电视节目。著作权侵权行为，既没有征得作者和其他著作权人同意，也不属于合理使用和法定使用的情形，这是对作品的擅自使用，因而是一种违反著作权法的行为。这种侵权行为既可能是对他人的著作人身权造成了损害，也可能对他人的著作财产权造成损害，还可能同时损害他人的著作人身权和财产权。如非法复制他人作品可能只侵害了他人的著作财产权，而假冒他人作品，则往往同时侵害了他人的著作人身权和财产权。

（2）行为具有违法性。著作权是一种绝对权，任何人都有不能侵犯该项权利的不作为义务。他人在使用著作权作品时必须遵守著作权法及其他法律有关规定，如果行为人违反了法律的规定，其行为即具有违法性。至于不受我国著作权法保护的作品、未能取得著作权的作品，或者是已进入公有领域的“作品”，其他人在使用时不存在侵权问题。

（3）行为人主观有过错。所谓过错，是指侵权人对其侵权行为及其后果所抱的心理状态，包括故意和过失两种形式。侵犯著作权的行为，绝大多数是故意的；也有少数既可以由故意构成，也可以由过失构成。区分过错的形式，在确定侵权人的法律责任时有一定的意义。一般说来，故意侵权行为所应承担的法律责任重于过失侵权行为所应承担的法律责任。

三、品牌法律保护的途径

品牌是实施名牌战略的基础，要有效地保护品牌，必须引入法治轨道，市场经济从某种意义上来说，也就是法治经济，对品牌的保护，首要的就是法律的保护，它是品牌的遮阳伞。法律保护包括立法及司法保护两个途径。立法保护，指通过制定和颁布有利于品牌保护的法律来实施对品牌的保护。司法保护，指依据现有的法律对品牌进行保护、打击假冒商品的实际司法行为。

第六节　网络品牌的保护

20 世纪 90 年代开始，互联网在全球范围内掀起层层热浪。世界各大品牌纷纷利用互联网推出网络品牌，提供信息服务并拓展企业的业务范围，根据互联网的特点积极改进企业内部结构，探索新的营销管理模式。

一、网络品牌的发展

一些年轻的网络企业可以快速建立品牌，但没有一家企业能够打破品牌营销的铁律——品牌形象不是一蹴而就的。想要成为网上知名品牌，需要不断地努力与投资。在瞬息万变的网络世界中，只有掌握住这条不变的定律，才能建立长久经营的基石。

（一）企业网站中的品牌形象建设

企业网站是企业网络品牌营销的基础。企业网站中有许多可以展示品牌形象的机会，如网站上的企业标志、企业介绍、企业新闻和网页广告等。现在不少企业网站的主要问题在于缺乏良好的形象来吸引眼球，或者一味追求美观而忽略了搜索引擎的优化设计。企业需要遵循网络品牌形象设计的原则和要求，明确官网设计的定位和需求，维护好企业官网，塑造网络品牌的良好形象。

（二） 网络广告中的品牌形象展现

正如大卫·奥格威所说："每一则广告，都是为建立品牌个性所做的长期投资。"这句至理名言在网络传播时代仍不过时。网络品牌建设同样需要广告的支持。网络广告的作用主要表现为品牌推广和品牌营销。需要注意的是，网络广告一定要注意目的、方法和实施细节。瞬息万变的互联网时代，林林总总的品牌可能会突然出现，流行一段时间后又突然消失，消费者喜爱的风格也容易变化，或者说流行时尚的周期越来越短。但是从长远的角度来说，网络品牌需要长期保持主题和形象的一致性和稳定性，才能在消费者心中留下明确的品牌形象。

（三） 搜索引擎中的网络品牌推广

搜索引擎是用户发现新网站的主要方式之一。用户通过某个关键词在检索结果中看到的信息是一个企业/网站网络品牌的第一印象，这一印象的好坏决定着该品牌是否有机会被进一步认知。搜索引擎的品牌营销以企业网站的营销方法为基础。利用搜索引擎提升网络品牌的基本方式包括：①尽可能增加网页被搜索引擎收录的数量。②通过网站优化设计，提高网页在搜索引擎检索结果中的效果（包括重要关键词的排名位置和标题、摘要信息对用户的吸引力等），获得比竞争者更有利的位置。③利用关键词竞价广告，通过付费广告的方式让企业信息出现在搜索结果显著位置。利用这些方式实质上都是为了增加网站在搜索引擎中的可见度。因此，如何提高网站搜索引擎可见度，成为搜索引擎提升网络品牌的关键。

搜索引擎优化是通过对网站栏目结构、网站内容等基本要素的合理设计，使得网络内容更容易被搜索引擎检索，并且呈现给用户相关度最高的信息。需要注意的是，在实施搜索引擎优化方案时，如果采用不合理的方式（如被搜索引擎视为作弊的手段），则有可能造成网站被搜索引擎惩罚，轻者被视为低质量网页，重者则网站被搜索引擎彻底清除。如果网站出现了这种问题，那么将严重影响企业的品牌形象，对整个网络营销策略也将是严重的打击。

（四） 电子邮件中的网络品牌传播

由于市场工作的需要，企业每天都会发送大量的电子邮件。通过电子邮件向用户传递信息，成为企业传递品牌形象的一种手段。利用电子邮件传递营销信息时，邮件内容是最基本的，品牌形象的传播只有在保证核心内容的基础上才能获得额外的效果。

（五） 网络事件营销中的品牌形象塑造

作为一个需要充分利用网络优势打造品牌的企业，需要十分注重公关活动和事件营销。品牌形象的树立和推广需要高度的品牌忠诚和良好的口碑效应。企业应根据自身规模，在此方面进行与实力相符的投入，关键在于把握广告公关费用与企业盈利的平衡，切不可在一项事件营销中孤注一掷。

二、网络品牌保护的定义和重要性

（一）网络品牌保护的定义

网络品牌保护（Online Brand Protection）是品牌所有人、合法使用人对网络品牌实行的资格保护措施，以防范来自网络上的侵害和侵权行为，包括对企业的域名保护，企业名称、商标的线上保护，企业品牌舆情监控，域名系统（Domain Name System，DNS）保护等。

（二）网络品牌保护的重要性

随着互联网竞争的日益激烈，域名的滥用、网站安全、品牌风险等问题不断增加，企业面临的一大挑战就是面对诸多风险如何保护好网络品牌。

网络品牌被滥用会造成收入损失，损害品牌美誉度和客户的信赖，增加法律风险。通过对域名、商标、媒体的保护、监控可以防止和抵御网络品牌受到威胁和损害。

三、企业实施网络品牌保护的途径

（一）积极注册域名、商标，为企业的品牌战略服务

对我国企业来说，拥有直接体现自己商标的域名是开展网络业务、树立网络品牌形象的最佳选择，对此，企业应该密切关注域名的进展，并积极注册与自己的商标、经营业务相关的域名（如.com、.top、.cn 等）。同时，网络时代的企业还应时刻保持对可能的域名侵权的警觉，一旦发现侵权，就应立即采取积极有力的措施夺回域名，以保护自身的无形资产不受侵害。

（二）实行针对域名的品牌全网保护

在新的互联网形势下，企业应当以品牌关键字为核心，对品牌实施“全网保护”措施，通过“商标+域名网址资源”为手段来构建品牌体系，树立商标、域名一个都不能少的理念，阻止品牌资产流失。“全网保护”可以进一步完善企业在新网络时代的品牌保护体系，增强企业在新形势下的抗风险能力和自主权，从而提升企业在新网络时代的竞争力。

（三）合理使用争议解决机制、仲裁和民事诉讼手段

为平衡商标、企业名称等民事权益人与互联网域名持有者之间的权益，《中国互联网络信息中心域名争议解决办法》已出台，并已经全面实施。如果企业相关品牌域名被恶意注册或者使用，网络品牌受到侵害，可以选择通过域名争议、仲裁方式保护企业网络品牌。

（四）委托品牌保护机构保护相关域名

品牌保护机构作为专业的第三方机构，具有敏锐的市场嗅觉和前瞻、系统的保护意识，其专业建议可以帮助企业抢先一步，更好地保护网络知识产权。

（五）监控企业品牌舆情

对企业进行媒体监测，随时掌握自身、用户、竞争对手等舆情动态，可以掌握先机，及时处理品牌危机，确保品牌声誉安全。

（六）做好 DNS 保护

对企业的域名解析进行操作管理、统一部署安排，保证域名使用规范和安全，同时

防止由于误操作和恶意攻击篡改带来的风险和损失。

本章小结

所谓品牌保护，就是对品牌的所有人、合法使用人的资格采取保护措施，以防范来自各方面的侵害和侵权行为。品牌保护是企业品牌建设中涉及范围很大的一项管理内容，其实质是对品牌包含的知识产权进行保护，即对品牌的商标、专利、商业机密、域名等知识产权进行保护。

本章就品牌保护的内涵及原因、品牌的自我保护、品牌的社会保护、品牌的法律保护、品牌网络的保护等内容，进行了阐述。通过本章的学习，能使大家认识品牌保护的重要性，以及学会采取相应的保护措施。

思考与练习

1. 简述品牌经营保护的途径。
2. 影响品牌保护的因素有哪些?
3. 你认为对品牌的保护，媒体与政府哪一个更有效?政府发挥了怎样的作用?
4. 品牌法律保护措施是什么?
5. 如何实施品牌社会保护?

第十四章 品牌国际化管理

学习目标

（1）知道品牌国际化的含义和特征。
（2）认识品牌国际化的衡量指标。
（3）了解品牌国际化的进入模式和经营模式。
（4）把握我国品牌国际化的基本对策。
（5）熟悉品牌国际化的相关法律制度。

经济发展促使世界经济的广泛合作，无论是发达资本主义国家，还是发展中国家，经济的合作与交往越来越密切，国界已不能把世界经济从地域上简单地相区别，世界大市场正在形成。随着国际一体化的不断深入，企业之间的竞争已经逐渐脱离本土化的特征，品牌正逐渐从本地化、区域化走向全球化。全球经济一体化促成了品牌国际化，品牌国际化又加快了全球经济的融合。全球一体化的潮流不可逆转，潮流冲击的结果是品牌竞争在空间范围的极大延伸。竞争的加剧要求一部分企业必须站在更高的视角上来看待品牌的生存和发展，品牌的国际化在这种趋势下成为必然。

第一节 品牌国际化概述

随着国际专业分工的深化和世界产业结构的调整，世界贸易和跨国投资快速发展，经济全球化使得集资源、产品、技术、管理为一体的品牌也进入国际化的竞争中。经济全球化在微观层面上讲，就是品牌全球化。经济全球化是以品牌和资本来实现的，通过品牌的扩张和资本的国际流动，各国经济相互交融，并互为掣肘。品牌全球化正是经济全球化的必然产物。反过来，品牌全球化进一步促进了世界经济一体化的进程。品牌全球化是品牌发展的趋势。

一、品牌国际化的内涵

（一）品牌国际化的含义

品牌国际化，又称为品牌的全球化经营，指企业在进行跨国生产经营的活动中推出全球化的品牌，并占领世界市场的过程。即企业在全球性的营销活动中，树立自己的品牌形象，达到一个全球化的目标。不仅要利用本国的资源、条件和市场，还必须利用国外的资源和市场进行跨国经营，即在国外投资、生产、组织和策划国际市场经营活动。其目的是通过品牌向不同的国家和地区进行扩张，来获取规模经济效益，进而实现低成本运营。品牌国际化代表着统一的品质、恒久的企业形象、全球化的服务、共同的消费心理基础和不断的技术创新，是企业对全世界消费者商品价值的一种承诺。更为重要的是，国际化品牌需要全球的消费者的一种心理认可。国际化品牌有力地传递出一个高度负责的企业形象，是企业战略远景和内部运营体系的有机配合。

品牌全球化有不同的形式，最低级的形式是产品的销售，即有品牌商品的输出；较高级形式是资本的输出，即通过在品牌延伸国投资建厂达到品牌扩张的目的；最高级形式是通过无形资产输出，即签订商标使用许可合同等方式，实现品牌扩张的目的。

由于不同国家、地区在语言、文化、风俗习惯等方面存在着差异，一个品牌要真正占领一个市场，被消费者接受、认可，就必须适应当地消费者的需要，这就决定了品牌国际化的过程也必然是与当地消费者沟通的过程。品牌国际化实际上是全球一体化与本地化的统一，变的是形式，不变的是品牌的核心价值。因此，全球性品牌必须首先是世界名牌。

（二） 世界品牌的特征

国际化是成就世界名牌的必然选择。所谓世界名牌，是指在世界市场上具有杰出表现、得到相关顾客认可和偏爱、产生巨大效应、具有强大竞争优势的企业产品品牌、商标和商号。世界名牌应具备以下特征：

（1）世界品牌应具有较高的知名度。品牌知名度，就是目标消费者对某一品牌的知晓程度。但是，消费者仅仅知道品牌名称不能算品牌知晓，只有能将品牌名称与其所属产品类别联系在一起才算品牌知晓。市场调查显示，品牌知名度越高，其市场占有率也越高。如可口可乐、麦当劳、奔驰等品牌，可称得上世人皆知。

（2）世界品牌应具有很高的国际信誉度。面对日益成熟的消费者，高质量的服务已成为品牌取悦于民、赢得消费者信任的主打工具。一些知名品牌靠优秀的服务，把品牌打造成世界级品牌。世界名牌在国际市场上，大都推行“客户第一”“客户永远是对的”等经营理念，在客户群中树立了很高的信誉。

（3）世界品牌应具有极高的经济价值。品牌价值是衡量国际品牌对其持有者的经济利益的唯一标准。根据国际广告巨头宏盟集团（Omnicom）旗下的品牌咨询机构Interbrand发布的2018年全球最佳品牌排行榜：排名第一的苹果，品牌价值为2 145亿美元；排名第二的谷歌，品牌价值为1 555亿美元；排名第三的亚马逊，品牌价值为1 008亿美元。

（4）世界品牌应具有较高的国际市场占有率和市场全球化程度。世界名牌以世界市场为舞台，利用众多国家的资源，在世界上大多数国家开展市场营销活动，品牌的“国别”属性渐渐远去。因此，世界名牌在某种程度上可称之为“无国籍品牌”。以耐克公司为例，耐克公司的口号是“Just do it”，它传达了肯定个人力量和运动成绩的价值观，无论在印度尼西亚的雅加达，还是在美国的杰斐逊城都能产生同样好的效果。实践证明，这种情感投资在西欧和亚洲地区发挥的作用尤其强大。在这些地区，耐克的销量增长幅度最大。

(5) 世界名牌在国际市场上应具有极大影响力，品牌文化和产品文化应具有高度的国际融合性。世界名牌在国际市场上开展大规模的营销活动，在世界范围内引导消费者观念的转变，影响人们的消费行为，培育新的消费文化的形成。比如，麦当劳依靠统一的产品、形象、理念、文化、服务，向世界众多国家的消费者传播“清洁、方便、美味、家庭氛围”的消费文化理念。正如日本学者木村尚三郎所说：“企业不能像过去那样，光是生产东西，而是要出售生活的智慧和快乐。”

二、品牌国际化的度量

品牌国际化是一个历史过程，不可能一蹴而就。品牌的国际化程度究竟应怎样衡量，迄今为止，理论界尚没有定论，目前学术界对此的研究还非常少，有的学者提出从产品的外销比重、品牌的全球认知度、品牌的地区分布、资源的国际化程度和人才的国际化程度五个角度来进行衡量。

（一） 产品的外销比重

产品的外销比重即以该品牌产品在国外的销售量（额）占全部销售量（额）的比重来进行衡量。国外销售额占全部销售额的比重越高，该品牌的国际化程度就越高，反之，则越低。

（二） 品牌的全球认知度

品牌的全球认知度即以品牌在全球的认知度进行衡量。有些公司虽然在海外的销售额非常大，但全球知名度却非常低。作为衡量品牌在消费者心中认知程度的一个重要指标，认知度的高低也会在一定程度上反映企业品牌的国际化程度。采用全球认知度来衡量品牌国际化程度需要注意一个问题，即工业品品牌和消费品品牌应该区别对待。工业品属于专业性很强的 B2B 购买，而消费品则属于专业性不强的 B2C 购买，对于普通消费者来说，日常接触到的多为消费品品牌，因此二者的国际化认知度不应该放在一起进行对比。

（三） 品牌的地区分布

品牌的地区分布即以品牌销售所分布的国家和地区进行衡量。有些品牌，虽然在海外的销售额非常高，但是，其销售分布却极其有限。例如，中国有很多企业，虽然每年的产品出口量很大，但绝大部分局限在亚洲或者非洲，出口到欧美国家的很少，这类品牌也只是处于国际化的初级阶段。相反，有些品牌则不同，虽然从出口额上来看，它们并不占优势，但销售分布却很广。

（四） 资源的国际化程度

资源的国际化程度即以品牌产品生产过程中所使用资源的国际化程度进行衡量。前面几点都是从贸易的角度来衡量品牌的国际化程度，但是，我们必须认识到品牌销售的国际化只是品牌国际化的初级阶段。随着国际化进程的深入，它必须逐步向资源和人才的国际化方向迈进。资源的国际化主要是指品牌运营所需要的资本、劳动力和原材料的来源实现本土化的程度，也就是指品牌生产经营的本土化程度。随着世界经济一体化进程的不断深入，国家之间的经济技术联系不断加强，品牌国际化中的本土化运营几乎成为所有跨国公司的必然选择。在生产中使用资源的国际化程度越高，则品牌国际化程度也就越高。例如，雀巢公司，其品牌运营的本土化情况非常突出。在很多国家，雀巢连一美元的投资也没有，它所投入的只是“雀巢”这个品牌的使用许可权，以及雀巢的管理和经营经验，资本投入、厂房设备等全部是由所在国的合资方自己解决。与那些只靠出口来获取知名度和经济效益的品牌来说，实现资源国际化的品牌在品牌国际化的过程中已经步入了一个更高的层面。

（五） 人才的国际化程度

有学者认为，人力资源国际化是品牌国际化的最高层次，企业雇员，特别是高层雇员中外籍人员比重越大，外籍人员的来源分布越广，该品牌的国际化程度越高，相反，品牌的国际化程度就越低。人才国际化包括高管国际化和普通员工国际化两个部分。高管由外国人担任已越来越成为某些国际化组织的趋势，一些东道国分公司总经理由当地人担任已不鲜见，现在连一些总部的高管也开始出现外国人的身影。聘用国际化的员工更是国际性公司常见的事，如我国国际化程度很高的华为和中兴目前在海外的本地员工和中国员工比例都在1：1左右，甚至华为在俄罗斯14个城市和独联体地区10个国家的本地员工比例超过80%。

三、品牌国际化的意义

一个品牌如果拥有较多的消费者，便可以避免生产设备的闲置。研发及品牌传播的高额成本便可以通过分摊而变得越来越少，企业也可以获得更多的利润，实现品牌发展的良性循环。著名品牌专家凯文·莱恩·凯勒（Kevin Lane Keller）对此做了卓有成效的研究，他认为，企业实施品牌的国际化具有以下意义。

（一） 实现生产与流通的规模经济

创立国际品牌的最大益处是可以获得规模效益。这一点对所有企业都是至关重要的。东道国与品牌创立所在国的市场环境的相似性以及产品类别的标准化特征有助于品牌在国际市场的标准化经营，相同的产品、相同的包装、相同的广告创意、相同的促销活动都使得企业在国际化经营中获得规模经济效应。从供应方面来看，品牌国际化能继续产生大量生产和大量流通的规模效应，降低成本，提高生产效率。学习曲线告诉我们，大规模运作能够实现生产和流通的规模经济，即可以有效地提高生产效率、显著降低生产成本，使品牌产品更具价格竞争力。在经济全球化的今天，对许多行业来说，在世界范围内开展经济活动所带来的规模经济效益，已经成为获得竞争优势的重要因素。例如，百得（Black & Decker）是一家生产电动工具电器和其他消费品的企业，在采取国际品牌策略后，生产成本显著下降。在欧洲市场上，该公司生产的电机规格从260种下降到8种，型号也从15个减少到8个。显然，这有助于企业降低管理和生产成本。

（二） 降低营销成本

参与市场竞争的过程中，品牌已经成为企业最低成本的使用资源，最大限度地获取利润，实现自我发展目标所拥有的核心资源和未来企业的核心竞争力。生产和销售全球标准化产品，不仅可以大大降低总生产成本和单位产品应分摊的研发成本、管理成本，还可以减少很多重复性的工作，在广告、促销、包装、分销上大大降低营销成本。如果在各国实施统一的品牌化行为，其经营成本降低的潜力很大，实施全球品牌战略成为分散营销成本最有效的手段。例如，可口可乐、麦当劳、索尼等企业分别在世界各地采取了统一的广告宣传，通过全球化的广告宣传节省了大量的营销费用。

（三）扩大影响范围

扩大影响范围，即可以创造有益的品牌联想，让人感到该品牌实力雄厚。国际性品牌向世界各地的消费者传达一种信息：他们的产品或服务是信得过的。品牌产品在全球范围内有忠诚的顾客群。品牌能在全球范围内立足并且畅销说明该品牌具有强大的技术或专业能力，有卓越的产品质量和服务，有优秀的品牌形象和个性，也说明该品牌能够给消费者带来生活上的便利，从而反过来又增强了品牌在其品牌创立所在国内的影响力。当品牌推出新的产品或者推向新的市场，其很容易被市场迅速接受。而这都归功于国际化品牌营销。

（四）保持品牌形象的一贯性

由于经济活动日益活跃，人们的流动性增大，借助企业国际化战略，消费者可以在其他国家看到该品牌的形象。各种不同媒体对不同的消费者进行同一品牌的宣传，能反映该品牌相同的价值和形象，保持品牌的一贯性。顾客不管在哪里，都可以选购反映自己个性或嗜好的产品或服务。在全球市场遵循同样的营销战略，有利于保持品牌形象和公司形象的惯性，这在一些顾客流动性大和媒体比较发达的国家或地区特别重要。如果目标顾客的流动性比较大，例如服务行业，更需要一个统一的产品形象，使顾客无论身在何处，都能购买到他所熟悉的产品或服务，感受到独特的产品文化带来的精神愉悦。

（五）促进知识的迅速扩散

品牌国际化能增强组织的竞争力。在一个国家产生一个好的构想或建议，能迅速广泛地被吸取或利用。无论是在企业的研发、生产制造方面，还是在营销方面，在全球范围内汲取新知识，并不断改进，能提高企业的整体竞争力。另外，国际化还可以做到，在品牌及其营销组合宣布后，立即覆盖各大目标市场，不给竞争者留下抢先的时间，从而能提高企业整体的竞争力，如微软的视窗产品推出、英特尔电脑芯片的推出等，都得益于国际化的品牌策略。

（六）提高营销活动的统一性

由于营销者对品牌产品的属性、生产方法、原材料、供应商、市场调查、价格定位等都非常熟悉，并且对该品牌的促销方式也有详细记录，因此，在品牌国际化过程中，就能够最大限度地利用公司的资源，大大减少和消除重复性的工作，以便迅速在全球展开该品牌的营销活动。例如，高露洁公司一直注重营销战略的制定和营销执行过程。高露洁的品牌工作手册十分详细，包括产品的品质、配方、市场调研、定价、广告、公共关系、销售辅助材料等等，每一项都有详尽的说明和工作标准。有了这个手册，任何一个高露洁的地区经理都可以在206个国家中的任何一国，分毫不差地执行着同样的营销计划。

第二节　品牌国际化的模式

随着经济全球化的不断发展，很多企业在面对不同的目标市场时都在实践中根据自身情况选取了不同品牌进入模式和经营模式。品牌国际化的进入模式是品牌进入国外市场的路径选择。不同背景的企业在进行国际化经营时，往往会选择不同的品牌国际化进入途径。而品牌国际化的经营模式则是品牌进入国外市场之后，在市场经营中所采取的运作模式。品牌建设与发展成为全球企业共同关注的焦点，创建国际性著名品牌成为众多企业全球化战略中的核心内容。不知不觉中，国际品牌“侵入”了我们的市场和生活，而我们的企业也正向国际市场伸展着触角。“千里之行始于足下”，品牌的国际化道路虽然漫长，但关键是要做好模式选择。

一、国际市场的类型

世界上不同区域的市场规模不同，消费者对品牌的认知和对品牌的忠诚程度不同，不同区域的品牌在世界上的影响力不同，不同区域的法律社会环境对品牌的影响也不相同。在区域间存在众多差异的情况下，企业难以同时在全世界推广自己的品牌，所以必须依照一定标准对众多的国家和地区进行划分。企业在进行国际市场细分的基础上，还应对各个细分市场进行深入调研与评价，从中选出最适合企业品牌国际化的起点市场。

目前国际市场可以简单地分为三个层次：第一个层次是以欧、美、日为代表的发达国家市场；第二个层次是以东欧、南非、印度尼西亚等为代表的中等发达国家市场；第三个层次是以印度、越南等为代表的不发达国家市场。

（一）发达国家市场

发达国家的市场进入门槛最高。主要表现为：①国际性品牌和全球性品牌多，实力强，已占有很稳固的地位。一些当地的知名跨国公司经营了几十年乃至上百年，如家用电器行业，欧洲有西门子、伊莱克斯、飞利浦等，日本有松下、索尼、日立、东芝等，在美国有通用电气（GE）、惠而浦等。②消费者需求和消费心态比较成熟，大都已有偏爱的品牌，需求也得到了较好的满足，很难改变其偏好。③无论消费者还是政府管理部门，对产品质量要求也是最高的。因此，要想在发达国家占有一席之地，难度很大。不过它们的市场容量很大，市场化程度也很高。

（二）中等发达国家市场

中等发达国家和地区的市场只有较少的他们本土的跨国公司和国际性品牌，跨国公司品牌大都也是外来品牌。就这一点而言，这样的市场消费者的忠诚度不如发达国家高。同时，中等发达国家的消费者和政府对产品要求不如发达国家高，消费者更加关注品牌产品的价格性能比。因此，品牌进入这些国家和地区难度不是很大，但长期发展也存在一定的政策风险。

（三）不发达国家市场

针对不发达国家市场而言，这个市场的特点表现为：①消费者的消费能力和需求水平不算太高。②在有潜力的市场，国际跨国公司可能早已进入，这一点与中等发达国家相似。比如在越南市场，日本品牌深入人心，极受偏爱，给其他国家品牌的进入形成了一定的障碍。③本土品牌的竞争和政府政策对民族工业的保护，对品牌的进入带来不利影响。④不发达国家的文化、宗教政治等诸多原因，对品牌适应当地的需要也带来一定的问题，而且，由于经济不发达，市场规模也有限。

根据上述分析，品牌进入发达国家市场难度最大，但成功后的收益也是最大的。而不发达地区进入最容易，成本最低，但未来收益也是最有限的，而且存在一些其他不确定的风险。

二、品牌国际化的进入模式

品牌国际化要求企业用自己的品牌，把产品销售到国际市场上去，要让国外市场认知、接受和喜欢这个品牌及这个品牌推出的产品。也就是说，品牌国际化要求品牌建立国际性知名度和美誉度，这比产品进入某个市场销售更为艰难和复杂，是一项长期性的工作。企业制定品牌国际化战略后，首要任务就是选择最先要进入的市场。

（一）先易后难模式

先易后难，顾名思义就是先利用比较优势进入容易的市场，待积累力量后再进入难度较大的市场。因此，先易后难创国际性品牌的方式是逐渐升级的：先进入不发达国家，然后进入中等发达国家，最后再进入发达国家，是大目标小步走。这种模式的优点是市场容易进入，甚至还有一些优惠政策，不发达国家大都经济水平较低，因而建立品牌形象的投资比较少，时间也会短一些。先易后难可以为企业在国际市场上建立品牌信誉和品牌形象提供直接而丰富的操作经验，而且需要付出的代价相对较低。再者，这种模式可以在较短时间内见效，有助于增强企业创国际品牌的信心和决心。这种模式适合于实力还不够强大的企业。先易后难模式的缺点是在不发达国家的成功对进入发达国家市场并没有什么形象上的帮助。比如，TCL 在越南市场的成功对其进入法国市场没有多大帮助。

（二）先难后易模式

先难后易模式是先集中力量主攻发达国家市场，再转向相对容易的其他国家和地区市场。这种模式的优点非常显著，如果在发达国家树立起品牌信誉和形象，就意味着品牌经受了世界上最严格的考验，成为国际性品牌。此时再转向中等发达国家或不发达国家市场，就容易被全球市场所接受。先难后易模式，实质上就是占领市场竞争制高点的品牌国际化策略，一旦成功即为强势品牌。品牌此时就可以借势把产品推向世界各地。这种模式的不足是困难很大，失败的概率很高。而且，先难后易模式需要大投入，广告费用大，人力成本高，经营费用大。海尔在近两年将产品迅速覆盖全球，是对先难后易模式的最好写照。

（三）中间路线模式

中间路线模式，试图取先易后难和先难后易模式各自的优点，同时避开它们的缺点。中间路线模式确实有其内在的优越性。第一步是先进入中等发达国家市场，这样做的好处体现为：积累在异国他乡建立品牌信誉和形象的经验；积累由中等发达国家市场向周边不发达国家市场扩散品牌信誉和形象的经验；积累更多的资本实力和营销经验；可以增强信心。第一步目标实现后，再走第二步，转向发达国家市场。由于积累了丰富的市场运作经验，因而在发达国家树立起品牌的时间会短一些，需要的投入资源也会有所节省。这一步成功以后，第三步向其他国家和地区市场扩散就是瓜熟蒂落、十分自然的事情了。这种模式的优点是能够极大降低经营成本和风险，缺点是不能获得多少国际化经营的经验。

三、品牌国际化的经营模式

（一）以企业品牌经营发展历程为标准

（1）品牌定位国际化模式。企业进行国际化经营需要有精确的品牌定位。品牌定位国际化模式将全球视为一个完全相同的市场，每一个国家或地区都是具有无差异性特征的子市场。它能让消费者明确、清晰地识别并记住品牌的利益与个性，是驱动消费者认同一个品牌的重要力量。

（2）品牌延伸模式。在当今的市场竞争中，品牌经营已成为企业发展的重要方式，品牌延伸策略被许多相对有实力的企业所应用。品牌延伸为品牌的扩张提供了捷径，扫清了障碍，使企业品牌资源得到有效配置。品牌延伸决定品牌的经济价值。知名企业的畅销品牌可以带来很多品牌延伸的机会，品牌延伸的成功是企业跨地区跨国发展的成功条件之一。

（3）兼并收购品牌模式。兼并收购品牌模式通过兼并和收购东道国现有品牌，有利于企业迅速地进入国外的目标产业与市场，可以帮助企业迅速获得现成的管理人员、技术人员和营销人员，建立起在国外的产销据点。

这种模式缩短了消费者认知和接受的时间，降低市场进入的难度，有助于形成后发优势，培育和壮大自主品牌，缩短与国际大品牌的差距。对于资金实力较为雄厚，有一定跨国经营管理能力的企业来说，兼并收购是一种较为有利的品牌经营模式。

（二）以产品的单一性和多样性为标准

1. 单一品牌模式

单一品牌是相对于多品牌而言的，企业所有产品共用一个品牌，有利于新产品的推出，容易得到消费者的信任。单一品牌战略的优点在于它能够节约企业资源，减少传播成本和品牌管理成本，并且有利于在客户心中建立统一的品牌形象；单一品牌战略的缺点在于企业仅仅依靠单一品牌很难同时占领多个细分市场。

2. 多品牌模式

随着消费者需求的多元化，一个消费群体可能会分离成具有不同偏好的几个群体，单一品牌模式往往不能够很好地迎合消费者偏好的多元化趋势，而且容易造成品牌个性不明显及品牌形象混乱的局面，而多品牌模式正好解决了这一问题。

狭义的多品牌战略是指企业对同一或同类产品或服务使用两个或两个以上的品牌的战略。广义的多品牌战略是指一个企业的产品或服务基于自己的某种目的或消费者的不同需求而使用多个品牌的战略。它包括“一品多牌”和“多品多牌”两种战略。

企业实施多品牌战略的根本目的，就是要提高产品的销售量和市场份额。因此，从理论上来看，企业实施多品牌战略必须具备两个前提：市场的可细分性和产品的差异性。企业只有满足了这两个前提，才能针对不同的市场需求，树立不同的品牌个性，满足更多的消费者的个性化需求。

（三）以对全球化和本土化问题处理的方式为标准

从根本上讲，品牌国际化经营模式有全球化和本土化两类。全球化是指将全球各国视为一个整体市场，采取统一的营销策略；而本土化是指各国市场各不相同，营销策略也不尽相同。世界各国的企业正在不同程度地实现品牌的全球化和本土化。根据全球化和本土化问题处理方式的不同，品牌国际化模式可以分为以下四种模式。

1. 标准品牌全球化

哈佛商学院西奥多·莱维特（Theodore Levitt）是首次提出这种观点的学者。他在1983年的《哈佛商业评论》中撰文指出，随着经济、通信、旅游等全球化趋势的到来，企业应当采取全球化营销策略。标准品牌全球化的基本特点是，在所有的营销组合要素中，除了必要的战术调整外，其余要素均实行统一化和标准化。即假设将全球视为一个完全相同的市场，每一个国家或地区都是具有无差别性特征的子市场。目前，完全标准化的行业并不多，从行业和产品上来看，实行这种策略的主要是一些高档奢侈品和化妆品，也有部分食品品牌。这部分品牌约占品牌总额的25%。

这种标准全球化有着充分的依据：国际交通通信的现代化，使各国之间在地理和文化上的差距逐步缩小；经济全球化，促使跨国公司逐步消除国别色彩；国际市场的统一化，推动了全球消费品市场的趋同倾向，生活在不同国家的居民更乐于接受相同的产品和生活方式。

2. 模拟品牌全球化

模拟品牌全球化，这种模式介于全球化模式和本土化模式之间，它是指除了品牌形象和品牌定位等重要的营销要素实行全球统一化以外，其他要素都要根据当地市场的具体情况加以调整，以提高品牌对该市场的适应性。我们所说的其他要素，包括产品、包装、广告策划等。从行业上来看，比较典型的是汽车行业。例如，欧宝（Opel）汽车在欧洲的销售量很大，但是，除了品牌标志、品牌个性等至关重要的要素以外，从产品的设计到价格的制定，基本实行本土化策略。也就是说，生产什么款式、卖多少钱，全部由通用汽车公司设在欧洲的子公司来决定，总公司不予干预。

在一定程度上，模拟品牌全球化既可以保证品牌内涵及品牌形象等的一致性，又可以依据当地市场提供适合当地消费者需求的产品或服务。它兼顾了全球化与本土化，使品牌更符合当地市场的需要，也更易于树立全球统一形象，相对来说成本费用也不会增加太多。

3. 标准品牌本土化

标准品牌本土化与标准品牌全球化刚好相反，这种模式假定各国市场差异很大，因此对所有营销组合要素都根据所在国的情况进行调整。在国际化策略实施的过程中，所有的营销组合要素的出台，都要充分考虑所在国的文化传统、语言，并根据当地市场情况加以适当地调整。可见，这是一种国际化程度最低的品牌国际化策略。这种模式主要是一些食品和日化产品，约占品牌总数的16%。例如，在欧洲市场上销售得非常好的Playtex胸罩品牌，在意大利，其产品的设计是专门化的，即产品的含棉量要高于其他国家。而且它的品牌名称在不同的国家也不相同，在法国是Coeur Croise，而在西班牙则是Crusado Magico。这家公司生产的另外一种无丝夹胸罩同样如此，在美国品牌名称是Wow，到了法国则变成了Armagigues。

标准品牌本土化模式的根据是，文化背景不同，顾客的需求必然存在明显的异质性，加上产品进入国际市场还要解决各自的政治、法律、经济等差异性问题，因此标准本土化更符合客观实际。

4. 体制决定的品牌全球化

所谓体制决定的品牌全球化是指由于某些产品的特殊性，它们的营销并不完全取决于企业本身，还要受所在国贸易和分销体制的巨大影响，所以企业只能在体制约束的框架内做出统一化或者本土化的决策。因此，所有的营销组合策略如产品、包装、定价、渠道、广告、促销等都会受到当地的法律法规等的限制。典型的行业如烟草品、音像制品等，采取这类模式的国际化品牌约占品牌总数的35%。

一般来说，这些产品品牌的国际化进程通常要受体制的极大影响，国际化程度也非常低。像美国的电影业，虽然在全球都占有很大的份额，但是，从总体上说，由于各国对电影业的政策存在差异，所以，它的发展呈现出明显的不平衡性。

需要明确的是，尽管理论上可以给出这四种模式，但在现实中找到纯粹的全球化或本土化战略却并非易事。当然，不管采用什么模式，必须考虑以下四点：①品牌的形象和定位一般不实行本土化策略。但如果完全实行标准全球化，将极有可能影响品牌的促销力。②如果一味地实行标准本土化，一方面由于分散使用资源，会降低资源配置的水平和资源利用效率；另一方面不利于品牌整体形象的形成。所以最优秀的品牌往往采用第二种模式，即所谓的“思考全球化，营销本土化”。也就是说，首先要有全球意识，在全球范围内做整体计划，在实施计划的时候要因地制宜。

因此，品牌国际化不是“全球化”与“本土化”之争，而是“全球化”与“本土化”如何整合，即品牌国际化是“全球一体化”与“本土化”的有机统一。

第三节 中国品牌国际化的对策

随着对外贸易的明显增长，我国已成为名副其实的贸易大国。对外贸易的大幅增长使中国企业开始反思出口模式以及进入国际市场的方式，政府、专家学者和企业开始认识到品牌国际化是中国产品获得竞争优势、获得较高利润的一个重要保证。而且，品牌国际化也是获得国际消费者的认可、提升品牌资产的重要保证。中国经济要持续稳定增长，中国企业必须充分依托国内、国际两大市场资源，积极主动地参与全球化多极经济体系重建的进程。中国企业不但要善于在中国市场参与竞争，而且要善于在国际市场参与竞争。

一、普遍意义上的品牌国际化障碍

（一）社会文化环境障碍

社会文化环境障碍主要是指本国和目标国在社会文化方面的差异。当目标国家与本国的体制语言文化、社会结构、生活方式等区别十分明显时，给国际型企业进入目标国形成的有形的和无形的障碍就越大。文化差异越大，就会使获得信息及引进相应技术的成本上升，同时也限制了对目标国家的非投资进入，而只能采取投资进入模式。文化差异还影响企业选择目标国家的先后顺序，企业总是首先选择文化与本国相近的国家。社会文化因素对品牌国际化的影响实际上是多方面的。

1. 语言文字障碍

许多国家都发生过因为忽视语言翻译而产生的问题，妨碍了品牌的沟通和推广。语言文字的国际差异影响了品牌的命名、包装、广告语等文字表达的内容，而品牌名称几乎是品牌当中最有价值的一个要素。一些在国内非常著名的品牌在走向国际市场的时候，因为语言差异问题而不得不改名，这相当于它不能把以前在国内建立的品牌影响力带出国门，而必须重新建立一个崭新的品牌。比如我国著名的白象方便面就很难在英美国家销售，因为“大象”在英语里面有“大而无用的东西”之意；百事可乐著名的英文广告语“Come Alive with Pepsi（请喝百事可乐，令君生气勃勃）”，译成德文变成“与百事一起，从坟墓中复活”。

2. 风俗习惯障碍

文化风俗差异远比语言差异复杂深刻得多。在实施全球性营销策略时，若不了解文化风俗差异，将会招致更严重的问题。风俗习惯所涉及的内容非常广泛，如节日、口味、礼仪、颜色、数字、动植物等都有各个国家和民族的不同爱好和禁忌。而且，不同国家的风俗习惯可能恰恰相反，如在中国饱受赞赏的孔雀到了法国竟成为祸鸟和淫鸟，孔雀开屏被视为“自我炫耀”；黄色在中国象征着尊贵与神圣，而在西方则象征下流和淫秽；等等。所以，在国际营销中强调“入乡随俗”，主要就是指跨国公司习惯以当地公民的身份，尊重当地人的喜好和忌讳。不遵循文化习俗，品牌很难在国外市场立足。

3. 价值观念障碍

价值观念上的差别是影响消费者购买行为的另一个重要因素。如果没有注意到这一方面的差异，也将会为企业实施国际化战略造成麻烦。20 世纪，绿色巨人牌冷冻蔬菜出口到日本时就遇到了价值观方面的障碍。尽管蔬菜是日本人饮食中的重要成分，但日本母亲将为家人准备饭菜看作是一件引以为豪的分内事情，而使用冷冻蔬菜则被看成是偷懒，因为这与日本母亲那种关于好母亲标准的传统观念相冲突。所以，解决办法就是首先要转变传统观念，即通过广告让日本母亲相信，使用冷冻蔬菜会使她们有更多的时间为家人准备可口饭菜。

（二）政治法律环境障碍

首先，品牌所在国与世界各国的关系，会影响到品牌对各个国家市场的开拓。如果品牌所在国与所欲开拓的市场国关系融洽，有许多共同的政治倾向，则易于使该品牌以原品牌形象直接拓展市场；如果国与国之间关系紧张，时有摩擦，在品牌所在国开拓这一市场时就会受到比较多的限制，可能被要求更多地适应当地的文化，使品牌国际化受到阻碍。

其次，法律的差异，不同国家有不同的法律体系，在一个国家是合法的营销行为、品牌内涵、定位的表达方式，在他国有可能是非法的。比如，在新加坡、中国不允许做“对比性”广告，以显示品牌优势；在奥地利，不允许用儿童做广告；波兰要求广告片中的插曲必须以波兰语演唱；等等。这就很可能使在一国极为成功的品牌及其营销组合无法延伸到他国。

最后，国家政策对品牌国际化的态度会影响到品牌的全球化状况，有许多国家都对出口的品牌产品加以补贴，补贴率的高低成为公司对品牌国际化有无兴趣的一个主导因素。

二、我国的品牌国际化障碍

（一） 品牌缺乏国际知名度与影响力

当前，世界主流市场已被著名品牌瓜分：不足3%的知名品牌占有40%的市场份额，销售额超过50%，个别行业甚至超过90%。长期以来，由于民族企业对民族品牌的国际推广不够重视，使得我国民族品牌在国际上的知名度和影响力相当缺乏，导致我国严重缺乏国际知名品牌。越来越多的企业已经认识到，只有品牌大国才具有贸易强国的地位，品牌之争已经成为价值竞争的核心体现。而我国在参与国际经济的过程中，更多地以国际贸易的方式参与，再具体而言，更多地是以国际贸易方式的贴牌生产方式参与。因此，绝大多数企业都无法体现自己的品牌产品或服务。令人欣慰的是，近些年来国内一些著名的民族品牌纷纷跨出国门，并开展了行之有效的国际市场推广活动，在部分国家和地区已经有了一定的知名度和影响力。比较具有代表性的是青岛啤酒和海尔集团，随着近年来青岛啤酒和海尔电器两家公司一系列行之有效的国际市场开拓和品牌的国际推广，其在欧美等一部分国家和地区已经有了一定的知名度和影响力，并获得了当地有关机构和消费者的认可和接受，但这还称不上完全意义上的国际品牌，要成为真正意义上的国际品牌，还有很长的一段路要走。

（二） 品牌的国际美誉度与忠诚度不足

品牌美誉度往往是市场品牌力的表现。在国际市场上，品牌的国际美誉度表现为国际目标市场的消费者对该品牌产生的好感和信任程度，它是品牌形象的重要组成部分。品牌的国际忠诚度则表现为在国际市场上通过产品的品质、知名度、品牌联想等使目标市场上的消费者能够产生品牌忠诚。国外研究表明，品牌美誉度每上升1%，将为企业拉动约0.32%的销售量。在过去很长的一段时间内，我国商品都是以“质次价低”的形象出现在国际市场上的，并因此被一些国外消费者称为“地摊货”，因而很多国外消费者在提到中国商品时，所产生的品牌联想就是低品质、低价格、低档次。这样的品牌形象，使得我国民族品牌在国际知名度原本就非常低的情况下，品牌的美誉度与忠诚度更加低下。虽然在实际生活中可能会有不少国外消费者经常选购中国商品，但这并非是出于对品牌的好感与忠诚，而是由于低价格而购买。

（三） 企业缺乏长期投资意识

一个非国际性品牌成长为国际性知名品牌，需要品牌经营者不断熟悉、研究当地消费者的消费偏好、文化习惯、购买心理等因素，而国际市场的消费者对非知名国际品牌也需要有一个了解、认知、认同的过程。这是任何品牌成长的必经之路。日本管理大师大前研一指出：日本的经历说明，塑造一个国际化的品牌需要耗费20～30年的时间，需要投入上十亿美元的资金。回顾宏基、三星等品牌，它们成为国际品牌的时间也都耗费了二三十年，没有一个品牌能够一蹴而就。中国企业大多资本积累时间短，品牌投资实力不足，过于注重眼前利益，忽视对品牌的长期投资。

（四） 品牌国际化能力弱

我国企业的品牌国际化能力弱体现在品牌管理能力落后、品牌成长能力较差等方面。中国企业在市场营销方面往往更多地追求以低价竞争战略取胜的方法，一些企业只关注眼前利益，品牌缺乏整体规划，品牌的传播推广、管理维护等工作具有很大的随意性、分散性，缺乏贯穿于品牌建设过程中的主线，造成很多工作事倍功半，有时甚至出现事与愿违的结果，最终导致品牌缺乏延续性、集合性、整体性，不能有效地形成和积累品牌资产，更无法适应国际市场的环境。当然，品牌管理经验及品牌管理有效理论知识的缺乏也是小国企业品牌管理能力落后、品牌国际化能力弱的原因。另外，品牌的国际化需要全方位、大量的资金投入，同发达国家的企业相比，我国企业在品牌建设中承受前期大量成本投入的能力较低，大部分企业品牌营销观念简单，营销手段单一，品牌营销费用很少，影响了企业品牌核心价值发展的长期性，表现出品牌成长能力差的一面。

三、中国企业如何实现品牌国际化

（一）树立国际认可的品牌形象

树立国际认可的品牌形象就是要给世界一张好认的脸。品牌国际化的核心标准就是品牌的名称、品牌的含义和核心。理念必须是世界通用、放之四海而皆准的，这是品牌实现全球化经营的最起码的条件。品牌的核心价值不仅要在时间上保持连贯性，在空间上也要保持一致性。当代社会，信息技术、通信手段、交通工具的迅猛发展，使得信息、人员在全球的流动更方便、更快捷。如果品牌在不同国家和地区的核心价值不一致，品牌定位多变，会令全球客户困惑：品牌到底代表什么？企业必须使自己的品牌诉求为世界各国消费者所理解和接受。例如，可口可乐在全世界根据每一个国家和地区的风俗、文化、习惯来演绎它的红底反白字的全球通用标记，诠释它全球一致的自由、民主、平等、新生活的开始的品牌内涵；它遍布全球195个国家的分装公司和强大的分销系统使它的品牌形象频频露面，使它的焦点无处不在。可口可乐进入中国很大程度上得益于其贴切的、易记的产品名字和品牌形象。

正是如此，中国本土跨国公司在这方面不遗余力，美的集团推出了以国际性、无文化障碍、有正确积极联想为目标的全新企业形象识别系统（Corporate Identity System，CIS），相当成功。改版后的红色环形，象征着全球形象。Midea的字母组合则可能唤起更广泛人群的联想。美的新英文名Midea的发音容易让人理解为My idea，即我的意念、我的创意。美的内涵更在于："Midea creats your idea（美的创造你的梦想）"。

（二）确定跨国经营目标

中国企业需要清楚国际品牌联盟的阶段性目标和最终目标，并推动各种目标的实现。目前，中国的名牌企业在国内市场已具备在规模、效益和品牌上的竞争力，它们在国内市场的不断发展壮大，借着其品牌的吸引力，为其进行跨国经营提供了一个良好的经济基础。因为国内市场国际化，使得一批像海尔和康佳这样的企业集团迅速成长，它们都已制定了下一步的发展目标，开拓国际市场，创立世界名牌。中国的企业要真正成为世界上的强者，产品生产的经营活动走向世界市场已是历史的必然趋势。例如，长虹的理想是做中国人，创世界品牌；长虹战略思想是，领先中国电子行业，赶超世界一流系统；以创世界品牌为战略目标，通过技术开发、市场开拓、科学管理、股份制改造、资本运营使企业的主营指标每年以50%的速度递增。科龙集团的发展战略是在跨国经营中成为"世界级制冷企业"。

（三）坚持全球化与本土化的统一

实施品牌国际化战略，应坚持全球化与本土化的统一。品牌国际化的过程实际上是与当地消费者进行沟通的过程。一味地追求全球一体化，会忽视地方市场的特殊性。过分追求本土化，有违实施品牌国际化战略的初衷。能创造出国际知名的品牌，其背后肯定有特色卓越的产品或服务作为支撑。而这些特色的最初形成和以后的逐渐成熟，绝对体现了本土特色，他们在外国的分支机构应该而且必须保持这种本土特色，但也不能完全不变地克隆，必须根据分支机构所在国的地理、人文状况做适当调整，否则很难在当地发展。

为了尽快适应当地营销环境，熟悉当地国家政策、相关法律，了解当地文化、风俗习惯等，国外企业设立的当地机构都倾向于雇佣当地人员。当地人员无论是在语言上，了解当地的消费行为与商业习惯上，在与当地主要客户和消费者之间的交往上，还是与当地政府和企业界的关系上都拥有巨大的优势。这有利于企业拓展国际业务积累经验，有利于品牌迅速适应当地条件，发展壮大起来。

（四）产品质量标准全球化

随着科学技术的不断发展和技术力量的不断增强，全球工业正在向标准化方向发展。所谓国际标准，通常是指国际标准化组织（International Organization for Standardzation，ISO）、国际电工委员会（International Electrotechnical Commision，IEC）以及其他权威国际组织制定与颁布的标准。国别市场日益成为世界共同市场的一个部分，世界各地的人们不管他们身处何地都渴望得到共同的产品，并寻求相同的生活方式。全球化经营公司必须致力于满足人类社会共同的需要和欲望。企业只有从全球出发考虑，建立高水平的管理技术和系统，紧跟全球标准化步伐，确保产品质量的一致性。

在以往的很长一段时间里，中国商品因为自身质量、包装、价格等方面的原因，一直都是以低档次的形象出现在国外消费者面前，这对民族企业开拓全球市场、创全球品牌极为不利。要改变这种局面，改变中国商品的低档次形象，我国企业必须从自身做起，全面提高产品质量、提升产品档次。近年来，我国不少企业已开始重视产品品质，加大质量控制方面的投资，并根据国际质量标准进行质量管理，使产品质量有了很大提升。如青岛啤酒已经以中、高档次的形象摆上美国的超市货架。

第四节　品牌国际化相关法律制度

品牌要走向国际，征战国际市场，还必须努力寻求国际法律的保护。外国名牌进入我国，往往事先就要做有关方面的法律工作，进行相关商品类别的依法注册。像在中国市场有广泛影响的可口可乐、百事可乐、万宝路、迪士尼的米老鼠和唐老鸭、《读者文摘》杂志、希尔顿饭店等，都依法获得了我国政府颁发的商标注册证书，受到了中国法律的保护。我们的品牌要走向国际市场，也要考虑寻求国际法律的保护。

一、商标的国际法律保护

从法律的角度对企业品牌的确认就是商标，没有获得法律承认的商标是缺乏法律保护的，极易造成品牌资源的损害和损失。因为任何人或企业都可以不负责任地使用该品牌，这对该品牌的原创者和培育者是一种掠夺行为。所以品牌的法律保护对品牌管理来说极为重要。

（一）国际注册商标的概念

为了企业未来在国际上的发展，更好地管理和保护商标，需要及时申请国际注册商标，商标只有在某个国家取得注册，才能得到该国法律的保护。国际注册商标有商标国际注册与商标国外注册两个概念。

商标国际注册（International Registration of Trademark）是指《商标国际注册马德里协定》（Madrid Agreement Concerning International Registration Marks）缔约国的任何申请人，在其所属国办理了某一商标注册后，将该商标向世界知识产权组织的国际局提出申请，要求在有关缔约国注册，国际局将此通知有关缔约国达一年之后，该商标就被视为这些缔约国的注册商标，从而得到这些缔约国法律的保护。

商标国外注册是某一国内企业或个人向外国（地区）申请商标注册。商标国外注册有两个渠道，对于《商标国际注册马德里协定》缔约国的企业或个人到该协定缔约国进行商标注册，可通过世界知识产权组织国际局进行商标国际注册。到非《商标国际注册马德里协定》缔约国进行商标注册，如到日本、美国等国注册，一般采用“逐一国家注册”的方式（即某国企业或个人到国外一个国家一个国家地逐一办理商标注册）。

（二）《商标国际注册马德里协定》

《商标国际注册马德里协定》于1891年4月14日在西班牙马德里签订。该协定曾经先后修订过多次。马德里体系中的成员国和组织，目前已超过100个。中国于1989年10月4日正式成为《商标国际注册马德里协定》的成员国。从那时开始，中国企业即可通过马德里协定在其成员国之间办理商标的国际注册。

1. 申请人资格

申请人资格是指什么人有权申请商标国际注册。协定规定成员国的国民，或在成员国中有住所的自然人或设有总部的法人，或在成员国中设有真实有效的工商营业场所的，都有权利申请商标国际注册。这三个条件只需符合其中的一个条件就合乎申请人要求。

2. 注册的程序

（1）注册申请。要通过马德里进行商标的国际注册，申请人的商标必须是已经在本国获得注册的商标或已获得受理通知的商标。

（2）提交申请。商标国际注册的申请日期，以商标局收到申请书件的日期为准。申请手续齐备并按照规定填写申请书件的编定申请号，商标局在30天内将申请书件（英文或法文）寄国际局。

（3）国际局审查。世界知识产权组织（World Intellectual Property Organization，WIPO）国际局收到了国际注册申请后，认为手续齐备，商品和服务类别及名称填写正确的，即予以注册；认为手续不齐备的，将暂缓注册，并通知商标局。商标局在收到国际局通知之日起15天内通知申请人或代理人齐备手续；经审查符合国际局的要求，并在已经或者即将把该申请提交给各指定国进行审查之后会颁发商标国际注册证明，时间一般6个月左右。

（4）指定国审查。商标能否在各指定国获准注册，要以各指定国的审查为准。

（5）协定国和议定书国审查。商标国际注册申请时指定的各保护国家，将根据各自的国家法律决定是否予以保护，并需向国际局声明该驳回。协定书规定，声明驳回的时限多为一年，也就是说，如果指定保护申请在一年时限内未遭到驳回，则该申请自动得到保护（按议定书的规定，成员国可根据需要，将有权驳回时限延长至 18 个月）。从国际注册日起算，如果 12 个月内没有收到协定国或者 18 个月内没有收到议定书国发来的拒绝给予商标保护的驳回通知书，即表示该商标已在该协定国或议定国自动得到了保护。

3. 商标国际注册的效力

自商标国际注册之日起，商标在各有关成员国所得到的保护，同它在那些国家直接注册所得到的保护是完全一样的。商标国际注册的效力可分为商标国际注册的法律效力和商标国际注册的领土效力。

商标国际注册的法律效力主要是指，商标一经国际注册并由世界知识产权组织国际局通知被指定保护的有关成员国后，该商标的指定应视同直接到这些有关国家申请；若这些申请未被驳回，则商标国际注册在这些有关国家所得到的保护，应视同直接得到这些国家的注册保护。商标国际注册的领土效力，是指通过商标国际注册获得的保护，如何扩张到有关的马德里协定成员国。商标国际注册申请人有权利向世界知识产权组织总干事提出申请，指定其他成员国予以商标保护。商标所有人在原属国注册商标以后，准备将商标注册延伸到马德里协定其他成员国的，可以在申请商标国际注册时指定一个或多个成员国予以保护。如果在商标国际注册的当时未指定某些成员国予以保护，在注册以后，商标所有人仍然可以申请指定有关成员国予以保护，其效力是完全一样的。

二、驰名商标的国际法律保护

“驰名商标”是一个法律概念，是中国商标领域约定俗成的一个用于同英文“well-known mark”一词相对应的概念，不同于品牌（brand），它所强调的是一个注册商标在法律上所获得的特殊保护地位。商标本来是识别商品的标记，一旦驰名便成为拥有者财富的象征，具有了识别和财产的双重价值。如美国的“可口可乐”商标。目前驰名商标无论是在国内市场还是在国际市场，其意义都越来越大。驰名商标可以使企业商品货畅其流，迅速实现价值，取得更多的经济效益，并可使生产和经营规模迅速拓展，可以说，驰名商标已成为企业参与市场竞争最有力的筹码之一。涉及驰名商标的国际公约主要有两个：一个是《保护工业产权巴黎公约》，另一个是《与贸易有关的知识产权协定》。

（一）《保护工业产权巴黎公约》

《保护工业产权巴黎公约》(Paris Convention for the Protection of Industrial Property，简称《巴黎公约》)，于 1883 年 3 月 20 日在巴黎签订，1884 年 7 月 7 日生效。该公约最初的成员国为 11 个，而截至 2017 年 5 月 14 日，随着阿富汗的正式加入，从而使该公约缔约方总数已经达到 177 个国家，1985 年 3 月 19 日中国成为该公约成员国之一。巴黎公约的调整对象即保护范围是工业产权。包括发明专利权、实用新型、工业品外观设计、商标权、服务标记、厂商名称、货物标记或原产地名称以及制止不正当竞争等。《巴黎公约》自 1883 年签订以来，已做过多次修订，现行的是 1980 年 2 月在日内瓦修订的文本。

1.《巴黎公约》的原则

（1）国民待遇原则。在工业产权保护方面，公约各成员国必须在法律上给予公约其他成员国相同于其本国国民的待遇；即使是非成员国国民，只要他在公约某一成员国内有住所，或有真实有效的工商营业所，亦应给予相同于该国国民的待遇。

(2) 优先权原则。《巴黎公约》规定凡在一个缔约国申请注册的商标，可以享受自初次申请之日起为期6个月的优先权，即在这6个月的优先权期限内，如申请人再向其他成员国提出同样的申请，其后来申请的日期可视同首次申请的日期。优先权的作用在于保护首次申请人，使他在向其他成员国提出同样的注册申请时，不至于由于两次申请日期的差异而被第三者钻空子抢先申请注册。

(3) 独立性原则。申请和注册商标的条件，由每个成员国的该国法律决定，各自独立。对成员国国民所提出的商标注册申请，不能以申请人未在其该国申请、注册或续展为由而加以拒绝或使其注册失效。在一个成员国正式注册的商标与在其他成员国包括申请人所在国注册的商标无关。

(4) 强制许可专利原则。《巴黎公约》规定：各成员国可以采取立法措施，规定在一定条件下可以核准强制许可，以防止专利权人可能对专利权的滥用。某一项专利自申请日起的四年期间，或者自批准专利日起三年期内（两者以期限较长者为准），专利权人未予实施或未充分实施，有关成员国有权采取立法措施，核准强制许可证，允许第三者实施此项专利。如在第一次核准强制许可特许满二年后，仍不能防止赋予专利权而产生的流弊，可以提出撤销专利的程序。《巴黎公约》还规定强制许可，不得专有，不得转让；但如果连同使用这种许可的那部分企业或牌号一起转让，则是允许的。

2.《巴黎公约》对驰名商标的保护

(1) 将保护范围扩展到相关产品。所谓“相关产品”，是指商品属于同一类或者具有同样的描述特征，商品具有相同的自然特征或在形式、组成、结构或质量方面有同样的本质特征时，它们是相关的。商品如果因为用于同样的目的或在同样的商店销售，也有可能被认为是相关产品。

(2) 将保护范围扩展到有产销关系的商品上。“有产销关系的商品”是“相关商品”的进一步延伸和精确化。因为相同或近似商标在不相竞争的行业同时使用，容易使人认为原商标所有人已扩展业务，或者后继商标所有人与原商标所有人有某种产销关系，这便不可避免地分散和弱化了原有商标的声誉和形象。

(3) 反淡化保护。这是目前国际上保护驰名商标比较流行的做法。反淡化保护的实质，是对那些驰名商标在非相同、非类似的商品上实行保护。比如，不得将“全聚德”商标用于体育器材上，也不得将“可口可乐”商标用于口红、服装等商品上。

(4) 对超级驰名商标的绝对保护。国际保护工业产权协会的决议中规定：对超级驰名商标，其保护范围应扩展到所有的商品和服务上，理论上称为绝对保护。不过这种超级驰名商标为数极少，只有像“柯达”“可口可乐”这样的驰名商标才能享受这种待遇。

（二）《与贸易有关的知识产权协定》

《与贸易有关的知识产权协定》（Agreement on Trade-Related Aspects of Intellectual Property Rights，TRIPS，简称《知识产权协定》），是世界贸易组织管辖的一项多边贸易协定。

1.《知识产权协定》商标注册条件

(1) 显著性。《知识产权协定》第15条第1款指出：“任何标记或标记的组合，只要能区分一企业和其他企业的货物或服务，就应可构成一个商标。这些标记，特别是单词，包括个人名字、字母、数字、图形和颜色的组合以及任何这些标记的组合，应有资格作为商标进行注册。如果标记没有固有的区分有关商品或服务的特征，各成员可依据有关标记在使用后获得的区分性决定是否予以注册。”该条款显示，申请注册的商标应具有显著性或区别性，否则，难以将一企业的商品或服务与另一企业的商品或服务区别开来，因而也难以获得注册。当某些标记因其固有特性无法区分有关商品或服务时，若在长期的使用过程中产生了区别性，亦可获得注册。

（2）视觉上可感知。《知识产权协定》第 15 条第 1 款同时指出：“各成员可要求作为注册的一个条件，这些标记应是在视觉上可以感觉到”。“视觉上可感知的”商标，当然是排除“音响商标”“气味商标”等不能被视觉所感知的商标的。但须说明的是，第 15 条在规定这一要求时，使用了“may（可以）”而不是“shall（必须）”。可见，这一要求不是强制性的，允许成员国自行选择。也就是说，各成员国可通过立法将“视觉上可感知”作为商标注册条件，也可以不做这种要求。

（3）商标已经投入商业使用。《知识产权协定》第 15 条第 3 款规定：“各成员可把使用作为注册的前提。然而，一商标的实际使用不应是申请注册的一项条件。”即是说，各成员国可以通过立法，将“商标已经投入商业使用”作为商标获准注册的前提。换言之，若商标尚未投入商业使用，各成员国可以拒绝其注册。需指出的是，该条款仍不是强制性的，仅具有导向性。或者说该条款是具有导向性的选择性条款。

（4）不得损害已有的在先权。《知识产权协定》第 16 条第 1 款指出：“注册商标的所有人应有专有权来阻止所有第三方未经其同意在交易过程中对与已获商标注册的货物或服务相同或类似的货物或服务使用相同或类似的标记，如果这种使用可能会产生混淆。若对相同货物或服务使用了相同的标记，则应推定为存在混淆的可能。上述权利不应损害任何现有的优先权，也不应影响各成员以使用为基础授予权利的权利。”这一规定是强制性的，各成员国无选择余地。对“已有的在先权”，TRIPS 未加解释。但在《巴黎公约》的修订过程中，在一些非政府间工业产权国际组织的讨论中，以及在世界知识产权组织的示范法中，比较一致的意见认为至少应包括下列权利：①已经受保护的厂商名称权（或称“商号权”）；②已经受保护的工业品外观设计专有权；③版权；④已受保护的地理标志权；⑤姓名权；⑥肖像权；⑦商品化权。

2.《知识产权协定》对驰名商标的保护

《知识产权协定》（与贸易有关的）重申了《巴黎公约》对驰名商标的保护，并有所发展，主要包括：①宣布对驰名商标保护原则上适用于服务商标；②对驰名商标的认定做了原则性的规定；③将对驰名商标保护延及非类似的商品和服务。

可以说，这一协议中的有关内容大大加强了对驰名商标的国际保护。加入世界贸易组织后，上述协议便将具有优于国内立法的效力。在这一文件中，关于反假冒措施的主要规定有：司法部门有权责令当事人停止侵权行为，包括在海关批准进口之后，立即禁止侵权商品进入商业渠道。

本章小结

全球一体化的潮流无可逆转，潮流冲击的结果是品牌竞争在空间范围的极大延伸。竞争的加剧要求一部分企业必须站在更高的视角上来看待品牌的生存和发展，品牌的国际化在这种趋势下成为必然。品牌国际化是企业在进行跨国生产经营的活动中推出全球化的品牌，并占领世界市场的过程。品牌国际化模式包括进入模式和经营模式。品牌国际化进入模式是指品牌进入到另一个国家的过程中所选择的途径。品牌国际化的经营战略是品牌进入国外市场之后，在市场经营中所采取的运作模式。在全球经济一体化运动中，中国企业要想获得持续发展，必须打造国际性品牌。借助国际性品牌参与国际竞争，是获得全球竞争优势的关键。世界各国的知名企业都视品牌为企业的生命，采取一切可能的措施保护品牌，使之不受侵犯。保护和捍卫品牌，是一项艰巨又重大的任务。运用法律手段加强品牌管理，保护商标专用权，使商标注册人的合法权益不受非法侵犯，这是商业立法的中心环节，是商标立法的宗旨所在。

思考与练习

1. 如何理解品牌国际化的内涵？
2. 品牌国际化如何度量？
3. 品牌国际化经营模式有哪些？
4. 在国际化进程中，企业会遇到什么环境障碍？
5. 我国企业品牌国际化进程中所面临的挑战是什么？

参考文献

[1] 黄静. 品牌管理［M］. 武汉：武汉大学出版社，2005.
[2] 黄静. 品牌管理［M］. 2版. 武汉：武汉大学出版社，2015.
[3] 王新刚，黄静. 品牌管理［M］. 上海：华东师范大学出版社，2013.
[4] 庞守林，张汉明，丛爱静. 品牌管理［M］. 北京：高等教育出版社，2017.
[5] 周志民. 品牌管理［M］. 2版. 天津：南开大学出版社，2008.
[6] 张平淡. 品牌管理［M］. 北京：中国人民大学出版社，2012.
[7] 陈姣. 科特勒营销学新解［M］. 北京：中华工商联合出版社，2016.
[8] 屈云波. 品牌营销［M］. 北京：企业管理出版社，1996.
[9] 张锐，张燚. 品牌学：理论基础与学科发展［M］. 北京：中国经济出版社，2007.
[10] 余明阳，韩红星. 品牌学概论［M］. 广州：华南理工大学出版社，2008.
[11] 阿克. 创建强势品牌［M］. 吕一林，译. 北京：中国劳动社会保障出版社，2004.
[12] 席佳蓓. 品牌管理［M］. 上海：东南大学出版社，2017.
[13] 阿普绍. 塑造品牌特征：市场竞争中通向成功的策略［M］. 戴贤远，译. 北京：清华大学出版社，1999.
[14] 京东数据研究院. 创品牌：互联网+中国之造的品牌成长奥秘［M］. 北京：电子工业出版社，2018.
[15] 何峻峰. 品牌管理［M］. 成都：西南财经大学出版社，2011.
[16] 巨中天. 品牌战略［M］. 北京：中国经济出版社，2004.
[17] 李业. 品牌管理［M］. 2版. 广州：广东高等教育出版社，2011.
[18] 里斯. 打造品牌的22条法则［M］. 周安柱，储文胜，梅清豪，译. 上海：上海人民出版社，2002.
[19] 史芸赫. 品牌人格：从一见倾心到极致信仰［M］. 北京：机械工业出版社，2019.
[20] 马君蕊. 品牌与策划［M］. 北京：经济管理出版社，2018.
[21] 吕瑛. 品牌管理［M］. 北京：北京邮电大学出版社，2011.
[22] 李逾男，杨学艳. 品牌管理［M］. 北京：北京理工大学出版社，2017.
[23] 萧浩辉. 决策科学辞典［M］. 北京：人民出版社，1995.
[24] 库马尔. 营销思变：七种创新为营销再造辉煌［M］. 李维安，张世云，译. 北京：商务印书馆，2006.
[25] 朱立. 品牌管理［M］. 2版. 北京：高等教育出版社，2015.

[26] 丁桂兰，陈敏．品牌管理［M］．2 版．武汉：华中科技大学出版社，2014．
[27] 陈青．VI 设计教程（升级版）［M］．上海：上海人民美术出版社，2017．
[28] 陈玲．标志设计［M］．武汉：武汉大学出版社，2012．
[29] 徐适．品牌设计法则［M］．北京：人民邮电出版社，2019．
[30] 高彬．CIS 企业形象设计［M］．北京：人民邮电出版社，2018．
[31] 张丙刚．品牌视觉设计［M］．北京：人民邮电出版社，2014．
[32] 何亚龙．品牌至上：LOGO 设计法则与案例应用解析［M］．北京：人民邮电出版社，2016．
[33] 崔乐泉．中国奥林匹克运动通史［M］．青岛：青岛出版社，2008．
[34] 王兰珍，高聪蕊．标志设计［M］．南京：江苏美术出版社，2014．
[35] 薛可．品牌扩张：路径与传播［M］．上海：复旦大学出版社，2008．
[36] 赛丹杰，巴特斯比．品牌授权原理（授权商版）［M］．朱晓梅，吴尘，译注．北京：清华大学出版社，2017．
[37] 郭洪．品牌营销学［M］．成都：西南财经大学出版社，2015．
[38] 朱瑾．品牌社群对品牌关系质量的影响研究［M］．济南：山东人民出版社，2015．
[39] 卫军英，任中锋．品牌营销［M］．北京：首都经济贸易大学出版社，2013．
[40] 卫海英．品牌危机管理：基于品牌关系视角的研究［M］．广州：暨南大学出版社，2011．
[41] 周建设．顾客体验对品牌关系的影响研究：以商场购物为例［M］．北京：经济管理出版社，2010．
[42] 张明立，冯宁．品牌管理［M］．北京：清华大学出版社，2010．
[43] 余明阳，戴世富．品牌战略［M］．北京：清华大学出版社，2009．
[44] 杨芳平．品牌学概论［M］．上海：上海交通大学出版社，2009．
[45] 瞿艳平．企业品牌管理［M］．长沙：湖南科学技术出版社，2007．
[46] 孙曰瑶，曹越，刘华军．BCSOK：品牌建设体系［M］．北京：经济科学出版社，2009．
[47] 陈云岗．品牌管理［M］．北京：中国人民大学出版社，2004．
[48] 万后芬，周建设．品牌管理［M］．北京：清华大学出版社，2006．
[49] 周云．品牌学：原理与实务［M］．北京：清华大学出版社，2008．
[50] 拉福雷．现代品牌管理［M］．周志民，等译．北京：中国人民大学出版社，2012．
[51] 余伟萍．品牌管理［M］．北京：清华大学出版社，2007．
[52] 陈放．品牌学［M］．北京：时事出版社，2002．
[53] 阿克．管理品牌资产［M］．吴进操，常小虹，译．北京：机械工业出版社，2019．
[54] 郑佳．品牌管理［M］．杭州：浙江大学出版社，2010．
[55] 韦明．品牌营销：中国人的品牌课堂［M］．北京：中国致公出版社，2008．
[56] 冯丽云，耿凯燕，刘天成．品牌营销［M］．北京：经济管理出版社，2006．
[57] 戴亦一．品牌营销［M］．北京：朝华出版社，2004．
[58] 李倩茹，李培亮．品牌营销实务［M］．广州：广东经济出版社，2002．
[59] 王发兴．“品牌管理”课程教学难点的处理技巧［J］．韶关学院学报，2018（2）：

33 –37.

[60] 王珏. 消费者评价决定品牌价值 [J]. 中华商标，2002 (2)：39 –40.

[61] 张颖. 基于品牌价值的企业竞争力研究 [J]. 现代营销 (下旬刊)，2019 (11)：45 –46.

[62] 李军. 浅析品牌的三个基本价值 [J]. 教育，2016 (8)：313.

[63] 薛秀娟. 浅析中国品牌发展的现状、问题与对策 [J]. 经济研究导刊，2019 (31)：89 –90.

[64] 余可发. 品牌个性及其结构维度理论研究 [J]. 上海市经济管理干部学院学报，2007 (2)：24 –28.

[65] 宋焕，孟宏伟. 品牌个性塑造的问题研究 [J]. 商场现代化，2013 (24)：115.

[66] 李向辉，周刺天. 品牌资产引擎视角下的品牌价值模型及其应用研究 [J]. 商业研究，2007 (11)：120 –124.

[67] 谢获宝，张亮子. 品牌资产价值及其提升策略探析 [J]. 今日工程机械，2010 (8)：103 –105.

[68] 云小风. 浅议企业提升品牌资产价值的策略 [J]. 当代经理人，2006 (21)：183.

[69] 谌飞龙. 企业品牌复杂系统存在的角色论解构 [J]. 江西社会科学，2015 (2)：217 –224.

[70] 郑春东，孟楠楠，唐建生. 主副品牌策略的实施模式研究 [J]. 财经问题研究，2008 (12)：45 –49.

[71] 徐大佑，汪延明，万文倩. 数字化时代的品牌管理范式变革 [J]. 西部论坛，2016 (3)：9 –18.

[72] 王新新. 关于品牌管理创新的几点思考 [J]. 上海质量，2019 (9).

[73] 李彪，张舒媛. 社会化媒体背景下事件营销的传播策略研究 [J]. 编辑之友，2013 (8)：48 –50.

[74] 孙亚洲. 浅析事件营销传播策略 [J]. 中华商贸，2011 (2)：36 –37.

[75] 黄懿慧，吕琛. 卓越公共关系理论研究三十年回顾与展望 [J]. 国际新闻界，2017 (5)：129 –154.

[76] 许娟娟，卢泰宏. 品牌联盟研究评述 [J]. 中国流通经济，2010 (6)：57 –60.

[77] 高金城. 对品牌授权经营的思考 [J]. 当代经济，2007 (9)：74 –75.

[78] 周志民. 品牌关系研究述评 [J]. 外国经济与管理，2007 (4)：46 –54.

[79] 张秀玲.《与贸易有关的知识产权协定》与中国商标法之比较研究 [J]. 西北师大学报 (社会科学版)，2003 (2)：129 –132.

[80] 宋永高. 中国品牌国际化的市场选择战略模式 [J]. 商业研究，2003 (13)：148 –149.

[81] 梁巍. S 种子公司品牌管理研究 [D]. 成都：四川师范大学，2019.

[82] 胡明磊. 品牌联盟的创新机制研究 [D]. 哈尔滨：哈尔滨理工大学，2015.

[83] 白桦. 中国本土品牌授权代理商现状、问题及对策研究 [D]. 上海：上海外国语大学，2014.

[84] 杨振武. 擦亮中国品牌“金名片” [N]. 人民日报，2015 –07 –20.